GASSNER

Fit für Prüfungen im Verwaltungsrecht

Fit für Prüfungen im Verwaltungsrecht

Ein Übungsbuch zur Vorbereitung auf mündliche Prüfungen, Klausuren, Seminar- und Abschlussarbeiten

Professor Dr. Kathi Gassner
Hochschule des Bundes für öffentliche Verwaltung

BOORBERG

Bibliografische Information der Deutschen Nationalbibliothek | Die Deutsche Nationalbibliothek verzeichnet diese Publikation in der Deutschen Nationalbibliografie; detaillierte bibliografische Daten sind im Internet über www.dnb.de abrufbar.

ISBN 978-3-415-06549-9

Titelfoto: © magele-picture – stock.adobe.com | Satz: Olaf Mangold Text&Typo, 70374 Stuttgart | Druck und Bindung: Laupp & Göbel GmbH, Robert-Bosch-Straße 42, 72810 Gomaringen

Richard Boorberg Verlag GmbH & Co KG | Scharrstraße 2 | 70563 Stuttgart
Stuttgart | München | Hannover | Berlin | Weimar | Dresden
www.boorberg.de

Vorwort

Das vorliegende Übungsbuch ist auf Anregung der Studierenden entstanden, die nach einer Ergänzung zu meinem Lehrbuch „Kompendium Verwaltungsrecht" gefragt haben.

Die gängigen Klausuren- bzw. Übungsbücher bereiten in der Regel auf Abschlussprüfungen vor. Zu diesem Zeitpunkt haben die Studierenden bereits vertiefte Kenntnisse im Verwaltungsprozessrecht, im Allgemeinen Verwaltungsrecht und in ausgewählten Referenzgebieten des Besonderen Verwaltungsrechts. Entsprechend überfordert fühlen sich Studienanfängerinnen und Studienanfänger, die versuchen, mit solchen Übungsbüchern zu arbeiten. Das gilt insbesondere für Studierende an den Hochschulen für öffentliche Verwaltung, die anders als die Studierenden der Rechtswissenschaften an den Universitäten regelmäßig schon zu Studienbeginn mit dem Fach „Allgemeines Verwaltungsrecht" starten und relativ zeitnah erste Prüfungen zu bewältigen haben.

Das Übungsbuch „Fit für Prüfungen im Verwaltungsrecht" will die Studierenden in allen Lern- und Prüfungsphasen im Fach Verwaltungsrecht Schritt für Schritt durch das Studium begleiten. Ein Lehrbuch zum Verwaltungsrecht ersetzt es allerdings nicht.

Frau Class vom Richard Boorberg Verlag und Herrn Dr. Kopp, die mich mit sehr guten Nachfragen und Verbesserungsvorschlägen gefordert und hervorragend unterstützt haben, gilt mein besonderer Dank.

Für Rückmeldungen an Kathi.Gassner@hsbund-fbbwv.de bin ich sehr dankbar.

Mannheim, April 2019 Kathi Gassner

Inhaltsverzeichnis

Abkürzungsverzeichnis

a. A.	andere Auffassung
AbfallR	Zeitschrift für das Recht der Abfallwirtschaft
AGVwGO BW	Ausführungsgesetz zur Verwaltungsgerichtsordnung Baden-Württemberg
allgA	allgemeine Auffassung
AO	Abgabenordnung
BAFA	Bundesamt für Wirtschaft und Ausfuhrkontrolle
BauGB	Baugesetzbuch
BauNVO	Baunutzungsverordnung
BBG	Bundesbeamtengesetz
BeamtStG	Beamtenstatusgesetz
BGB	Bürgerliches Gesetzbuch
BMG	Bundesmeldegesetz
BMVg	Bundesverteidigungsministerium
BVerfG	Bundesverfassungsgericht
BVerwG	Bundesverwaltungsgericht
BVerwGE	Entscheidungen des Bundesverwaltungsgerichts
BW	Baden-Württemberg
Bw	Bundeswehr
DVBl.	Deutsches Verwaltungblatt (Zeitschrift)
DVO GemO BW	Verordnung zur Durchführung der Gemeindeordnung Baden-Württemberg
GastG	Gaststättengesetz
GemO BW	Gemeindeordnung für Baden-Württemberg
GewO	Gewerbeordnung
GG	Grundgesetz
HessAGVwGO	Hessisches Ausführungsgesetz zur Verwaltungsgerichtsordnung
h. L.	herrschende Lehre
h. M.	herrschende Meinung
i. d. R.	in der Regel
i. d. S.	in diesem Sinne
IFG	Informationsfreiheitsgesetz
JuS	Juristische Schulung (Zeitschrift)
KAG BW	Kommunalabgabengesetz Baden-Württemberg
KomWG BW	Kommunalwahlgesetz Baden-Württemberg
KonfO	Konferenzordnung
LBesG BW	Landesbesoldungsgesetz Baden-Württemberg
LBG BW	Landesbeamtengesetz Baden-Württemberg
LBO BW	Landesbauordnung Baden-Württemberg
LDSG BW	Landesdatenschutzgesetz Baden-Württemberg
LGastG BW	Landesgaststättengesetz Baden-Württemberg
LHG BW	Landeshochschulgesetz Baden-Württemberg
LKrO BW	Landkreisordnung für Baden-Württemberg
LKV	Landes- und Kommunalverwaltung (Zeitschrift)

LMIDV	Lebensmittelinformations-Durchführungsverordnung
LVG BW	Landesverwaltungsgesetz Baden-Württemberg
LVwVfG BW	Landesverwaltungsverfahrensgesetz Baden-Württemberg
LVwVfG NRW	Landesverwaltungsverfahrensgesetz Nordrhein-Westfalen
NVwZ	Neue Zeitschrift für Verwaltungsrecht
NVwZ-RR	Rechtsprechungs-Report Verwaltungsrecht (Zeitschrift)
OVG	Oberverwaltungsgericht
OWiG	Ordnungswidrigkeitengesetz
PolG BW	Polizeigesetz Baden-Württemberg
Rn.	Randnummer
SeeBewachV	Seeschiffbewachungsverordnung
str.	streitig
StrG BW	Straßengesetz Baden-Württemberg
StVG	Straßenverkehrsgesetz
StVO	Straßenverkehrs-Ordnung
StVZO	Straßenverkehrs-Zulassungs-Ordnung
UIG	Umweltinformationsgesetz
UmwRG	Umwelt-Rechtsbehelfsgesetz
UZwGBw	Unmittelbarer Zwang-Gesetz Bundeswehr
Var.	Variante
VG	Verwaltungsgericht
VGH	Verwaltungsgerichtshof
VwVfG	Verwaltungsverfahrensgesetz
VwGO	Verwaltungsgerichtsordnung
ZBR	Zeitschrift für Beamtenrecht

Verzeichnis der abgekürzten Literatur

Battis/*Bearbeiter*, BBG; Ulrich Battis (Hrsg.), Bundesbeamtengesetz, Kommentar, 5. Auflage 2017

BeckOK VwVfG/*Bearbeiter;* Johann Bader/Michael Ronellenfitsch (Hrsg.), BeckOK VwVfG mit VwZG, 42. Edition 01.01.2019

Detterbeck, Allgemeines Verwaltungsrecht; Steffen Detterbeck, Allgemeines Verwaltungsrecht mit Verwaltungsprozessrecht, 17. Auflage 2019

Engelhardt/App/Schlatmann/*Bearbeiter*, VwVG VwZG; Arne Schlatmann (Hrsg.), Verwaltungsvollstreckungsgesetz, Verwaltungszustellungsgesetz, Kommentar, 11. Auflage 2017

Gassner, Kompendium Verwaltungsrecht; Kathi Gassner, Kompendium Verwaltungsrecht, 2. Auflage 2019

Kopp/Ramsauer/*Bearbeiter*, VwVfG; Ulrich Ramsauer (Hrsg.), Verwaltungsverfahrensgesetz, Kommentar, 19. Auflage 2018

Kopp/Schenke/*Bearbeiter*, VwGO; Wolf-Rüdiger Schenke (Hrsg.), Verwaltungsgerichtsordnung, Kommentar, 24. Auflage 2018

Mann/Sennekamp/Uechtritz/*Bearbeiter*, VwVfG; Thomas Mann/Christoph Sennekamp/Michael Uechtritz (Hrsg.), Verwaltungsverfahrensgesetz, Kommentar, 2014

Mauer/Waldhoff, Allgemeines Verwaltungsrecht; Hartmut Maurer/Christian Waldhoff, Allgemeines Verwaltungsrecht, 19. Auflage 2017

Schenke, Verwaltungsprozessrecht; Wolf-Rüdiger Schenke, Verwaltungsprozessrecht, 16. Auflage 2019

Stelkens/Bonk/Sachs/*Bearbeiter*, VwVfG; Michael Sachs/Heribert Schmidt (Hrsg.), Verwaltungsverfahrensgesetz, Kommentar, 9. Auflage 2018

Einführung

Gegenstand

Dieses Übungsbuch bereitet Sie auf die **Prüfungen** (Klausuren, mündliche Prüfungen, Fallprüfungen in Form einer Hausarbeit sowie Seminar-, Bachelor- bzw. Diplomarbeiten) im **Studienfach Verwaltungsrecht** an den **Hochschulen für öffentliche Verwaltung** vor. Schwerpunkt ist das **allgemeine Verwaltungsrecht** (einschließlich Widerspruchsverfahren) und damit insbesondere das VwVfG (bzw. die Verwaltungsverfahrensgesetze der Länder). Sie übernehmen in den Übungen regelmäßig die **Rolle der Verwaltungsbehörde**. Darüber hinaus finden Sie auch einige Übungen, in denen die Erfolgsaussichten einer Klage oder eines Antrags bei Gericht zu prüfen sind (Verwaltungsprozessrecht).

Methodik und Aufbau

Das Übungsbuch führt nach dem **Prinzip der kleinen Schritte** an die unterschiedlichen Prüfungssituationen im Verwaltungsrecht heran. Komplexität und Schwierigkeitsgrad der jeweiligen Aufgabenstellung werden also langsam gesteigert.

Teil 1 dient dem Einstieg ins Verwaltungsrecht und in die Gutachtentechnik. Wir beginnen mit Fragen zum Anwendungsbereich der Verwaltungsverfahrensgesetze des Bundes und der Länder. Im Anschluss prüfen Sie gutachterlich das Vorliegen und die Wirksamkeit von Verwaltungsakten sowie die Befugnis zu deren Erlass. Teil 1 schließt mit Fragen zu subjektiv-öffentlichen Rechten des Einzelnen gegen die Verwaltung bzw. genauer gegen Verwaltungsträger.

Gegenstand von **Teil 2** sind Klausuren und mündliche Prüfungen im Verwaltungsrecht. Das **erste Kapitel** führt in diese Prüfungsformen ein. Hier finden Sie z. B. auch Hinweise zu den Bewertungskriterien. Gegenstand des **zweiten Kapitels** ist die gutachterliche Prüfung der Rechtmäßigkeit von Verwaltungsakten. Dieses Kapitel ist ebenfalls nach dem Prinzip der kleinen Schritte aufgebaut: Zu Beginn werden die unterschiedlichen Prüfungssituationen vorgestellt (A). Dann folgen vier Grundübungen zum Einstieg und zur Gesamtübersicht (B). Eine Besonderheit ist die Klausurbesprechung in (C): Dort finden Sie nicht nur eine Musterlösung für einen Übungsfall, sondern sind Teilnehmer(in) einer Klausurbesprechung. Ihr Wissen vertiefen Sie nach dem Motto „aus den Fehlern der Anderen lernen“. Im **dritten Kapitel** entwerfen Sie einen Bescheid. Gegenstand des **vierten und**

fünften Kapitels sind der Widerspruch und Klagen bzw. Anträge vor den Verwaltungsgerichten.

Teil 3 führt in die Prüfungsform „Fallbearbeitung als Hausarbeit" ein. Hier lernen Sie die ersten Grundlagen für wissenschaftliches Arbeiten im Verwaltungsrecht.

Teil 4 vermittelt einen Einblick in das wissenschaftliche Arbeiten im Verwaltungsrecht im Rahmen von Seminar-, Bachelor- oder Diplomarbeiten, in denen Sie Ihre eigene Untersuchungsfrage finden müssen.

Im **Anhang** finden Sie Prüfungsschemata und eine tabellarische Übersicht, in welchen Übungsfällen Sie die Themen Ihrer Vorlesungen im Verwaltungsrecht wiederfinden.

Teil 1: Übungen zum Einstieg ins Verwaltungsrecht

1. Kapitel: Anwendungsbereich der Verwaltungsverfahrensgesetze

Lernziel

☑ Sie können gutachterlich prüfen, ob für eine bestimmte Tätigkeit die Vorschriften des VwVfG bzw. der Verwaltungsverfahrensgesetze der Länder gelten.

☑ Gutachtentechnik: Sie beherrschen den Aufbau von Gutachten (Obersatz, Subsumtion, Ergebnis).

A. „Fahrtenbuchanordnung ist kein Bußgeldverfahren" (Fall 1.1)

■ Sachverhalt

Mit dem Fahrzeug MA-HA-123 wurde eine erhebliche Geschwindigkeitsüberschreitung begangen. Das Bußgeldverfahren blieb erfolglos, da der Fahrer nicht ermittelt werden konnte. Daher will das Straßenverkehrsamt der Stadt Mannheim nach § 31a Abs. 1 S. 1 StVZO gegenüber dem Halter des Fahrzeugs nun die Führung eines Fahrtenbuchs anordnen.

■ Aufgabe

Der zuständige Mitarbeiter hat Zweifel, ob das LVwVfG BW oder das OWiG Anwendung findet. Prüfen Sie gutachterlich!

Hinweise zum Lösungsvorschlag

Dieser Fall dient der Einführung in die Gutachtentechnik. Den Vorschlag, wie Sie das verlangte Gutachten ausformulieren könnten, finden Sie in der rechten Spalte („Lösungsvorschlag") der folgenden Tabelle. Die linke Spalte „Gliederung" erklärt lediglich die einzelnen Prüfungsschritte. Die Gliederungsschritte eines Gutachtens können unterschiedlich bezeichnet werden, nämlich

- entweder wie hier (dreistufiger Aufbau):
  - Obersatz (Benennung der Voraussetzungen, die vorliegen müssen, damit die gefragte Rechtsfolge eintritt)
  - Subsumtion
  - Ergebnis

– oder (vierstufiger Aufbau):
  - Obersatz (nur Benennung der gefragten Rechtsfolge)
  - Voraussetzungen
  - Subsumtion
  - Ergebnis

Einen Unterschied macht das nicht. Auch nach dem dreistufigen Aufbau ist es möglich, zunächst im ersten Satz nur die gefragte Rechtsfolge und erst in den nächsten Sätzen die Voraussetzungen zu benennen. Wichtig ist nur, dass diese Schritte vor der Subsumtion erfolgen.

■ Lösungsvorschlag

Gliederung		**Lösungsvorschlag**
	Erläuterung	
Obersatz	Sie müssen Ihr Gutachten mit einem vollständigen Obersatz einleiten. Dieser Obersatz benennt – die **Rechtsfolge**, nach der gefragt ist; *hier: Anwendbarkeit des LVwVfG BW*, – die **rechtlichen Voraussetzungen**, die vorliegen müssen; *hier: Voraussetzungen von § 1 LVwVfG BW und kein Ausschluss nach § 2 LVwVfG BW* – und den **Bedingungszusammenhang** („… ist …, wenn …“). Der „Obersatz“ muss nicht zwingend nur aus einem Satz bestehen.	Das LVwVfG BW gilt, wenn die Anordnung der Fahrtenbuchanordnung nach § 1 Abs. 1 LVwVfG BW eine öffentlich-rechtliche Verwaltungstätigkeit einer Behörde i. S. d. § 1 Abs. 2 LVwVfG BW des Landes oder eines der Aufsicht des Landes unterstellten Verwaltungsträgers ist, keine Ausnahme nach § 2 LVwVfG BW besteht, es insbesondere nach § 2 Abs. 2 Nr. 2 LVwVfG BW nicht um die Verfolgung und Ahndung einer Ordnungswidrigkeit geht und keine Spezialnormen greifen.
Subsumtion	Es wird geprüft, ob der vorliegende **Sachverhalt** (*hier: Fahrtenbuchanordnung durch Straßenverkehrsamt der Stadt Mannheim)* **die rechtlichen Voraussetzungen** erfüllt *(hier: öffentlich-rechtliche Verwaltungstätigkeit einer Behörde der (un)mittelbaren Landesverwaltung und kein Ausschlussgrund)*	Hier nimmt für die Stadt Mannheim der Bürgermeister (s. § 23 GemO BW) als Behörde i. S. d. § 1 Abs. 2 LVwVfG BW unter Berufung auf § 31 a Abs. 1 S. 1 StVZO eine öffentlich-rechtliche Verwaltungstätigkeit wahr. Der Erlass einer Fahrtenbuchanordnung ist keine Tätigkeit mehr im Rahmen des Bußgeldverfahrens, das darauf gerichtet war, den Fahrer zu ermitteln und dessen Ordnungswidrigkeit mit einer Geldbuße zu ahnden. Sonstige Ausschlussgründe i. S. d. § 2 LVwVfG BW sind nicht ersichtlich.

Gliederung		Lösungsvorschlag
	Erläuterung	
Ergebnis	Zum Schluss wird dem vorliegenden Sachverhalt die Rechtsfolge zugeordnet (*hier: Anwendungsbereich ist (nicht) eröffnet*).	Soweit StVZO u. StVG keine speziellen Verfahrensregelungen enthalten, ist damit subsidiär nach §§ 1, 2 LVwVfG BW das LVwVfG BW anwendbar.

B. Vertiefungshinweise

Zu §§ 1, 2 (L)VwVfG

Häufig ist die Frage nach dem Anwendungsbereich in den späteren Prüfungen anders als hier nicht die Hauptaufgabe, sondern nur ein Unterprüfungspunkt von vielen. Ist (wie im Beispiel oben) der Anwendungsbereich nach §§ 1, 2 (L)VwVfG unproblematisch, wenden Sie ohne weitere Erörterung das VwVfG an, wenn Stellen der (un)mittelbaren Bundesverwaltung handeln, bzw. das einschlägige Landesverwaltungsverfahrensgesetz[1], wenn Stellen der (un)mittelbaren Landesverwaltung tätig werden.

Zu § 9 (L)VwVfG

Viele Normen des (L)VwVfG (z.B. §§ 10ff. (L)VwVfG) sind zudem nur anwendbar, wenn ein Verwaltungsverfahren i.S.d. § 9 (L)VwVfG vorliegt, d.h. wenn das Verfahren auf den Erlass eines Verwaltungsakts oder den Abschluss eines öffentlich-rechtlichen Vertrags gerichtet ist. Auch dies ist später nur ein Unterprüfungspunkt von vielen.

§§ 1, 2, 9 (L)VwVfG im Gutachten

Wie Sie vorgehen, wenn der Anwendungsbereich des (L)VwVfG nach §§ 1, 2, 9 (L)VwVfG tatsächlich einmal problematisch ist, sehen Sie in Teil 3 (Fallbearbeitung als Hausarbeit).

1 Alle Bundesländer haben eigene Landesverwaltungsverfahrensgesetze erlassen, manche verweisen in diesen aber wiederum auf das VwVfG des Bundes.

2. Kapitel: Verwaltungsakt

A. Begriffsmerkmale

Lernziel

☑ Sie können gutachterlich prüfen, ob ein bestimmtes Handeln ein Verwaltungsakt i. S. d. § 35 S. 1 (L)VwVfG ist (einschließlich Allgemeinverfügung).

☑ Gutachtentechnik: Sie können einzelne Prüfungspunkte des Gesamtgutachtens im verkürzten Gutachtenstil, im Feststellungsstil oder im Urteilsstil darstellen.

☑ Gutachtentechnik: Sie wissen, wann Sie aufgeworfene Rechtsfragen hilfsgutachtlich prüfen müssen und wann Hilfsgutachten verboten sind.

I. „Wir werden die Erlaubnis widerrufen“ (Fall 1.2)

■ Sachverhalt

Herrn G wurde am 01.06. vom zuständigen Landratsamt A (Baden-Württemberg) eine Gaststättenerlaubnis mit der sofort vollziehbaren Auflage erteilt, dass er bis spätestens zum 15.08. eine zweite Herrentoilette einbaut. Bei einer Kontrolle am 20.8 wird festgestellt, dass Herr G die Auflage bisher nicht erfüllt hat. Daraufhin schreibt das Landratsamt Herrn G zehn Tage später, dass beabsichtigt sei, die Gaststättenerlaubnis zu widerrufen, wenn die Herrentoilette nicht bis zum 30.09. eingebaut sei.

■ Aufgabe

Prüfen Sie gutachterlich, ob das Schreiben des Landratsamts A ein Verwaltungsakt ist.

■ Lösungsvorschlag

Den Lösungsvorschlag finden Sie in der Spalte rechts. In der Spalte „Gliederung“ finden Sie Hinweise zum Aufbau des Gutachtens.

<table>
<tr><th colspan="3">Gliederung</th><th>Lösungsvorschlag</th></tr>
<tr><td></td><td colspan="2">Erläuterung</td><td></td></tr>
<tr><td>Obersatz</td><td colspan="2">Sie müssen Ihr Gutachten mit einem vollständigen Obersatz einleiten. Dieser Obersatz benennt
– die Rechtsfolge, nach der gefragt ist; hier: Verwaltungsakt,
– die rechtlichen Voraussetzungen, die vorliegen müssen; hier: „hoheitliche Maßnahme, …“
– und den Bedingungszusammenhang („… ist …, wenn …“).
Der „Obersatz“ muss nicht zwingend nur aus einem Satz bestehen.[2]</td><td>Das Schreiben des Landratsamts – genauer die Ankündigung, die Gaststättenerlaubnis zu widerrufen, – ist nach § 35 S. 1 LVwVfG BW ein Verwaltungsakt, wenn die Ankündigung eine hoheitliche Maßnahme ist, die eine Behörde zur Regelung eines Einzelfalls auf dem Gebiet des öffentlichen Rechts trifft und die auf unmittelbare Rechtswirkung nach außen gerichtet ist.</td></tr>
<tr><td rowspan="4">Subsumtion</td><td colspan="2">Es wird geprüft, ob der vorliegende Sachverhalt die rechtlichen Voraussetzungen erfüllt; hier: Erfüllt die Ankündigung des Widerrufs alle Merkmale von § 35 S. 1 LVwVfG BW?</td><td></td></tr>
<tr><td colspan="2">Die Tatbestandsmerkmale „hoheitlich“, „Maßnahme“, „Behörde“ und „auf dem Gebiet des öffentlichen Rechts“ sind unproblematisch. Sie werden daher nur knapp dargestellt.</td><td>Das Landratsamt A (Behörde i. S. d. § 1 Abs. 2 LVwVfG BW) handelt hier einseitig unter Berufung auf das GastG und somit hoheitlich auf dem Gebiet des öffentlichen Rechts.</td></tr>
<tr><td rowspan="2">Der Schwerpunkt liegt hier beim Tatbestandsmerkmal „Regelung“. Dieser Punkt wird daher ausführlich erörtert. „Einzelfall“ und „Außenwirkung“ setzen zwingend „Regelung“ voraus und werden daher nicht mehr geprüft.</td><td rowspan="2">Obersatz
(2. Ebene)
(hier in zwei Sätzen: der erste Satz benennt die Rechtsfolge, der zweite Satz die Voraussetzungen)</td><td>Fraglich ist, ob die Ankündigung, die Gaststättenerlaubnis zu widerrufen, eine Regelung ist.</td></tr>
<tr><td>Regelung ist eine Willenserklärung, die auf die Setzung einer Rechtsfolge gerichtet ist, also darauf, unmittelbar Rechte und/oder Pflichten zu begründen, zu ändern, aufzuheben oder verbindlich festzustellen bzw. den Rechtszustand einer Sache zu bestimmen. Keinen Regelungscharakter haben rein tatsächliche Verwaltungshandlungen (Realakte), Vorbereitungs- und Teilakte (insbes. Verfahrenshandlungen), rechtserhebliche Willenserklärungen ohne anordnenden Charakter und reines Schweigen.</td></tr>
</table>

2 Z. B. auch zulässig: *„Das Schreiben könnte ein Verwaltungsakt sein. Verwaltungsakt ist nach § 35 S. 1 LVwVfG BW jede hoheitliche, auf unmittelbare Außenwirkung gerichtete Regelung eines Einzelfalls auf dem Gebiet des öffentlichen Rechts.“*

Gliederung			**Lösungsvorschlag**
	Erläuterung		
Subsumtion (Fortsetzung)		**Subsumtion** (2. Ebene)	Die Pflicht zum Toiletteneinbau besteht schon kraft der zusammen mit der Gaststättenerlaubnis erlassenen Auflage. Sie wird hier also nicht neu begründet, sondern nur noch einmal in Erinnerung gerufen. Der Widerruf der Gaststättenerlaubnis, also die Aufhebung eines Rechts, wird hier erst angekündigt. Dies stellt zugleich die Anhörung (§ 28 LVwVfG BW) im Widerrufsverfahren dar.
		Ergebnis (2. Ebene)	Somit liegt keine Regelung vor.
Ergebnis	Zum Schluss wird dem vorliegenden Sachverhalt die Rechtsfolge zugeordnet (hier: Schreiben ist ein VA/ist kein VA).		Damit ist die Ankündigung des Widerrufs kein Verwaltungsakt.

Unvollständig? Hilfsgutachten?

Wie Sie im Lösungsvorschlag sehen, wurden die Merkmale „Einzelfall“ und „Außenwirkung“ hier nicht geprüft.

Erste Frage von Studierenden: Verstößt das nicht gegen den Grundsatz, dass im Gutachten sämtliche Prüfungspunkte anzusprechen sind? Jetzt ist mein Gutachten unvollständig!

Antwort: Nein, denn die Prüfungspunkte „Einzelfall“ und „Außenwirkung“ hängen logisch vom Vorliegen einer „Regelung“ ab. Wer „Regelung“ verneint, kann nun nicht mehr prüfen, ob eine Einzelfallregelung mit Außenwirkung vorliegt.

Zweite Frage von Studierenden: Darf ich hilfsgutachtlich (also für den Fall, dass entgegen meiner Auffassung doch eine Regelung vorliegt) die Prüfungspunkte „Einzelfall“ und „Außenwirkung“ prüfen?

Antwort: Nein! Sie müssen im Gutachten immer wieder Weichenstellungen treffen und dann konsequent mit diesem Ergebnis weiter prüfen. Wenn Sie vorsichtshalber zeigen wollen, dass Sie auch die Definitionen von Einzelfall und Außenwirkung kennen, bauen Sie Ihr Gutachten wie folgt auf: *„Problematisch ist, ob die Ankündigung des Widerrufs eine Einzelfallregelung ist, die auf unmittelbare Rechtswirkung nach außen gerichtet ist.“*

Dann definieren Sie Regelung, Einzelfall und unmittelbare Rechtswirkung nach außen und erörtern im Rahmen der Subsumtion, dass es hier schon an der Regelung scheitert.

Dritte Frage von Studierenden: Wann sind Hilfsgutachten überhaupt erlaubt?

Antwort: Diese Frage ist nicht einfach zu beantworten. Die wenig zufriedenstellende Antwort lautet: „Wenn der Sachverhalt eine Rechtsfrage aufwirft, die im Hauptgutachten nicht beantwortet wird“ bzw. ehrlicher: „wenn das Hilfsgutachten gebräuchlich ist“. Dazu zwei wichtige Beispiele:
- Wenn Sie die Erfolgsaussichten eines Rechtsbehelfs (Widerspruch oder Klage) prüfen sollen und zu dem Ergebnis kommen, dass der Rechtsbehelf bereits unzulässig ist, prüfen Sie die Begründetheit hilfsgutachtlich.
- Wenn Sie die Rechtmäßigkeit eines Verwaltungsakts prüfen sollen und zu dem Ergebnis kommen, dass der Verwaltungsakt von einer unzuständigen Behörde erlassen wurde und der Fehler nicht heilbar ist, der Sachverhalt aber zahlreiche weitere Rechtsfragen aufwirft, prüfen Sie die weiteren formellen Voraussetzungen und die materiellen Voraussetzungen hilfsgutachtlich, Sie unterstellen also die Zuständigkeit der handelnden Behörde.

Wenn Prüfungspunkte in keinem Abhängigkeitsverhältnis zueinander stehen, stellt sich die Frage nach einem Hilfsgutachten überhaupt nicht. Hier prüfen Sie alle Prüfungspunkte im normalen Gutachten:
- Sie sollen die Zulässigkeit eines Widerspruchs prüfen. Sie stellen in Ihrem Gutachten fest, dass der Widerspruch verfristet ist und dass die Widerspruchsbefugnis fehlt. Diese beiden Prüfungspunkte stehen in keinem Abhängigkeitsverhältnis und können daher im „normalen Gutachten“ parallel geprüft werden. Sie stellen am Ende fest, dass der Widerspruch unzulässig ist, weil er verfristet ist und die Widerspruchsbefugnis fehlt.
- Sie sollen die Rechtmäßigkeit eines Verwaltungsakts prüfen. Sie stellen fest, dass der Verwaltungsakt wegen fehlender Anhörung und fehlender Begründung formell rechtswidrig und wegen Ermessensnichtgebrauchs materiell rechtswidrig ist. Die formelle und materielle Rechtmäßigkeit werden hier nacheinander in einem normalen Gutachten geprüft. Ein Hilfsgutachten ist nicht erforderlich.

II. „Das Tempo-70-Schild des Bauunternehmers“ (Fall 1.3)

Sachverhalt

Bauunternehmer B will am Rande der Landstraße (Nordrhein-Westfalen) Bauarbeiten durchführen. Dazu holt er gemäß § 45 Abs. 6 StVO vom zuständigen Landratsamt eine Anordnung ein, in der er verpflichtet wird, das Verkehrszeichen „Tempo 70“ aufzustellen, was er auch tut.

Aufgabe

Prüfen Sie gutachterlich, ob das aufgestellte Verkehrszeichen ein Verwaltungsakt ist.

Lösungsvorschlag

Das „Tempo-70-Schild“ ist nach § 35 S. 1 LVwVfG NRW ein Verwaltungsakt, wenn es eine hoheitliche Maßnahme ist, die eine Behörde zur Regelung eines Einzelfalls auf dem Gebiet des öffentlichen Rechts trifft und die auf unmittelbare Rechtswirkung nach außen gerichtet ist.

Maßnahme einer Behörde

Problematisch ist, ob es sich bei dem Verkehrszeichen um eine Maßnahme einer Behörde handelt.

Maßnahme eine Behörde ist jedes aktive Tun mit Erklärungsgehalt einer Stelle, die Aufgaben der öffentlichen Verwaltung wahrnimmt, § 1 Abs. 2 LVwVfG NRW (funktioneller Behördenbegriff). Behörden i. S. d. § 1 Abs. 2 LVwVfG NRW sind im Regelfall Organe einer juristischen Person des öffentlichen Rechts, die nach außen für ihren Rechtsträger Aufgaben der öffentlichen Verwaltung wahrnehmen. Weiter gehören zu den Behörden die sogenannten Beliehenen (mit staatlichen Hoheitsbefugnissen beliehene Privatpersonen) bei der Wahrnehmung der ihnen übertragenen öffentlichen Verwaltungsaufgaben. Keine behördlichen Maßnahmen sind Handlungen, die keinem Träger hoheitlicher Gewalt zugerechnet werden können (sogenannte „Scheinverwaltungsakte“).

Bauunternehmer B wird durch § 45 Abs. 6 StVO nicht mit der Befugnis beliehen, selbst über die Anordnung von Verkehrszeichen zu entscheiden. Vielmehr stellt er das Verkehrszeichen nur rein tatsächlich auf. Er wird nicht als Beliehener und somit auch nicht als Behörde i. S. d. § 1 Abs. 2 LVwVfG NRW tätig.[3] Auf der anderen Seite stellt B das Verkehrszeichen aber auch nicht eigenmächtig als Privatperson, sondern aufgrund einer Anordnung des Landratsamts auf, das hier als Straßenverkehrsbehörde durch B

---

3 Vgl. zu einem ähnlichen Fall: BVerwGE 35, 334-344.

seine öffentlichen Verwaltungsaufgaben nach §§ 45 Abs. 6, 45 Abs. 1 S. 2 Nr. 1 StVO wahrnimmt. Damit ist das Verkehrszeichen dem Landratsamt zuzurechnen.

Somit liegt eine Maßnahme einer Behörde vor.

Hoheitliche Regelung auf dem Gebiet des öffentlichen Rechts mit unmittelbarer Rechtswirkung nach außen

Das Landratsamt trifft hier mit der Anordnung von Tempo 70 gemäß § 45 Abs. 6, Abs. 1 S. 2 Nr. 1 StVO eine hoheitliche Regelung auf dem Gebiet des öffentlichen Rechts in Form eines Verbots. Das Verbot, Tempo 70 zu überschreiten, richtet sich an jeden Verkehrsteilnehmer, also an Personen außerhalb der Verwaltung und ist damit auf unmittelbare Rechtswirkung nach außen gerichtet.

Einzelfallregelung

Fraglich ist, ob das Verbot, Tempo 70 zu überschreiten, einen Einzelfall regelt. Das Merkmal dient der Abgrenzung zu Rechtsnormen, die für eine unbestimmte Zahl von Fällen eine unbestimmte Zahl von Personen betreffen. Einzelfallregelung ist damit zum einen jede konkret-individuelle Regelung, also eine Regelung, die für eine bestimmte Person bzw. einen bestimmten Personenkreis einen konkreten Sachverhalt regelt. Einzelfallregelungen sind nach § 35 S. 2 LVwVfG NRW aber auch Regelungen, die sich für einen konkreten Sachverhalt an einen nur bestimmbaren Personenkreis (also eine unbestimmte Zahl von Personen) richten (1. Fall) oder die die öffentlich-rechtliche Eigenschaft einer Sache (2. Fall) oder die Benutzung einer Sache durch die Allgemeinheit (3. Fall) betreffen.

Nach jahrelangem Streit über die Rechtsnatur von befehlenden Dauerverkehrszeichen werden diese heute nach allgemeiner Auffassung nicht als Rechtsverordnungen, sondern als Allgemeinverfügungen qualifiziert. Problematisch ist lediglich, ob es sich bei Verkehrszeichen um eine an einen bestimmbaren Personenkreis („alle Verkehrsteilnehmer") gerichtete Regelung handelt oder ob Verkehrszeichen die Benutzung einer Sache („des jeweiligen Straßenabschnitts") durch die Allgemeinheit regeln.

Praktisch hat der Streit jedoch keine Bedeutung, da Verkehrszeichen nach beiden Auffassungen jedenfalls eine Einzelfallregelung (konkret-generell) darstellen.

Das Verkehrszeichen „Tempo 70" ist somit ein Verwaltungsakt.

III. „Statt Köln nun Außenstelle Stuttgart" (Fall 1.4)

Sachverhalt

Bundesbeamtin B (Regierungsinspektorin, Besoldungsgruppe A 9 (Eingangsamt), gehobener nichttechnischer Dienst der Bundeswehrverwaltung) ist seit ihrer Ernennung beim Bundesamt für das Personalmanagement der Bundeswehr (BAPersBw), Militärringstraße 1000 in Köln als „Sachbearbeiterin Personal" tätig. Nun ordnet das BAPersBw an, dass sie zukünftig als „Sachbearbeiterin Personal" in der Außenstelle des BAPersBw in Stuttgart, Heilbronner Straße 186, arbeiten soll.

Frage

Frage: Handelt es sich bei der Anordnung um einen Verwaltungsakt?

Lösungsvorschlag

Die Umsetzung der B von Köln nach Stuttgart ist nach § 35 S. 1 VwVfG ein Verwaltungsakt, wenn sie eine hoheitliche Maßnahme ist, die eine Behörde zur Regelung eines Einzelfalls auf dem Gebiet des öffentlichen Rechts trifft, und sie auf unmittelbare Rechtswirkung nach außen gerichtet ist

Das BAPersBw (Behörde i. S. d. § 1 Abs. 4 VwVfG) handelt hier einseitig unter Berufung auf die Organisationsgewalt des Dienstherrn eines Beamten und damit hoheitlich auf dem Gebiet des öffentlichen Rechts. Die Regelung – also die auf unmittelbare Herbeiführung einer Rechtsfolge gerichtete Willenserklärung – ist hier die Zuordnung des neuen Dienstpostens in Stuttgart, mit der die Rechte und Pflichten von Frau B geändert werden (rechtsgestaltende Regelung). Geregelt wird ein Einzelfall (die Umsetzung von Frau B).

Fraglich ist, ob die Regelung auf unmittelbare Rechtswirkung nach außen gerichtet ist. Das Merkmal „Außenwirkung" dient der Abgrenzung zu behördeninternen Maßnahmen. Behördeninterne Maßnahmen sind u. a. Regelungen, die allein darauf gerichtet sind, die Art und Weise der dienstlichen Verrichtungen durch den einzelnen Amtsträger zu regeln, und nicht darauf, subjektiv-öffentliche Rechte oder Pflichte des Amtsträgers zu begründen, zu ändern, aufzuheben oder verbindlich festzustellen, auch wenn der Amtsträger dadurch mittelbar in seinen subjektiv-öffentlichen Rechten betroffen ist.

Der neue Dienstposten (das neue funktionelle Amt im konkreten Sinne) ist zwar nun in Stuttgart statt wie bisher in Köln, aber weiterhin bei derselben Behörde (Dienststelle), nämlich dem BAPersBw (Bundesoberbehörde). Die Auswirkungen beschränken sich auf die organisatorische Einheit „BAPersBw", der Frau B angehört. Dass der Dienstort wechselt, ist insoweit ir-

relevant. Das Amt im statusrechtlichen Sinne (Amt einer Regierungsinspektorin beim Bund) und das funktionelle Amt im abstrakten Sinne (Amt einer Regierungsinspektorin beim BAPersBw) bleiben unberührt.[4]
Somit hat die Regelung nur verwaltungsinterne Auswirkung.
Damit liegt kein Verwaltungsakt vor.[5]

IV. Vertiefungshinweise

Verknüpfung zum besonderen Verwaltungsrecht herstellen

Im Laufe des Studiums wird von Ihnen erwartet, dass Sie die Rechtsnatur bestimmter Maßnahmen in den für Sie relevanten Gebieten des besonderen Verwaltungsrechts sicher bestimmen können und dass Sie die hierzu in Literatur und Rechtsprechung vertretenen Auffassungen kennen. Bereiten Sie sich entsprechend vor!

■ **Beispiele: Beamtenrecht:** Verwaltungsakte sind etwa die Versetzung und Abordnung. Keine Verwaltungsakte sind die Umsetzung (nur verwaltungsinterne Regelung), die Aufforderung an den Beamten, sich einer amtsärztlichen Untersuchung zu unterziehen (keine Regelung, nur Verfahrenshandlung) oder die dienstliche Beurteilung eines Beamten durch den Dienstvorgesetzen (keine Regelung). **Kommunalrecht:** Anordnungen der Rechtsaufsicht gegenüber der Gemeinde bzw. dem Landkreis sind Verwaltungsakte, Anordnungen der Fachaufsicht sind keine Verwaltungsakte (nur verwaltungsinterne Regelung). **Baurecht:** Das gemeindliche Einvernehmen (§ 36 BauGB) ist kein Verwaltungsakt, sondern Verfahrenshandlung in dem auf Erlass der Baugenehmigung gerichteten Verwaltungsverfahren.

§ 35 S. 1 (L)VwVfG im Gutachten

Häufig ist die Frage, ob eine bestimmte Maßnahme einer Behörde einen Verwaltungsakt darstellt, in Prüfungen nur eine – von vielen – Unterprüfungspunkten und nicht die Hauptaufgabe.

■ **Beispiele:**

1. Sie sollen die Rechtmäßigkeit einer bestimmten angedachten oder bereits getroffenen Verwaltungsmaßnahme prüfen. Die zu prüfenden Voraussetzungen hängen von der Rechtsnatur der Maßnahme ab. So gilt § 28 Abs. 1 (L)VwVfG

---

4 Beispiel für eine statusrechtliche Regelung: Ernennung oder Entlassung; Beispiel für eine Regelung, die das funktionelle Amt im abstrakten Sinne berührt: Versetzung oder Abordnung vom BAPersBw an das BMVg (Wechsel der Dienststelle) oder vom BAPersBw an das LRA Schwäbisch Hall (Wechsel des Dienstherrn).

5 Das bedeutet aber nicht, dass Frau B gegen die Umsetzung wehrlos ist. Nach § 126 Abs. 2 BBG ist der Widerspruch und später die allgemeine Leistungsklage statthaft. Erfolg hätte ein etwaiger Rechtsbehelf beispielsweise, wenn die Umsetzung willkürlich oder unverhältnismäßig wäre.

(Anhörungspflicht) beispielsweise nur bei Erlass eines (belastenden) Verwaltungsakts.
2. Sie sollen die Rechtmäßigkeit der Aufhebung einer bestimmten Verwaltungsmaßnahme prüfen. §§ 48, 49 (L)VwVfG sind nur anwendbar, wenn es um die Aufhebung eines Verwaltungsakts geht.
3. Sie sollen die Rechtmäßigkeit einer behördlichen Vollstreckungsmaßnahme (z.B. Androhung eines Zwangsgelds) nach dem (L)VwVG prüfen. Das setzt i.d.R. einen Vollstreckungstitel in Form eines Verwaltungsakts voraus (vgl. §§ 3, 6 VwVG).
4. Sie sollen die Erfolgsaussichten eines Rechtsbehelfs prüfen. Je nach angegriffener Verwaltungsmaßnahme greifen unterschiedliche Rechtsbehelfe. So ist der Widerspruch, soweit keine Sonderregeln bestehen (wie z.B. § 126 Abs. 2 BBG, § 54 Abs. 2 BeamtStG), nur statthaft, wenn die Aufhebung bzw. der Erlass eines Verwaltungsakts begehrt wird (siehe § 68 VwGO i.V.m. § 42 Abs. 1 VwGO). Es muss also entweder ein Verwaltungsakt im materiellen Sinne (siehe § 35 S. 1 VwVfG) vorliegen oder die Behörde muss der Form nach durch Verwaltungsakt gehandelt haben.

Wo im Gutachten? Zunächst müssen Sie überlegen, ob und an welcher Stelle im Gutachten Sie das Vorliegen eines Verwaltungsakts am besten ansprechen. In den Beispielen Nr. 2 bis Nr. 4 ist das relativ unprobematisch, in Beispiel Nr. 1 schon etwas kniffliger.

In welchem Stil? Der **ausführliche Gutachtenstil** (Obersatz einschließlich Definition, Subsumtion, Ergebnis) zu jedem einzelnen Merkmal des Verwaltungsakts ist nur angezeigt, wenn jedes einzelne Merkmal tatsächlich auch problematisch ist. Ist das nicht der Fall und prüfen Sie trotzdem ausführlich jedes einzelne Merkmal ausführlich, werden die meisten Prüfer*innen am Korrekturrand bemängeln „Schwerpunkt falsch gesetzt“ oder „das ist unproblematisch“. Der **Feststellungsstil** (Vorliegen des Verwaltungsakts oder eines Merkmals des Verwaltungsakts wird ohne weitere Begründung festgestellt) oder der **Urteilsstil** (Vorliegen des Verwaltungsakts bzw. eines Merkmals des Verwaltungsakts wird als Ergebnis festgestellt und dann kurz begründet) sind in vielen Fällen durchaus erlaubt und angezeigt. Hier muss ich aber ehrlich zugeben, dass das faktisch sehr vom Geschmack der Prüfer*innen abhängt und zumindest aus der Perspektive der Studierenden damit ein unberechenbares Risiko unter dem „Decknamen Beurteilungsspielraum“ ist! Engstirnige Prüfer*innen folgern aus jedem „weil“ oder „da“ einen Verstoß gegen den Gutachtenstil. Ein „Ausweg“ ist der „**verkürzte Gutachtenstil**.“

Welches Merkmal wie ausführlich? Hier hilft folgende Faustformel: „Maßnahme einer Behörde“, „auf dem Gebiet des öffentlichen Rechts“ und „hoheitlich“ nicht definieren, wenn diese Punkte nicht ausnahmsweise problematisch sind. „Regelungscharakter“ (befehlend, rechtsgestaltend oder feststellend) immer zumindest kurz ansprechen, gern auch kurz „Regelung“ definieren. „Einzelfall“ immer ansprechen, wenn es um eine Allgemeinverfügung geht. „Außenwirkung“ erörtern bei Maßnahmen, die nicht im klassischen Staat-Bürger-Verhältnis ergehen (z. B. Maßnahmen im Beamtenverhältnis oder zwischen Hoheitsträgern).

■ **Beispiel „Fortgeschrittene*r“:**

In Prüfungen wie in Beispiel Nr. 4 (siehe oben): Sie sind Fortgeschrittene*r und sollen in einer Klausur prüfen, ob der Widerspruch der A-GmbH gegen die Untersagung ihres Gewerbes „Internethandel mit Büromöbeln“ durch die Stadt Mannheim Aussicht auf Erfolg hat. Sie haben auf Ihrem Konzeptpapier herausgearbeitet, dass es Probleme bei der Widerspruchsfrist (Zustellungsfehler, fehlerhafte Rechtsbehelfsbelehrung), wegen formeller Fehler und bei der Frage nach der Unzuverlässigkeit der A-GmbH gibt. An welcher Stelle und wie tief gehen Sie nun darauf ein, dass die Gewerbeuntersagung ein Verwaltungsakt ist?

So würden Sie im **Feststellungstil** schreiben:

„Der Widerspruch der A-GmbH hat Aussicht auf Erfolg, wenn er zulässig und begründet ist.

A. Zulässigkeit

I. Eröffnung des Verwaltungsrechtswegs

[…]

II. Statthaftigkeit des Widerspruchs

Welcher Rechtsbehelf statthaft ist, richtet sich nach dem Begehren des Widerspruchsführers (vgl. § 88 VwGO). Der Widerspruch ist nach § 68 VwGO i. V. m. § 42 Abs. 1 VwGO statthaft, wenn die Aufhebung eines Verwaltungsakts oder der Erlass eines abgelehnten Verwaltungsakts begehrt wird und das Vorverfahren nicht nach § 68 Abs. 1 S. 2 VwGO ausgeschlossen ist.

Hier begehrt die A-GmbH die Aufhebung der Untersagung ihres Internethandels mit Büromöbeln. ***Die Gewerbeuntersagung ist ein befehlender Verwaltungsakt i. S. d. § 35 S. 1 (L)VwVfG.*** *Das Vorverfahren ist hier nicht nach § 68 Abs. 1 S. 2 VwGO ausgeschlossen. Damit ist das Begehren als Anfechtungswiderspruch (§ 68 Abs. 1 S. 1 VwGO i. V. m. § 42 Abs. 1 Var. 1 VwGO) statthaft.“*

Im **„Urteilsstil“** würde man wie folgt formulieren:

„Die Gewerbeuntersagung ist ein Verwaltungsakt i. S. d. § 35 S. 1 LVwVfG BW, nämlich eine Maßnahme der Behörde „Oberbürgermeister der Stadt Mannheim“ auf dem Gebiet des Gewerberechts (öffentliches Recht), durch die der A-GmbH einseitig (hoheitlich) verboten wird, ihren Internethandel weiter zu betreiben (Einzelfallregelung mit unmittelbarer Rechtswirkung nach außen).“

Wer sich das nicht traut, schreibt im „**verkürzten Gutachtenstil**“:

„Die Gewerbeuntersagung ist eine Maßnahme der Behörde „Oberbürgermeister der Stadt Mannheim“ auf dem Gebiet des Gewerberechts (öffentliches Recht), durch die der A-GmbH einseitig (hoheitlich) verboten wird, ihren Internethandel weiter zu betreiben (Einzelfallregelung mit unmittelbarer Rechtswirkung nach außen), mithin also ein Verwaltungsakt i. S. d. § 35 S. 1 LVwVfG BW.“

■ **Beispiel: Studienanfänger*in:**

In Prüfungen wie in Beispiel 1 (siehe oben): Sie sind im Grundstudium und sollen prüfen, ob die Stadt Mannheim aufgrund des vorliegenden Sachverhalts der A-GmbH rechtmäßig die Ausübung ihres Gewerbes „Internethandel“ untersagen darf (Erlassperspektive).

Nun müssen Sie zunächst überlegen, ob und wo im Gutachten Sie ansprechen wollen, dass die Gewerbeuntersagung ein Verwaltungsakt ist. Dann stellt sich die Frage, wie ausführlich Sie das tun. Hier vier (von vielen weiteren) Varianten:

So besser nicht: Variante 1 (Einbindung in den Obersatz des Gutachtens)

„Die von der Stadt Mannheim angedachte Gewerbeuntersagung – ein befehlender Verwaltungsakt i. S. d. § 35 S. 1 LVwVfG BW – kann rechtmäßig erlassen werden, wenn die formellen und materiellen Voraussetzungen hierfür vorliegen.“

Vorteil: Sie zeigen schon im Obersatz auf, dass Gegenstand der Prüfung ein Verwaltungsakt ist.

Nachteil: Risiko! Einige Prüfer*innen bemängeln, das sei „unzulässiger Feststellungsstil“. Das stimmt zwar nicht, da die Rechtsnatur der Gewerbeuntersagung als klassische Ordnungsverfügung (auch für Studienanfänger*innen) unproblematisch ist und Sie ja schon laut Aufgabenstellung in Form des Verwaltungsakts handeln sollen, nämlich: als Behörde, auf dem Gebiet des öffentlichen Rechts, einseitig (nicht vertraglich), mit verbindlicher Rechtsfolge (Gewerbe untersagen, nicht etwa: Untersagung androhen oder zur Untersagung anhören), in einem konkreten Sachverhalt (Internethandel der A-GmbH) mit Wirkung für eine außerhalb der Verwaltung stehende Person (die A-GmbH). Sehr viele Prüfer*innen erwarten daher überhaupt keine Ausführungen bzw. nur eine kurze Feststellung, wenn Normen (wie z. B. § 28 Abs. 1 VwVfG) angewendet werden, die einen Verwaltungsakt voraussetzen.[6] Aber: Wissen Sie, wer später Prüfer*in ist?

Fazit: Besser nicht so formulieren, wenn Sie die Bewertungskriterien bzw. Prüfer*innen nicht genau kennen.

---

6 So z. B. auch: *Heyen/Collin/Spiecker gen. Döhmann*, 40 Klausuren aus dem Verwaltungsrecht, 11. Auflage 2017, S. 64 f. (Lösungsskizze 3), S. 212 (Lösungsskizze 28).

Mein Favorit: Variante 2 (Einbindung in den Prüfungspunkt „Rechtsgrundlage“)

„Die von der Stadt Mannheim angedachte Gewerbeuntersagung kann rechtmäßig erlassen werden, wenn sie – soweit erforderlich – auf einer wirksamen Rechtsgrundlage beruht (Vorbehalt des Gesetzes) und sowohl formell als auch materiell mit dem geltenden Recht vereinbar ist (Vorrang des Gesetzes).

Rechtsgrundlage

Als Eingriffsmaßnahme bedarf die Gewerbeuntersagung einer Ermächtigung durch formelles Gesetz (Vorbehalt des Gesetzes). In Betracht kommt hier § 35 Abs. 1 S. 1 GewO, der die zuständige Behörde ermächtigt, einem Gewerbetreibenden die Ausübung seines erlaubnisfreien Gewerbes durch Verwaltungsakt (§ 35 S. 1 LVwVfG BW) zu verbieten, wenn die dort genannten Voraussetzungen vorliegen.“

Vorteil: Niemand kann Ihnen einen Verstoß gegen den Gutachtenstil vorwerfen. Sie stellen bereits an sehr zentraler Stelle fest, dass Gegenstand der Prüfung ein angedachter Verwaltungsakt ist.

Nachteil: Kein Nachteil ersichtlich.

Fazit: Mein Favorit für die oben genannte Aufgabenstellung!

Gute Alternative: Variante 3 (Einbindung in den Prüfungspunkt „Verfahren“ – „anwendbare Verfahrensvorschriften“)

„Die von der Stadt Mannheim angedachte Gewerbeuntersagung kann rechtmäßig erlassen werden, wenn sie in jeder Hinsicht dem geltenden Recht entspricht.

Rechtsgrundlage

Als Eingriffsmaßnahme bedarf die Gewerbeuntersagung einer Ermächtigung durch formelles Gesetz (Vorbehalt des Gesetzes). Richtige Rechtsgrundlage für die Untersagung eines wie hier erlaubnisfreien Gewerbes ist § 35 Abs. 1 S. 1 GewO.

Formelle Voraussetzungen

Zuständigkeit

...

Verfahren

Anwendbare Verfahrensvorschriften

Zu prüfen ist, ob die Stadt Mannheim die einschlägigen Verfahrensvorschriften beachtet hat. Welche dies sind, richtet sich nach der Rechtsnatur der Verwaltungsmaßnahme (vgl. § 9 LVwVfG BW). Die Gewerbeuntersagung ist ein Verwaltungsakt, wenn die Merkmale von § 35 S. 1 LVwVfG BW vorliegen. Durch die Gewerbeuntersagung (Maßnahme des Oberbürgermeisters der Stadt Mannheim) wird der A-GmbH einseitig und unmittelbar unter Berufung auf die GewO die weitere Ausübung ihres Internethandels untersagt. Damit liegt eine hoheitliche Einzelfallregelung auf dem Gebiet des öffentlichen Rechts mit Außenwirkung, mithin also ein befehlender Verwaltungsakt i. S. d. § 35 S. 1 LVwVfG BW vor. Folglich sind, soweit die GewO keine Spezialregelungen enthält, §§ 10 ff. LVwVfG BW anwendbar.“

Vorteil: Niemand kann Ihnen einen Verstoß gegen den Gutachtenstil vorwerfen. Sie fühlen sich etwas sicherer, weil Sie alle Merkmale des Verwaltungsakts angesprochen haben.

Nachteil: Mehr Schreibarbeit.

Fazit: Eine gute Alternative, aber unbedingt das schnelle Formulieren üben!

Gute Alternative: Variante 4 (Einbindung in den Prüfungspunkt „Verfahren – Beachtung der Verfahrensrechte")

„Die von der Stadt Mannheim angedachte Gewerbeuntersagung kann rechtmäßig erlassen werden, wenn sie in jeder Hinsicht dem geltenden Recht entspricht.

Rechtsgrundlage

Als Eingriffsmaßnahme bedarf die Gewerbeuntersagung einer Ermächtigung durch formelles Gesetz (Vorbehalt des Gesetzes). Richtige Rechtsgrundlage für die Untersagung eines wie hier erlaubnisfreien Gewerbes ist § 35 Abs. 1 S. 1 GewO.

Formelle Voraussetzungen

Zuständigkeit

...

Verfahren

Zu prüfen ist, ob die Stadt Mannheim die einschlägigen Verfahrensvorschriften beachtet hat. Hier ist die Einhaltung von § 28 LVwVfG näher zu prüfen. Nach § 28 Abs. 1 LVwVfG ist dem Beteiligten vor Erlass eines Verwaltungsakts, der in seine Rechte eingreift, die Gelegenheit zu geben, Stellung zu den entscheidungserheblichen Tatsachen nehmen zu können. Die Gewerbeuntersagung ist eine befehlende behördliche Einzelfallregelung mit Außenwirkung, also ein Verwaltungsakt i. S. d. § 35 S. 1 LVwVfG. ..."

Vorteil: Hier fällt der verkappte Feststellungsstil nicht so auf wie im Beispiel ganz oben, denn die Feststellung, dass ein Verwaltungsakt vorliegt, ist in die gutachtliche Prüfung von § 28 LVwVfG eingebunden.

Nachteil: Manche Prüfer*innen erwarten auch hier wiederum zumindest eine kurze Begründung, warum ein Verwaltungsakt vorliegt.

Fazit: „Ängstliche" bauen das Vorliegen eines Verwaltungsakts an dieser Stelle zwar ein, formulieren aber wie oben in Variante 3 im verkürzten Gutachtenstil.

So wäre es falsch:

Sie prüfen im Rahmen der Verfahrensvorschriften einen etwaigen Verstoß gegen § 20 LVwVfG BW und danach einen etwaigen Verstoß gegen § 28 LVwVfG BW. Erst im Rahmen der Prüfung von § 28 LVwVfG BW stellen Sie dar, dass die angedachte Gewerbeuntersagung ein Verwaltungsakt i. S. d. § 35 S. 1 LVwVfG BW ist.

Das stellt einen Verstoß gegen die Gutachtentechnik dar. Bereits die Anwendung von § 20 LVwVfG BW setzt ein Verwaltungsverfahren i. S. d. § 9 LVwVfG BW vor-

aus. Sie müssen also schon dort darstellen, dass Ziel der Erlass eines Verwaltungsakts ist.

Weitere Übungen

📖 Für Fortgeschrittene: Eine gutachterliche Prüfung des Vorliegens eines Verwaltungsakts im Rahmen einer Hausarbeit (Aufsichtsmaßnahme gegenüber einer Hochschule für öffentliche Verwaltung) finden Sie unter: *Gassner*, Das Recht auf akademische Selbstverwaltung an den Hochschulen für öffentliche Verwaltung, in: UBWV 2018, 92-96.

B. Befugnis zum Handeln durch Verwaltungsakt

Lernziel

☑ **Erfordernis einer Ermächtigungsgrundlage (Reichweite des Grundsatzes des Vorbehalts des Gesetzes):** Sie können beurteilen, ob ein Verwaltungsorgan allein aufgrund seines Aufgabengebiets zum Handeln berechtigt ist oder einer Ermächtigung durch formelles Gesetz bedarf.
- Eingriffsverwaltung: Ermächtigung stets erforderlich für Eingriffe der Verwaltung in Rechte des Einzelnen
- Leistungsverwaltung und sonstige Verwaltung: Ermächtigung erforderlich für wesentliche Entscheidungen im Staat-Bürger-Verhältnis (Wesentlichkeitstheorie des BVerfG, umstritten)
- Eingriffe in die Kompetenzen anderer Verwaltungsträger: Ermächtigung erforderlich

☑ **Verwaltungsaktbefugnis:** Sie können beurteilen, ob ein Verwaltungsorgan zum Handeln in Form eines Verwaltungsakts (Individual- und/oder Allgemeinverfügung) ermächtigt ist.

I. „Taubenfütterungsverbot“ (Fall 1.5)

■ Sachverhalt

Der Bürgermeister der Gemeinde A (Baden-Württemberg) will Frau M für 3 Wochen verbieten, auf dem Marktplatz die Tauben zu füttern.

■ Aufgabe 1

Prüfen Sie gutachterlich, ob das Taubenfütterungsverbot einer Ermächtigung durch formelles Gesetz bedarf.

Aufgabe 2

Prüfen Sie gutachterlich, ob richtige Rechtsgrundlage für das Taubenfütterungsverbot §§ 10, 1 Abs. 1 PolG BW oder §§ 3, 1 Abs. 1 PolG BW sind.

Gesetzesauszüge

Auszug aus dem Polizeigesetz Baden-Württemberg (PolG BW)

§ 1 Allgemeines

(1) [1]Die Polizei[7] hat die **Aufgabe**, von dem einzelnen und dem Gemeinwesen Gefahren abzuwehren, durch die die öffentliche Sicherheit oder Ordnung bedroht wird, und Störungen der öffentlichen Sicherheit oder Ordnung zu beseitigen, soweit es im öffentlichen Interesse geboten ist.

§ 3 Polizeiliche Maßnahmen

Die Polizei hat innerhalb der durch das Recht gesetzten Schranken zur Wahrnehmung ihrer Aufgaben diejenigen Maßnahmen zu treffen, die ihr nach pflichtmäßigem Ermessen erforderlich erscheinen.

§ 10 Ermächtigung zum Erlaß von Polizeiverordnungen

(1) Die allgemeinen Polizeibehörden[8] können zur Wahrnehmung ihrer Aufgaben nach diesem Gesetz polizeiliche Gebote oder Verbote erlassen, die für eine unbestimmte Anzahl von Fällen an eine unbestimmte Anzahl von Personen gerichtet sind (Polizeiverordnungen).

Lösungsvorschlag zu Aufgabe 1

Das Taubenfütterungsverbot bedarf einer gesetzlichen Ermächtigung, soweit ein spezieller oder der allgemeine Gesetzesvorbehalt (Art. 20 Abs. 3 GG) greift. Hier könnte eine gesetzliche Ermächtigung aufgrund von Art. 2 Abs. 1 GG erforderlich sein. Das ist der Fall, wenn das Taubenfütterungsverbot einen Eingriff in den Schutzbereich des Rechts von Frau M auf allgemeine Handlungsfreiheit darstellt und nicht in den Schutzbereich eines spezielleren Freiheitsgrundrechts fällt.

Durch das Taubenfütterungsverbot greift der Bürgermeister final und unmittelbar in das Recht von Frau M aus Art. 2 Abs. 1 GG auf allgemeine Handlungsfreiheit[9] ein , andere Freiheitsgrundrechte sind nicht betroffen.

Damit bedarf das Taubenfütterungsverbot nach Art. 2 Abs. 1 GG einer gesetzlichen Ermächtigung.

---

7 Die Gemeinden sind Polizei i. S. d. § 1 PolG BW.

8 In Baden-Württemberg sind die Gemeinden als Ortspolizeibehörden allgemeine Polizeibehörden.

9 Kurzformel zum Schutzbereich: „Jeder darf tun und lassen, was er will“.

Lösungsvorschlag zu Aufgabe 2

Das Taubenfütterungsverbot kann auf §§ 10, 1 Abs. 1 S. 1 PolG BW gestützt werden, wenn es ein polizeiliches Gebot oder Verbot ist, das für eine unbestimmte Anzahl von Fällen an eine unbestimmte Anzahl von Personen gerichtet ist, wenn Ziel also der Erlass einer Polizei(rechts)verordnung ist.

Hier richtet sich das angedachte Taubenfütterungsverbot ausschließlich an Frau M und ist somit gerade nicht für eine unbestimmte Anzahl von Fällen an eine unbestimmte Anzahl von Personen gerichtet.

Das Taubenfütterungsverbot kann damit nicht auf §§ 10, 1 Abs. 1 S. 1 PolG BW gestützt werden.

Richtige Rechtsgrundlage könnten §§ 3, 1 PolG BW sein. Danach hat die Polizei innerhalb der durch das Recht gesetzten Schranken zur Wahrnehmung ihrer in § 1 Abs. 1 S. 1 PolG BW genannten Aufgaben diejenigen Maßnahmen zu treffen, die ihr nach pflichtgemäßem Ermessen erforderlich erscheinen. Der Begriff „Maßnahme" schließt insbesondere den Erlass von Einzelfallregelungen in Form von Verwaltungsakten ein. Damit sind §§ 3, 1 Abs. 1 S. 1 PolG BW die richtige Rechtsgrundlage für das Taubenfütterungsverbot an Frau M.

II. „Kein Alkoholausschank bei G während der Fußballspiele" (Fall 1.6)

Sachverhalt

Die zuständige Behörde (Baden-Württemberg) will Gastwirt G verbieten, während des Fußballspiels am nächsten Sonntag Alkohol auszuschenken, um zu vermeiden, dass es wie in den vergangenen Wochen zu Ausschreitungen zwischen alkoholisierten Fangruppen kommt.

Aufgabe

Prüfen Sie gutachterlich, ob das Ausschankverbot einer gesetzlichen Ermächtigung bedarf und ob es auf § 1 LGastG BW i. V. m. § 19 GastG gestützt werden kann.

Lösungsvorschlag

Das Ausschankverbot bedarf einer gesetzlichen Ermächtigung, soweit ein spezieller oder der allgemeine Gesetzesvorbehalt (Art. 20 Abs. 3 GG) greift. Hier könnte eine gesetzliche Ermächtigung aufgrund von Art. 12 Abs. 1 S. 2 GG erforderlich sein.

Durch das Ausschankverbot greift die Behörde in das Recht von G aus Art. 12 Abs. 1 S. 1 GG auf Berufsfreiheit ein, indem sie Herrn G vorgibt, wie er den Beruf auszuüben hat.

Damit bedarf das Ausschankverbot einer gesetzlichen Ermächtigung.

Das Verbot, Alkohol auszuschenken, kann auf § 1 LGastG BW i. V. m. § 19 GastG gestützt werden, wenn es vorübergehend für bestimmte Zeit und für einen bestimmten örtlichen Bereich ganz oder teilweise ausgesprochen werden soll, also wenn eine sogenannte adressatenbezogene Allgemeinverfügung erlassen werden soll.[10]

Hier soll das Ausschankverbot für eine bestimmte Zeit ausschließlich an Gastwirt G und nicht an alle Gewerbetreibenden in einem bestimmten örtlichen Bereich ausgesprochen werden.

Damit kann das Ausschankverbot nicht auf § 1 LGastG BW i. V. m. § 19 GastG gestützt werden.[11]

III. „Abrissverfügung gegenüber dem Bund" (Fall 1.7)

■ Sachverhalt

Das Landratsamt A (Baden-Württemberg) will gegenüber der Bundesrepublik Deutschland die Beseitigung baulicher Anlagen auf einem ehemaligen Mobilmachungsstützpunkt der Bundeswehr anordnen. Die militärische Nutzung der baulichen Anlagen und des Geländes wurde vor 10 Jahren endgültig aufgegeben. Das gesamte Areal wurde vom Bund zum Verkauf ausgeschrieben. Bisher konnte aber kein einziger Interessent gefunden werden. Nun hat die zuständige Gemeinde einen Bebauungsplan beschlossen, der für das Gelände Flächen mit Regelungen und Maßnahmen zum Schutz, zur Pflege und Entwicklung von Boden, Natur und Landschaft festsetzt. Damit ist die bauliche Anlage sowohl formell als auch materiell baurechtswidrig.[12]

■ Aufgabe

Prüfen Sie gutachterlich, ob die Abrissverfügung einer gesetzlichen Ermächtigung bedarf und ob § 65 S. 1 LBO BW das Landratsamt ermächtigt, eine Abrissverfügung gegen andere Hoheitsträger anzuordnen.

■ Lösungsvorschlag

Die Anordnung des Abrisses bedarf einer gesetzlichen Ermächtigung, soweit ein Gesetzesvorbehalt greift. Der spezielle Gesetzesvorbehalt nach

10 Adressat ist keine bestimmte Person und kein bestimmter Personenkreis, sondern ein bestimmbarer Personenkreis: nämlich alle, die vorhaben, zu der bestimmten Zeit in der bestimmten Örtlichkeit gewerblich Alkohol auszuschenken.

11 Richtige Rechtsgrundlage ist § 1 LGastG BW i. V. m. § 5 Abs. 1 Nr. 3 GastG.

12 Fall nachgebildet nach: VG Mainz, Urteil vom 15.01.2008 – 313/07.MZ, juris.

Art. 14 Abs. 1 S. 2 GG kommt hier nicht in Betracht, da die Bundesrepublik Deutschland nicht Grundrechtsträgerin ist. Auch der allgemeine Gesetzesvorbehalt aus Art. 20 Abs. 3 GG greift nur im Staat-Bürger-Verhältnis. Hier ist auf den allgemeinen Rechtsgrundsatz des Verwaltungsrechts zurückzugreifen, wonach eine Behörde durch Anordnungen oder Zwang in den Kompetenzbereich einer anderen Behörde desselben oder eines anderen Verwaltungsträgers nur auf Grundlage eines formellen Gesetzes eingreifen darf.[13] Mit der Abrissverfügung greift das Landratsamt A in den Kompetenzbereich des Bundes ein. Damit ist eine gesetzliche Ermächtigung erforderlich.

Die Abrissverfügung kann auf § 65 S. 1 LBO BW gestützt werden, wenn diese Norm nicht nur zum Erlass von Abrissverfügungen gegenüber Privatpersonen, sondern auch gegenüber Hoheitsträgern ermächtigt. Ob Verwaltungsakte grundsätzlich auch gegenüber Hoheitsträgern ergehen können, ist umstritten. Die h.M. verneint dies und beruft sich auf den Grundsatz der „fehlenden formellen Polizeipflicht von Hoheitsträgern“: Insbesondere wegen der Kompetenzordnung des Grundgesetzes dürfe eine Hoheitsverwaltung (von Sonderregelungen bzw. Ausnahmen abgesehen) nicht mit Anordnungen oder gar mit Zwang in die hoheitliche Tätigkeit einer anderen Hoheitsverwaltung eingreifen.[14] Damit können nach h.M. Abrissverfügungen gegenüber anderen Hoheitsverwaltungen nur dann auf § 65 S. 1 LBO BW gestützt werden, wenn die bauliche Anlage nur fiskalischen (also nicht hoheitlichen) Zwecken dient oder wenn § 65 S. 1 LBO BW eine Sonderregelung darstellt, die ausnahmsweise zum Erlass von Verwaltungsakten auch gegenüber Hoheitsträgern bei der Wahrnehmung hoheitlicher Aufgaben ermächtigt.

Die Gegenauffassung geht von der uneingeschränkten formellen Polizeipflicht von Hoheitsträgern aus.[15] Nach dieser Auffassung wäre der Erlass einer Abrissverfügung gegen die Bundesrepublik Deutschland nach § 65 S. 1 LBO BW unproblematisch möglich.

§ 65 S. 1 LBO BW könnte eine Sonderregelung im Sinne der h.M. und damit eine Ausnahme von der fehlenden formellen Polizeipflicht von Hoheitsträgern darstellen. Dafür spricht § 70 Abs. 2 S. 3 LBO BW, der auch für Zustimmungsverfahren bestimmter juristischer Personen des öffentlichen Rechts § 65 LBO BW für entsprechend anwendbar erklärt.

Letztendlich kann dies hier jedoch dahinstehen, da die baulichen Anlagen nicht mehr zu hoheitlichen Zwecken, sondern ausschließlich zu fiska-

---

13 BVerwGE 29, 52 (59).

14 So grundlegend BVerwGE 29, 52 (59).

15 *Borowski*, VerwArch 2010, 58 ff.

lischen Zwecken genutzt werden und somit durch die Abrissanordnung schon keine hoheitlichen Aufgaben der Bundesrepublik getroffen werden. Damit ist das LRA hier nach allen Auffassungen zum Handeln durch Abrissverfügung (Verwaltungsakt) gegenüber der Bundesrepublik ermächtigt.

Tipp

An diesem Beispiel sehen Sie, wie Sie Meinungsstreits im Gutachten darstellen können. Hier muss der Streit nicht gelöst werden, weil nach allen Auffassungen der Erlass einer Abrissverfügung zulässig ist.

IV. „Jugendförderung" (Fall 1.8)

Sachverhalt

Der Bundestag stellt zur Jugendförderung jährlich durch Haushaltsgesetz finanzielle Mittel bereit. Das Bundesministerium für Familie, Senioren, Frauen und Jugend hat durch Verwaltungsvorschrift (Richtlinien über die Gewährung von Zuschüssen und Leistungen zur Förderung der Kinder- und Jugendhilfe durch den Kinder- und Jugendplan des Bundes) Kriterien für die Vergabe dieser finanziellen Mittel festgesetzt.

Der Ring politischer Jugend (Zusammenschluss der parteipolitischen Jugendverbände auf Bundesebene: Junge Union, Jusos, Junge Liberale, Grüne Jugend und JungdemokratInnen/Junge Linke) beantragt die Gewährung finanzieller Mittel für „politische Bildung". Die Deutsche Musikrat gemeinnützige Projektgesellschaft mbH beantragt die Gewährung finanzieller Mittel für den Bundeswettbewerb „Jugend musiziert" („kulturelle Bildung").[16]

Aufgabe

Gehen Sie davon aus, dass in beiden Fällen die Förderungsvoraussetzungen nach der oben genannten Richtlinie vorliegen. Ist die Verwaltung (das Ministerium) befugt, die beantragten Zuwendungen durch Verwaltungsakt zu gewähren? Lesen Sie dazu auch § 83 Abs. 1 SGB VIII!

Lösungsvorschlag

Die beantragten Mittel können durch Verwaltungsakt gewährt werden, wenn kein Erfordernis besteht, dass die materiellen Vergabekriterien und das formelle Vergabeverfahren durch Parlamentsgesetz geregelt werden, wenn also die bloße Zuständigkeitsregelung in § 83 Abs. 1 SGB VIII und die

16 Fall nachgebildet in Anlehnung an: OVG Berlin-Brandenburg, NVwZ 2012, 1265-1272.

Bereitstellung der Haushaltsmittel im Haushaltsplan ausreichend für die Vergabe sind.

Ob und inwieweit die Leistungsverwaltung einer gesetzlichen Ermächtigung bedarf, ist umstritten.

Nach der älteren Rechtsprechung des BVerwG und einem Teil der Literatur ist es grundsätzlich ausreichend, wenn die finanzielle Förderung zum Aufgabenbereich des Verwaltungsorgans gehört und die entsprechenden Haushaltsmittel vom Parlament etatmäßig bereitgestellt worden sind.[17]

Ein Großteil der Literatur hält Zuwendungen (von überraschend auftretenden Notfällen abgesehen) grundsätzlich nur aufgrund besonderer Subventionsgesetze für zulässig.[18]

Nach einer vermittelnden dritten Auffassung, die an die Wesentlichkeitstheorie des BVerfG anknüpft, bedarf die Vergabe solcher Subventionen, die eine wesentliche Frage im Staat-Bürger-Verhältnis darstellen, einer Regelung durch Parlamentsgesetz.[19]

Der Meinungsstreit ist hier entscheidend, da nach der ersten Auffassung beide Zuwendungen durch Verwaltungsakt erteilt werden dürften, nach der zweiten Auffassung beide Zuwendungen mangels ausreichender Ermächtigung rechtswidrig wären und nach dritter Auffassung zu differenzieren wäre, ob die Zuwendung unwesentlich (und damit rechtmäßig) oder wesentlich (und damit wegen fehlender Rechtsgrundlage rechtswidrig) wäre.

Für die dritte Auffassung spricht, dass sie einerseits die Delegierungsbefugnis des Parlaments und die Handlungsspielräume der Verwaltung ausreichend beachtet: Verfassungsrechtlich liegt es grundsätzlich in der Kompetenz des Parlaments zu entscheiden, ob es die Subventionierung bis in alle Einzelheiten regeln oder die weitere Ausgestaltung der Verwaltung überlassen will. Aus diesem Grunde ist die Auffassung des Großteils der Literatur, die auf einen Totalvorbehalt im Subventionsrecht hinausläuft, nicht überzeugend.

Andererseits berücksichtigt die dritte Auffassung allerdings auch ausreichend, dass es Subventionen gibt, die für das Staat-Bürger-Verhältnis wesentlich sind, insbesondere weil Grundrechte betroffen sind, die staatliche Neutralität gegenüber gesellschaftlichen Akteuren gewährleistet werden muss oder der Staat möglicherweise Einfluss auf den Meinungs- und Willensbildungsprozess nimmt.[20] Damit ist der dritten Auffassung zu folgen.

---

17 BVerwG, NJW 1977, 1838; *Detterbeck*, Verwaltungsrecht, Rn. 287.

18 *Maurer/Waldhoff*, Verwaltungsrecht, § 6 Rn. 21.

19 OVG Berlin-Brandenburg, NVwZ 2012, 1265-1272. *Detterbeck*, Verwaltungsrecht, Rn. 287.

20 *Pilniok*, ZG 2016, 62 (70).

Die Zuwendung für das Projekt „Jugend musiziert“ hat für das Staat-Bürger-Verhältnis keinerlei grundsätzliche Bedeutung. Eine gesetzliche Ermächtigung ist somit nicht erforderlich. Damit kann das Bundesministerium allein auf § 83 Abs. 1 S. 1 SGB VIII und die etatmäßig bereitgestellten Haushaltsmittel gestützt die Zuwendung durch Verwaltungsakt aussprechen.

Die Zuwendung an den Ring politischer Jugend, der wiederum nach seinen eigenen (gesetzlich nicht vorgegebenen Kriterien) die Gelder auf die Jugendorganisationen der politischen Parteien weiterverteilt, betrifft die Chancengleichheit im politischen Wettbewerb und ist daher eine für das Staat-Bürger-Verhältnis wesentliche Frage.[21] Daher muss das Parlament die Grundentscheidungen für die Vergabe dieser Fördermittel selbst treffen. Die Zuwendung kann daher entgegen der herrschenden Verwaltungspraxis nicht auf § 83 Abs. 1 S. 2 SGB VIII gestützt werden.

Tipp

An diesem Beispiel sehen Sie, wie Sie Meinungsstreits im Gutachten darstellen können, wenn der Streit gelöst werden muss, weil die Auffassungen zu unterschiedlichen Ergebnissen führen.

C. Bekanntgabe und Wirksamkeit des Verwaltungsakts

Lernziele

- ☑ Sie können beurteilen, ob und zu welchem Zeitpunkt ein Verwaltungsakt gegenüber einer bestimmten Person bekannt gegeben worden ist und ob der Verwaltungsakt dieser Person gegenüber damit nach § 43 Abs. 1 VwVfG äußere Wirksamkeit hat.
- ☑ Sie können beurteilen, ob und zu welchem Zeitpunkt ein Verwaltungsakt innere Wirksamkeit hat, also inhaltlich verbindlich ist.
- ☑ Sie kennen die aufschiebende Wirkung von Anfechtungswiderspruch und Anfechtungsklage.
- ☑ Sie können die Widerspruchs- bzw. Klagefrist berechnen.

21 *Pilniok*, ZG 2016, 62 (78).

I. „Amtsbote wirft Aufenthaltsverbot in den Wohnungsbriefkasten ein" (Fall 1.9)

Sachverhalt

Die Stadt K verfügt am Mittwoch (1.3) gegen Herrn H schriftlich ein Aufenthaltsverbot für den Markplatz in K. Als Gültigkeitszeitraum bestimmt die Stadt, dass das Aufenthaltsverbot ab kommenden Samstag (4.3) bis einschließlich zum 4.4. gelten soll. Das Schreiben wird vom Amtsboten der Stadt K am Freitag (3.3.) um 8.00 Uhr in den Wohnungsbriefkasten von Herrn H eingeworfen. Die normale Hauspost kommt gewöhnlich montags bis samstags täglich gegen 13.00 Uhr.

Aufgabe

Prüfen Sie gutachterlich, ob Herr H am Samstag (4.3) um 14.00 Uhr den Marktplatz betreten darf!

Lösungsvorschlag

Herr H darf am Samstag um 14.00 Uhr den Markplatz nicht betreten, wenn das Aufenthaltsverbot (Verwaltungsakt, § 35 S. 1 LVwVfG BW) zu diesem Zeitpunkt für ihn bereits verbindlich ist. Dann müsste das Aufenthaltsverbot zum einen für H gemäß § 43 Abs. 1 S. 1 LVwVfG BW wirksam sein und zum anderen bereits für Samstag (4.3) um 14.00 Uhr gelten.

Nach § 43 Abs. 1 S. 1 Alt. 1 LVwVfG BW wird ein Verwaltungsakt gegenüber demjenigen, für den er bestimmt ist, in dem Zeitpunkt wirksam, zu dem er ihm bekannt gegeben wird. Bekanntgabe ist die Eröffnung des Verwaltungsakts, also der behördliche willentliche Erlass eines Verwaltungsakts und dessen Zugang beim Adressaten (vgl. § 130 Abs. 1 S. 1 BGB).[22] Nach h.M. erfolgt der Zugang zu dem Zeitpunkt, in dem der Empfänger unter normalen Verhältnissen die Möglichkeit der Kenntnisnahme hat. Hier wird das Aufenthaltsverbot am 3.3. um 8.00 Uhr (und damit noch vor der täglichen Post) in den Wohnungsbriefkasten eingeworfen. Damit hatte H noch am Freitag die Möglichkeit, vom Aufenthaltsverbot zusammen mit der normalen Post Kenntnis zu nehmen. Das Aufenthaltsverbot wurde folglich gemäß § 43 Abs. 1 S. 1 LVwVfG BW am 3.3. wirksam.

Die Stadt K hat das Aufenthaltsverbot gemäß § 36 Abs. 2 Nr. 1 LVwVfG BW befristet für den Zeitraum 4.3. bis 4.4. erteilt. Damit tritt das Aufenthaltsverbot am Samstag, den 4.3 um 0.00 Uhr in Kraft.

Herr H darf den Marktplatz am Samstag um 14.00 Uhr somit nicht mehr betreten.

---

22 BVerwGE 22, 14.

II. „Fortsetzung: Widerspruch gegen das Aufenthaltsverbot" (Fall 1.10)

Sachverhalt

Fortsetzung von Fall 1.9: H ärgert sich sehr über das Aufenthaltsverbot. Noch am Samstag (4.3.) wirft er um 10.00 Uhr bei der Stadt K sein Widerspruchsschreiben ein.

Aufgabe 1

Darf Herr H am Samstag (4.3.) um 14.00 Uhr den Marktplatz betreten? Prüfen Sie gutachterlich!

Aufgabe 2

Falls H den Marktplatz nun aufgrund seines Widerspruchs betreten darf: Wie hätte die Behörde das verhindern können? Erläutern Sie das in 1–2 Sätzen!

Lösungsvorschlag zu 1

Herr H darf am Samstag um 14.00 Uhr den Markplatz betreten, wenn er das Aufenthaltsverbot zu diesem Zeitpunkt aufgrund der aufschiebenden Wirkung seines Widerspruchs (§ 80 Abs. 1 S. 1 VwGO) nicht beachten muss.

Nach § 80 Abs. 1 S. 1 VwGO hat sein Widerspruch aufschiebende Wirkung. Ein Ausnahmegrund nach § 80 Abs. 2 VwGO ist nicht ersichtlich. Zwar ist die Rechtsnatur der aufschiebenden Wirkung streitig, also die Frage, ob die **Wirksamkeit** des Verwaltungsakts aufgeschoben wird (strenge Wirksamkeitstheorie) oder nur vorläufig gehemmt wird (eingeschränkte Wirksamkeitstheorie) oder ob lediglich die **Vollziehbarkeit** des Verwaltungsakts ausgesetzt wird (Vollziehbarkeitstheorie, h.M.). Nach allen drei Auffassungen ist jedenfalls während des Zeitraums der aufschiebenden Wirkung der Verwaltungsakt zumindest vorläufig nicht verbindlich.

Damit muss H nach Erhebung des Widerspruchs (Samstag, 4.3. um 10.00 Uhr) und vor Ablauf dessen aufschiebender Wirkung (vgl. § 80b VwGO) das Aufenthaltsverbot nicht beachten und darf den Marktplatz somit am Samstag (4.3.) um 14.00 Uhr betreten.

Lösungsvorschlag zu 2

Die Stadt K hätte das verhindern können, indem sie mit Bescheid vom 1.3. nicht nur das Aufenthaltsverbot verfügt hätte, sondern dieses darüber hinaus gemäß § 80 Abs. 2 S. 1 Nr. 4 VwGO für sofort vollziehbar erklärt hätte.[23]

III. „Bekanntgabe gegen Postzustellungsurkunde" (Fall 1.11)

Sachverhalt

Die Stadt K verfügt am Mittwoch (1.3.) gegen Herrn H unter Anordnung der sofortigen Vollziehung ein Aufenthaltsverbot für den Zeitraum vom 4.3. (Samstag) bis zum 4.4. für den Marktplatz in K und ordnet die Zustellung gegen Postzustellungsurkunde an. Der Postbedienstete übergibt das Schreiben am Freitag (3.3.) an der Haustür der Ehefrau von Herrn H, weil dieser noch nicht von der Arbeit zurück ist. Das verzeichnet der Postbedienstete in der Zustellungsurkunde, die er an die Stadt K zurückschickt. Frau H übergibt Herrn H das Schreiben am Samstag (4.3.) nach dem Frühstück um 11.00 Uhr.

Aufgabe 1

Darf Herr H am Samstag (4.3.) um 14.00 Uhr den Marktplatz betreten? Prüfen Sie gutachterlich!

Aufgabe 2

Falls H den Platz nicht betreten darf: Würde sich daran etwas durch einen etwaigen Widerspruch ändern? Wenn nein: Was kann Herr H tun, um den Platz betreten zu dürfen? Antworten Sie in ca. 2-5 Sätzen!

Lösungsvorschlag zu 1

Herr H darf am Samstag um 14.00 Uhr den Markplatz nicht betreten, wenn das Aufenthaltsverbot (Verwaltungsakt, § 35 S. 1 LVwVfG BW) zu diesem Zeitpunkt für ihn bereits verbindlich ist. Dann müsste das Aufenthaltsverbot zum einen für H gemäß § 43 Abs. 1 S. 1 LVwVfG BW wirksam sein und zum anderen bereits für Samstag (4.3.) um 14.00 Uhr gelten.

Nach § 43 Abs. 1 S. 1 Alt. 1 LVwVfG BW wird ein Verwaltungsakt gegenüber demjenigen, für den er bestimmt ist, in dem Zeitpunkt wirksam, zu dem er ihm bekannt gegeben wird. Bekanntgabe ist die Eröffnung des Ver-

---

23 Die Anordnung der sofortigen Vollziehung kann auch später erfolgen (z.B. wie hier nach Widerspruchserhebung). Allerdings ist laut Sachverhalt Samstag, und es ist unrealistisch, dass die Stadt K es schafft, noch vor 14.00 Uhr gegenüber Herrn H ordnungsgemäß die sofortige Vollziehung anzuordnen.

waltungsakts, also der behördliche willentliche Erlass eines Verwaltungsakts und dessen Zugang beim Adressaten (vgl. § 130 Abs. 1 S. 1 BGB).

Der Zugang beim Adressaten wird durch die förmliche Zustellung nach dem LVwZG BW, eine besondere Form der Bekanntgabe (vgl. § 41 Abs. 5 LVwVfG BW und § 2 Abs. 1 LVwZG BW), ersetzt, vgl. § 132 Abs. 1 S. 1 BGB.

Hier wurde das Aufenthaltsverbot im Wege der Ersatzzustellung ordnungsgemäß nach § 3 Abs. 2 S. 1 LVwZG BW i. V. m. § 178 Abs. 1 Nr. 1 ZPO am Freitag, den 3.3. durch Übergabe an die Ehefrau zugestellt und Herrn H damit gemäß § 43 Abs. 1 S. 1 Alt. 1 LVwVfG BW bekannt gegeben. Äußere Wirksamkeit hat das Aufenthaltsverbot somit seit Freitag, den 3.3. Dass Frau H das Schreiben ihrem Ehemann erst am Samstag übergeben hat, ist irrelevant. Auf die tatsächliche Kenntnis kommt es nicht an.

Ab wann das Aufenthaltsverbot inhaltlich wirksam ist, richtet sich nach der Anordnung selbst. Hier hat die Stadt K angeordnet, dass das Aufenthaltsverbot ab Samstag, den 4.3. gelten soll. Damit darf Herr H am den Marktplatz am Samstag um 14.00 Uhr nicht betreten.

■ Lösungsvorschlag zu 2

Ein etwaiger Widerspruch hätte gemäß § 80 Abs. 2 S. 1 Nr. 4 VwGO wegen der angeordneten sofortigen Vollziehung keine aufschiebende Wirkung. H muss das Aufenthaltsverbot also trotz seines Widerspruchs beachten.

Er könnte nach § 80 Abs. 5 S. 1 VwGO beim zuständigen Verwaltungsgericht die Wiederherstellung der aufschiebenden Wirkung seines Widerspruchs beantragen. In der Sache hätte sein Antrag Aussicht auf Erfolg, wenn die Anordnung der sofortigen Vollziehung durch die Stadt K formell rechtswidrig wäre und/oder wenn kein überwiegendes Interesse an der sofortigen Vollziehung bestände.

IV. „Bekanntgabe des Aufenthaltsverbots mit normalem Brief über die Post" (Fall 1.12)

■ Sachverhalt

Die Stadt K verfügt am Mittwoch (1.3) gegen Herrn H schriftlich ein Aufenthaltsverbot für den Markplatz in K. Als Gültigkeitszeitraum bestimmt die Stadt, dass das Aufenthaltsverbot ab Bekanntgabe bis einschließlich zum 4.4. gelten soll. Das Schreiben wird noch am Mittwoch bei der Post mit normalem Brief aufgegeben. Herr H findet es am Freitag (3.3.) in seinem Briefkasten.

■ Aufgabe

Darf Herr H am Samstag (4.3.) um 14.00 Uhr und am Sonntag (5.3.) um 10.00 Uhr den Marktplatz betreten? Prüfen Sie gutachterlich!

■ Lösungsvorschlag

Herr H darf am Samstag (4.3.) um 14.00 Uhr und am Sonntag (5.3.) um 10.00 Uhr den Markplatz nicht betreten, wenn das Aufenthaltsverbot (Verwaltungsakt, § 35 S. 1 LVwVfG BW) zu diesen Zeitpunkten für ihn bereits verbindlich ist. Dann müsste das Aufenthaltsverbot zum einen für H gemäß § 43 Abs. 1 S. 1 LVwVfG BW wirksam sein und zum anderen bereits für Samstag (4.3.) um 14.00 Uhr bzw. für Sonntag (5.3.) um 10.00 Uhr gelten.

Nach § 43 Abs. 1 S. 1 Alt. 1 LVwVfG BW wird ein Verwaltungsakt gegenüber demjenigen, für den er bestimmt ist, in dem Zeitpunkt wirksam, zu dem er ihm bekannt gegeben wird. Bekanntgabe ist die Eröffnung des Verwaltungsakts, also der behördliche willentliche Erlass eines Verwaltungsakts und dessen Zugang beim Adressaten (vgl. § 130 Abs. 1 S. 1 BGB).

Wird im Inland ein schriftlicher Verwaltungsakt durch die Post übermittelt, gilt dieser nach § 41 Abs. 2 S. 1 LVwVfG BW am dritten Tag nach der Aufgabe zur Post als bekannt gegeben. Wie sich im Umkehrschluss aus § 41 Abs. 2 S. 3 LVwVfG BW ergibt, bleibt es bei der 3-Tagesfiktion auch dann, wenn der Verwaltungsakt tatsächlich früher zugeht.[24]

Dass Herr H das Aufenthaltsverbot tatsächlich bereits am Freitag erhielt, ist damit irrelevant.

Die Berechnung der 3-Tagesfiktion bestimmt sich entsprechend § 31 Abs. 1 LVwVfG BW nach §§ 187 Abs. 1, 188 Abs. 1 BGB.[25]

Hier erfolgt die Aufgabe bei der Post am Mittwoch. Damit ist entsprechend § 31 Abs. 1 LVwVfG BW i. V. m. § 187 Abs. 1 BGB erster Tag der 3-Tagesfiktion der Donnerstag. Entsprechend § 31 Abs. 1 LVwVfG BW i. V. m. § 188 Abs. 1 BGB gilt das Aufenthaltsverbot unter Anwendung der 3-Tagesfiktion rechnerisch mit Ablauf des Samstags als bekannt gegeben.

Umstritten ist, ob es bei der 3-Tagesfiktion auch dann bleibt, wenn der dritte Tag ein Sonntag, Feiertag bzw. wie hier ein Samstag ist. Die Finanzgerichtsbarkeit verneint dies,[26] während nach Auffassung der Sozial- und Verwaltungsgerichtsbarkeit § 31 Abs. 3 S. 1 (L)VwVfG nicht anwendbar

---

24 Vgl. BVerwG, NJW 1965, 2363.

25 Stelkens/Bonk/Sachs/*Stelkens*, VwVfG, § 41 Rn. 132.

26 BFHE 203, 26, 27 ff. (zur Bekanntgabefiktion in 122 Abs. 2 Nr. 1 AO, Rückgriff auf die § 31 Abs. 3 S. 1 VwVfG entsprechende Regelung des § 108 Abs. 3 AO); so bei § 41 Abs. 2 S. 1 VwVfG unter Rückgriff auf § 31 Abs. 3 S. 1 VwVfG auch Stelkens/Bonk/Sachs/*Stelkens*, VwVfG, § 41 Rn. 133.

ist.[27] Der Streit muss hier entschieden werden, denn nach der ersten Auffassung wäre das Aufenthaltsverbot gemäß § 31 Abs. 3 S. 1 LVwVfG BW erst mit Ablauf von Montag (6.3.) bekannt gegeben und damit erst am Dienstag (7.3.) ab 0.00 Uhr wirksam, während nach der zweiten Auffassung das Aufenthaltsverbot mit Ablauf des Samstags, also am Sonntag (5.3.) ab 0.00 Uhr gemäß § 43 Abs. 1 S. 1 LVwVfG BW wirksam wäre.

Überzeugender ist die zweite Auffassung, da es sich bei der Bekanntgabefiktion um keine Frist handelt, innerhalb der eine Handlung vorzunehmen ist, sondern um die Festlegung eines Zeitpunkts (Termins) und § 31 Abs. 3 S. 1 LVwVfG BW somit gar nicht anwendbar ist. Somit endet die 3-Tagesfiktion auch dann mit Ablaufe des dritten Tages, wenn dieser ein Samstag, Sonntag oder Feiertag ist. Für eine analoge Anwendung von § 31 Abs. 3 S. 1 LVwVfG BW besteht kein Bedarf, da der Betroffene im Falle eines späteren Zugangs über § 41 Abs. 2 S. 3 LVwVfG BW ausreichend geschützt ist.

Äußere Wirksamkeit erlangt das Aufenthaltsverbot daher mit Ablauf des Samstags, also am Sonntag um 0.00 Uhr.

Als ersten Gültigkeitstermin, d. h. als Zeitpunkt für das Inkrafttreten des Aufenthaltsverbots hat die Stadt K den Zeitpunkt der Bekanntgabe bestimmt. Damit tritt das Aufenthaltsverbot ab Sonntag (5.3.) um 0.00 Uhr in Kraft.

Herr H darf den Marktplatz also am Samstag noch betreten, nicht aber mehr am Sonntag, den 5.3. um 10.00 Uhr.

V. „Fehlerhafte Bekanntgabe des Aufenthaltsverbots" (Fall 1.13)

■ Sachverhalt

Die Stadt K verfügte am Mittwoch (1.3.) gegen Herrn H, der in dem Verfahren durch einen Rechtsanwalt vertreten wurde (schriftliche Vollmacht seit dem 20.2. aktenkundig), ein 3-monatiges Aufenthaltsverbot für den Marktplatz ab Zustellung. Das Schreiben wurde entgegen § 7 Abs. 1 S. 2 LVwZG jedoch nicht dem Rechtsanwalt, sondern Herrn H persönlich mit Zustellungsurkunde zugestellt (Zustellung laut Urkunde am Donnerstag, den 2.3.). Herr H übergibt das Aufenthaltsverbot erst am 3.4. seinem Rechtsanwalt.

■ Aufgabe

Darf Herr H am 1.4. den Marktplatz betreten? Prüfen Sie gutachterlich!

---

27 BSG NJW 2011, 1099; OVG Lüneburg NVwZ-RR 2011, 1529 (1530); VGH München NJW 1991, 1250; VGH Mannheim NVwZ 1992, 799.

Lösungsvorschlag

Herr H darf am 1.4. den Markplatz nicht betreten, wenn das Aufenthaltsverbot (Verwaltungsakt, § 35 S. 1 LVwVfG BW) zu diesem Zeitpunkt für ihn bereits verbindlich ist. Dann müsste das Aufenthaltsverbot zum einen für H gemäß § 43 Abs. 1 S. 1 LVwVfG BW wirksam sein und zum anderen bereits für den 1.4. gelten.

Nach § 43 Abs. 1 S. 1 Alt. 1 LVwVfG BW wird ein Verwaltungsakt gegenüber demjenigen, für den er bestimmt ist, in dem Zeitpunkt wirksam, zu dem er ihm bekannt gegeben wird. Bekanntgabe ist die Eröffnung des Verwaltungsakts, also der behördliche willentliche Erlass eines Verwaltungsakts und dessen Zugang beim Adressaten (vgl. § 130 Abs. 1 S. 1 BGB).

Der Zugang beim Adressaten wird durch die förmliche Zustellung nach dem LVwZG BW (eine besondere Form der Bekanntgabe, § 41 Abs. 5 LVwVfG BW, § 2 Abs. 1 LVwZG BW), ersetzt, vgl. § 132 Abs. 1 S. 1 BGB.

Das setzt voraus, dass die Zustellung ordnungsgemäß nach §§ 3 ff. LVwZG BW erfolgt ist oder der Verstoß gegen §§ 3 ff. LVwZG BW gemäß § 9 Hs. 1 LVwZG BW[28] geheilt worden ist, der Verwaltungsakt dem Empfangsberechtigten also tatsächlich zugegangen ist. Andernfalls ist der Verwaltungsakt nicht bekannt gegeben und damit unwirksam. Das gilt auch dann, wenn die Zustellung gesetzlich nicht vorgeschrieben, von der Behörde aber gewählt worden ist.[29]

Hier wurde das Aufenthaltsverbot Herrn H persönlich am 2.3. gegen Postzustellungsurkunde zugestellt. Die Zustellung ist wegen des Verstoßes gegen § 7 Abs. 1 S. 2 LVwZG BW nicht ordnungsgemäß erfolgt. Der Zustellungsfehler ist gemäß § 9 LVwZG BW erst durch die Weiterleitung des Aufenthaltsverbots an den Rechtsanwalt und den Zugang beim Rechtsanwalt am 3.4. geheilt worden. Das Aufenthaltsverbot wurde damit erst am 3.4. gemäß § 41 Abs. 1 S. 1 LVwVfG BW wirksam und trat laut Anordnung der Behörde auch erst zu diesem Zeitpunkt in Kraft.

Damit durfte Herr H am 1.4. den Marktplatz betreten.

VI. „Nichtiges und damit unwirksames Aufenthaltsverbot" (Fall 1.14)

Sachverhalt

Der Leiter des Finanzamts K ärgert sich, dass H auf dem Markplatz (Fußgängerzone, öffentliche Straße, nicht Teil des Geländes des Finanzamts) vor dem Finanzamt immer Flugblätter gegen die Steuerverwaltung verteilt.

28 § 9 LVwZG BW entspricht § 8 VwZG des Bundes.

29 Engelhardt/App/Schlatmann/*Schlatmann*, VwVG, VwZG, § 8 VwZG Rn. 11.

Daher verbietet er Herrn H mündlich am 3.3., sich vom 4.3. bis zum 4.4. auf dem Marktplatz aufzuhalten.

Aufgabe

Darf Herr H den Marktplatz am 4.3. betreten?

Lösungsvorschlag

Herr H darf am 4.3. den Markplatz nicht betreten, wenn das Aufenthaltsverbot (Verwaltungsakt, § 35 S. 1 LVwVfG BW) zu diesem Zeitpunkt für ihn verbindlich ist. Dann müsste das Aufenthaltsverbot zum einen für H gemäß § 43 LVwVfG BW wirksam sein und zum anderen bereits für den 4.3. gelten.

Keine Wirksamkeit erlangen nach § 43 Abs. 3 LVwVfG BW nichtige Verwaltungsakte. Das sind Verwaltungsakte, die unter einem so schwerwiegenden Fehler leiden, dass der Gesetzgeber ihre Nichtigkeit angeordnet hat. Wann ein solcher schwerwiegender Fehler vorliegt, regeln § 44 Abs. 1 u. 2 LVwVfG BW.

Hier könnte nach § 44 Abs. 1 LVwVfG BW ein besonders schwerwiegender und offensichtlicher Fehler vorliegen. Der Erlass eines Aufenthaltsverbots für eine öffentliche Straße steht in keinerlei Zusammenhang mit den Aufgaben des Finanzamts. Das Finanzamt maßt sich hier willkürlich hoheitliche Befugnisse an, der Verstoß gegen die sachliche Zuständigkeit ist auch für jedermann ohne weiteres erkennbar. Damit liegt ein besonders schwerwiegender und offenkundiger Fehler vor. Das Aufenthaltsverbot ist nach § 44 Abs. 1 LVwVfG BW nichtig und nach § 43 Abs. 3 LVwVfG BW somit unwirksam. Damit muss H das Aufenthaltsverbot nicht beachten.

VII. „Die versehentliche Rückwirkung des Aufenthaltsverbots“ (Fall 1.15)

Sachverhalt

Abwandlung von Fall 1.12: Die Stadt K verfügt am Mittwoch (1.3.) gegen Herrn H schriftlich ein Aufenthaltsverbot für den Markplatz in K. Als Gültigkeitszeitraum bestimmt die Stadt, dass das Aufenthaltsverbot ab kommenden Samstag (4.3.) bis einschließlich zum 4.4. gelten soll. Das Schreiben wird noch am Mittwoch bei der Post mit normalem Brief aufgegeben. Herr H findet es am Freitag (3.3.) in seinem Briefkasten.

Aufgabe

Darf Herr H am Samstag (4.3.) um 14.00 Uhr den Marktplatz betreten? Prüfen Sie gutachterlich!

Lösungsvorschlag

Herr H darf am Samstag (4.3.) um 14.00 Uhr den Markplatz nicht betreten, wenn das Aufenthaltsverbot (Verwaltungsakt, § 35 S. 1 LVwVfG BW) zu diesem Zeitpunkt für ihn bereits verbindlich ist. Dann müsste das Aufenthaltsverbot zum einen für H gemäß § 43 Abs. 1 S. 1 LVwVfG BW wirksam sein und zum anderen bereits für Samstag (4.3.) um 14.00 Uhr gelten.

Wie bereits oben in Fall 1.12 geprüft, gilt das Aufenthaltsverbot gemäß § 41 Abs. 2 S. 1 LVwVfG BW mit Ablauf von Samstag, den 4.3. als bekannt gegeben und wird somit erst ab Sonntag, den 5.3. um 0.00 Uhr wirksam.

Fraglich ist, ob das Aufenthaltsverbot – wie von der Stadt K verfügt – inhaltlich bereits am Samstag, den 4.3. in Kraft tritt, zumal H dem Aufenthaltsverbot ohne weiteres hätte nachkommen können, da er von diesem schon seit Freitag (3.3.) Kenntnis hatte.

Grundsätzlich können Beginn der äußeren Wirksamkeit eines Verwaltungsaktes und Eintritt seiner inneren Wirksamkeit auseinanderfallen: Die Behörde kann für das Inkrafttreten der durch den Verwaltungsakt verfügten Regelung einen besonderen, vor oder nach dem Tage der Bekanntgabe liegenden Zeitpunkt bestimmen. Materiell-rechtlich darf eine belastende Regelung allerdings grundsätzlich nur kraft ausdrücklicher gesetzlicher Ermächtigung rückwirkend in Kraft gesetzt werden (Vorbehalt des Gesetzes, Art. 20 Abs. 3 GG).[30] An einer solchen Ermächtigung für das rückwirkende Inkrafttreten des Aufenthaltsverbots fehlt es hier.

Dieser materiell-rechtliche Fehler führt nach § 44 Abs. 2 Nr. 4 LVwVfG BW zur Nichtigkeit, wenn vor der Bekanntgabe mit Ablauf des 4.3. niemand das Aufenthaltsverbot erfüllen konnte. Das ist schon deswegen nicht der Fall, weil das Aufenthaltsverbot hier bereits seit Freitag, dem 3.3. bekannt war.

Das Aufenthaltsverbot könnte jedoch nach § 44 Abs. 1 LVwVfG BW nichtig sein. Zwar mag das Inkraftsetzen eines belastenden Verwaltungsakts vor seiner Bekanntgabe ohne ausreichende Ermächtigung ein besonders schwerwiegender Fehler sein. Dass es zu dieser Rückwirkung kommt, beruht letztlich aber nur auf der Bekanntgabefiktion des § 42 Abs. 2 S. 1 LVwVfG BW, so dass der Verstoß gegen das Rückwirkungsverbot ohne gesetzliche Ermächtigung jedenfalls nicht offenkundig ist und damit nicht zur Nichtigkeit des Aufenthaltsverbots führt. Das Aufenthaltsverbot für den 4.3. ist zwar materiell rechtswidrig, aber wirksam.

Herr H darf den Marktplatz also ab Samstag nicht mehr betreten.[31]

---

30 Zum Ganzen: BVerwG, NJW 1962, 602 (604).

31 Streng hiervon zu unterscheiden ist die umstrittene Frage, ob der Einzelne, der gegen einen sofort vollziehbaren rechtswidrigen Verwaltungsakt verstößt, möglicherweise eine Ordnungs-

VIII. „Die Verwechslung mit dem Zwillingsbruder" (Fall 1.16)

Sachverhalt

Arne Hool ist im Ordnungsamt der Stadt K seit langer Zeit bekannt. Immer wieder fällt er wegen zahlreicher Ordnungswidrigkeiten auf. Als nun mit Polizeibericht ein Aufenthaltsverbot gegen den Drogendealer Herrn Arno Hool (Zwillingsbruder von Arne Hool, gleiche Adresse) angeregt wird, überliest der zuständige Sachbearbeiter, der vom Zwillingsbruder nichts weiß, den Namen „Arno", hält „Arne" für den im Polizeibericht gemeinten Drogendealer und ordnet sofort vollziehbar ein Aufenthaltsverbot gegen Arne Hool für den Zeitraum vom 4.3.–4.4. an, nachdem er Arne Hool zuvor angehört, dieser sich aber nicht geäußert hat.

Arne Hool wird das Aufenthaltsverbot am 3.3. bekannt gegeben.

Aufgabe

Darf Arne H den Marktplatz am 4.3. betreten?

Lösungsvorschlag

Arne H darf am 4.3. den Markplatz nicht betreten, wenn das Aufenthaltsverbot (Verwaltungsakt, § 35 S. 1 LVwVfG BW) zu diesem Zeitpunkt für ihn bereits verbindlich ist. Dann müsste das Aufenthaltsverbot zum einen für Arne H gemäß § 43 Abs. 1 S. 1 LVwVfG BW wirksam sein und zum anderen bereits für den 4.3. gelten.

Laut Sachverhalt wurde das Aufenthaltsverbot bereits am 3.3. mit Bekanntgabe wirksam und gilt für den Zeitraum 4.3. bis zum 4.4.

Das Aufenthaltsverbot wäre am 4.3. nur dann gemäß § 43 Abs. 3 LVwVfG BW unwirksam und somit nicht verbindlich, wenn es nichtig wäre.

Hier hat die Behörde den falschen Regelungsadressaten herangezogen. Der Fehler führt nach § 44 Abs. 1 LVwVfG BW zur Nichtigkeit, wenn er besonders schwerwiegend und offenkundig ist.

Besonders schwerwiegend ist nur ein Mangel, der den Verwaltungsakt als schlechterdings unerträglich, d.h. mit tragenden Verfassungsprinzipien oder der Rechtsordnung immanenten wesentlichen Wertvorstellungen unvereinbar erscheinen lässt; die an eine ordnungsgemäße Verwaltung zu stellenden Anforderungen müssen in einem so erheblichem Maße verletzt sein, dass von niemandem erwartet werden kann, den Verwaltungsakt als verbindlich anzuerkennen.[32] Offenkundig ist ein Fehler, wenn für einen

widrigkeit begeht (sofern ein entsprechender Bußgeldtatbestand existiert). Das müssen Sie im Ordnungswidrigkeitenrecht vertiefen.

32 BVerwG NVwZ 2014, 1679 (1680).

aufgeschlossenen Durchschnittsbetrachter keine ernsthafte Möglichkeit besteht, dass der Verwaltungsakt doch rechtmäßig sein könnte.[33]

Eine Personenverwechslung führt nicht automatisch zur Nichtigkeit eines Verwaltungsakts. So werden beispielsweise Bußgeldbescheide gegen Nichttäter (Verwaltungsakte i. S. d. OWiG) bestandskräftig, wenn der Nichttäter gegen diesen nicht rechtzeitig vorgeht, ansonsten wäre das Ordnungswidrigkeitenrecht nicht praktikabel.[34] Verwaltungsakte wie die Einbürgerung, die der Einzelne erwirkt, indem er über seine Identität täuscht, sind, wie der Vergleich mit § 49 Abs. 2 S. 3 Nr. 1 VwVfG zeigt, nur rechtswidrig, nicht nichtig.[35] Dahingegen sind Erschließungsbeiträge an Personen, die in keinerlei Beziehung zu dem betroffenen Grundstück standen bzw. stehen offensichtlich willkürlich und damit nichtig.[36]

Ein einmonatiges Aufenthaltsverbot gegen einen Nichtstörer aufgrund einer Personenverwechslung stellt zwar eine besonders schwerwiegende Grundrechtsverletzung (Art. 11 Abs. 1 GG) dar. Zu berücksichtigen ist aber, dass der Fehler nicht auf einer willkürlichen Untersuchung des Sachverhalts beruht: Arne H hat einen Zwillingsbruder mit einem fast identischen Namen, von dem der zuständige Sachbearbeiter nichts wusste. Beide wohnen unter derselben Anschrift. Arne H war zuvor schon durch Ordnungswidrigkeiten aufgefallen. Der zuständige Sachbearbeiter hat Arne H zuvor zum Aufenthaltsverbot angehört. Dieser hätte (auch wenn keine entsprechende Rechtspflicht, sondern nur eine Obliegenheit dazu besteht, vgl. § 26 Abs. 2 LVwVfG BW) das Missverständnis aufklären können, hat sich im Verfahren aber nicht geäußert. Damit stellt die fehlerhafte Sachverhaltsermittlung und der dadurch bedingte Verstoß gegen § 27a Abs. 2 PolG BW schon keinen besonders schwerwiegenden Fehler dar. Im Übrigen wäre der Fehler auch nicht offensichtlich: Zwar ist für Arne H der Fehler offenkundig, nicht aber für einen verständigen Durchschnittsbetrachter: Eher als einen Zwillingsbruder mit einem fast identischen Namen unter der gleichen Anschrift würde man hier vermuten, dass sich im Polizeibericht einfach ein Schreibfehler eingeschlichen haben könnte.

Das Aufenthaltsverbot ist zwar rechtswidrig, aber nicht nichtig und somit wirksam.[37]

Arne H darf den Marktplatz am 4.3. somit nicht betreten.

---

33 Kopp/Ramsauer/*Ramsauer*, VwVfG, § 44 Rn. 12.

34 OLG Celle, NZV 1997, 488.

35 BVerwG NVwZ 2014, 1679 (1680).

36 So auch Kopp/Ramsauer/*Ramsauer*, VwVfG, § 44 Rn. 27.

37 Ein solcher Fall wurde, soweit ersichtlich, bisher in der Rechtsprechung noch nicht entschieden und ist (zugegeben) reichlich konstruiert. Was der Fall aber deutlich macht: Hier geht es um die Argumentation. Eine andere Auffassung würde bei entsprechenden Argumenten

IX. „Erledigung des Aufenthaltsverbots" (Fall 1.17)

Sachverhalt

Herr H hat gegen das Aufenthaltsverbot, gültig vom 4.3. bis zum 4.4. für den Marktplatz in K, form- und fristgerecht Widerspruch bei der Stadt K erhoben. Diese hilft dem Widerspruch nicht ab und leitet ihn am 20.3. an die Widerspruchsbehörde weiter. Dort bleibt er zunächst etwas liegen. Am 6.4. überlegt der zuständige Sachbearbeiter der Widerspruchsbehörde, wie über den Widerspruch zu entscheiden ist. Er weiß, dass der Widerspruch nach § 68 Abs. 1 S. 1 VwGO nur zulässig (genauer: statthaft) ist, wenn das Aufenthaltsverbot, dessen Aufhebung H begehrt, zum Zeitpunkt seiner Entscheidung über den Widerspruch noch wirksam ist. Sollte das Aufenthaltsverbot bereits unwirksam sein, müsste er das Widerspruchsverfahren einstellen.[38]

Aufgabe

Prüfen Sie gutachterlich, ob das Aufenthaltsverbot noch wirksam ist.

Lösungsvorschlag

Das, wie oben geprüft, mit Bekanntgabe nach § 43 Abs. 1 S. 1 LVwVfG BW wirksam gewordene Aufenthaltsverbot ist nach § 43 Abs. 2 LVwVfG BW am 6.4. wirksam, solange und soweit es zu diesem Zeitpunkt nicht zurückgenommen, widerrufen, anderweitig aufgehoben oder durch Zeitablauf oder auf andere Weise erledigt ist.

Hier könnte sich das Aufenthaltsverbot durch Zeitablauf erledigt haben. Gemäß § 36 Abs. 2 Nr. 1 LVwVfG BW wurde das Aufenthaltsverbot auf den Zeitraum 4.3. bis 4.4. befristet. Damit hat es sich am 5.4. ab 0.00 Uhr erledigt.

Am 6.4. ist das Aufenthaltsverbot bereits unwirksam.

---

ebenso als „vertretbar" bewertet werden, so wenn Sie z. B. schreiben, der Fehler sei besonders schwerwiegend und offensichtlich, weil bei sorgfältigem Lesen zunächst das „o" aufgefallen wäre und durch eine einfache Auskunft beim Melderegister oder eine Rückfrage beim Polizeivollzugsdienst hätte aufgeklärt werden können, dass es nicht nur Arne H, sondern auch seinen Zwillingsbruder Arno H gibt. Hier sei der zuständige Sachbearbeiter willkürlich durch die früheren Ordnungswidrigkeiten voreingenommen gewesen und habe gelesen, was er habe lesen wollen. Sie sehen: Jura ist nicht Mathematik, sondern manchmal reine Rhetorik, was Rechtsdogmatiker allerdings selten gern zugeben.

38 So die h.M.: BVerwGE 81, 226 (228 f.), *Detterbeck*, VerwR, Rn. 1361; a.A.: Kopp/Schenke/*W.-R. Schenke*, VwGO § 73 Rn. 9 („Fortsetzungsfeststellungswiderspruch").

X. Lauf der Widerspruchsfrist

1. „Widerspruchsfrist bei Bekanntgabe durch normalen Brief" (Fall 1.18)

■ Sachverhalt

Die Stadt K verfügte am Mittwoch (1.3.) gegen Herrn H unter Anordnung der sofortigen Vollziehung (vgl. § 80 Abs. 2 S. 1 Nr. 4 VwGO) schriftlich ein 3-monatiges Aufenthaltsverbot ab kommenden Samstag (4.3.) für den Marktplatz. Das Schreiben wurde noch am Mittwoch bei der Post mit normalem Brief aufgegeben. Es ging Herrn H am Freitag zu. Herr H erhebt am Mittwoch (5.4.) bei der Stadt schriftlich Widerspruch.

■ Aufgabe

Ist der Widerspruch fristgerecht? Hinweis: Die Rechtsbehelfsbelehrung war ordnungsgemäß, Montag (3.4.) und Dienstag (4.4.) waren keine Feiertage.

■ Lösungsvorschlag

Der hier schriftlich und damit formgerecht erhobene Widerspruch ist nach § 70 Abs. 1 S. 1 VwGO fristgerecht, wenn er innerhalb eines Monats, nachdem das Aufenthaltsverbot Herrn H bekanntgegeben worden ist, bei der Stadt K erhoben worden ist. Die Monatsfrist berechnet sich nach §§ 79 Hs. 2, 31 Abs. 1 LVwVfG BW i. V. m. §§ 187 Abs. 1, 188 Abs. 2 Hs. 1 BGB, weil die Bekanntgabe ein Ereignis ist. Das gilt nach allgemeiner Auffassung auch dann, wenn die Bekanntgabe nur nach § 41 Abs. 2 S. 1 LVwVfG BW fingiert wird.

Wie geprüft (siehe oben Fall 1.12), gilt das Aufenthaltsverbot mit Ablauf von Samstag, den 4.3. als bekannt gegeben. Fristbeginn ist gemäß § 187 Abs. 1 BGB also Sonntag (5.3.), Fristende gemäß § 188 Abs. 2 Hs. 1 BGB mit Ablauf von Dienstag, den 4.4. Der Widerspruch von Herrn H ging erst am Mittwoch (5.4.) bei der Stadt ein.

Damit ist der Widerspruch nicht fristgerecht.

2. „Widerspruchsfrist bei fehlerhafter Bekanntgabe" (Fall 1.19)

■ Sachverhalt

Die Stadt K verfügte am Mittwoch (1.3.) gegen Herrn H, der in dem Verfahren durch einen Rechtsanwalt vertreten wurde, dessen schriftliche Vollmacht sich seit dem 20.2. in den Akten der Stadt K befand, ein 3-monatiges Aufenthaltsverbot für den Marktplatz und ordnete die Zustellung an. Das Schreiben wurde entgegen § 7 Abs. 1 S. 2 LVwZG jedoch nicht dem Rechtsanwalt, sondern Herrn H persönlich mit Zustellungsurkunde zugestellt (Zustellung laut Urkunde am Donnerstag, 2.3.). Herr H übergibt das Aufenthaltsverbot am 3.4. seinem Rechtsanwalt. Dieser erhebt am 5.4. im Namen von H Widerspruch.

Aufgabe

Ist der Widerspruch fristgerecht? Hinweis: Die Rechtsbehelfsbelehrung war ordnungsgemäß, Montag (3.4.) und Dienstag (4.4.) waren keine Feiertage.

Lösungsvorschlag

Der hier schriftlich und damit formgerecht erhobene Widerspruch ist nach § 70 Abs. 1 S. 1 VwGO fristgerecht, wenn er innerhalb eines Monats, nachdem das Aufenthaltsverbot Herrn H bekanntgegeben worden ist, bei der Stadt K erhoben worden ist.

Bekanntgabe ist die Eröffnung des Verwaltungsakts.[39] Ist als besondere Form der Bekanntgabe die Zustellung gesetzlich vorgeschrieben oder, wie hier behördlich angeordnet (§ 1 Abs. 2 LVwZG BW), kann die Bekanntgabe nur durch ordnungsgemäße Zustellung (also unter Beachtung der §§ 3 ff. LVwZG BW) oder durch tatsächlichen Zugang beim Empfangsberechtigten (§ 9 LVwZG BW) bewirkt werden.

Nach § 7 Abs. 1 S. 2 LVwZG BW hätte das Aufenthaltsverbot dem Rechtsanwalt, dessen Vollmacht laut Sachverhalt vorliegt, zugestellt werden müssen. Damit wurde die Zustellung nicht ordnungsgemäß bewirkt.

Fraglich ist, ob der Zustellungsfehler durch tatsächlichen Zugang beim Empfangsberechtigten nach § 9 LVwZG BW geheilt worden ist. Dann müsste das Aufenthaltsverbot an den Empfangsberechtigten, also nach § 7 Abs. 1 S. 2 LVwZG BW zwingend an den Rechtsanwalt weitergeleitet worden und diesem zugegangen sein. Laut Sachverhalt übergab H das Schreiben am Montag (3.4.) seinem Rechtsanwalt. Damit gilt das Aufenthaltsverbot zu diesem Zeitpunkt als bekannt gegeben.

Nach §§ 79 Hs. 2, 31 Abs. 1 LVwVfG BW i. V. m. §§ 187 Abs. 1, 188 Abs. 2 Hs. 1 BGB endet die einmonatige Widerspruchsfrist (§ 70 Abs. 1 S. 1 VwGO) damit mit Ablauf von Donnerstag, den 3.5.

Der am 5.4. erhobene Widerspruch ist fristgerecht.

---

39 BVerwGE 22, 14.

3. Kapitel: Subjektiv-öffentliche Rechte des Einzelnen gegen Verwaltungsträger

Lernziele

☑ Sie beachten den Vorrang der Gesetze bei Ihrem Verwaltungshandeln.

☑ Sie verstehen die Bedeutung subjektiv-öffentlicher Rechte des Einzelnen für die Erfolgsaussichten von Widersprüchen und Klagen.

A. „Der Zweck heiligt nicht die Mittel oder Vorbehalt des Gesetzes" (Fall 1.20)

Sachverhalt

Die Bürgermeisterin der Gemeinde M weiß, wie schwierig es ist, Kind und Karriere unter einen Hut zu bringen, und möchte berufstätige Mütter fördern. Die Förderung soll gerecht sein. Daher fordert sie alle Einwohnerinnen der Gemeinde unter Berufung auf §§ 2, 3 BMG mit sofort vollziehbarer und ordnungsgemäß im Mitteilungsblatt der Gemeinde bekannt gemachter Allgemeinverfügung auf, spätestens innerhalb von 4 Wochen nach der öffentlichen Bekanntmachung dem Meldeamt auf dem vom Meldeamt vorbereiteten Formular die dort verlangten Angaben zur Berufstätigkeit zu machen.

Frage

Ist die Allgemeinverfügung materiell rechtmäßig? Prüfen Sie gutachterlich!

Lösungsvorschlag

Die Allgemeinverfügung ist als belastende Maßnahme (Eingriff in das Recht auf informationelle Selbstbestimmung der Einwohnerinnen aus Art. 2 Abs. 1 i.V.m. Art. 1 Abs. 1 GG) materiell rechtmäßig, wenn sie auf ein formelles Gesetz gestützt werden kann, die Tatbestandsvoraussetzungen dieser Ermächtigung vorliegen und die gesetzte Rechtsfolge nicht gegen geltendes Recht verstößt.

Die Bürgermeisterin der Gemeinde M beruft sich hier auf §§ 2, 3 BMG. Diese ermächtigen die Gemeinde allerdings nicht, von den Einwohnerinnen durch Allgemeinverfügung zum Zwecke der Speicherung dieser Daten im Melderegister oder zu sonstigen Zwecken Auskunft zur etwaigen Berufstätigkeit zu verlangen.

Eine andere Ermächtigungsgrundlage ist nicht ersichtlich. Damit liegt schon keine Rechtsgrundlage für den Erlass der Allgemeinverfügung vor.

Die Allgemeinverfügung ist materiell nicht rechtmäßig.[40]

B. „Meine Daten gehören mir" (Fall 1.21)

Sachverhalt

Einwohnerin E, die ihre Daten nicht preisgeben will, erhebt nach dem ordnungsgemäß, aber erfolglos durchgeführten Widerspruchsverfahren form- und fristgerecht Anfechtungsklage auf Aufhebung der Allgemeinverfügung.

Frage

Ist Frau E nach § 42 Abs. 2 VwGO klagebefugt?

Lösungsvorschlag

Da gesetzlich nichts anderes bestimmt ist, ist Frau E nach § 42 Abs. 2 VwGO nur dann klagebefugt, wenn sie geltend machen kann, durch den Verwaltungsakt – hier die Allgemeinverfügung der Gemeinde – in ihren Rechten verletzt zu sein. Für die Geltendmachung der Verletzung eigener Rechte genügt, dass die Verletzung eigener subjektiv-öffentlicher Rechte nach dem Vortrag des Klägers möglich erscheint (Möglichkeitstheorie). Subjektiv-öffentliche Rechte sind insbesondere die Grundrechte des Einzelnen sowie alle sonstigen Regelungen des öffentlichen Rechts, die nicht nur dem öffentlichen Interesse, sondern zumindest auch dem Schutz Einzelner dienen (Schutznormtheorie). Da ein befehlender, objektiv rechtswidriger Verwaltungsakt zugleich einen rechtswidrigen Eingriff in Freiheitsgrundrechte des Adressaten, auffangweise jedenfalls in dessen allgemeine Handlungsfreiheit aus Art. 2 Abs. 1 GG darstellt, ist der Adressat eines befehlenden Verwaltungsakts automatisch klagebefugt, wenn er ausdrücklich oder konkludent mit seiner Klage die objektive Rechtswidrigkeit des Verwaltungsakts geltend macht und diese möglich, also nicht von vornherein ausgeschlossen erscheint.

Hier gehört Frau E als Einwohnerin der Gemeinde zum Adressatenkreis der Allgemeinverfügung, die einen Eingriff in ihr Recht auf informationelle

---

40 Eine etwaige Nichtigkeit nach § 44 Abs. 1 VwVfG (Vorliegen gut vertretbar) war nicht weiter zu prüfen. Häufige Frage: Prüfe ich jetzt im Hilfsgutachten weiter, ob die Voraussetzungen von §§ 2, 4 BMG vorliegen und die gesetzte Rechtsfolge dem geltenden Recht entspricht? Antwort: Das wäre fürchterlich falsch. Sie haben ja schon keine Rechtsgrundlage. Warum wollen Sie jetzt die Voraussetzungen der falschen Rechtsgrundlage prüfen?

Selbstbestimmung aus Art. 2 Abs. 1 i.V.m. Art. 1 Abs. 1 GG darstellt. Mit der Klage macht sie zumindest konkludent die Rechtswidrigkeit der Allgemeinverfügung geltend, die auch möglich erscheint.

Damit ist Frau E klagebefugt.[41]

C. „Die Daten meiner Frau bekommen Sie nicht“ (Fall 1.22)

Sachverhalt

Nicht nur Frau E ist erzürnt, auch ihr Ehemann Herr E tobt und erhebt nach erfolglosem Widerspruchsverfahren form- und fristgerecht Anfechtungsklage auf Aufhebung der Allgemeinverfügung.

Frage

Ist Herr E nach § 42 Abs. 2 VwGO klagebefugt?

Lösungsvorschlag

Da gesetzlich nichts anderes bestimmt ist, ist Herr E nach § 42 Abs. 2 VwGO nur dann klagebefugt, wenn er geltend machen kann, durch den Verwaltungsakt – hier die Allgemeinverfügung der Gemeinde – in seinen Rechten verletzt zu sein. Für die Geltendmachung der Verletzung eigener Rechte genügt, dass die Verletzung eigener subjektiv-öffentlicher Rechte nach dem Vortrag des Klägers möglich erscheint (Möglichkeitstheorie). Subjektiv-öffentliche Rechte sind insbesondere die Grundrechte des Einzelnen sowie alle sonstigen Regelungen des öffentlichen Rechts, die nicht nur dem öffentlichen Interesse dienen, sondern zumindest auch dem Schutz Einzelner dienen (Schutznormtheorie).

Wie oben geprüft ist Frau E als Adressatin der Allgemeinverfügung in ihrem Recht auf informationelle Selbstbestimmung aus Art. 2 Abs. 1 i.V.m. Art. 1 Abs. 1 GG betroffen. Herr E ist weder Adressat der Allgemeinverfügung noch greift die Allgemeinverfügung faktisch mittelbar in seine Rechte ein. Die Rechte seiner Ehefrau kann er nicht im eigenen Namen geltend machen (Verbot der Popularklage). Damit ist Herr E nicht klagebefugt.

---

41 Geht man hier von der Nichtigkeit der Allgemeinverfügung aus, hätte Frau E gar nicht Klage erheben müssen. Die Allgemeinverfügung wäre nach § 43 Abs. 3 LVwVfG BW nicht wirksam und könnte somit auch nicht bestandskräftig werden.

D. „Kein Anspruch auf Einschreiten der Rechtsaufsicht" (Fall 1.23)

Sachverhalt

In der Gemeinde Y finden viele Sitzungen des Gemeinderats unter Verstoß gegen das Öffentlichkeitsprinzip statt. Bürger Z ist zornig und beantragt beim zuständigen Landratsamt die Beanstandung der in der letzten nicht öffentlichen Sitzung gefassten Gemeinderatsbeschlüsse. Das Landratsamt lehnt den Erlass einer Beanstandungsverfügung ab. Bürger Z erhebt Widerspruch und später Klage.

Frage

Ist Bürger Z klagebefugt?

Lösungsvorschlag

Da gesetzlich nichts anderes bestimmt ist, ist Herr Z nach § 42 Abs. 2 VwGO nur dann klagebefugt, wenn er geltend machen kann, durch die Ablehnung des beantragten Verwaltungsakts (Ablehnung der Beanstandungsverfügung nach § 121 Abs. 1 S. 1 GemO BW) in seinen Rechten verletzt zu sein. Für die Geltendmachung der Verletzung eigener Rechte genügt, dass die Verletzung eigener subjektiv-öffentlicher Rechte nach dem Vortrag des Klägers möglich erscheint (Möglichkeitstheorie). Subjektiv-öffentliche Rechte sind insbesondere die Grundrechte des Einzelnen sowie alle sonstigen Regelungen des öffentlichen Rechts, die nicht nur dem öffentlichen Interesse dienen, sondern zumindest auch dem Schutz Einzelner dienen (Schutznormtheorie).

Zu prüfen ist, ob sich Herr Z darauf berufen kann, dass das Landratsamt als Rechtsaufsichtsbehörde hier möglicherweise das durch § 118 Abs. 1 S. 1 GemO BW eingeräumte Ermessen rechtswidrig ausgeübt hat. Dann müsste § 118 Abs. 1 S. 1 GemO BW eine Norm sein, die nicht nur dem öffentlichen Interesse, sondern auch dem Schutz Einzelner dient, und Herr Z außerdem zum geschützten Personenkreis gehören. Der Einzelne ist durch die Eröffnung des Rechtswegs zu den Gerichten gegen die Verletzung eigener Rechte geschützt, vgl. Art. 19 Abs. 4 GG. § 118 Abs. 1 S. 1 GemO BW dient ausschließlich dem öffentlichen Interesse an einer funktionierenden verwaltungsinternen Aufsicht.

Bürger Z ist damit nicht klagebefugt.

E. Vertiefungshinweis

Mehr zum Thema „subjektiv-öffentliches Recht“ finden Sie in Teil 2 im vierten und fünften Kapitel (Widerspruch und Klagen, dort unter den Stichworten „Widerspruchs-/Klagebefugnis“ und „Rechtsverletzung“).

Teil 2:
Klausuren und mündliche Prüfungen im Verwaltungsrecht

1. Kapitel: Einführung

A. Einführung in die Klausur als Prüfungsform

Gutachterliche Fallprüfung

Eine typische Klausurform im Verwaltungsrecht an den Hochschulen für öffentliche Verwaltung ist die „**gutachterliche Fallprüfung**“: Im Regelfall nehmen Sie zu einer durch einen bestimmten Sachverhalt aufgeworfenen „großen Rechtsfrage“ gutachterlich Stellung. Teilweise werden auch mehrere kleinere Sachverhalte geschildert, die dann einzeln gutachterlich zu prüfen sind.

■ **Beispiele für „eine große Rechtsfrage“:**
Sie erhalten eine Sachverhaltsschilderung oder einen Aktenauszug. Nun sollen Sie beispielsweise prüfen,
- ob das dort beschriebene Verwaltungshandeln rechtmäßig ist,
- ob ein bestimmter Rechtsbehelf (z. B. Widerspruch) Aussicht auf Erfolg hat
- oder allgemein, wie die Verwaltung weiter vorgehen sollte.

■ **Beispiel für „eine kleine Rechtsfrage“:**
Es wird knapp folgender Sachverhalt geschildert: Die Behörde hat den Bescheid nachweislich am … bei der Post mit normalen Brief aufgegeben. A behauptet, den Brief erst am … erhalten zu haben und erhebt am … Widerspruch. Prüfen Sie, ob der Widerspruch fristgerecht ist.

Entwurf praktischer Entscheidungen

Eine weitere typische Klausurform ist der **Entwurf einer praktischen Verwaltungsentscheidung** zu einem bestimmten Sachverhalt (z. B. Entwurf eines Widerspruchsbescheids, eines Antragsablehnungsbescheids).

Kombination

Manchmal werden beide Prüfungsformen auch kombiniert. Dann müssen Sie z. B. zunächst gutachterlich die Rechtslage prüfen und anschließend den Tenor eines etwaigen Bescheids formulieren.

Sonstige Aufgabenstellungen

Gelegentlich werden zusätzlich zur gutachterlichen Fallprüfung und/oder zum Entscheidungsentwurf auch Aufgaben gestellt, die nicht gutachterlich zu prüfen sind. Untypisch sind Klausuren, die ausschließlich derartige Fragen enthalten.

■ **Beispiele:**
Erörtern Sie den Begriff „Verwaltung". Was sind subjektiv-öffentliche Rechte? Welche Funktionen hat das Widerspruchsverfahren? Nennen Sie Vor- und Nachteile des Erfordernisses einer Klagebefugnis gemäß § 42 Abs. 2 VwGO.

Hilfsmittel

Regelmäßig stehen Ihnen außer den Gesetzen (ggf. Rechtsverordnungen, Satzungen, Verwaltungsvorschriften) keine anderen Hilfsmittel zur Verfügung. Gelegentlich werden Auszüge aus Entscheidungen der Rechtsprechung oder aus der Literatur beigefügt, wenn die Kenntnis bestimmter Rechtsfragen von Ihnen nicht erwartet werden kann.

Funktion

Die Klausur dient zunächst der Kontrolle, ob Sie den Lernstoff (z. B. Rechtmäßigkeitsvoraussetzungen eines Verwaltungsakts, Gutachtentechnik, Streitstand in Rechtsprechung und Literatur) beherrschen. Außerdem sollen Sie zeigen, dass Sie die Schwerpunkte bzw. besonderen Problemstellungen des Sachverhalts erkennen und einer vertretbaren Lösung zuführen können. So sollen Sie für Ihre spätere Berufspraxis auf die Bearbeitung von „Routinefällen" und „schwierigen Fällen" vorbereitet werden.

Bewertungskriterien

Zu unterscheiden sind inhaltliche und formale Bewertungskriterien. Zur Bezeichnung insbesondere der inhaltlichen Kriterien werden verschiedene Begriffe gewählt.[1] Mir erscheint es am hilfreichsten, die Bewertungskriterien wie folgt zu gliedern.

---

1 Vgl. z. B. *Michael Germann*, Leitsätze zur Subsumtionstechnik vom 20.02.2010, http://www.jura.uni-halle.de/lehrstuehle_dozenten/lehrstuhl_germann/lehre/ (abgerufen am 29.04.2019).

Inhaltliche Kriterien

- **Thema/Zielsetzung der Untersuchung:** Orientieren Sie sich an der Aufgabenstellung (oder verfehlen Sie das Thema)?
- **Gang der Untersuchung (Aufbau des Gutachtens):**
  - **Gesamtaufbau:** Beginnt Ihr Gesamtgutachten mit einem vollständigen Obersatz, folgt dann die Subsumtion (mit weiteren Unterschritten) und schließt Ihr Gutachten mit einem Gesamtergebnis?
  - **Aufbau der Unterschritte:** Wird der Leser gut durch die Subsumtion (also die weiteren Unterschritte) geführt und bauen Sie diese Unterschritte ebenfalls gutachterlich (Obersatz, Subsumtion, Zwischenergebnis) auf?
- **Vollständigkeit:** Erkennen Sie alle erforderlichen Unterprüfungsschritte?
- **Schwerpunktsetzung und Ökonomie der Darstellung:**
  - Behandeln Sie Schwerpunkte ausführlich und Nebenaspekte knapp?
  - Vermeiden Sie unnötige Wiederholungen und verweisen Sie bei bereits erörterten Problemen nach oben?
- **Bewertung der einzelnen Unterprüfungsschritte:**
  - Arbeit am Sachverhalt: Halten Sie sich an den gegebenen Sachverhalt?
  - Arbeit am Gesetz:
    - Entwickeln Sie Ihr Gutachten aus dem Gesetz (oder schreiben Sie einen Besinnungsaufsatz)?
    - Zitieren Sie das Gesetz präzise?
    - Überzeugen Ihre Rechtskenntnisse?
      - Werden die einschlägigen Normen erkannt bzw. vertretbar ausgelegt?
      - Kennen Sie die Definitionen, Meinungsstreits bzw. Auslegungsprobleme?
  - Argumentation:
    - Überzeugen Ihre Argumente sprachlich (klar, genau, gründlich)?
    - Sind Ihre Argumente logisch (also folgerichtig, widerspruchsfrei)?
    - Überzeugt Ihre Argumentation auch in der Tiefe?

Formale Kriterien

Formale Kriterien sind:

- lesbare Handschrift
- Gliederung (Seitenzahl, Überschriften, möglichst wenige nachträgliche Ergänzungen)
- Sprache (Rechtschreibung, Grammatik, Zeichensetzung)

Bewertungsstrenge

Wie streng die Arbeit bewertet wird, hängt vom Erwartungshorizont des Prüfers ab.

Der/die **Aufgabensteller(in)** hat die Aufgabe entworfen, eine Musterlösung erstellt und ggf. einen Erwartungshorizont vorab definiert. Ich gehe dabei regelmäßig wie folgt vor: Zunächst analysiere ich die Studiersituation der Prüflinge (z. B. Studierende der Hochschule für öffentliche Verwaltung, Anfänger, 4 Monate Studium, Prüfungsschema Rechtmäßigkeit Verwaltungsakt bekannt, noch keine vertieften Grundrechtskenntnisse). Dann ordne ich den Schwierigkeitsgrad ein: leicht, mittel, schwer (zunächst nur nach meinen Erfahrungen). Im Anschluss definiere ich die Mindestvoraussetzungen für die Note „gerade noch ausreichend bzw. bestanden", dann die Voraussetzungen für die Note „bestes sehr gut". So entsteht dann langsam ein Vorschlag für ein detailliertes Bewertungsschema, das ich mit der Aufgabenstellung einreiche.

Als **Prüferin** arbeite ich empirisch: Nach einem ersten Sichten der Klausuren überlege ich zunächst, ob ich den Schwierigkeitsgrad richtig eingeordnet habe. Dann überprüfe ich noch einmal die formulierten Voraussetzungen für „gerade noch ausreichend" und „bestes sehr gut" und passe ggf. das Bewertungsschema an. Die größte Herausforderung ist die gleichmäßige Bewertung aller Klausuren.

Siehe auch Unterkapitel: C. Die Klausurbesprechung oder „Aus Fehlern lernen"

An allen Fachbereichen der HS-Bund[2] werden für die Klausuren Leistungspunkte vergeben, denen die folgenden Rangpunkte und Noten zugeordnet sind:

Leistungspunkte	Rangpunkte	Note
100 bis 93,7	15	**sehr gut (1)** eine Leistung, die den Anforderungen in besonderem Maße entspricht
unter 93,7 bis 87,5	14	
unter 87,5 bis 83,4	13	**gut (2)** eine Leistung, die den Anforderungen voll entspricht
unter 83,4 bis 79,2	12	
unter 79,2 bis 75,0	11	▷

2 Andere Hochschulen für öffentliche Verwaltung haben abweichende Bewertungstabellen.

Leistungspunkte	Rangpunkte	Note
unter 75,0 bis 70,9	10	**befriedigend (3)** eine Leistung, die im Allgemeinen den Anforderungen entspricht
unter 70,9 bis 66,7	9	
unter 66,7 bis 62,5	8	
unter 62,5 bis 58,4	7	**ausreichend (4)** eine Leistung, die zwar Mängel aufweist, aber im Ganzen den Anforderungen noch entspricht
unter 58,4 bis 54,2	6	
unter 54,2 bis 50,0	5	
unter 50,0 bis 41,7	4	**mangelhaft (5)** eine Leistung, die den Anforderungen nicht entspricht, jedoch erkennen lässt, dass die notwendigen Grundkenntnisse vorhanden sind und die Mängel in absehbarer Zeit behoben werden könnten
unter 41,7 bis 33,4	3	
unter 33,4 bis 25,0	2	
unter 25,0 bis 12,5	1	**ungenügend (6)** eine Leistung, die den Anforderungen nicht entspricht und bei der selbst die Grundkenntnisse so lückenhaft sind, dass die Mängel in absehbarer Zeit nicht behoben werden könnten
unter 12,5 bis 0	0	

B. Einführung in die mündliche Prüfung als Prüfungsform

In mündlichen Prüfungen wird Verwaltungsrecht im Ansatz ähnlich wie in Klausuren geprüft: Sehr häufig ist ein kleiner Fall mündlich gutachterlich zu prüfen. Häufiger als in Klausuren werden aber auch allgemeine Wissensfragen gestellt. Manchmal werden auch Kurzvorträge verlangt.

C. Aufbau der folgenden Kapitel

2. und 3. Kapitel

Das zweite und das dritte Kapitel richten sich an Studierende im Grundstudium (Anfänger).

Hier finden Sie im 2. Kapitel nach einer kurzen Einführung in die Grundlagen Übungsfälle zur gutachterlichen Prüfung der Recht- und Zweckmäßigkeit von Verwaltungsakten. Ein besonderes „Highlight" ist das Unterkapitel C. Dort können Sie anhand einer simulierten Klausurbesprechung Ihr Wissen nach dem Motto „aus den Fehlern der Anderen lernen" verbessern. Im 3. Kapitel finden Sie eine Übung zum Entwurf eines Bescheids.

4. und 5. Kapitel
Das vierte und fünfte Kapitel (Widerspruch und Klagen bzw. Anträge vor Gericht) richten sich an weiter Fortgeschrittene. Beide Kapitel wiederum sind nach dem Prinzip der kleinen Schritte aufgebaut und bereiten sowohl auf mündliche Prüfungen als auch auf Klausuren vor.

2. Kapitel: Die gutachterliche Prüfung der Recht- und Zweckmäßigkeit von Verwaltungsakten (Anfänger)

A. Einführung (Aufbau des Gutachtens und Formulierung des Obersatzes)

Zunächst müssen Sie genau analysieren, aus **welcher Perspektive** Sie **was** gutachterlich prüfen müssen.

I. Die Rechtmäßigkeit eines bereits erlassenen Verwaltungsakts (Kontrollperspektive)

Gutachtenaufbau
Ist gutachterlich die **Rechtmäßigkeit**[3] eines von der Verwaltung bereits erlassenen Verwaltungsakts zu prüfen, bauen Sie das Gutachten wie folgt auf:
- Obersatz
- Rechtsgrundlage[4] (einschließlich Verwaltungsaktbefugnis)
- Formelle Rechtmäßigkeit
- Materielle Rechtmäßigkeit
- Gesamtergebnis

Formulierung des Obersatzes
Der Obersatz kann unterschiedlich formuliert werden. Wichtig ist nur, dass Sie herausarbeiten, welche Voraussetzungen vorliegen müssen, damit die gefragte Rechtsfolge (hier: „Rechtmäßigkeit des Verwaltungsakts") eintritt. Das soll hier am Beispiel „Prüfen Sie gutachterlich, ob die Stadt Mannheim

3 Genauer gesagt: „objektive Rechtmäßigkeit des Verwaltungsakts", also dessen Vereinbarkeit mit dem geltenden Recht (Vereinbarkeit mit dem Außenrecht, nicht: Vereinbarkeit mit dem bloßen Innenrecht der Verwaltung).

4 Statt „Rechtsgrundlage" können Sie beispielsweise auch „Ermächtigungsgrundlage", „Befugnis" oder „Ermächtigung", schreiben.

A rechtmäßig untersagt hat, seinen Internethandel weiter auszuüben" aufgezeigt werden.

Beispiel 1

Sie formulieren:

„Die Untersagung des Internethandels ist rechtmäßig, wenn sie sowohl in formeller als auch in inhaltlicher (materieller) Hinsicht dem geltenden Recht entspricht.

I. Rechtsgrundlage

Dann müsste die Untersagung, eine belastende Maßnahme, zunächst auf einer wirksamen und ausreichenden Ermächtigungsgrundlage beruhen (Vorbehalt des Gesetzes). ..."

Vorteile: Sie haben einen kurzen Obersatz formuliert, der für die Rechtmäßigkeitsprüfung von Verwaltungshandeln immer passt.

Nachteile: keine

Fazit: Passt immer!

Beispiel 2

Sie formulieren:

„Die Untersagung des Internethandels ist rechtmäßig, wenn sie, soweit nach dem Grundsatz des Vorbehalts des Gesetzes erforderlich, auf einer wirksamen und ausreichenden Ermächtigungsgrundlage beruht, das Handeln in der gewählten Handlungsform im konkreten Fall zulässig ist, die maßgeblichen Vorschriften zur formellen Rechtmäßigkeit des Verwaltungshandelns beachtet wurden und wenn das Verwaltungshandeln auch inhaltlich mit dem geltenden Recht vereinbar ist. Maßgeblicher Zeitpunkt für die Beurteilung der Rechtmäßigkeit ist grundsätzlich der Zeitpunkt des Erlasses."

Vorteile: Sie haben einen Obersatz formuliert, der immer passt und alle Prüfungspunkte aufzeigt.

Nachteile: Etwas mehr Schreibarbeit.

Fazit: Passt immer, im Übrigen: Ihre Entscheidung!

Beispiel 3

Sie formulieren:

„Die Untersagung des Internethandels (befehlender Verwaltungsakt i.S.d. § 35 S. 1 LVwVfG), die wegen ihres Eingriffscharakters einer Ermächtigungsgrundlage bedarf, ist rechtmäßig, wenn für sie eine Ermächtigung besteht und diese formell und materiell rechtmäßig angewendet wurde.

I. Rechtsgrundlage

Als Rechtsgrundlage kommt hier ... in Betracht. ... Richtige Rechtsgrundlage ist damit ..."

Vorteile: Sie haben einen kurzen Obersatz formuliert.

Nachteile: Der Feststellungsstil (VA-Qualität und Eingriffscharkter werden lediglich festgestellt) ist falsch, wenn diese Punkte (anders als hier) problematisch sind. Einige Prüfer*innen bemängeln vielleicht sogar „unzulässiger Feststellungsstil“. Das haben wir bereits oben besprochen.

Fazit: Vorsichtig verwenden!

Beispiel 4

Sie formulieren:

„Zu prüfen ist, ob die Untersagung des Internethandels rechtmäßig ist.

I. Rechtsgrundlage

Dann müsste die Untersagung als Maßnahme der Eingriffsverwaltung nach dem Vorbehalt des Gesetzes (Art. 20 Abs. 3 GG) zunächst auf einer wirksamen und ausreichenden Ermächtigungsgrundlage beruhen. …“

Vorteile: Sie haben kurz die Rechtsfrage aufgezeigt.

Nachteile: Der Obersatz ist nicht vollständig, da nur die gesuchte Rechtsfolge, nicht aber die Voraussetzungen aufgezeigt werden. Es besteht die Gefahr, dass Sie die Funktion des Obersatzes vergessen, wenn Sie ständig so formuleren.

Fazit: Zwingen Sie sich, zumindest den ersten Satz in Ihrem Gesamtgutachten als vollständigen Obersatz zu formulieren!

II. Die Recht- und Zweckmäßigkeit eines bereits erlassenen Verwaltungsakts (Kontrollperspektive)

Für Fortgeschrittene: Gelegentlich müssen Sie neben der Rechtmäßigkeit eines bereits erlassenen Verwaltungsakts (Vereinbarkeit des Verwaltungsakts mit dem geltenden Recht)[5] auch dessen Zweckmäßigkeit prüfen, also ob der Verwaltungsakt nach außerrechtlichen (z. B. nach politischen, psychologischen, soziologischen oder ökonomischen) Maßstäben sachgerecht ist.

Dies ist insbesondere dann der Fall, wenn Sie aus der Perspektive der Widerspruchsbehörde über einen Widerspruch auf Aufhebung bzw. Erlass eines im Ermessen der Ausgangsbehörde stehenden Verwaltungsakts entscheiden sollen. Hier prüfen Sie zunächst die Rechtmäßigkeit des Verwaltungsakts. Wenn der Verwaltungsakt rechtmäßig (insbesondere ermessensfehlerfrei) ist und die Widerspruchsbehörde nicht auf die Rechtsaufsicht

5 Zur Rechtmäßigkeitsprüfung gehört auch die Prüfung, ob der Verwaltungsakt ermessensfehlerfrei ist. Sie dürfen die Prüfung auf Ermessensfehler also nicht mit der Prüfung der Zweckmäßigkeit eines Verwaltungsakts verwechseln.

beschränkt ist, schließt sich an die Rechtmäßigkeitsprüfung des Verwaltungsakts die Prüfung seiner Zweckmäßigkeit an.

Fallübungen

Siehe dazu mehr im 4. Kapitel

III. Die Rechtmäßigkeit eines noch zu erlassenen Verwaltungsakts (Entscheidungsperspektive der Ausgangsbehörde)

Während in den Klausuren an den juristischen Fakultäten der Universitäten die Rechtmäßigkeit von Verwaltungsakten meistens nur aus der Kontrollperspektive zu prüfen ist, nehmen Sie an den Hochschulen für öffentliche Verwaltung (wie in Ihrer späteren Berufspraxis) häufig die Rolle der Ausgangsbehörde und damit deren Entscheidungsperspektive ein.

1. Erlass eines bestimmten belastenden Verwaltungsakts von Amts wegen

Verhältnismäßig leicht zu handhaben ist der Gutachtenaufbau, wenn Sie aus der Entscheidungsperspektive der Ausgangsbehörde gutachterlich prüfen, ob ein bestimmter, im Sachverhalt oder in der Aufgabenstellung näher genannter belastender Verwaltungsakt von Amts wegen rechtmäßig erlassen werden könnte: „***Aufgabe:*** *Kann die Stadt Mannheim (wie im Sachverhalt vom Finanzamt angeregt) Herrn A rechtmäßig untersagen, seinen Internethandel zu betreiben?*“.

Gutachtenaufbau

Hier wählen Sie denselben Gutachtenaufbau wie oben:
- Obersatz
- Rechtsgrundlage (einschließlich Verwaltungsaktbefugnis)
- Formelle Voraussetzungen
- Materielle Voraussetzungen
- Gesamtergebnis

Obersatz

Das Gesamtgutachten einleiten könnten Sie beispielsweise wie folgt:

■ *„Die Stadt Mannheim kann, wie vom Finanzamt angeregt, Herrn A rechtmäßig untersagen, seinen Internethandel zu betreiben, wenn der angedachte Erlass der Untersagungsverfügung (Verwaltungsakt i.S.d. § 35 S. 1 LVwVfG BW) sowohl in formeller als auch in materieller Hinsicht mit dem geltenden Recht vereinbar ist.“*

Unterprüfungspunkte

Bei der Ausformulierung der Unterprüfungspunkte müssen Sie beachten, dass Sie sich noch in der Situation vor Erlass des Verwaltungsakts befinden.

■ **Beispiel zu § 28 (L)VwVfG:** Stellen Sie beispielsweise fest, dass eine noch erforderliche Anhörung fehlt, dürfen Sie nicht schreiben, dass dieser Fehler nach § 45 Abs. 1 Nr. 3 (L)VwVfG geheilt werden kann. Vielmehr müssen Sie schreiben, dass der Beteiligte noch anzuhören ist und der Verwaltungsakt gegenwärtig noch nicht formell rechtmäßig erlassen werden kann.

■ **Beispiel zu § 37 Abs. 2 (L)VwVfG:** Sie stellen fest, dass die Gewerbeuntersagung mangels abweichender Spezialregelung nach § 37 Abs. 2 (L)VwVfG formfrei erlassen werden kann. Dann fügen Sie noch hinzu, welche Form die Verwaltung nach Ihrer Auffassung zweckmäßiger Weise wählen sollte (z. B. Schriftform aus Beweisgründen, elektronische Form wegen der Einfachheit).

2. Entscheidung über einen Antrag auf Erlass eines Verwaltungsakts

Gutachtenaufbau

Etwas ungewöhnlicher (weil in der Regel zu wenig geübt) ist die Frage, wie die Verwaltung über einen bestimmten Antrag auf Erlass eines Verwaltungsakts zu entscheiden hat.

■ Beispiel: A hat bei der Stadt Mannheim für den Betrieb seiner Gastwirtschaft in der Fußgängerzone eine Sondernutzungserlaubnis beantragt.

Auch hier kann das Gutachten wie folgt aufgebaut werden:
- Obersatz
- Rechtsgrundlage
- Formelle Rechtmäßigkeit
- Materielle Rechtmäßigkeit
- Gesamtergebnis

Obersatz

Den Obersatz könnten Sie hier wie folgt formulieren:

■ *„A ist die beantragte Sondernutzungserlaubnis zu erteilen, wenn die formellen Voraussetzungen für ihren Erlass vorliegen und wenn A entweder einen Anspruch auf ihre Erteilung hat oder wenn A einen Anspruch auf fehlerfreie Ermessensentscheidung über seinen Antrag hat und die Erteilung der Sondernutzungserlaubnis zweckmäßig ist."*

oder:

„Die beantragte Sondernutzungserlaubnis ist zu erteilen, wenn die formellen und materiellen Voraussetzungen hierfür vorliegen."

B. Vier Grundfälle zur Rechtmäßigkeit von Verwaltungsakten

I. „Die einfache Gewerbeuntersagung/Entscheidungsperspektive" (Fall 2.1)

1. Sachverhalt, Aufgabe, Gesetzesauszüge

■ Sachverhalt

Herr Albrecht betreibt in der kleinen Gemeinde X (Landkreis Schwäbisch Hall, Baden-Württemberg) seit 10 Jahren das bei der Gemeinde ordnungsgemäß angezeigte Gewerbe „Internethandel mit Büromaterial". Das Finanzamt Schwäbisch Hall teilt dem Landratsamt Schwäbisch Hall mit, dass A schon seit 5 Jahren keine Steuererklärungen abgebe und mittlerweile Steuerschulden von 20.000 € angesammelt habe. Vollstreckungsversuche seien erfolglos gewesen. Der Fall landet bei Sabine Mustersachbearbeiterin auf dem Tisch. Sie teilt den Sachverhalt Herrn Albrecht schriftlich mit, gibt ihm in diesem Schreiben Gelegenheit zur Stellungnahme binnen eines Monats und kündigt zugleich die Gewerbeuntersagung an. Herr Albrecht äußert sich nicht. Frau Mustersachbearbeiterin untersucht den Sachverhalt weiter. Sie stellt fest, dass Herr Albrecht im letzten Jahr wegen Betrugs gegenüber einem seiner Kunden strafrechtlich verurteilt worden ist. Außerdem ist er seit einem halben Jahr im Schuldnerverzeichnis beim Amtsgericht Karlsruhe eingetragen, weil sich aus seinem Vermögensverzeichnis ergeben hat, dass eine Vollstreckung nicht geeignet ist, zur vollständigen Tilgung seiner Schulden zu führen. Zahlungsvereinbarungen mit seinen Gläubigern hat Herr Albrecht nicht getroffen.

■ Aufgabe

Prüfen Sie gutachterlich, ob Frau Mustersachbearbeiterin Herrn Albrecht untersagen kann, weiterhin sein Gewerbe „Internethandel mit Büromaterial" auszuüben. Auf alle aufgeworfenen Rechtsfragen ist einzugehen, ggf. in Form eines Hilfsgutachtens.

Bearbeitungszeit: 2 Stunden

■ Gesetzesauszüge

Auszug aus der Gewerbeordnung (GewO)

Titel I

§ 15 Empfangsbescheinigung, Betrieb ohne Zulassung

(1) [...]

(2) [1]Wird ein Gewerbe, zu dessen Ausübung eine Erlaubnis, Genehmigung, Konzession oder Bewilligung (Zulassung) erforderlich ist, ohne diese Zulas-

sung betrieben, so kann die Fortsetzung des Betriebes von der zuständigen Behörde verhindert werden. […]

Titel II

§ 35 Gewerbeuntersagung wegen Unzuverlässigkeit

(1) [1]Die Ausübung eines Gewerbes ist von der zuständigen Behörde ganz oder teilweise zu untersagen, wenn Tatsachen vorliegen, welche die Unzuverlässigkeit des Gewerbetreibenden oder einer mit der Leitung des Gewerbebetriebes beauftragten Person in Bezug auf dieses Gewerbe dartun, sofern die Untersagung zum Schutze der Allgemeinheit oder der im Betrieb Beschäftigten erforderlich ist. [2]Die Untersagung kann auch auf die Tätigkeit als Vertretungsberechtigter eines Gewerbetreibenden oder als mit der Leitung eines Gewerbebetriebes beauftragte Person sowie auf einzelne andere oder auf alle Gewerbe erstreckt werden, soweit die festgestellten Tatsachen die Annahme rechtfertigen, dass der Gewerbetreibende auch für diese Tätigkeiten oder Gewerbe unzuverlässig ist. […]

(2) […]

(3) […]

(4) [1]Vor der Untersagung sollen, soweit besondere staatliche Aufsichtsbehörden bestehen, die Aufsichtsbehörden, ferner die zuständige Industrie- und Handelskammer oder Handwerkskammer und, soweit es sich um eine Genossenschaft handelt, auch der Prüfungsverband gehört werden, dem die Genossenschaft angehört. [2]Ihnen sind die gegen den Gewerbetreibenden erhobenen Vorwürfe mitzuteilen und die zur Abgabe der Stellungnahme erforderlichen Unterlagen zu übersenden. [3]Die Anhörung der vorgenannten Stellen kann unterbleiben, wenn Gefahr im Verzuge ist; in diesem Falle sind diese Stellen zu unterrichten.

(5) […]

(6) [1]Dem Gewerbetreibenden ist von der zuständigen Behörde auf Grund eines an die Behörde zu richtenden schriftlichen oder elektronischen Antrages die persönliche Ausübung des Gewerbes wieder zu gestatten, wenn Tatsachen die Annahme rechtfertigen, dass eine Unzuverlässigkeit im Sinne des Absatzes 1 nicht mehr vorliegt. [2]Vor Ablauf eines Jahres nach Durchführung der Untersagungsverfügung kann die Wiederaufnahme nur gestattet werden, wenn hierfür besondere Gründe vorliegen.

(7) [1]Zuständig ist die Behörde, in deren Bezirk der Gewerbetreibende eine gewerbliche Niederlassung unterhält oder in den Fällen des Absatzes 2 oder 6 unterhalten will. [2]Bei Fehlen einer gewerblichen Niederlassung sind die Behörden zuständig, in deren Bezirk das Gewerbe ausgeübt wird oder ausgeübt werden soll. [3]Für die Vollstreckung der Gewerbeuntersagung sind auch die Behörden zuständig, in deren Bezirk das Gewerbe ausgeübt wird oder ausgeübt werden soll.

(7a) […]

(8) [1]Soweit für einzelne Gewerbe besondere Untersagungs- oder Betriebsschließungsvorschriften bestehen, die auf die Unzuverlässigkeit des Gewerbetreibenden abstellen, oder eine für das Gewerbe erteilte Zulassung wegen Unzuverlässigkeit des Gewerbetreibenden zurückgenommen oder widerrufen werden kann, sind die Absätze 1 bis 7a nicht anzuwenden. [...]

(9) [...]

Schlussbestimmungen

§ 155 Landesrecht, Zuständigkeiten

(1) [...]

(2) Die Landesregierungen oder die von ihnen bestimmten Stellen bestimmen die für die Ausführung dieses Gesetzes und der nach diesem Gesetz ergangenen Rechtsverordnungen zuständigen Behörden, soweit in diesem Gesetz nichts anderes bestimmt ist.

Auszug aus dem Landesverwaltungsgesetz Baden-Württemberg (LVG BW)

§ 15 Aufgabenzuweisung, Gebühren und Auslagen

(1) Untere Verwaltungsbehörden sind

1. in den Landkreisen die Landratsämter sowie nach Maßgabe des § 19 die Großen Kreisstädte und die Verwaltungsgemeinschaften nach § 17,
2. in den Stadtkreisen die Gemeinden.

(2) [...]

Auszug aus der Gewerbeordnung-Zuständigkeitsverordnung Baden-Württemberg (GewOZuVO BW)

§ 1

Die unteren Verwaltungsbehörden sind zuständige Behörden zur Ausführung der Titel I bis IV der Gewerbeordnung (GewO) und der auf ihrer Grundlage ergangenen Rechtsverordnungen, soweit in dieser Verordnung oder durch andere Rechtsvorschriften nichts anderes bestimmt ist.

2. Ihre Vorarbeit

1. **Sie lesen sorgfältig den Sachverhalt und die Aufgabenstellung.**
2. **Sie analysieren die Fragestellung:**
   Hier sollen Sie aus der Entscheidungsperspektive des Landratsamts Schwäbisch Hall prüfen, ob der Internethandel rechtmäßig untersagt werden kann. Auf alle aufgeworfenen Rechtsfragen ist notfalls im Wege eines Hilfsgutachtens einzugehen.
   Sie überlegen, was die angedachte Untersagung des Internethandelns ist (Frage nach der Rechtsnatur des Verwaltungshandelns): „ein Verwal-

tungsakt". Sie überlegen weiter: ein befehlender Verwaltungsakt in Form eines Verbots, der in das Recht von Herrn Albrecht auf Berufsfreiheit – Art. 12 Abs. 1 S. 1 GG eingreift.

3. **Sie fertigen eine Sachverhaltsskizze.**
   - Albrecht betreibt einen Internethandel für Büromaterial in X (Landkreis SHA)
   - Mitteilung Finanzamt:
     - 20.000 € Steuerschulden
     - Keine Steuererklärungen
     - Vollstreckung erfolglos
   - Anhörung von Herrn Albrecht, keine Antwort
   - Weitere Untersuchungen:
     - wegen Betrugs strafrechtlich verurteilt
     - im Schuldnerverzeichnis eingetragen, da nicht in der Lage, Schulden zu begleichen
     - keine Zahlungsvereinbarungen mit den Gläubigern
4. **Gleichzeitig halten Sie alle Einfälle auf einem „Brainstorming-Blatt" fest.**
   z. B.: „Problem": Anhörung nur zur Sache Finanzamt, nicht zu den weiteren Vorfällen!
5. **Nun erstellen Sie zur Vorbereitung der Reinschrift eine Prüfungsskizze.**
   Sie haben oben bei der Analyse der Fragestellung schon festgestellt, dass der Erlass eines belastenden Verwaltungsakts zu prüfen ist. Das setzen Sie im Prüfungsschema wie folgt um:

> - **Obersatz:** Sie notieren „Der Internethandel kann rechtmäßig untersagt werden, wenn". Erst wenn Sie den Fall durchdacht haben, überlegen Sie, was Sie alles in den Obersatz „packen".
> - **Rechtsgrundlage:**
>   - Ermächtigung nach dem Inhalt des Verwaltungshandelns erforderlich: ja, Eingriffscharakter der Untersagung
>   - Ermächtigung vorhanden: Sie suchen nach der richtigen Rechtsgrundlage. In Betracht kommt § 35 Abs. 1 S. 1 GewO. Der greift nach § 35 Abs. 8 S. 1 GewO allerdings nur, soweit keine Spezialnormen vorhanden sind. Das wären z. B. § 15 Abs. 2 S. 1 GewO oder § 49 Abs. 2 S. 1 Nr. 3 LVwVfG BW. Dann müsste der Internethandel aber erlaubnispflichtig sein und ohne Erlaubnis (§ 15 Abs. 2 S. 1 GewO) bzw. mit Erlaubnis (§ 49 Abs. 2 S. 1 Nr. 3 LVwVfG BW) betrieben werden, was beides nicht der Fall ist. Damit ist § 35 Abs. 1 S. 1 GewO auch anwendbar, also kein Ausschluss nach § 35 Abs. 8 S. 1 GewO.

  - (VA-Befugnis? § 35 Abs. 1 S. 1 GewO ermächtigt unproblematisch zum Handeln durch Verwaltungsakt in Form der Individualverfügung.)
- **Formelle Rechtmäßigkeit:** Sie wissen, dass Sie zunächst nach Spezialregelungen suchen müssen (hier insbes. in der GewO) und subsidiär auf das LVwVfG BW zurückgreifen (LRA Schwäbisch Hall, Baden-Württemberg):
  - **Welche Vorschriften?**
    LVwVfG BW (Landratsamt Schwäbisch Hall); da VA: §§ 10ff. LVwVfG BW, sofern nicht in der GewO spezialgesetzlich etwas vorgeschrieben ist.
  - **Zuständigkeit**
    - sachlich: § 35 Abs. 1 S. 1 GewO „zuständige Behörde", § 155 Abs. 2 GewO „nach Landesrecht", § 1 GewOZuVO BW, § 15 Abs. 1 Nr. 1 LVG BW
    - örtlich: § 35 Abs. 7 S. 1 GewO
  - **Verfahren**
    - (Einleitung von Amts wegen, § 22 S. 1 LVwVfG BW)
    - Beteiligte: Herr Albrecht, §§ 13 Abs. 1 Nr. 2 LVwVfG BW, 11 Nr. 1 Alt. 1, 12 Abs. 1 Nr. 1 LVwVfG BW
    - Mitwirkung anderer Behörden: § 35 Abs. 4 S. 1 GewO: fehlt noch! Keine Gefahr im Verzug nach S. 3 – **Problem**!
    - (Frau Mustersachbearbeiterin ist weder ausgeschlossen [§ 20 LVwVfG BW] noch befangen [§ 21 LVwVfG BW])
    - Beachtung der Verfahrensrechte: hier Anhörung nach § 28 Abs. 1 LVwVfG BW, Problem: nicht zu allen entscheidungserheblichen Tatsachen angehört! Sonstige Verfahrensrechte unproblematisch
    - (es wurde ordnungsgemäß der Sachverhalt untersucht [§§ 24, 26 LVwVfG BW])
  - **Form**
    Ist noch zu erlassen: § 37 Abs. 2 S. 1 LVwVfG BW formfrei möglich, zweckmäßig Schriftform: §§ 37 Abs. 3–6, 39 LVwVfG BW
  - **Bekanntgabe:** zweckmäßig Zustellung gegen Zustellungsurkunde (§ 3 LVwZG BW), § 41 Abs. 1 S. 1 LVwVfG BW an Albrecht
- **Materielle Rechtmäßigkeit**
  § 35 Abs. 1 S. 1 GewO ist ein wirksames Gesetz und ermächtigt ausdrücklich zur angedachten Untersagung (also auch ausreichende Rechtsgrundlage)
  - **Tatbestandsvoraussetzungen:**
    Diese erarbeiten Sie aus dem Gesetzestext:

    > Die Ausübung eines Gewerbes ist von der zuständigen Behörde ganz oder teilweise zu untersagen, wenn Tatsachen vorliegen, welche die Unzuverlässigkeit des Gewerbetreibenden [...] in Bezug auf dieses Gewerbe dartun, sofern die Untersagung zum Schutze der Allgemeinheit [...] erforderlich ist.

- Gewerbe
  Definition (...)/Subsumtion: Albrechts Internethandel/
  Zwischenergebnis: Gewerbe liegt vor
- wenn Tatsachen vorliegen, welche die Unzuverlässigkeit des Gewerbetreibenden [...] in Bezug auf dieses Gewerbe dartun
  Definition (...)/Subsumtion: Die Steuerschulden (20.000 €), der Eintrag im Schuldnerverzeichnis, die vergeblichen Vollstreckungsversuche des Finanzamts und die Tatsache, dass keine Zahlungsvereinbarungen mit den Gläubigern getroffen wurden, belegen die finanzielle Leistungsunfähigkeit. Hinzu kommt, dass A in der Vergangenheit keine Steuererklärungen abgegeben hat und wegen Betrugs verurteilt wurde. Das deutet auf seine persönliche Unzuverlässigkeit als Gewerbetreibender hin.
  Ergebnis: unzuverlässig (nach derzeitigem Stand, wenn sich aus der Anhörung von Albrecht nicht neue Tatsachen ergeben sollten).
- Untersagung zum Schutze der Allgemeinheit [...] erforderlich
  Definition: geeignet zum Schutz und kein milderes Mittel zum Schutz/
  Subsumtion: zum Schutze der Gläubiger, des Fiskus und der objektiven Rechtsordnung und kein milderes, aber gleich geeignetes Mittel ersichtlich/Ergebnis: erforderlich

◦ **Rechtsfolgenseite:**
- Regelungsadressat = der Gewerbetreibende (Herr G)
- Maßnahme
  Die Rechtsfolge erarbeiten Sie aus dem Gesetzestext

  > Die Ausübung eines Gewerbes ist [...] ganz oder teilweise zu untersagen, [...].

  Das LRA ist also in der Entscheidung gebunden. Es liegt auch kein atypischer Ausnahmefall vor, der dazu führt, dass die Gewerbeuntersagung ausnahmsweise unangemessen ist.
- Bestimmtheit: ist ja noch auszuformulieren: § 37 Abs. 1 LVwVfG BW einhalten

6. **Nun notieren Sie sich im Prüfungsschema, wo Sie Schwerpunkte setzen werden (hier: § 28 Abs. 1 LVwVfG, § 35 Abs. 4 S. 1 GewO und Tatbestandsvoraussetzungen) und welche Ausführungen Sie weglassen werden (siehe oben in Klammern).**
7. **Erst dann beginnen Sie mit der Reinschrift.**

3. Lösungsvorschlag

Das Landratsamt Schwäbisch Hall kann Herrn Albrecht rechtmäßig untersagen, den Internethandel mit Büromaterial weiter zu betreiben, wenn die angedachte Untersagungsverfügung (Verwaltungsakt i.S.d. § 35 S. 1 LVw-

VfG BW) sowohl formell als auch inhaltlich (materiell) mit dem geltenden Recht vereinbar ist.

I. Rechtsgrundlage

Als Rechtsgrundlage für die Untersagung, die wegen ihres Eingriffscharakters einer Ermächtigung durch formelles Gesetz bedarf (Vorbehalt des Gesetzes), kommt hier § 35 Abs. 1 S. 1 GewO in Betracht. Das setzt nach § 35 Abs. 8 S. 1 GewO voraus, dass weder spezialgesetzliche Untersagungs- bzw. Betriebsschließungsvorschriften bestehen, die auf die Unzuverlässigkeit des Gewerbetreibenden abstellen, noch eine für das Gewerbe erteilte Zulassung wegen Unzuverlässigkeit des Gewerbetreibenden zurückgenommen oder widerrufen werden kann. Der Internethandel mit Büromaterial ist erlaubnisfrei, so dass weder § 15 Abs. 2 S. 1 GewO noch § 49 Abs. 2 S. 1 Nr. 3 LVwVfG BW greifen. Damit ist § 35 Abs. 1 S. 1 GewO die richtige Rechtsgrundlage.

II. Formelle Voraussetzungen

Die angedachte Gewerbeuntersagung kann formell rechtmäßig erlassen werden, wenn das Landratsamt Schwäbisch Hall für die Entscheidung zuständig ist, das Verfahren rechtmäßig durchgeführt worden ist und nun durch den Erlass der Gewerbeuntersagung in verfahrensrechtlicher Hinsicht rechtmäßig abgeschlossen werden kann. Außerdem muss das Landratsamt bei Erlass des Verwaltungsakts die Form- und Bekanntgabevorschriften beachten.

1. Zuständigkeit

Sachlich zuständige Behörden i. S. d. § 35 Abs. 1 S. 1 GewO sind in Baden-Württemberg gemäß § 155 Abs. 2 GewO i. V. m. § 1 GewOZuVO BW i. V. m. § 15 Abs. 1 Nr. 1 LVG BW unter anderem die Landratsämter.[6]

Die örtliche Zuständigkeit bestimmt sich nach § 35 Abs. 7 S. 1 GewO.[7] Danach ist die Behörde örtlich zuständig, in deren Bezirk der Gewerbetreibende eine gewerbliche Niederlassung unterhält. Die (einzige) Niederlas-

6 Neben den Landratsämtern sind in Baden-Württemberg für den Erlass von Gewerbeuntersagungen in den Landkreisen auch die Großen Kreisstädte sowie die gemäß § 17 LVG BW zur unteren Verwaltungsbehörde ernannten Verwaltungsgemeinschaften sowie in den Stadtkreisen die Gemeinden sachlich zuständig. Für die Großen Kreisstädte bzw. Stadtkreise handelt nach § 15 Abs. 2 LVG BW der Bürgermeister, für vereinbarte Verwaltungsgemeinschaften nach § 15 Abs. 2 LVG BW der Bürgermeister der erfüllenden Gemeinde und für Gemeindeverwaltungsverbände nach § 15 Abs. 2 LVG BW der Verbandsvorsitzende.

7 Ein Rückgriff auf § 3 Abs. 1 Nr. 2 LVwVfG BW ist somit ausgeschlossen.

sung für seinen Internethandel unterhält Herr Albrecht hier in der Gemeinde X und damit im Bezirk des Landratsamts Schwäbisch Hall.[8]

Damit ist das Landratsamt Schwäbisch Hall sowohl sachlich als auch örtlich für den Erlass der Gewerbeuntersagung zuständig.

2. Verfahren

a) Beteiligungs- und Handlungsfähigkeit; ggf. Bevollmächtigung
Das Landratsamt Schwäbisch Hall muss zunächst die Vorschriften über die Beteiligung beachten (§§ 11 ff. LVwVfG BW). Herr Albrecht hat dadurch, dass das Landratsamt Schwäbisch Hall die Untersagung an ihn richten will, gemäß § 13 Abs. 1 Nr. 2 LVwVfG BW die Stellung eines Beteiligten am Verfahren erlangt. Das ist mit Hinblick auf seine Beteiligungsfähigkeit (§ 11 Nr. 1 LVwVfG BW) unproblematisch. Weiter ist Herr Albrecht in dem Verfahren aktiv und passiv handlungsfähig (§ 12 Abs. 1 Nr. 1 LVwVfG BW).

b) Mitwirkung anderer Behörden bzw. Stellen kraft Spezialgesetz
Nach § 35 Abs. 4 S. 1 GewO muss vor Erlass der Untersagung die zuständige IHK angehört werden. Das ist hier bisher nicht geschehen. Nach § 35 Abs. 4 S. 3 GewO kann auf die Anhörung bei Gefahr im Verzuge verzichtet werden. Das ist der Fall, wenn der baldige Eintritt eines Schadens an einem wichtigen Rechtsgut von bedeutendem Wert zu befürchten ist, der ein unverzügliches Eingreifen der Untersagungsbehörde erfordert. Eine solche Gefahrenlage liegt hier jedoch nicht vor. Damit kann die Gewerbeuntersagung zum gegenwärtigen Zeitpunkt noch nicht formell rechtmäßig erlassen werden. Vielmehr ist zunächst noch die IHK anzuhören.

c) Anhörung
Nach § 28 Abs. 1 LVwVfG BW ist, bevor ein Verwaltungsakt erlassen wird, der in Rechte eines Beteiligten eingreift, diesem Gelegenheit zu geben, sich zu den für die Entscheidung erheblichen Tatsachen zu äußern.

Die Gewerbeuntersagung stellt einen Eingriff in Herrn Albrechts Recht aus Art. 12 Abs. 1 S. 1 GG auf Berufsfreiheit dar. Ein Grund nach § 28 Abs. 3 oder 2 LVwVfG BW, von der Anhörung ausnahmsweise abzusehen, liegt hier nicht vor. Somit ist eine Anhörung erforderlich. Herr Albrecht wurde zwar bereits zu den vom Finanzamt mitgeteilten Vorfällen angehört, nicht aber zu den weiteren Ergebnissen der Untersuchung von Frau Mustersach-

8 Die kleine Gemeinde ist nämlich weder Große Kreisstadt noch laut Sachverhalt Mitgliedsgemeinde einer nach § 17 LVG BW zur unteren Verwaltungsbehörde ernannten Verwaltungsgemeinschaft. Würde der Internethandel dahingegen in Schwäbisch Hall (Große Kreisstadt) selbst betrieben, wäre der Bürgermeister der Stadt Schwäbisch Hall (§ 15 Abs. 1 Nr. 1, Abs. 2 LVG BW) sachlich (es besteht kein Ausschluss nach § 19 LVG BW) und nach § 35 Abs. 7 S. 1 GewO örtlich zuständig.

bearbeitern, die für die Entscheidung ebenfalls erheblich sind. Damit ist eine ordnungsgemäße Anhörung bisher nicht erfolgt. Auch aus diesem Grund kann die Untersagung zum gegenwärtigen Zeitpunkt noch nicht formell rechtmäßig erlassen werden. Dem Landratsamt Schwäbisch Hall ist zu empfehlen, zunächst die Stellungnahme bei der IHK einzuholen und dann Herrn Albrecht sowohl zum Ergebnis dieser Stellungnahme als auch zu allen anderen zwischenzeitlich neu ermittelten Tatsachen anzuhören.

d) Zwischenergebnis
Wegen der fehlenden Anhörung von Herrn Albrecht und der IHK kann das Verfahren zum derzeitigen Zeitpunkt noch nicht rechtmäßig abgeschlossen werden.

3. Form

Die Gewerbeuntersagung könnte formfrei erlassen werden (§ 37 Abs. 2 S. 1 LVwVfG BW). Zweckmäßig ist aus Beweisgründen die Schriftform, dann sind zunächst § 37 Abs. 3 S. 1 u. Abs. 5 LVwVfG zu beachten, d. h. die erlassende Behörde und der zuständige Sachbearbeiter müssen angegeben und der Bescheid muss unterschrieben werden. Die Gewerbeuntersagung ist nach § 39 Abs. 1 S. 1 LVwVfG BW unter Beachtung von § 39 Abs. 1 S. 2 u. 3 LVwVfG BW zu begründen. Nach § 37 Abs. 6 S. 1 LVwVfG BW ist Herr Albrecht darüber zu belehren, dass er innerhalb eines Monats nach Bekanntgabe der Gewerbeuntersagung beim LRA Schwäbisch Hall mit Sitz in Schwäbisch Hall Widerspruch erheben kann (§ 70 Abs. 1 S. 1 VwGO).

4. Bekanntgabe

Die Gewerbeuntersagung müsste Herrn Albrecht bekannt gegeben werden (§ 41 Abs. 1 S. 1 LVwVfG BW), zweckmäßig ist aus Beweisgründen die Bekanntgabe durch die Post mit Zustellungsurkunde (§ 3 LVwZG BW).

III. Materielle Voraussetzungen

Der Internethandel kann materiell rechtmäßig untersagt werden, wenn § 35 Abs. 1 S. 1 GewO eine wirksame und ausreichende Rechtsgrundlage für die angedachte Untersagung des Internethandels ist, die Tatbestandsvoraussetzungen von § 35 Abs. 1 S. 1 GewO vorliegen und die vom Landratsamt angedachte Rechtsfolge (die Gewerbeuntersagung) inhaltlich mit dem geltenden Recht vereinbar ist.

1. Wirksame und ausreichende Rechtsgrundlage

An der Verfassungsmäßigkeit von § 35 Abs. 1 S. 1 GewO bestehen keine Zweifel. Insbesondere greift der Gesetzgeber nicht unverhältnismäßig in Art. 12 Abs. 1 S. 1 GG ein, wenn er zum Schutz der Allgemeinheit bzw. der im Betrieb Beschäftigten den Erlass einer Gewerbeuntersagung bei Unzuverlässigkeit des Gewerbetreibenden ohne Berücksichtigung des Einzelfalls zwingend vorschreibt. § 35 Abs. 1 S. 1 GewO ermächtigt genau zur Gewerbeuntersagung und ist damit für die Untersagung des Internethandels auch eine ausreichende Rechtsgrundlage.

2. Tatbestandsvoraussetzungen

Die Tatbestandsvoraussetzungen für den Erlass einer Gewerbeuntersagung liegen nach § 35 Abs. 1 S. 1 GewO dann vor, wenn ein Gewerbe betrieben wird, Tatsachen vorliegen, die die Unzuverlässigkeit des Gewerbetreibenden oder einer mit der Leitung des Gewerbebetriebes beauftragten Person in Bezug auf dieses Gewerbe dartun und die Untersagung zum Schutz der Allgemeinheit oder der im Betrieb Beschäftigten erforderlich ist.[9]

a) Betreiben eines Gewerbes

Gewerbe ist jede erlaubte, auf Gewinnerzielung gerichtete und auf Dauer angelegte selbstständige Tätigkeit, ausgenommen der Urproduktion, der freien Berufe und der bloßen Verwaltung eigenen Vermögens. Das Betreiben des Internethandels mit Büromaterial erfüllt diese Merkmale. Betrieben wird der Internethandel von Herrn Albrecht.

b) Gewerbliche Unzuverlässigkeit des Gewerbetreibenden oder des Leiters

Der Gewerbetreibende Herr Albrecht könnte unzuverlässig sein. Unzuverlässig sind Gewerbetreibende, die nach dem Gesamteindruck ihres Verhaltens nicht die Gewähr dafür bieten, dass sie ihr Gewerbe zukünftig ordnungsgemäß betreiben. Es müssen konkrete Tatsachen vorliegen, aus denen sich die Unzuverlässigkeit ergibt.

Herr Albrecht hat in den letzten 5 Jahren keine Steuererklärungen abgegeben. Außerdem ist er erst vor einem Jahr wegen Betrugs gegenüber einem Kunden strafrechtlich verurteilt worden. Das belegt seine persönliche Unzuverlässigkeit. Hinzu kommt, dass er Steuerschulden von insgesamt 20.000 Euro hat, Vollstreckungsversuche des Finanzamts erfolglos blieben und er, wie aus dem Schuldnerverzeichnis hervorgeht, finanziell nicht in der Lage ist, seine Verbindlichkeiten zu begleichen. Somit ist auch von seiner wirtschaftlichen Leistungsunfähigkeit auszugehen, zumal er auch keine Zahlungsvereinbarungen mit seinen Gläubigern getroffen hat. Auf ein etwaiges Verschulden kommt es nicht an.

Der Gewerbetreibende Herr Albrecht ist unzuverlässig.

---

9 Man könnte kürzer auch so formulieren: „Die Tatbestandsvoraussetzungen für den Erlass einer Gewerbeuntersagung liegen nach § 35 Abs. 1 S. 1 GewO u. a. dann vor, wenn ein Gewerbe betrieben wird, Tatsachen vorliegen, die die Unzuverlässigkeit des Gewerbetreibenden in Bezug auf dieses Gewerbe dartun und die Untersagung zum Schutz der Allgemeinheit erforderlich ist."

c) Erforderlichkeit der Untersagung
Die Untersagung müsste zum Schutz der Allgemeinheit oder der im Betrieb Beschäftigten erforderlich sein. Hier könnte sie zum Schutz der Allgemeinheit erforderlich sein.[10] Dann müsste die Gewerbeuntersagung zunächst dazu dienen, Gefahren für die Allgemeinheit abzuwenden (Geeignetheit der Gewerbeuntersagung). Außerdem dürfte es keine mildere Maßnahme als die Gewerbeuntersagung geben, die in gleicher Weise wie die Gewerbeuntersagung geeignet ist, die Gefährdung der Allgemeinheit zu verhindern (Erforderlichkeit der Gewerbeuntersagung).

Durch die Nichtabgabe von Steuererklärungen und Steuerschulden ist das Vermögen der öffentlichen Hand, das durch die Gemeinschaft der Steuerzahler aufgebracht wird, gefährdet. Durch die drohenden Straftaten besteht eine Gefahr für die öffentliche Sicherheit. Die fehlende Leistungsfähigkeit stellt eine Gefahr für alle potentiellen Gläubiger dar. Damit dient die Gewerbeuntersagung dem Schutze der Allgemeinheit.

Eine mildere, aber gleich geeignete Maßnahme ist hier nicht ersichtlich, insbesondere käme ein eindringlicher Hinweis auf seine Pflichten als Gewerbetreibender allenfalls hinsichtlich der Nichtabgabe der Steuererklärungen in Betracht, ist hier aber im Hinblick auf die gegenwärtige finanzielle Leistungsunfähigkeit und die einschlägige Vorstrafe nicht geeignet.

Damit ist die Untersagung auch erforderlich.

3. Rechtsfolgenseite

a) Wahl des richtigen Regelungsadressaten
Die Gewerbeuntersagung richtet sich gegen Herrn Albrecht als Betreiber des Internethandels gemäß § 35 Abs. 1 S. 1 GewO an den richtigen Adressaten.

b) Inhaltliche Vereinbarkeit der Maßnahme mit dem geltenden Recht
Zum Erlass der Gewerbeuntersagung ist das Landratsamt Schwäbisch Hall gem. § 35 Abs. 1 S. 1 GewO verpflichtet (gebundene Entscheidung). Damit ist auch keine Abwägungsentscheidung für den Einzelfall zu treffen. Ein Verstoß gegen den Verhältnismäßigkeitsgrundsatz ist nur in ganz extremen Ausnahmefällen denkbar. Allein der Verlust der Erwerbsquelle oder eine etwaige Sozialhilfebedürftigkeit des Gewerbetreibenden begründen einen solchen jedenfalls nicht. Auch im Übrigen ist kein Verstoß gegen sonstiges Recht erkennbar.

---

10 Hinweis: Wenn der Gesetzgeber wie hier die Prüfung der Erforderlichkeit auf die Tatbestandsseite zieht, ist vorab auch die Geeignetheit zu prüfen.

c) Bestimmtheit
Die Gewerbeuntersagung muss inhaltlich hinreichend bestimmt formuliert werden, § 37 Abs. 1 LVwVfG. Aus dem Bescheid muss sich also eindeutig ergeben, wer Adressat der Regelung ist und welches Gewerbe (hier der Internethandel mit Büromaterial) untersagt wird.

4. Zwischenergebnis
Die Gewerbeuntersagung könnte nach derzeitigem Erkenntnisstand (fehlende Anhörung von IHK und Herrn Albrecht) materiell rechtmäßig erlassen werden.

IV. Gesamtergebnis
Sobald die Anhörung der IHK und von Herrn Albrecht nachgeholt worden sind und sofern diese keine neuen entgegenstehenden entscheidungserheblichen Tatsachen ergeben, kann das Landratsamt Schwäbisch Hall Herrn Albrecht rechtmäßig untersagen, seinen Internethandel mit Büromaterial weiter auszuüben.

II. „Die erweiterte Gewerbeuntersagung/Entscheidungsperspektive" (Fall 2.2)

1. Sachverhalt, Aufgabe

■ Sachverhalt
Sachverhalt wie oben. Mittlerweile hat Frau Mustersachbearbeiterin ordnungsgemäß die IHK (keine neuen Erkenntnisse) und im Anschluss Herrn Albrecht angehört, der sich nach wie vor nicht äußert.

■ Aufgabe
Prüfen Sie gutachterlich, ob Frau Mustersachbearbeiterin Herrn Albrecht zusätzlich zur Untersagung der weiteren Ausübung seines Internethandels auch rechtmäßig die Ausübung aller Gewerbe im Hoheitsgebiet der Bundesrepublik Deutschland untersagen kann. Auf alle aufgeworfenen Rechtsfragen ist notfalls im Wege eines Hilfsgutachtens einzugehen.

2. Ihre Vorarbeit

1. **Sie lesen sorgfältig den Sachverhalt und die Aufgabenstellung.**
2. **Sie analysieren die Fragestellung:**
   Hier sollen Sie aus der Entscheidungsperspektive des Landratsamts Schwäbisch Hall prüfen, ob neben der Gewerbeuntersagung (die haben Sie schon oben geprüft) auch die Ausübung jeglichen Gewerbes in der

Bundesrepublik Deutschland untersagt werden kann. Auf alle aufgeworfenen Rechtsfragen ist notfalls im Wege eines Hilfsgutachtens einzugehen. Auch die erweiterte Untersagung ist ein befehlender Verwaltungsakt, der in das Recht von Herrn Albrecht auf Berufsfreiheit (Art. 12 Abs. 1 S. 1 GG) eingreift.

3. **Sie fertigen eine Sachverhaltsskizze.**
   Skizze wie oben, jetzt auch: Anhörung IHK und Albrecht ordnungsgemäß erfolgt
4. **Gleichzeitig halten Sie alle Einfälle auf einem „Brainstorming-Blatt" fest.**
   z. B.: formell alles okay, materiell: verhältnismäßig?
5. **Nun erstellen Sie zur Vorbereitung der Reinschrift eine Prüfungsskizze.**

- **Obersatz:** Sie notieren „Die Ausübung jeglichen Gewerbes kann rechtmäßig untersagt werden, wenn".
- **Rechtsgrundlage:**
  - Ermächtigung erforderlich (belastend)
  - Ermächtigung vorhanden: § 35 Abs. 1 S. 2 GewO, anwendbar nach § 35 Abs. 8 S. 1 GewO (siehe oben)
  - (VA-Befugnis? § 35 Abs. 1 S. 2 GewO ermächtigt unproblematisch zum Handeln durch Verwaltungsakt in Form der Individualverfügung)
- **Formelle Rechtmäßigkeit:** wie oben
- **Materielle Rechtmäßigkeit**
  § 35 Abs. 1 S. 2 GewO ist ein wirksames Gesetz und ermächtigt ausdrücklich zur angedachten erweiterten Untersagung (also auch ausreichende Rechtsgrundlage)
  - **Tatbestandsvoraussetzungen:**
    Diese erarbeiten Sie aus dem Gesetzestext:

    > Die Untersagung kann auch […] auf alle Gewerbe erstreckt werden, soweit die festgestellten Tatsachen die Annahme rechtfertigen, dass der Gewerbetreibende auch für diese […] Gewerbe unzuverlässig ist.

    Nun erarbeiten Sie „Definition", „Subsumtion" und „Ergebnis".
    - auch:
      erweiterte Gewerbeuntersagung setzt einfache Gewerbeuntersagung voraus, hier: gegeben
    - soweit die festgestellten Tatsachen die Annahme rechtfertigen, dass der Gewerbetreibende auch für diese Gewerbe (also für alle) unzuverlässig ist:

Die persönliche Unzuverlässigkeit (Betrug gegenüber Kunden, Nichtabgabe von Steuererklärungen) sowie die finanzielle Leistungsunfähigkeit beziehen sich nicht nur auf die Tätigkeit „Internethandel mit Büromaterial", sondern auf alle Gewerbearten. Tatbestand damit erfüllt.

- **Rechtsfolgenseite:**
  - Regelungsadressat = der Gewerbetreibende (Herr A)
  - Maßnahme

    Die Rechtsfolge erarbeiten Sie aus dem Gesetzestext

    > Die Untersagung kann auch auf [...] auf alle Gewerbe erstreckt werden,

    Das LRA hat also Ermessen. § 40 LVwVfG BW ist zu beachten: kein Ermessensnichtgebrauch/kein Ermessensfehlgebrauch/keine Ermessensüberschreitung (Maßnahme darf insbesondere nicht unverhältnismäßig sein)
    - geeignet: dient dem Schutz der Allgemeinheit, wie oben
    - erforderlich: kein milderes Mittel ersichtlich
    - angemessen: Art. 12 Abs. 1 S. 1 GG/Schutz der Allgemeinheit
    - nicht ausgeschlossen, dass weiterhin tätig; sogar vor Straftat in der Vergangenheit nicht zurückgeschreckt, es besteht die Möglichkeit, nach einem Jahr die Wiedergestattung zu beantragen/angemessen
  - Bestimmtheit: § 37 Abs. 1 LVwVfG BW einhalten

6. Nun notieren Sie im Prüfungsschema Schwerpunkte und Streichungen.

7. Erst dann beginnen Sie mit der Reinschrift.

3. Lösungsvorschlag

Das Landratsamt Schwäbisch Hall kann Herrn Albrecht die Ausübung jeglichen Gewerbes in der Bundesrepublik Deutschland untersagen, wenn für diese Untersagung, die als belastender Verwaltungsakt (s. § 35 S. 1 LVwVfG BW) zwingend einer Ermächtigung bedarf, eine Rechtsgrundlage besteht und diese formell und materiell rechtmäßig angewendet wird.

I. Rechtsgrundlage

Als Rechtsgrundlage kommt hier, da Spezialvorschriften i.S.d. § 35 Abs. 8 S. 1 GewO nicht greifen, § 35 Abs. 1 S. 2 GewO in Betracht.

II. Formelle Voraussetzungen

1. Zuständigkeit

Auch für die erweiterte Gewerbeuntersagung ist das Landratsamt Schwäbisch Hall nach § 155 Abs. 2 GewO i.V.m. § 1 GewOZuVO BW i.V.m. § 15 Abs. 1 Nr. 1 LVG BW sachlich und nach § 35 Abs. 7 S. 1 GewO örtlich zuständig.

2. Verfahren

Zu prüfen ist, ob die nach der GewO bzw. dem LVwVfG BW vorgeschriebenen Verfahrensvorschriften beachtet wurden.

Die IHK wurde gemäß § 35 Abs. 4 S. 1 GewO angehört.

Nach § 28 Abs. 1 LVwVfG müsste Herr Albrecht, Beteiligter nach § 13 Abs. 1 Nr. 2 LVwVfG BW, vor Erlass der erweiterten Gewerbeuntersagung, die in sein Recht auf Berufsfreiheit (Art. 12 Abs. 1 S. 1 GG) eingreift, zu allen entscheidungserheblichen Tatsachen gehört werden. Das ist hier geschehen, indem Herrn Albrecht alle Tatsachen mitgeteilt wurden, die seine Unzuverlässigkeit begründen können.

Damit wurde das Verfahren ordnungsgemäß durchgeführt und kann nun abgeschlossen werden.

3. Form und Bekanntgabe

Auch die erweiterte Gewerbeuntersagung könnte formfrei erlassen und bekannt gegeben werden (§ 37 Abs. 2 S. 1 LVwVfG BW). Hier gelten dieselben Überlegungen wie in Fall 2.1 (siehe oben).

III. Materielle Voraussetzungen

Die Ausübung aller Gewerbe kann materiell rechtmäßig untersagt werden, wenn § 35 Abs. 1 S. 2 GewO eine wirksame und ausreichende Rechtsgrundlage für die angedachte Untersagung ist, die Tatbestandsvoraussetzungen von § 35 Abs. 1 S. 2 GewO vorliegen und die vom Landratsamt angedachte Rechtsfolge (die erweiterte Gewerbeuntersagung) inhaltlich mit dem geltenden Recht vereinbar ist.

1. Wirksame und ausreichende Rechtsgrundlage

An der Verfassungsmäßigkeit von § 35 Abs. 1 S. 2 GewO bestehen keine Zweifel. Insbesondere greift der Gesetzgeber nicht unverhältnismäßig in Art. 12 Abs. 1 S. 1 GG ein, da er die Einzelfallentscheidung für die Untersagung aller Gewerbe in das Ermessen der Behörde stellt und damit eine Abwägungsentscheidung im Einzelfall ermöglicht. § 35 Abs. 1 S. 2 GewO ermächtigt bereits wörtlich zur Untersagung aller Gewerbe und ist damit für die Untersagung auch ausreichend.

2. Tatbestandsvoraussetzungen

Die Tatbestandsvoraussetzungen für den Erlass einer erweiterten Gewerbeuntersagung gegen den Gewerbetreibenden liegen nach § 35 Abs. 1 S. 2 GewO u. a. dann vor, wenn zum einen die Tatbestandsvoraussetzungen für den Erlass einer Gewerbeuntersagung nach § 35 Abs. 1 S. 1 GewO vorliegen und außerdem die festgestellten Tatsachen die Annahme rechtfertigen, dass der Gewerbetreibende nicht nur für die Ausübung des nach § 35 Abs. 1 S. 1

GewO untersagten Gewerbes, sondern für die Ausübung aller Gewerbe unzuverlässig ist.

Wie bereits oben geprüft liegen die Tatbestandsvoraussetzungen für den Erlass einer Untersagung des Internethandels mit Büromaterial nach § 35 Abs. 1 S. 1 GewO vor. Die persönliche Unzuverlässigkeit, auf die aus der jahrelangen Nichtabgabe von Steuererklärungen und der einschlägigen Vorstrafe geschlossen wurde, bezieht sich auf die Ausübung jeglichen Gewerbes und nicht ausschließlich auf den Internethandel mit Büromaterial. Gleiches gilt für die finanzielle Leistungsunfähigkeit des Herrn Albrecht.

Damit liegen die Tatbestandsvoraussetzungen vor.

3. Rechtsfolgenseite

a) Wahl des richtigen Regelungsadressaten
Als Betreiber des untersagten Gewerbes ist Herr Albrecht nach § 35 Abs. 1 S. 2 GewO der richtige Regelungsadressat für die erweiterte Gewerbeuntersagung.

b) Inhaltliche Vereinbarkeit der Maßnahme mit dem geltenden Recht
Der Erlass der erweiterten Gewerbeuntersagung steht nach § 35 Abs. 1 S. 2 GewO im Ermessen des Landratsamts („kann"). Das Landratsamt muss das ihm eingeräumte Ermessen gemäß § 40 LVwVfG BW entsprechend dem Zweck der Ermächtigung und innerhalb der gesetzlichen Grenzen des Ermessens ausüben.

aa) Kein Ermessensnichtgebrauch
Das Landratsamt muss das Ermessen erkennen und ausüben, ansonsten liegt ein Ermessensnichtgebrauch vor. Frau Mustersachbearbeiterin muss hier also eine Abwägungsentscheidung für den Einzelfall treffen.

bb) Kein Ermessensfehlgebrauch
Das Ermessen ist entsprechend dem Gesetzeszweck von § 35 Abs. 1 S. 2 GewO auszuüben. Dieser ist durch verfassungskonforme Auslegung (also unter Berücksichtigung von Art. 12 Abs. 1 S. 1 GG) zu ermitteln. Nach der 3-Stufen-Lehre des BVerfG[11] stellt § 35 Abs. 1 S. 2 GewO einen Eingriff der 2. Stufe in Form einer subjektiven Berufswahlregelung dar. Ein solcher Eingriff durch Gesetz ist nur zum Schutz besonders wichtiger Gemeinschaftsgüter zulässig, die bei abstrakt-genereller Betrachtung (also aus der Perspektive des Gesetzgebers) der Freiheit des Einzelnen vorgehen. Gesetzeszweck

---

11 Die 3-Stufen-Lehre behandeln Sie im Staatsrecht/Grundrechte. Kurz und bündig zur 3-Stufen-Lehre: *Steffen Detterbeck*, Öffentliches Recht im Nebenfach, 5. Auflage 2017, S. 97 bis 106. Näher zur Prüfung der Verhältnismäßigkeit von Eingriffen in Art. 12 GG durch Verwaltungsmaßnahmen siehe auch: *Gassner*, Kompendium Verwaltungsrecht, Rn. 205 ff.

von § 35 Abs. 1 S. 2 GewO ist also der Schutz von Individualrechtsgütern der Gläubiger (Kunden, Geschäftspartner und Angestellte) der Gewerbetreibenden, des Fiskus und seines Interesses an einer geordneten Steuerrechtspflege sowie eines gesicherten Finanzaufkommens sowie der Schutz der objektiven Rechtsordnung vor unzuverlässigen Gewerbetreibenden unter gleichzeitiger Beachtung der Rechte des Gewerbetreibenden.

Durch die erweiterte Gewerbeuntersagung sollen hier potentielle Gläubiger vor dem finanziell nicht leistungsfähigen Herrn Albrecht geschützt werden, die Steuergerechtigkeit wiederhergestellt werden und weitere Verstöße gegen die objektive Rechtsordnung wie die Nichtabgabe von Steuererklärungen oder der Betrug von Kunden verhindert werden. Damit verfolgt das Landratsamt Schwäbisch Hall einen legitimen Gesetzeszweck. Die Sachbearbeiterin muss beachten, alle für die Abwägungsentscheidung relevanten Gesichtspunkte zu berücksichtigen. Sachfremde Überlegungen dürfen nicht eingestellt werden.

cc) Keine Ermessensüberschreitung

Das Landratsamt muss alle gesetzlichen Grenzen des Ermessens beachten, ansonsten läge eine Ermessensüberschreitung vor. Die gesetzlichen Grenzen ergeben sich zum einen aus dem Wortlaut der Rechtsgrundlage, zum anderen aus dem sonstigen Recht (insbesondere aus dem Verhältnismäßigkeitsprinzip, Art. 20 Abs. 3 GG).

(1) Grenze nach dem Wortlaut von § 35 Abs. 1 S. 2 GewO

§ 35 Abs. 1 S. 2 GewO ermächtigt zur Untersagung aller Gewerbe im Geltungsbereich der GewO und damit in der Bundesrepublik Deutschland. Die Grenze des Wortlauts wird mit der angedachten erweiterten Gewerbeuntersagung also gewahrt.

(2) Kein Verstoß gegen den Verhältnismäßigkeitsgrundsatz (Art. 20 Abs. 3 GG)

Die erweiterte Gewerbeuntersagung muss verhältnismäßig, also zur Erreichung eines legitimen Zwecks geeignet, erforderlich und angemessen sein.

Die (notfalls im Wege der Verwaltungsvollstreckung durchsetzbare) erweiterte Gewerbeuntersagung fördert den Schutz des Eigentums potentieller Gläubiger, stellt die Steuergerechtigkeit wieder her und verhindert weitere Verstöße gegen die Rechtsordnung. Damit ist sie geeignet.

Ein milderes, zur Zweckerreichung ebenso geeignetes Mittel ist nicht ersichtlich. Die erweiterte Gewerbeuntersagung ist also auch erforderlich.

Schließlich müsste die Untersagung aller Gewerbe auch angemessen sein. Sie darf also keinen Nachteil für Herrn Albrecht herbeiführen, der außer Verhältnis zum beabsichtigten Erfolg steht.

Die erweiterte Gewerbeuntersagung stellt einen schweren Eingriff in die Berufsfreiheit dar, da dem Betroffenen nun jegliche Möglichkeit genommen wird, durch das Betreiben eines selbstständigen Gewerbes für seinen Lebensunterhalt zu sorgen. Auf der anderen Seite hat der Gewerbetreibende die Möglichkeit, gemäß § 35 Abs. 6 GewO nach einem Jahr die Wiedergestattung zu beantragen. Hier kommt hinzu, dass Herr Albrecht in erheblichem Maße gegen seine Pflichten als Gewerbetreibender verstoßen hat und die Gefahr besteht, dass er aufgrund seiner finanziellen Leistungsunfähigkeit wie schon in der Vergangenheit auch in Zukunft Straftaten zu Lasten Dritter begehen wird.

Daher stehen die Nachteile für Herrn Albrecht nicht außer Verhältnis zum beabsichtigten Erfolg. Die erweiterte Gewerbeuntersagung ist auch angemessen und somit insgesamt verhältnismäßig.

c) Bestimmtheit
Die erweiterte Gewerbeuntersagung ist nach § 37 Abs. 1 LVwVfG hinreichend bestimmt zu formulieren. Herr Albrecht muss erkennen, dass ihm die Ausübung jeglichen Gewerbes in der Bundesrepublik Deutschland verboten wird.

IV. Gesamtergebnis

Herrn Albrecht kann formell und materiell rechtmäßig die Ausübung jeglichen Gewerbes in der Bundesrepublik Deutschland untersagt werden.

III. „Die Anordnung der sofortigen Vollziehung/Entscheidungsperspektive" (Fall 2.3)

1. Sachverhalt, Aufgabe

■ Sachverhalt

Sachverhalt wie in Fall 2.2 oben. Frau Mustersachbearbeitern will nun in einem Bescheid die einfache Gewerbeuntersagung nach § 35 Abs. 1 S. 1 GewO und die erweiterte Gewerbeuntersagung nach § 35 Abs. 1 S. 2 GewO anordnen. Wie oben geprüft wäre das rechtmäßig.

■ Aufgabe

Prüfen Sie gutachterlich, ob Frau Mustersachbearbeiterin zusammen mit diesen beiden Verfügungen zusätzlich die sofortige Vollziehung beider Untersagungen rechtmäßig anordnen kann. Auf alle aufgeworfenen Rechtsfragen ist notfalls im Wege eines Hilfsgutachtens einzugehen.

2. Ihre Vorarbeit

1. **Sie lesen den Sachverhalt und die Aufgabenstellung sorgfältig durch.**
2. **Sie analysieren die Fragestellung:**
   Hier sollen Sie aus der Entscheidungsperspektive des Landratsamts Schwäbisch Hall prüfen, ob nach § 80 Abs. 2 S. 1 Nr. 4 VwGO die sofortige Vollziehung der Gewerbeuntersagung nach § 35 Abs. 1 S. 1 GewO sowie der erweiterten Gewerbeuntersagung nach § 35 Abs. 1 S. 2 GewO zusammen mit diesen angeordnet werden kann. Sie wissen, dass die Anordnung der sofortigen Vollziehung nach h. M. kein Verwaltungsakt ist. Die Anordnung der sofortigen Vollziehung ist eine unselbstständige Regelung zum Verwaltungsakt. Sie hat belastende Wirkung, da dem Rechtsbehelfsführer die aufschiebende Wirkung seines Widerspruchs bzw. seiner Klage genommen wird.
3. **Sie fertigen eine Sachverhaltsskizze.**
   Entfällt (Skizze wie oben)
4. **Gleichzeitig halten Sie alle Einfälle auf einem „Brainstorming-Blatt" fest.**
   z. B.: „besonders Vollzugsinteresse" begründen.
5. **Nun erstellen Sie zur Vorbereitung der Reinschrift eine Prüfungsskizze.**

- **Obersatz:** Sie notieren „Die sofortige Vollziehung beider Verfügungen kann rechtmäßig angeordnet werden, wenn".
- **Rechtsgrundlage:**
  Rechtsgrundlage für die Anordnung der sofortigen Vollziehung eines Verwaltungsakts ist § 80 Abs. 2 S. 1 Nr. 4 VwGO (bei Verwaltungsakten mit Drittwirkung siehe auch § 80 a VwGO)
- **Formelle Rechtmäßigkeit:**
  - **Zuständigkeit nach § 80 Abs. 2 S. 1 Nr. 4 VwGO:** Ausgangs- oder Widerspruchsbehörde
  - **Verfahren:** nur allgemeine Verfahrensgrundsätze (LVwVfG greift jedenfalls nicht unmittelbar, da die Anordnung nach h. M. kein Verwaltungsakt ist)
  - **Form:** § 80 Abs. 3 VwGO
  - **Bekanntgabe:** nach § 80 Abs. 2 S. 1 Nr. 4 VwGO zusammen mit dem Ausgangsbescheid oder später
- **Materielle Rechtmäßigkeit**
  - **Tatbestandsvoraussetzungen:**
    Definition: Das öffentliche Interesse (oder das Interesse eines berechtigten Dritten) an der sofortigen Vollziehung des Verwaltungsakts (also an der

Durchsetzbarkeit des Verwaltungsakts schon während des laufenden Rechtsbehelfsverfahrens) muss das Interesse des Betroffenen an der aufschiebenden Wirkung seines etwaigen Rechtsbehelfs überwiegen.
Subsumtion: Hier dringendes Interesse (wegen der finanziellen Leistungsunfähigkeit und der Gefahr weiterer Straftaten), dass die Gewerbeuntersagungen schon jetzt durchsetzbar sind.
Ergebnis: Tatbestandsvoraussetzung erfüllt.

- **Rechtsfolgenseite:**
  - Regelungsadressat = Adressat des Verwaltungsakts, dessen sofortige Vollziehung angeordnet wird (Herr Albrecht)
  - Maßnahme: Ermessen „kann" (kein Gesichtspunkt erkennbar, der gegen Anordnung der sofortigen Vollziehung spricht)
  - Bestimmtheit (allgemeiner Rechtsgrundsatz)

6. **Nun notieren Sie im Prüfungsschema die Schwerpunkte!**
   Das ist bei der Anordnung der sofortigen Vollziehung immer das Vorliegen des besonderen Interesses an der Vollziehung.
7. **Erst dann beginnen Sie mit der Reinschrift.**

3. Lösungsvorschlag

Das Landratsamt Schwäbisch Hall kann die sofortige Vollziehung der Untersagung des Internethandels und der Ausübung aller Gewerbe zusammen mit diesen in einem Bescheid nach § 80 Abs. 2 S. 1 Nr. 4 VwGO rechtmäßig anordnen, wenn die formellen und materiellen Voraussetzungen hierfür vorliegen.

I. Formelle Voraussetzungen

1. Zuständigkeit

Das Landratsamt Schwäbisch Hall ist als Ausgangsbehörde gemäß § 80 Abs. 2 S. 1 Nr. 4 VwGO für die Anordnung der sofortigen Vollziehung zuständig.

2. Verfahren

Besondere Verfahrensvorschriften für den Erlass der Anordnung der sofortigen Vollziehung, die nach h.M. kein Verwaltungsakt ist, bestehen nicht. Selbst wenn man hier der gegenteiligen Auffassung folgt oder das LVwVfG BW zumindest analog für anwendbar hält, ist ein Verfahrensverstoß nicht ersichtlich. Insbesondere wurde Herr Albrecht zu allen entscheidungserheblichen Tatsachen angehört (vgl. § 28 Abs. 1 LVwVfG BW).

3. Form
Nach § 80 Abs. 3 S. 1 VwGO ist das besondere Interesse an der sofortigen Vollziehung des Verwaltungsakts schriftlich zu begründen. Eine Ausnahme nach § 80 Abs. 3 S. 2 VwGO greift hier nicht, zumal auch ausreichend Zeit besteht, die beiden Gewerbeuntersagungen schriftlich zu erlassen.

4. Bekanntgabe
Wie aus § 80 Abs. 2 S. 1 Nr. 4 VwGO folgt, kann die Anordnung der sofortigen Vollziehung bereits im Ausgangsbescheid oder später angeordnet werden. Das Landratsamt Schwäbisch Hall kann die sofortige Vollziehung also zusammen mit den Gewerbeuntersagungen anordnen.

II. Materielle Voraussetzungen

1. Tatbestandsvoraussetzungen
Tatbestandsvoraussetzung für die Anordnung der sofortigen Vollziehung ist, dass ein wirksamer und rechtmäßiger Verwaltungsakt vorliegt, der weder bestandskräftig noch bereits von Gesetzes wegen sofort vollziehbar ist, und dass das öffentliche Interesse oder das berechtigte Interesse eines Dritten an der sofortigen Vollziehung des Verwaltungsakts schon während des laufenden Rechtsbehelfsverfahrens das Interesse des Betroffenen an der aufschiebenden Wirkung seines Widerspruchs (§ 80 Abs. 1 S. 1 VwGO) überwiegt.

Wie geprüft können beide Gewerbeuntersagungen rechtmäßig erlassen werden. Sie werden mit Bekanntgabe an Herrn Albrecht wirksam und sind noch nicht bestandkräftig. Die Gewerbeuntersagungen sind nicht bereits von Gesetzes wegen nach § 80 Abs. 2 S. 1 Nr. 1 bis Nr. 3 VwGO sofort vollziehbar.

Wenn ein etwaiger Widerspruch aufschiebende Wirkung hätte, bestände die Gefahr, dass Herr Albrecht auch während des laufenden Rechtsbehelfsverfahrens weiter keine Steuererklärungen abgibt, seine Steuerschulden weiter steigen und er potentielle Geschäftspartner und Kunden über seine fehlende Leistungsfähigkeit im Unklaren lässt und sich damit wegen Betrugs (§ 263 StGB) strafbar macht. Das öffentliche Interesse, potentielle Straftaten schon während des laufenden Rechtsbehelfsverfahrens zu verhindern und die Steuergerechtigkeit durchzusetzen, überwiegt das Interesse von Herrn Albrecht, vorerst von den Gewerbeuntersagungen verschont zu bleiben und bis zur Bestandskraft das Gewerbe weiter ausüben zu dürfen.

2. Rechtsfolgenseite
Die Anordnung der sofortigen Vollziehung steht im Ermessen der Behörde. Wie bereits oben geprüft, ist die Anordnung verhältnismäßig. Gründe, von

der Anordnung der sofortigen Vollziehung trotz des überwiegenden öffentlichen Interesses an der sofortigen Vollziehung abzusehen (ein solcher wäre z. B. die freiwillige Geschäftsaufgabe in naher Zukunft), sind nicht ersichtlich.

III. Ergebnis

Die sofortige Vollziehung kann formell und materiell rechtmäßig angeordnet werden.

IV. „Die fehlerhafte Gewerbeuntersagung/Kontrollperspektive“ (Fall 2.4)

1. Sachverhalt, Aufgabe

Sachverhalt

Herr Albrecht betreibt in der kleinen Gemeinde X (Landkreis Schwäbisch Hall, Baden-Württemberg) seit 10 Jahren das bei der Gemeinde ordnungsgemäß angezeigte Gewerbe „Internethandel mit Büromaterial“. Das Finanzamt Schwäbisch Hall teilt dem Landratsamt Schwäbisch Hall mit, dass A schon seit 5 Jahren keine Steuererklärungen abgebe und mittlerweile Steuerschulden von 20.000 € angesammelt habe. Vollstreckungsversuche seien erfolglos gewesen.

Der Fall landet bei Sabine Mustersachbearbeiterin auf dem Tisch, der Cousine von Herrn Albrecht (Herr Albrecht ist der Sohn der Schwester der Mutter von Frau Mustersachbearbeiterin).

Frau Mustersachbearbeiterin untersucht den Sachverhalt weiter: Herr Albrecht hat zahlreiche Kunden, darunter auch ihren Ehemann, betrogen und wurde deswegen wegen mehrfachen Betrugs im letzten Jahr strafrechtlich verurteilt. Außerdem ist Herr Albrecht seit einem halben Jahr im Schuldnerverzeichnis beim Amtsgericht Karlsruhe eingetragen, weil sich aus seinem Vermögensverzeichnis ergeben hat, dass eine Vollstreckung nicht geeignet ist, zur vollständigen Tilgung seiner Schulden zu führen. Zahlungsvereinbarungen mit seinen Gläubigern hat Herr Albrecht nicht getroffen.

Sie teilt den Sachverhalt Herrn Albrecht schriftlich mit, gibt ihm in diesem Schreiben Gelegenheit zur Stellungnahme binnen eines Monats und kündigt sogleich die Gewerbeuntersagung an. Herr Albrecht äußert sich nicht.

Frau Mustersachbearbeiterin hatte mit Herrn Albrecht bisher immer Mitleid, weil er ohne Eltern im Kinderheim aufgewachsen ist. Sie will den Fall von Herrn Albrecht aber genauso behandeln, wie sie auch in anderen Fällen vorgehen würde. Daher erlässt sie schweren Herzens folgenden Bescheid:

Landratsamt Schwäbisch Hall ...

An
Herrn Albrecht ... Schwäbisch Hall, den...

Sehr geehrter Herr Albrecht,

hiermit ergeht folgende Entscheidung:

1. Die weitere Ausübung Ihres bei der Gemeinde X angezeigten Gewerbes „Internethandel mit Büromaterial“ wird Ihnen hiermit untersagt.
2. Darüber hinaus wird Ihnen die Ausübung aller Gewerbe im Geltungsbereich der Gewerbeordnung untersagt.
3. Die sofortige Vollziehung von Ziffer 1 und 2 wird angeordnet.

Begründung

Die Verfügungen waren auszusprechen, weil Sie:

- wegen mehrfachen Betrugs einschlägig vorbestraft sind,
- erhebliche Steuerschulden haben,
- seit 5 Jahren keine Steuererklärungen abgeben
- und offensichtlich nicht zahlungsfähig sind, zumal Sie im Schuldnerverzeichnis eingetragen sind, Zahlungsvereinbarungen mit Ihren Gläubigern nicht getroffen haben und Vollstreckungsversuche des Finanzamts Schwäbisch Hall erfolglos geblieben sind.

Rechtsbehelfsbelehrung

Gegen diesen Bescheid können Sie innerhalb von einem Monat nach Bekanntgabe schriftlich Widerspruch beim Landratsamt Schwäbisch Hall in Schwäbisch Hall (Adresse siehe oben) erheben.

Mit freundlichen Grüßen

Sabine Mustersachbearbeiterin

Aufgabe

Prüfen Sie, ob der Bescheid, der Herrn Albrecht zwei Tage später per Post zuging, rechtmäßig ist. Auf alle aufgeworfenen Rechtsfragen (insbes. auf etwaige Fehlerfolgen) ist einzugehen, ggf. in Form eines Hilfsgutachtens.

2. Ihre Vorarbeit

1. **Sie lesen sorgfältig den Sachverhalt und die Aufgabenstellung.**
2. **Sie analysieren die Fragestellung:**
   Hier sollen Sie aus der Kontrollperspektive die Rechtmäßigkeit des Bescheids (also der Gewerbeuntersagung in Ziffer 1, der erweiterten Gewerbeuntersagung in Ziffer 2 und der Anordnung der sofortigen Vollziehung in Ziffer 3) prüfen.
3. **Sie fertigen eine Sachverhaltsskizze.**
   [...]
4. **Gleichzeitig halten Sie alle Einfälle auf einem „Brainstorming-Blatt" fest.**
   [...]
5. **Nun erstellen Sie zur Vorbereitung der Reinschrift eine Prüfungsskizze.**
   Sie gliedern in 3 Teile (Rechtmäßigkeit der Gewerbeuntersagung in Ziffer 1, Rechtmäßigkeit der erweiterten Gewerbeuntersagung in Ziffer 2 und Rechtmäßigkeit der Anordnung der sofortigen Vollziehung in Ziffer 3). Für jeden Teil formulieren Sie den Obersatz und gliedern in Rechtsgrundlage, formelle und materielle Rechtmäßigkeit. [...]
6. **Nun notieren Sie im Prüfungsschema die Schwerpunkte!**
   Sie erkennen folgenden Schwerpunkt: Zum einen sollen Sie die Fehlerfolgen bei einer gebundenen Entscheidung (§ 35 Abs. 1 S. 1 GewO) und zum anderen die Fehlerfolgen bei einer Ermessensentscheidung (§ 35 Abs. 1 S. 2 GewO) beurteilen. Dann geht es auch noch um die Fehlerfolgen bei der Anordnung der sofortigen Vollziehung. [...]
7. **Erst dann beginnen Sie mit der Reinschrift.**

3. Lösungsvorschlag

1. Teil: Rechtmäßigkeit der Untersagung des Internethandels (Ziffer 1 des Bescheids)

Die Untersagung des Internethandels, die als belastender Verwaltungsakt (§ 35 S. 1 LVwVfG BW) einer Ermächtigungsgrundlage bedarf, ist rechtmäßig, wenn für sie eine wirksame und ausreichende Rechtsgrundlage besteht und diese formell und materiell rechtmäßig angewendet wurde.

I. Rechtsgrundlage

Als Rechtsgrundlage kommt hier § 35 Abs. 1 S. 1 GewO in Betracht. § 35 Abs. 1 S. 1 GewO ist nach § 35 Abs. 8 S. 1 GewO allerdings nur anwendbar, wenn weder spezialgesetzliche Untersagungs- bzw. Betriebsschließungsvorschriften bestehen, die auf die Unzuverlässigkeit des Gewerbetreibenden abstellen, noch eine für das Gewerbe erteilte Zulassung wegen Unzuverlässigkeit des Gewerbetreibenden zurückgenommen oder widerrufen werden kann. Der Internethandel mit Büromaterial ist erlaubnisfrei, auch sonstige Sondervorschriften sind nicht ersichtlich. Damit ist § 35 Abs. 1 S. 1 GewO die richtige Rechtsgrundlage.

II. Formelle Rechtmäßigkeit

Die Untersagung ist formell rechtmäßig, wenn das Landratsamt Schwäbisch Hall für deren Erlass zuständig war und nicht gegen die einschlägigen Verfahrens-, Form- oder Bekanntgabevorschriften verstoßen hat.

1. Zuständigkeit

Das Landratsamt Schwäbisch Hall ist für den Erlass der Gewerbeuntersagung nach § 155 Abs. 2 GewO i. V. m. § 1 GewOZuVO BW i. V. m. § 15 Abs. 1 Nr. 1 LVG BW sachlich und als die Behörde, in deren Bezirk der Gewerbetreibende Herr Albrecht die gewerbliche Niederlassung hält, gemäß § 37 Abs. 1 S. 1 GewO auch örtlich zuständig.

2. Verfahren

a) keine ausgeschlossene/befangene Person auf Behördenseite
Problematisch ist, ob Frau Mustersachbearbeiterin als Cousine und Ehefrau eines geprellten Gläubigers von Herrn Albrecht für das Landratsamt Schwäbisch Hall tätig werden durfte.

aa) Sie könnte gemäß § 20 Abs. 1 S. 1 Nr. 2 LVwVfG BW ausgeschlossen sein. Dann müsste sie Angehörige eines Beteiligten sein. Beteiligter ist hier nach § 13 Abs. 1 Nr. 2 LVwVfG BW Herr Albrecht als derjenige, an den die Verwaltungsbehörde den Verwaltungsakt (die Gewerbeuntersagung) gerichtet hat. Als Cousine (Tochter der Schwester eines Elternteils – nämlich der Mutter – von Herrn Albrecht) ist sie jedoch nicht Angehörige i. S. d. § 20 Abs. 5 S. 1 Nr. 1 bis Nr. 8 LVwVfG BW und damit nicht schon nach § 20 Abs. 1 S. 1 Nr. 2 LVwVfG BW von dem Verwaltungsverfahren ausgeschlossen.

bb) Weiter zu prüfen ist, ob Frau Mustersachbearbeiterin nach § 20 Abs. 1 S. 2 i. V. m. S. 1 Nr. 2 LVwVfG BW von dem Verfahren ausgeschlossen ist. Dann müsste sie Angehörige von jemandem sein, der durch die Gewerbeuntersagung einen unmittelbaren Vor- oder Nachteil erlangen kann. Frau Mustersachbearbeiterin ist nach § 20 Abs. 5 S. 1 Nr. 2 LVwVfG BW als Ehefrau Angehörige ihres Ehemannes. Dieser wird – wie andere Gläubiger auch – durch die Gewerbeuntersagung zukünftig vor Herrn Albrecht geschützt und hat somit einen Vorteil. Fraglich ist, ob der Vorteil auch unmittelbar ist. Wann Unmittelbarkeit gegeben ist, ist im Einzelnen streitig. § 20 Abs. 1 S. 3 LVwVfG BW stellt jedenfalls klar, dass kein Ausschlussgrund besteht, wenn der Vor- oder Nachteil nur darauf beruht, dass jemand einer Berufs- oder Bevölkerungsgruppe angehört, deren gemeinsame Interessen durch die Angelegenheit berührt werden. Durch die Gewerbeuntersagung werden nicht die einzelnen (früheren) Gläubiger individuell geschützt, sondern die Allgemeinheit. Damit ist ein unmittelbarer Vorteil durch die Gewerbeuntersagung für den Ehemann der Sachbearbeiterin nicht ersichtlich. Frau Mustersachbearbeiterin ist demnach auch nicht nach § 20 Abs. 1 S. 2 i. V. m. Abs. 1 Nr. 2 LVwVfG BW von dem Verfahren ausgeschlossen.

cc) Da wie geprüft kein Ausschlussgrund nach § 20 LVwVfG BW vorliegt, ist als subsidiärer Auffangtatbestand § 21 Abs. 1 S. 1 LVwVfG BW zu prüfen. Danach muss ein/e Sachbearbeiter/in den Leiter der Behörde bzw. den von diesem Beauftragten unterrichten, wenn ein Grund vorliegt, der geeignet ist, Misstrauen gegen eine unparteiische Amtsausübung zu rechtfertigen oder das Vorliegen eines solchen Grundes von einem Beteiligten behauptet wird. Herr Albrecht als Beteiligter hat die Befangenheit von Frau Mustersachbearbeiterin nicht behauptet. Zu prüfen bleibt, ob ein Grund vorlag, der geeignet ist, Misstrauen gegen die unparteiische Amtsausübung durch Frau Mustersachbearbeiterin zu rechtfertigen. Allein die Verwandtschaft mit Herrn Albrecht reicht hierfür nicht, da der Gesetzgeber in § 20 Abs. 5 S. 1 LVwVfG BW abschießend die Verwandtschaftsverhältnisse normiert hat, die automatisch zum Ausschluss führen sollen. Allerdings gehört der Ehemann von Frau Mustersachbearbeiterin zu den von Herrn Albrecht geprellten Kunden. Damit war Frau Mustersachbearbeiterin mit der Sache außerdienstlich vorbefasst und ist nicht gänzlich unbefangen (vgl. auch den Rechtsgedanken in § 20 Abs. 1 S. 1 Nr. 6 LVwVfG BW). Sie hätte dies entsprechend § 21 Abs. 1 S. 1 LVwVfG BW melden und vom Leiter daraufhin vom Verfahren ausgeschlossen werden müssen.

Wegen Verstoßes gegen § 21 Abs. 1 S. 1 LVwVfG BW ist die Gewerbeuntersagung objektiv formell rechtswidrig. Allerdings kann Herr Albrecht die Aufhebung der Gewerbeuntersagung gemäß § 46 LVwVfG BW nicht allein aus diesem Grund beanspruchen, weil offensichtlich ist, dass die Verletzung von § 21 Abs. 1 S. 1 LVwVfG BW die Entscheidung in der Sache (also die Entscheidung nach § 35 Abs. 1 S. 1 GewO) nicht beeinflusst hat, da diese gebundene Entscheidung genauso auch von einem unbefangenen Sachbearbeiter auf Behördenseite hätte getroffen werden müssen.

b) Mitwirkung anderer Behörde kraft Spezialgesetz
Nach § 35 Abs. 4 S. 1 GewO hätte vor Erlass der Untersagung die zuständige IHK angehört werden müssen, da Gefahr im Verzuge i.S.d. § 35 Abs. 4 S. 2 GewO nicht vorlag. Damit liegt ein Verstoß gegen die spezialgesetzlich vorgeschriebene Anhörung der IHK vor, der bisher auch nicht nach § 45 Abs. 1 Nr. 5 LVwVfG BW durch Nachholung geheilt worden ist. Auch insoweit ist die Gewerbeuntersagung formell rechtswidrig. Allerdings kann Herr Albrecht die Aufhebung der Gewerbeuntersagung gemäß § 46 LVwVfG BW nicht allein aus diesem Grund beanspruchen, weil offensichtlich ist, dass die Verletzung von § 35 Abs. 4 S. 2 GewO die Entscheidung in der Sache (also die Entscheidung nach § 35 Abs. 1 S. 1 GewO) nicht beeinflusst hat, da diese gebundene Entscheidung genauso auch nach Anhörung der IHK hätte getroffen werden müssen.

c) Anhörung
Nach § 28 Abs. 1 LVwVfG BW ist, bevor ein Verwaltungsakt erlassen wird, der in Rechte eines Beteiligten eingreift, diesem Gelegenheit zu geben, sich zu den für die Entscheidung erheblichen Tatsachen zu äußern.

Wie bereits erörtert, ist die Gewerbeuntersagung ein Verwaltungsakt. Sie stellt einen Eingriff in Herrn Albrechts (Beteiligter nach § 13 Abs. 1 Nr. 2 LVwVfG BW) Recht aus Art. 12 Abs. 1 S. 2 GG auf Berufsfreiheit dar. Ein Ausnahmegrund nach § 28 Abs. 3 oder 2 LVwVfG BW lag nicht vor. Somit war eine Anhörung erforderlich. Diese wurde auch durchgeführt, allerdings von der ausgeschlossenen Sachbearbeiterin.

3. Form
Die Gewerbeuntersagung, für die gemäß § 37 Abs. 2 S. 1 LVwVfG BW kein Formzwang bestand, erging hier schriftlich. Damit waren §§ 37 Abs. 3 – 6 und § 39 LVwVfG BW zu beachten.

a) Ordnungsgemäße Begründung
Nach § 39 Abs. 1 S. 1 LVwVfG BW sind schriftliche Verwaltungsakte grundsätzlich mit einer Begründung zu versehen. Eine Ausnahme nach § 39 Abs. 2 LVwVfG BW greift hier nicht. Damit hätte das Landratsamt Schwäbisch Hall gemäß § 39 Abs. 1 S. 2 LVwVfG BW die wesentlichen tatsächlichen und rechtlichen Gründe, die es zur seiner Entscheidung bewogen haben, mitteilen müssen. Hier werden Herrn Albrecht stichpunktartig nur die tatsächlichen Gründe mitgeteilt, die nach Auffassung des Landratsamts seine Unzuverlässigkeit begründen. Die Angabe, bei welchem Finanzamt die Steuerrückstände in welcher Höhe bestehen und um welche Straftaten es geht, fehlen. Eine ordnungsgemäße rechtliche Würdigung (Angabe der Rechtsgrundlage und der Tatbestandsmerkmale) fehlt gänzlich. Damit ist die Ge-

werbeuntersagung, solange eine ordnungsgemäße Begründung nicht gemäß § 45 Abs. 1 Nr. 2 LVwVfG BW nachgeholt wird, auch wegen nicht ordnungsgemäßer Begründung formell rechtswidrig. Allerdings kann Herr Albrecht die Aufhebung der Gewerbeuntersagung gemäß § 46 LVwVfG BW nicht allein aus diesem Grund beanspruchen, weil offensichtlich ist, dass die Verletzung von § 37 Abs. 1 S. 2 LVwVfG BW die Entscheidung in der Sache (also die Entscheidung nach § 35 Abs. 1 S. 1 GewO) nicht beeinflusst hat, da eine fehlende Begründung nicht kausal für die getroffene Entscheidung sein kann.

b) Rechtsbehelfsbelehrung
aa) Nach § 37 Abs. 6 S. 1 LVwVfG BW ist ein Verwaltungsakt, der – wie hier die Gewerbeuntersagung – der Anfechtung unterliegt, mit einer ordnungsgemäßen Rechtsbehelfsbelehrung zu versehen. Das Landratsamt Schwäbisch Hall hat der Gewerbeuntersagung eine Rechtsbehelfsbelehrung beigefügt, in der korrekt über die Möglichkeit des Rechtsbehelfs in Form eines Widerspruchs (s. § 68 Abs. 1 S. 1 VwGO), die Monatsfrist (s. § 70 Abs. 1 S. 1 VwGO) sowie die Ausgangsbehörde und deren Sitz, bei der der Widerspruch zu erheben ist, hier das Landratsamt Schwäbisch Hall mit Sitz in Schwäbisch Hall (s. § 70 Abs. 1 S. 1 VwGO), belehrt worden ist. Insoweit enthält die Rechtsbehelfsbelehrung die gesetzlichen Mindestangaben.

bb) Darüber hinaus wird Herr Albrecht vom Landratsamt Schwäbisch Hall zusätzlich über die Form des Widerspruchs belehrt. Freiwillige weitere Belehrungen müssen nach h.M. korrekt und vollständig sein. Hier wird Herr Albrecht ausschließlich über die Möglichkeit des schriftlichen Widerspruchs informiert. Nach § 70 Abs. 1 S. 1 VwGO sind neben der Schriftform auch die elektronische Form nach § 3a Abs. 2 des Verwaltungsverfahrensgesetzes und die Niederschrift bei der Behörde möglich.

Damit ist die Rechtsbehelfsbelehrung fehlerhaft. Nach allgA führt der Verstoß allerdings nicht zur Rechtswidrigkeit des Verwaltungsakts, sondern hat lediglich Bedeutung für die Dauer der Rechtsbehelfsfrist (§ 58 Abs. 2 VwGO).[12]

4. Bekanntgabe[13]

Die Bekanntgabe erfolgte hier ordnungsgemäß gemäß § 41 Abs. 1 S. 1 LVwVfG BW gegenüber Herrn Albrecht formlos auf dem Postwege.

12 BT-Drs. 17/9666, 18.

13 Wurde der Verwaltungsakt überhaupt nicht bekannt gegeben, existiert er nicht. Hier ist die Gewerbeuntersagung Herrn Albrecht laut Sachverhalt nach zwei Tagen tatsächlich zugegangen. Damit gilt die Gewerbeuntersagung gemäß § 41 Abs. 2 S. 1 LVwVfG BW i. V. m. § 31 Abs. 1 LVwVfG BW i. V. m. § 188 Abs. 1 BGB mit Ablauf des dritten Tages nach Aufgabe zur Post als bekannt gegeben. Die Frage, ob der Verwaltungsakt auch so wie vorgeschrieben be-

III. Materielle Voraussetzungen

Die Gewerbeuntersagung ist materiell rechtmäßig, wenn sie auf einer wirksamen und ausreichenden Rechtsgrundlage beruht, die Tatbestandsvoraussetzungen der Rechtsgrundlage vorliegen und die vom Landratsamt Schwäbisch Hall gesetzte Rechtsfolge rechtmäßig ist.

1. Wirksame und ausreichende Rechtsgrundlage

[...] wie Fall 2.1

2. Tatbestandsvoraussetzungen

[...] fast wie Fall 2.1, hier: Außerdem ist Herr Albrecht erst vor einem Jahr wegen mehrfachen Betrugs gegenüber seinen Kunden strafrechtlich verurteilt worden.

3. Rechtsfolgenseite

Das Landratsamt Schwäbisch Hall hat die Gewerbeuntersagung an den richtigen Regelungsadressaten, nämlich Herrn Albrecht als Betreiber des Internethandels gerichtet. Zum Erlass der Gewerbeuntersagung war das Landratsamt Schwäbisch Hall gem. § 35 Abs. 1 S. 1 GewO verpflichtet (gebundene Entscheidung). Damit war auch keine Abwägungsentscheidung für den Einzelfall zu treffen.

Ein Verstoß gegen den Verhältnismäßigkeitsgrundsatz ist nur in ganz extremen Ausnahmefällen denkbar. Allein der Verlust der Erwerbsquelle oder eine etwaige Sozialhilfebedürftigkeit des Gewerbetreibenden begründen einen solchen jedenfalls nicht.

Aus Ziffer 1 des Bescheids ergibt sich eindeutig, wer Adressat der Regelung ist und welches Gewerbe untersagt wird, so dass die Gewerbeuntersagung nach § 37 Abs. 1 LVwVfG auch hinreichend inhaltlich bestimmt ist. Die Gewerbeuntersagung ist damit materiell rechtmäßig.

IV. Gesamtergebnis

Die Gewerbeuntersagung ist formell, nicht aber materiell rechtswidrig. Trotz der formellen objektiven Rechtswidrigkeit der Gewerbeuntersagung (Mitwirkung der befangenen Frau Mustersachbearbeiterin, fehlende Anhörung der IHK und unvollständige Begründung) hat Herr Albrecht nach § 46 LVwVfG BW keinen subjektiv öffentlich-rechtlichen Anspruch auf Aufhebung der Gewerbeuntersagung. Ein etwaiges Widerspruchsverfahren (für die Widerspruchserhebung hätte er nach § 58 Abs. 2 VwGO wegen der fehlerhaften Rechtsbehelfsbelehrung ein Jahr Zeit) würde er also verlieren.

---

kannt gegeben wurde, ist nach der hier vertretenen Auffassung hingegen eine Frage der formellen Rechtmäßigkeit und damit auch unter dem Stichwort „Bekanntgabe" zu prüfen. So beispielsweise auch *Detterbeck*, Allgemeines Verwaltungsrecht, Rn. 581 ff.

2. Teil: Rechtmäßigkeit der Untersagung jeglicher Gewerbeausübung (Ziffer 2 des Bescheids)

Die Untersagung jeglicher künftigen Gewerbeausübung, die als belastender Verwaltungsakt einer Ermächtigung durch formelles Gesetz bedarf, ist rechtmäßig, wenn eine wirksame und ausreichende Ermächtigungsgrundlage vorhanden ist und das Landratsamt Schwäbisch Hall diese formell und materiell rechtmäßig anwendet.

I. Rechtsgrundlage

Richtige Rechtsgrundlage ist § 35 Abs. 1 S. 2 GewO, der u.a. dazu ermächtigt, die Untersagung auf alle Gewerbe zu erstrecken, soweit die festgestellten Tatsachen die Annahme rechtfertigen, dass der Gewerbetreibende auch für diese Gewerbe unzuverlässig ist.

II. Formelle Voraussetzungen

1. Zuständigkeit

Das Landratsamt Schwäbisch Hall ist auch für die erweiterte Gewerbeuntersagung wie oben geprüft sachlich und örtlich zuständig.

2. Verfahren

Wie bereits oben geprüft, ist auch die erweiterte Gewerbeuntersagung wegen Verstoßes gegen § 21 Abs. 1 S. 1 LVwVfG BW und gegen § 35 Abs. 4 S. 1 GewO formell rechtswidrig.

3. Form und Bekanntgabe

Schließlich liegt ebenso wie bei der Gewerbeuntersagung ein Formverstoß gegen § 39 Abs. 1 S. 2 LVwVfG BW vor, weil die tatsächlichen Gründe zum Teil zu pauschal erläutert werden und eine rechtliche Begründung gänzlich fehlt. Hinzu kommt, dass § 35 Abs. 1 S. 2 GewO eine Ermessensvorschrift ist und das Landratsamt entgegen § 39 Abs. 1 S. 3 LVwVfG BW keine Ermessensgründe im Bescheid aufführt.

4. Zwischenergebnis

Damit ist die erweiterte Gewerbeuntersagung wegen Verstoßes gegen § 21 Abs. 1 S. 1 LVwVfG BW, gegen § 35 Abs. 4 S. 1 GewO und gegen § 39 Abs. 1 S. 2 u. 3. LVwVfG BW formell rechtswidrig. Anders als bei der einfachen Gewerbeuntersagung (gebundene Entscheidung) sind der Verstoß gegen § 21 Abs. 1 S. 1 LVwVfG BW und der Verstoß gegen § 35 Abs. 4 S. 1 GewO hier unabhängig von der materiellen Rechtmäßigkeit bzw. Rechtswidrigkeit der Gewerbeuntersagung nach § 46 LVwVfG BW auch beachtlich, weil es jedenfalls nicht offensichtlich ist, dass die Verletzung dieser beiden Normen die Entscheidung in der Sache nicht beeinflusst hat, da ein unbefangener Sachbearbeiter nach Anhörung der IHK möglicherweise anders entschieden hätte.

III. Materielle Voraussetzungen

1. Tatbestandsvoraussetzungen

[...] wie Fall 2.2

2. Rechtsfolgenseite

Die erweiterte Gewerbeuntersagung hat das Landratsamt Schwäbisch Hall an Herrn Albrecht und damit an den richtigen Adressaten gerichtet. Zu prüfen ist, ob das Landratsamt Schwäbisch Hall das durch § 35 Abs. 1 S. 2 GewO eingeräumte Ermessen rechtmäßig ausgeübt hat. Dann müsste es das Ermessen gemäß § 40 LVwVfG entsprechend dem Zweck und innerhalb der gesetzlichen Grenzen ausgeübt haben.

Hier könnte ein Ermessensnichtgebrauch vorliegen. Aus dem Bescheid ist nicht ersichtlich, welche Gründe für das Landratsamt Schwäbisch Hall maßgeblich waren, die erweiterte Gewerbeuntersagung zu erlassen. Fraglich ist, ob das lediglich einen Verstoß gegen die formelle Begründungspflicht nach § 39 Abs. 1 S. 3 LVwVfG BW darstellt, wonach die Ermessensgesichtspunkte, die die Behörde zu ihrer Entscheidung bewogen haben, mitzuteilen sind, oder ob das Landratsamt das eingeräumte Ermessen gar nicht erkannt und ausgeübt hat. Die Beweislast trägt das Landratsamt. Da hier weder aus dem Bescheid noch aus den Akten eine Ermessensausübung ersichtlich ist, ist von einem Ermessensnichtgebrauch auszugehen. Damit ist die erweiterte Gewerbeuntersagung materiell rechtswidrig.

Da das Landratsamt Schwäbisch Hall das Ermessen gar nicht ausgeübt hat, kann ein Ermessensfehlgebrauch nicht geprüft werden.

Wie oben in Fall 2.2 geprüft würde der Erlass einer erweiterten Gewerbeuntersagung aber nicht gegen die gesetzlichen Grenzen des Ermessens verstoßen (keine Ermessensüberschreitung).

IV. Gesamtergebnis

Die Gewerbeuntersagung ist formell und materiell rechtswidrig.

3. Teil: Rechtmäßigkeit der Anordnung der sofortigen Vollziehung (Ziffer 3 des Bescheids)

Die Anordnung der sofortigen Vollziehung der einfachen und der erweiterten Gewerbeuntersagung ist rechtmäßig, wenn sie nach § 80 Abs. 2 S. 1 Nr. 4 VwGO sowohl in formeller als auch in materieller Hinsicht verfügt werden konnte.

I. Formelle Voraussetzungen

1. Zuständigkeit

Als Ausgangsbehörde ist das Landratsamt Schwäbisch Hall gemäß § 80 Abs. 2 S. 1 Nr. 4 VwGO für die Anordnung der sofortigen Vollziehung zuständig.

2. Verfahren

Da die Anordnung der sofortigen Vollziehung nach h. M. kein Verwaltungsakt ist, gelten §§ 9 ff. LVwVfG nicht unmittelbar. Dass an einem Verfahren auf Behördenseite nur unbefangene Sachbearbeiter mitwirken dürfen (vgl. §§ 20, 21 LVwVfG BW) ist jedoch ein allgemeiner Rechtsgrundsatz, so dass diese Normen hier analog anzuwenden sind. Wegen der Mitwirkung von Frau Mustersachbearbeiterin ist somit auch die Anordnung der sofortigen Vollziehung formell rechtswidrig (Verstoß gegen § 21 Abs. 1 S. 1 LVwVfG BW analog).

3. Form

Nach § 80 Abs. 3 S. 1 VwGO ist das besondere Interesse an der sofortigen Vollziehung des Verwaltungsakts grundsätzlich schriftlich zu begründen, wenn kein Ausnahmegrund i. S. d. § 80 Abs. 3 S. 2 VwGO greift. Ein solcher ist hier nicht ersichtlich. Damit war das besondere Interesse schriftlich zu begründen. Hiergegen hat das Landratsamt Schwäbisch Hall verstoßen, denn im Bescheid fehlt die Darstellung des besonderen Interesses gänzlich. Nach h. M. ist der Verstoß nicht gemäß § 45 Abs. 1 Nr. 3 LVwVfG BW analog durch Nachholen der Begründung heilbar. Auch eine analoge Anwendung von § 46 LVwVfG BW wird abgelehnt. Das ist überzeugend, weil schon keine Regelungslücke besteht und die Vorschriften ansonsten zu Lasten des Einzelnen zur Anwendung kämen.

II. Materielle Voraussetzungen

1. Tatbestandsvoraussetzungen

Tatbestandsvoraussetzung für die Anordnung der sofortigen Vollziehung ist, dass der Verwaltungsakt, dessen sofortige Vollziehung angeordnet wird, rechtmäßig ist (Akzessorietät), und dass das öffentliche Interesse (oder das Interesse eines Dritten) an der sofortigen Vollziehung das Interesse des Betroffenen an der aufschiebenden Wirkung eines etwaigen Rechtsbehelfs überwiegt.

Wie oben geprüft (siehe Fall 2.3) besteht zwar ein überwiegendes Vollziehungsinteresse, allerdings sind sowohl die einfache Gewerbeuntersagung als auch die erweiterte Gewerbeuntersagung rechtswidrig.

Damit liegen die Tatbestandsvoraussetzungen für den Erlass der Anordnung der sofortigen Vollziehung nicht vor. Da Herr Albrecht wie oben geprüft jedoch lediglich einen Anspruch auf Aufhebung der erweiterten Gewerbeuntersagung, hingegen nicht auf Aufhebung der einfachen Gewerbeuntersagung hat, kann Herr Albrecht auch hier nur die Rechtswidrigkeit der Anordnung der sofortigen Vollziehung in Bezug auf die erweiterte Gewerbeuntersagung geltend machen (Akzessorietät).

2. Rechtsfolgenseite

Die Anordnung der sofortigen Vollziehung stand im Ermessen des Landratsamts Schwäbisch Hall. Da im Bescheid keinerlei Gründe aufgeführt wurden, ist nicht ersichtlich, dass das Landratsamt dieses Ermessen auch tatsächlich ausgeübt hat.

Damit sind sowohl die Anordnung der sofortigen Vollziehung der einfachen Gewerbeuntersagung als auch die der erweiterten Gewerbeuntersagung materiell rechtswidrig.

IV. Gesamtergebnis

Wegen des Verstoßes gegen § 80 Abs. 3 S. 1 VwGO ist die Anordnung der sofortigen Vollziehung bereits unheilbar formell rechtswidrig. Würde Herr Albrecht nach § 80 Abs. 5 S. 1 VwGO einen Antrag auf Wiederherstellung der aufschiebenden Wirkung stellen, wäre dieser allein wegen dieses Verstoßes erfolgreich.[14]

Außerdem ist die Anordnung der sofortigen Vollziehung wegen Ermessensnichtgebrauchs auch materiell rechtswidrig.

Der Behörde bleibt nur die Möglichkeit, die sofortige Vollziehung erneut anzuordnen.

C. Die Klausurbesprechung oder „Aus Fehlern lernen" (Fall 2.5)

I. Einführung

Beachte!

Das Lernen allein mit Übungsfällen und Musterlösungen ist nicht ausreichend. Die meisten sind auf eine Korrektur ihrer Lösungsvorschläge und eine Klausurbesprechung angewiesen. Das ist Gegenstand dieses Kapitels. Dazu folgendes Szenario: Sie sind Studierende(r) einer Hochschule für öffentliche Verwaltung im 1. Semester mit folgendem Kenntnisstand laut

14 Streitig ist, ob die Anordnung der sofortigen Vollziehung vom Verwaltungsgericht aufgehoben oder die aufschiebende Wirkung wiederhergestellt wird.

Lehrplan: Rechtmäßigkeitsprüfung von Verwaltungsakten vertieft, Grundrechtsprüfung nur im Überblick behandelt. Nun schreiben Sie unter Prüfungsbedingungen Ihre erste bewertete Übungsklausur in Verwaltungsrecht (II). Zwei Wochen später ist die Klausurbesprechung mit Klausureinsicht (III). **Lösen Sie zunächst selbst die Klausur** (II). Lesen Sie dann die Begrüßung zur Klausurbesprechung (III.1). Kopieren Sie sich aus diesem Buch die korrigierte Klausur von Student U, die Bewertungstabelle und die Musterlösung (III.2). Lesen Sie diese Unterlagen noch nicht. Bearbeiten Sie nun das Unterkapitel „Besprechung“ (III.3).

II. Musterklausur: Bewachung von Seeschiffen

Sachverhalt

Die Firma „A-Security-GmbH“ mit Sitz in Hamburg bietet u.a. maritime Sicherheitsdienstleistungen (Begleitung und Bewachung von Handelsschiffen in internationalen Gewässern außerhalb der deutschen ausschließlichen Wirtschaftszone von 200-Seemeilen gegen Angriffe von Piraten) an. Die dafür gemäß § 31 Abs. 1 GewO erforderliche Zulassung wurde ihr vor einem halben Jahr vom Bundesamt für Wirtschaft und Ausfuhrkontrolle (BAFA) im Benehmen mit der Bundespolizei befristet für die Dauer auf 2 Jahre erteilt. Nunmehr stellt das BAFA fest, dass die A-Security-GmbH nur die Bewachungseinsätze auf Seeschiffen unter deutscher, nicht aber auch die unter ausländischer Flagge anzeigt. Das BAFA teilt daraufhin der Security-GmbH mit, dass gemäß § 14 Abs. 1 SeeBewachV alle Bewachungseinsätze anzuzeigen seien.

Die A-Security-GmbH lässt dem BAFA durch ihren bevollmächtigten Rechtsanwalt[15] mitteilen, dass sie zwar Bewachungseinsätze auf Schiffen unter ausländischer Flagge durchführe, aber nicht verpflichtet sei, diese dem BAFA mitzuteilen: Das folge aus Art. 92 und 94 des Seerechtsübereinkommens der Vereinten Nationen vom 10.12.1982. Dort sei geregelt, dass sich nach der Flagge bestimme, welches nationale Recht an Bord des Schiffes gelte[16]. Damit könne aber auch keine Auskunftsverpflichtung über Einsätze auf Schiffen unter ausländischer Flagge bestehen.[17]

---

15 Hinweis: Eine Vollmacht hat der Rechtsanwalt zu den Akten gegeben.

16 Hinweis: Das stimmt und ist unstreitig.

17 Hinweis: Das ist die Rechtsauffassung des Rechtsanwalts. Sie sind unsicher und recherchieren in juris. Dort finden Sie die als Auszug im Anhang abgedruckte Gerichtsentscheidung des Hessischen Verwaltungsgerichtshofs.

Aufgabe

Aufgabe: Sie sind der/die zuständige Mitarbeiter(in) des BAFA. Ihr Vorgesetzter bittet Sie, gutachterlich zu prüfen, ob das BAFA die A-Security-GmbH rechtmäßig verpflichten kann, innerhalb von 2 Wochen nach Bestandskraft des Bescheids schriftlich Auskunft über die seit dem Zeitpunkt der Erteilung der Zulassung durchgeführten Bewachungsaufträge auf Seeschiffen unter deutscher und unter ausländischer Flagge zu erteilen und hierfür eine Kopie des Auftragsbuchs, Kopien der jeweiligen Bewachungsverträge und – im Falle von Rahmenverträgen – die Kopien der jeweiligen Einzelaufträge vorzulegen.

Aus Beweisgründen möchte der Vorgesetzte, dass Sie als Form der Bekanntgabe die Zustellung vorsehen.

Gesetzesauszüge und Auszug aus einer Gerichtsentscheidung

Auszug aus der Gewerbeordnung

§ 29 Auskunft und Nachschau

(1) Gewerbetreibende oder sonstige Personen,

1. die einer Erlaubnis nach den §§ 30, 31 […] bedürfen […],

(Betroffene), haben den Beauftragten der zuständigen öffentlichen Stelle auf Verlangen die für die Überwachung des Geschäftsbetriebs erforderlichen mündlichen und schriftlichen Auskünfte unentgeltlich zu erteilen.

[…]

§ 31 Bewachungsgewerbe auf Seeschiffen; Verordnungsermächtigung

(1) Wer gewerbsmäßig Leben oder Eigentum fremder Personen auf Seeschiffen seewärts der Begrenzung der deutschen ausschließlichen Wirtschaftszone zur Abwehr äußerer Gefahren bewachen will, bedarf hierfür der Zulassung.

(2) [1]Die Zulassung wird durch das Bundesamt für Wirtschaft und Ausfuhrkontrolle im Benehmen mit der Bundespolizei erteilt. [2]Sie ist zu befristen und kann mit Auflagen verbunden werden, soweit dies zum Schutz der Allgemeinheit oder der Auftraggeber erforderlich ist; unter denselben Voraussetzungen ist auch die nachträgliche Aufnahme, Änderung oder Ergänzung von Auflagen zulässig. [3]Die Zulassung ist im Benehmen mit der Bundespolizei zu versagen, wenn der Antragsteller

1. nicht die Anforderungen an die betriebliche Organisation und Verfahrensabläufe, insbesondere die Maßnahmen zur Sicherstellung der fachlichen und persönlichen Geeignetheit und Zuverlässigkeit der eingesetzten Personen, erfüllt,
2. nicht die Anforderungen an die Geschäftsleitung sowie an die mit der Leitung des Betriebes oder einer Zweigniederlassung beauftragten Person hin-

sichtlich der fachlichen und persönlichen Geeignetheit und Zuverlässigkeit erfüllt oder
3. den Nachweis einer Betriebshaftpflichtversicherung nicht erbringt.

[...]

(4) [1]Das Bundesministerium für Wirtschaft und Energie kann im Einvernehmen mit dem Bundesministerium des Innern und dem Bundesministerium für Verkehr und digitale Infrastruktur durch Rechtsverordnung ohne Zustimmung des Bundesrates [...]
3. zum Schutz der Allgemeinheit und der Auftraggeber Vorschriften über den Umfang der Befugnisse und Verpflichtungen bei der Ausübung der Bewachungstätigkeit nach Absatz 1 erlassen, insbesondere über [...]
   b) die Pflicht des Bewachungsunternehmens, Bücher zu führen, die notwendigen Daten über einzelne Geschäftsvorgänge sowie die Auftraggeber aufzuzeichnen, die Bücher und Aufzeichnungen aufzubewahren und auf Anforderung an das Bundesamt für Wirtschaft und Ausfuhrkontrolle zu übersenden,
   c) die Pflicht des Bewachungsunternehmens, Bewachungseinsätze beim Bundesamt für Wirtschaft und Ausfuhrkontrolle anzuzeigen, Protokolle über die Einsätze zu führen und Einsatzberichte zu erstellen und diese dem Bundesamt für Wirtschaft und Ausfuhrkontrolle sowie dem Auftraggeber zu übersenden sowie Meldungen über Vorkommnisse, insbesondere den Einsatz, Verlust oder Ersatz von Waffen, an das Bundesamt für Wirtschaft und Ausfuhrkontrolle, die Bundespolizei und den Auftraggeber zu erstatten, [...]

[2]Das Bundesministerium für Wirtschaft und Energie kann die Ermächtigung nach Satz 1 ganz oder teilweise durch Rechtsverordnung unter Sicherstellung der Einvernehmensregelung auf das Bundesamt für Wirtschaft und Ausfuhrkontrolle übertragen; [...]

(7) Das Bundesamt für Wirtschaft und Ausfuhrkontrolle ist im Zusammenhang mit der Durchführung von § 31 auch für die Durchführung von § 15 Absatz 2, der §§ 29, 46 Absatz 3 und von § 47 zuständig.

Auszug aus der Verordnung über die Zulassung von Bewachungsunternehmen auf Seeschiffen (Seeschiffbewachungsverordnung – SeeBewachV)

Eingangsformel

Auf Grund des § 31 Absatz 4 Satz 1 sowie [...] der Gewerbeordnung, [...], verordnet das Bundesministerium für Wirtschaft und Technologie im Einvernehmen mit dem Bundesministerium des Innern und dem Bundesministerium für Verkehr, Bau und Stadtentwicklung unter Wahrung der Rechte des Bundestages:

§ 13 Aufzeichnungs- und Aufbewahrungspflichten

(1) Das Bewachungsunternehmen ist verpflichtet, laufende Aufzeichnungen über seine Geschäfte und Einsätze zu führen und Unterlagen und Belege übersichtlich zu sammeln. Die Aufzeichnungen sind unverzüglich vorzunehmen. Die folgenden Aufzeichnungen sind anzufertigen sowie die folgenden Unterlagen und Belege zu sammeln:

1. Bewachungsvertrag mit Namen und Anschrift des Auftraggebers, Inhalt und Art des Auftrages sowie Tag des Vertragsabschlusses,
2. Dokumentation jedes Einsatzes nach Beendigung des Einsatzes mit den folgenden Angaben: [...]

§ 14 Anzeige-, Melde- und Vorlagepflichten

(1) Das Bewachungsunternehmen ist verpflichtet, einen Bewachungseinsatz auf Seeschiffen unverzüglich beim Bundesamt für Wirtschaft und Ausfuhrkontrolle anzuzeigen, spätestens aber 24 Stunden nach der Einschiffung der Wachpersonen. Hierbei sind Unterlagen mit den folgenden Angaben vorzulegen: [...]

Auszug aus dem von Deutschland ratifizierten Seerechtsübereinkommens der Vereinten Nationen vom 10.12.1982

Art. 94 Pflichten des Flaggenstaats

1. Jeder Staat übt seine Hoheitsgewalt und Kontrolle in verwaltungsmäßigen, technischen und sozialen Angelegenheiten über die seine Flagge führenden Schiffe wirksam aus.

[...]

Art. 96 Immunität von Schiffen, die im Staatsdienst ausschließlich für andere als Handelszwecke genutzt werden

Einem Staat gehörende oder von ihm eingesetzte Schiffe, die im Staatsdienst ausschließlich für andere als Handelszwecke genutzt werden, genießen auf Hoher See vollständige Immunität von der Hoheitsgewalt jedes anderen als des Flaggenstaats.

Auszug aus: Hessischer Verwaltungsgerichtshof, Beschluss vom 21.07.2015 – 8 B 1916/14

Die Beschwerde der Antragstellerin gegen den Beschluss des Verwaltungsgerichts Frankfurt am Main vom 23. Oktober 2014 – 10 L 2403/14.F – wird zurückgewiesen. [...]

Gründe

1. Die Beschwerde ist zulässig, insbesondere form- und fristgerecht eingelegt und begründet worden (§§ 146 Abs. 4, 147 Abs. 1 VwGO). Sie ist jedoch unbegründet. Zur Begründung verweist das Beschwerdegericht gemäß § 122 Abs. 2 Satz 3 VwGO auf die Gründe der angefochtenen Entscheidung, die auch unter Berücksichtigung des Beschwerdevorbringens weiterhin Geltung beanspruchen. [...]

3. Die Auffassung der Antragstellerin, sie müsse die geforderten Unterlagen nicht vorlegen, soweit sie Bewachungseinsätze auf Schiffen unter ausländischer Flagge durchführe, ist nicht zutreffend. § 31 GewO schreibt seit dem 1. Dezember 2013 eine Zulassung für private Sicherheitsunternehmen vor, die Schiffe sowohl unter deutscher wie auch ausländischer Flagge auf hoher See bewachen wollen [...]. Bei § 31 handelt es sich um eine Personalkonzession, der die in der Vorschrift bezeichneten Gewerbetreibenden bedürfen. Die Konzession ist nicht nur bei einer Bewachung auf deutschen Schiffen erforderlich, sondern auch, wenn der Gewerbetreibende auf Schiffen anderer Flaggenstaaten tätig werden will [...]. Weder der Wortlaut noch die Entstehungsgeschichte des § 31 GewO lassen eine andere Auslegung zu. § 31 Abs. 1 GewO lautet: „Wer gewerbsmäßig Leben oder Eigentum fremder Personen auf Seeschiffen ... bewachen will, bedarf hierfür der Zulassung". Auch die Entstehungsgeschichte führt nicht zur Beschränkung auf Schiffe unter deutscher Flagge, wie das Verwaltungsgericht in der angegriffenen Entscheidung zutreffend ausgeführt hat.

4. In diesem Zusammenhang ist zu unterscheiden zwischen der gewerbe- und der waffenrechtlichen Rechtslage. § 28 a WaffG trifft waffenrechtliche Regelungen für Unternehmen, die im Rahmen des § 31 Abs. 1 GewO tätig sind und nimmt eine Begrenzung auf Seeschiffe vor, die die Bundesflagge führen. Der eine Personalkonzession regelnde § 31 GewO enthält gerade keine entsprechende Beschränkung [...]

III. Klausurbesprechung

1. Begrüßung

Heute besprechen wir die Übungsklausur „Bewachung von Seeschiffen". Da dies Ihre erste Klausur im Verwaltungsrecht an der Hochschule ist, nehmen wir uns für die Besprechung vier Unterrichtsstunden Zeit. [...][18]

Zum weiteren Vorgehen:

- Zunächst verteile ich die korrigierten Klausuren, die Musterlösung und eine Bewertungstabelle, in der Sie anonymisiert die Ergebnisse aller Studierenden Ihres Hörsaals/Ihrer Gruppe wiederfinden.
- Sobald alle Klausuren verteilt sind, haben Sie 10 Minuten Zeit, Ihre Klausur zunächst einmal grob durchzulesen und sich einen Überblick über die Bewertungstabelle zu verschaffen. Bitte lesen Sie die Musterlösung zu diesem Zeitpunkt noch nicht.
- Nach den 10 Minuten werden wir in die ausführliche gemeinsame Klausurbesprechung einsteigen.
- Für Rückfragen, die in der gemeinsamen Klausurbesprechung nicht geklärt wurden, stehe ich im Anschluss an die Besprechung zur Verfügung.

---

18 Lob bzw. Kritik und zum Gesamtergebnis (Durchschnitt und Durchfallquote).

- Zur Korrektur noch ein wichtiger Punkt: Alles, was mit einem geraden Strich in roter Schrift unterstrichen ist, wurde als richtig bewertet. Zur Übersichtlichkeit habe ich allerdings nicht alle richtigen Ausführungen unterstrichen, sondern vor allem Fehler gekennzeichnet. Fehler erkennen Sie an den Schlangenlinien unter Ihrem Text und den Randbemerkungen.
- Zur Bewertungstabelle: Ich habe jede Klausur anonymisiert, indem ich ihr einen beliebigen Buchstaben zugeordnet habe. Der Buchstabe dient ausschließlich dazu, dass Sie Ihre eigene Klausur in der Bewertungstabelle wiederfinden, und kann danach von Ihnen entfernt werden.
- Jetzt verteile ich die Klausuren, die Musterlösung und die Bewertungstabelle.

2. Verteilung der Besprechungsunterlagen

a) Die korrigierte Klausur von Student U

Zu prüfen ist, ob das BAFA von der A-Security-GmbH rechtmäßig die begehrte schriftliche Auskunft (Auskunft über alle Bewachungseinsätze seit dem Zeitpunkt der Zulassungserteilung unter Vorlage von Kopien des Auftragsbuches, der Bewachungsverträge und im Falle von Rahmenverträgen der Kopien der jeweiligen Einzelaufträge) verlangen kann.

Gutachtentechnik: Der Obersatz ist nicht vollständig. Benennen Sie besser sowohl die gesuchte Rechtsfolge als auch die Voraussetzungen (… ist rechtmäßig, wenn …).

I. Rechtsgrundlage

Als RGL käme für die Maßnahme (Auskunftsverlangen) § 31 Abs. 2 S. 2 GewO in Betracht.

Da der A-Security-GmbH bereits nach § 31 Abs. 1 vor einem halben Jahr die erforderliche Zulassung zur Ausübung ihrer maritimen Sicherheitsdienstleistungen erteilt wurde, könnten gem. § 31 Abs. 2 2 noch die zusätzlichen Auflagen in Form von §§ 13 Abs. 1 u. 14 Abs. 1 SeeBewachV mit eingefügt werden.

Damit ist § 31 Abs. 2 S. 2 die richtige RGL.

Bitte präzise zitieren: § 31 Abs. 2 S. 2 Hs. 2 GewO. Sonst weiß man nicht, ob Sie den ersten oder den zweiten Halbsatz meinen.
Warum greift § 29 Abs. 1 Nr. 1 GewO nicht? Herleitung von § 31 Abs. 2 S. 2 Hs. 2 GewO ist zu knapp.
Formalia: Bitte vollständig zitieren (Angabe „GewO“ fehlt teilweise). Bitte nicht abkürzen (also nicht: „RGL“)!

Rechtsgrundlage: 7/10 Punkten

II. Formelle Voraussetzungen

1. Zu prüfen ist, ob das BAFA sachlich und örtlich zuständig wäre.

1.1 sachliche Zuständigkeit
Nach § 31 Abs. 4 S. 2 GewO kann das Bundesministerium für Wirtschaft u. Energie die Ermächtigung nach Satz 1 ganz oder teilweise durch Rechtsverordnung auf das BAFA übertragen und nach § 31 Abs. 7 ist das BAFA im Zusammenhang mit der Durchführung von § 31 GewO zuständig. Demnach läge die sachliche Zuständigkeit beim BAFA.

§ 31 Abs. 4 S. 2 GewO regelt etwas anderes: Delegation der Befugnis zum Erlass der Rechtsverordnung (§ 31 Abs. 4 S. 1 GewO). Das passt hier nicht. Was genau regelt § 31 Abs. 7 GewO?
Sie hätten folgerichtig die sachliche Zuständigkeit aus Ihrer Rechtsgrundlage (§ 31 Abs. 2 S. 2 Hs. 2 GewO) ableiten müssen, also BAFA sachlich zuständig nach § 31 Abs. 2 S. 1 GewO für Zulassung und nachträgliche Auflagen.

Sachliche Zuständigkeit: 1/2 Punkten

1.2 örtliche Zuständigkeit
Die örtliche Zuständigkeit des BAFA ergibt sich hier aus § 3 Abs. 1 Nr. 3 b) VwVfG, weil die Bewachungseinsätze nicht im Gebiet der Bundesrepublik Deutschland ausgeübt werden und die A-Security-GmbH in Hamburg (also im Dienstbezirk des BAFA) ihren Sitz hat.

§ 3 Abs. 1 Nr. 2 VwVfG nicht gesehen.
Gutachtentechnik: Grds. ist es vertretbar, wenn Sie Nebenaspekte im Urteilsstil darstellen. Hier gerät allerdings die Prüfung von § 3 Abs. 1 Nr. 2 VwVfG zu kurz, zumal diese Norm hier sogar einschlägig ist.
Örtliche Zuständigkeit: 1/3 Punkten

2. Verfahren
Weiter müssten die einschlägigen Verfahrensvorschriften eingehalten worden sein. Nach § 28 Abs. 1 VwVfG ist der Beteiligte vor Erlass eines Verwaltungsakts anzuhören.

Falscher Obersatz, § 28 Abs. 1 VwVfG unvollständig wiedergegeben (vor Erlass eines <u>belastenden</u> Verwaltungsakts!)

Beteiligte sind hier die A-Security GmbH und der Rechtsanwalt.

Nach welcher Rechtsnorm? Der Rechtsanwalt ist nur Bevollmächtigter, nicht Beteiligter, siehe §§ 13, 14 VwVfG.

Es fehlt die Subsumtion von: Verwaltungsakt (§ 35 S. 1 VwVfG), Eingriff in die Rechte der A-Security-GmbH

Laut Sachverhalt fand eine Anhörung statt.

Sie müssen genau angeben, welche Handlung der Behörde die Anhörung darstellt (hier: Mitteilung des BAFA an die A-Security-GmbH)

Damit ist der Verwaltungsakt in verfahrensrechtlicher Hinsicht rechtmäßig.

Insgesamt keine überzeugende gutachterliche Prüfung von § 28 VwVfG

Verfahren: 0/2
(Prüfung VA fehlt)
Beteiligter: 0,5/3
Anhörung: 2/10

3. Form
Ein VA kann nach § 37 Abs. 2 schriftlich, mündlich oder elektronisch erlassen werden.
Hier soll der VA zugestellt werden, daher ist die Schriftform zweckmäßig. Dann sind §§ 37 Abs. 3 S. 1, Abs. 5 VwVfG zu beachten. Außerdem muss der VA nach § 39 Abs. 1 S. 1 VwVfG begründet werden. Schließlich ist nach § 37 Abs. 6 S. 1 VwVfG eine Rechtsbehelfsbelehrung zur Wiederspruchsfrist (§ 70 Abs. 1 VwGO) beizufügen.

Falscher Obersatz (bitte Norm lesen!)
Bitte zukünftig noch Mindestinhalt der Rechtsbehelfsbelehrung angeben (siehe Musterlösung)! Formalia: Bitte nicht „VA" abkürzen. Bitte „VwVfG" angeben und § 37 Abs. 2 S. 1 VwVfG präzise zitieren. Rechtschreibung: „Widerspruchsfrist" nicht „Wiederspruchsfrist"!

Form: 1/2 Punkten

4. Bekanntgabe
Der VA wird nach § 43 Abs. 1 VwVfG mit Bekanntgabe wirksam. Hier hat der Vorgesetzte die Bekanntgabe durch Zustellung angeordnet. Es empfiehlt sich die Zustellung durch Postzustellungsurkunde (§ 3 VwZG).

Zustellung wurde erkannt, es fehlt: § 7 Abs. 1 2 VwZG (zwingend an Rechtsanwalt zuzustellen).
Formalia: Bitte nicht abkürzen („VA")!

Bekanntgabe: 3/8

5. Zwischenergebnis
Der VA ist formell rechtmäßig.

„... ist": Sie prüfen doch den Erlass, also „kann formell rechtmäßig erlassen werden"
Formalia: Bitte nicht abkürzen („VA")!

II. Materielle Voraussetzungen
Der VA ist materiell rechtmäßig, wenn er auf einer wirksamen und ausreichenden RGL beruht, deren Tatbestandsvoraussetzungen vorliegen und die Rechtsfolge rechtmäßig gesetzt ist.

Formalia: Bitte nicht abkürzen („VA" oder „RGL")!

1. TB-Voraussetzungen der RGL

Formalia: Bitte nicht abkürzen („TB-Voraussetzungen" oder „RGL")!

Die Tatbestandsvoraussetzungen ergeben sich aus § 31 Abs. 2 S. 2 GewO, wonach die Zulassung zu befristen ist und mit Auflagen verbunden werden kann.

Das sind doch nicht die Tatbestandsvoraussetzung von § 31 Abs. 2 S. 2 Hs. 2 GewO! Formulieren Sie wie folgt: „Die Auskunft kann verlangt werden, wenn folgende Tatbestandsvoraussetzungen vorliegen: …"

Die Zulassung wurde bereits vor einem halben Jahr seitens des BAFA durchgeführt und auf 2 Jahre erteilt.

Ausdruck („Die Zulassung … wurde durchgeführt…")!

Mit welchen Auflagen die Zulassung verbunden werden kann, ergibt sich aus § 13 Abs. 1 Nr. 1 u. 2 SeebewachV, der die Aufzeichungs- und Aufbewahrungspflichten regelt, und aus § 14 Abs. 1 SeeBewachV, der die Melde- und Vorlagepflichten definiert.

Sie formulieren hier nicht als Tatbestandsvoraussetzung (z. B.: Verstoß gegen §§ 13, 14 SeeBewachV), sondern als Rechtsfolge (zulässiger Inhalt der Auflage). Auch fehlt die Subsumtion.

Insgesamt keine überzeugende Tatbestandsprüfung! Tatbestandsvoraussetzung von § 31 Abs. 2 S. 2 Hs. 2 ist, dass eine Zulassung nach § 31 Abs. 1 GewO erteilt worden ist und dass der Erlass einer nachträglichen Auflage zum Schutz der Allgemeinheit oder der Auftraggeber erforderlich ist. In diesem Rahmen (zum Schutz der Allgemeinheit erforderlich) hätten Sie den Verstoß gegen § 14 SeeBewachV prüfen müssen.

▷

Das Problem „Bewachungseinsätze auf ausländischen Schiffen" wird überhaupt nicht angesprochen.

Tatbestandsvoraussetzungen: 1/10
Problem „ausländische Flagge": 0/10

2. Rechtsfolgenseite

a) Regelungsadressat
Richtiger Regelungsadressat ist der Inhaber der Zulassung, hier also die A-Security-GmbH.

Regelungsadressat: 2/2

b) Maßnahme
§ 31 Abs. 2 S. 2 Hs. 1 GewO räumt der Behörde auf der Rechtsfolgenseite Ermessen ein („kann" mit Auflagen verbunden werden). Das gilt auch für § 31 Abs. 2 S. 2 Hs. 2 GewO.
Das BAFA hat das eingeräumte Ermessen gemäß § 40 VwVfG entsprechend dem Zweck der Ermächtigung und innerhalb der gesetzlichen Grenzen auszuüben.

gut
Ermessen: 2/2

aa) Kein Ermessensnichtgebrauch
Das BAFA muss das Ermessen erkennen und ausüben, sonst liegt Ermessensnichtgebrauch vor. Ein solcher ist hier nicht ersichtlich.

1/1

bb) Kein Ermessensfehlgebrauch
Die Behörde muss das Ermessen entsprechend dem Zweck der RGL anwenden. Sachfremde Überlegungen darf sie hierbei nicht anstellen, sonst liegt Ermessensfehlgebrauch vor. Ein solcher ist hier nicht ersichtlich.

2/2
Formalia: Bitte nicht abkürzen („RGL")!

cc) Keine Ermessensüberschreitung
Das Ermessen muss innerhalb der gesetzlichen Grenzen ausgeübt werden. Welche dies sind, ergibt sich entweder aus dem Wortlaut der RGL selbst oder nach dem Grundsatz der Verhältnismäßigkeit (Art. 20 Abs. 3 GG).

„und"!!! nicht: „entweder … oder"
Formalia: Bitte nicht abkürzen („RGL")!
Gibt es keine sonstigen rechtlichen Grenzen (außer dem Grundsatz der Verhältnismäßigkeit)?

Demnach muss Verwaltungshandeln zur Verfolgung eines leg. Zwecks geeignet, erforderlich und angemessen sein.

Prüfung der Wortlautgrenze fehlt!
Formalia: Bitte nicht abkürzen („leg.")!

Wortlautgrenze: 0/1
Definition Verhältnismäßigkeit: 3/3

Geeignet ist eine Maßnahme, wenn sie dem leg. Zweck förderlich ist. Dies wäre hier der Fall, da mit dem Auskunftsverlangen die Sicherheit auf hoher See gewährleistet wird.

Formalia: Bitte nicht abkürzen („leg.")!
Legitimer Zweck: „Sicherheit auf hoher See": etwas zu knapp dargestellt
„gewährleistet wird": ist der Erfolg der Maßnahme so sicher?

Erforderlich ist eine Maßnahme, wenn es kein milderes, aber ebenso gleich geeignetes Mittel gibt. Das wäre im vorliegenden Fall ebenfalls gegeben.

missverständlich formuliert: besser: „ein solches milderes Mittel ist nicht ersichtlich"

Angemessen ist eine Maßnahme, wenn sie keinen Nachteil herbeiführt, der erkennbar außer Verhältnis zum beabsichtigten Erfolg steht.

richtig

Dabei ist folgende Gesamtabwägung anzustellen: Ist der Eingriff in die Rechtsgüter des Betroffenen nützlich zum Schutz der Allgemeinheit/Dritter.

Formulierung falsch, richtig ist: „Dabei ist für den Einzelfall die Schwere des Eingriffs in die Rechtsgüter des Betroffenen gegen die Dringlichkeit des Schutzes der Allgemeinheit bzw. Dritter abzuwägen."

Der Eingriff stellt für die A-Security-GmbH zwar einen Eingriff in die Berufsfreiheit und das Recht auf informationelle Selbstbestimmung dar (sie müssen nach §§ 13, 14 SeeBewachV Kopien ihrer Bewachungsverträge vorlegen). Jedoch wird durch das Verpflichten zur Vorlage die Sicherheit im Seerecht gewährleistet.

Berufsfreiheit: bitte noch Art. 12 Abs. 1 S. 1 GG angeben!
Art. 2 Abs. 1 i. V. m. Art. 1 Abs. 1 GG schützt nach h. M. nicht juristische Personen (kein dem Wesen nach gemäß Art. 19 Abs. 3 GG auf juristische Personen anwendbares Grundrecht!)
„Sicherheit im Seerecht": deutlicher formulieren!

Sie müssen noch deutlicher die Schwere des Eingriffs in die Berufsfreiheit und die Dringlichkeit des Schutzes der Allgemeinheit für diesen Einzelfall herausarbeiten (siehe Musterlösung).
Zwischenergebnis fehlt: „Nach Abwägung der Vor- und Nachteile erscheint der Eingriff nicht unangemessen, das Auskunftsverlangen ist angemessen."

Demnach ist die Maßnahme verhältnismäßig.

Angemessenheitsprüfung: 6/9 Punkten

III. Gesamtergebnis

Die Auflage für die GmbH ist materiell und formell rechtmäßig und darf erlassen werden.

Hinweis für Sie: Es handelt sich um eine „nachträgliche Auflage" = selbstständige Ordnungsverfügung (keine Auflage im Sinne des § 36 Abs. 2 Nr. 2 VwVfG). Also besser nicht den Begriff „Auflage" verwenden!

Die Gutachtentechnik beherrschen Sie (von Einzelheiten abgesehen, siehe dazu Anmerkungen oben) insgesamt schon gut. Bleiben Sie dran!

Gutachtentechnik: 20/20

Eine insgesamt ausreichende Leistung (52,5 Punkte von 100 Punkten).

Gutes Zeitmanagement (Gutachterliche Prüfung ist vollständig)!

b) Die anonymisierte Bewertungstabelle

Ergebnisse Musterklausur/ Hörsaal X/ Student U																				
Nummer	Stil : 20 Punkte	RGL: 10 Punkte	Formelle RM: 30 Punkte							Materielle RM: 40 Punkte								Ergebnis		
		RGL	sachlich	örtlich	VA	§ 13	§ 28	Form	VwZG	Tat-bestand	ausl. Flagge	Regelungs-adressat	Ermessen erkennen § 40	kein Ermessen nicht	kein Ermessensfehl-gebrauch	Grenze RGL	Verhältnis-mäßigkeit	Leistungs-punkte	Rang-punkt	Gewählte Rechtsgrundlage
	20	10	2	3	2	3	10	2	8	10	10	2	2	1	2	1	12	100	15	
A	20	9	1	2	2	3	10	1	8	10	5	0	1	1	1	1	9	84	13	§ 29 I Nr. 1
B	20	10	2	3	1	2	9	2	3	5	0	1	1	1	2	1	6	69	9	§ 29 I Nr. 1
C	19	9	2	3	2	1	10	1	3	10	10	2	1	1	2	1	3	80	12	§ 29 I Nr. 1
D	20	8,5	2	2	2	3	10	2	8	5	0	2	2	1	2	0	0	69,5	8	§ 31 II 2 HS. 2
E	15	5	1	1	1	3	0	2	0	3	0	0		1		0	0	32	2	§ 31 II 1
F	20	6	2	3	2	1	6	1	3	10	9	2		5		1	0	71	10	§ 14 (gebunden)
G	20	9	1	0	2	0	0	1	4	5	0	2	2	1	2	1	11	61	7	§ 29 I Nr. 1
H	20	0	2	2	1	2,5	8	1,5	3	8	9	2	2	1	0	1	3	66	8	§ 31 II 3 (Versagung Zulassung)
I	15	10	1	3	1,5	3	8	1	3	10	0	0	1	1	2	0,5	3	63	8	§ 29 I Nr. 1
J	20	4	2	3	2	0	8	1	3	8	0	2		5		1	0	59	7	§ 14 (gebunden)
K	20	8	1	3	1,5	3	8	2	3	10	8	2	2	1	2	1	12	87,5	14	§ 31 II 2 HS. 2
L	15	1	2	3	0,5	3	10	0,5	3	0	0	0	0	0	0	0	0	38	3	§ 31 IV
M	20	6	1	3	2	1	4	0,5	3	10	5	1	1,5	1	2	1	10	72	10	§ 31 II 2
N	20	3	0	3	1	0,5	7	1	2	2	0	2	1	1	2	0,5	8	54	5	§ 14 (Ermessen aus § 31 IV)
O	20	9	1	3	2	3	10	2	3	10	8	2	1	1	2	1	9	87	13	§ 14 (Ermessen, problembewusst)
P	18	9	2	3	0	2	8	1	3	10	1	2	1	1	2	0	3	66	8	§ 29 I Nr. 1
Q	20	9	1	1	2	3	9	2	5	7	0	2	2	1	2	1	3	70	9	§ 29 I Nr. 1
R	20	8	1	3	2	2	5	1	3	1	0	2	2	1	2	1	9	63	8	§ 31 II 2 HS. 2
S	20	8	2	3	2	3	6	2	3	10	5	2	0,5	1	2	1	6	76,5	11	§ 14 (Ermessen aus § 31 IV)
T	10	10	1	0	2	1	10	2	3	5	0	2	2	1	2	1	9	61	7	§ 29 I Nr. 1
U	**20**	**7**	**1**	**1**	**0**	**0,5**	**2**	**1**	**3**	**1**	**0**	**2**	**2**	**1**	**2**	**0**	**9**	**52,5**	**5**	**§ 31 II 2 HS. 2**
Gesamt		7,07	1,38	2,29	1,50	1,93	7,05	1,36	3,43	6,67	2,86	1,52	1,71	0,81	1,48	0,71	5,38	63,31	8	

Hörsaal X (21 Studierende)
6 Studierende (28%) sind nicht fertig geworden, insgesamt hatten fast alle ein Zeitproblem.
2 von 21 Studierenden sind durchgefallen (10%):
Diese hatten auch ein Zeitproblem und haben außerdem keine vertretbare Rechtsgrundlage gefunden.
Der Notenschnitt lag bei „befriedigend" (8 Punkte)

Leistungspunkte	Rangpunkte	Note
0 – unter 12,5	0	ungenügend (6)
12,5 – unter 25	1	
25 – unter 33,4	2	mangelhaft (5)
33,4 – unter 41,7	3	
41,7 – unter 50	4	
50 – unter 54, 2	5	ausreichend (4)
54,2 – unter 58,4	6	
58, 4 – unter 62, 5	7	
62, 5 – unter 66,7	8	befriedigend (3)
66, 7 – unter 70,9	9	
70,9 – unter 75	10	
75 – unter 79, 2	11	gut (2)
79,2 – unter 83,4	12	
83,4 – unter 87,5	13	
87,5 – unter 93,7	14	sehr gut (1)
93,7 bis 100	15	

c) Die Musterlösung

Obersatz

Das BAFA kann die A-Security-GmbH rechtmäßig durch schriftlichen Bescheid verpflichten, innerhalb von 2 Wochen nach Bestandskraft schriftlich Auskunft über alle bisher durchgeführten Bewachungsaufträge auf Seeschiffen zu erteilen und die entsprechenden Kopien (Auftragsbuch, Bewachungsverträge, ggf. Einzelverträge) vorzulegen, wenn für diese Maßnahme, die wegen ihres Eingriffscharakters einer Ermächtigung durch formelles Gesetz bedarf, eine entsprechende Ermächtigungsgrundlage besteht und diese formell und materiell rechtmäßig angewendet wird.

Rechtsgrundlage

I. Rechtsgrundlage

Fraglich ist, auf welche Rechtsgrundlage der Auskunftsbescheid gestützt werden könnte.

Diese ist nach dem Spezialitätsgrundsatz zunächst in der auf § 31 Abs. 4 S. 1 GewO beruhenden SeeBewachV zu suchen. § 31 Abs. 4 S. 1 Nr. 3 lit. b und lit. c GewO ermächtigen das zuständige Ministerium zwar, durch Rechtsverordnung die Bewachungsunternehmen zu verpflichten, Bücher und Aufzeichnungen über alle Geschäftsvorgänge und Auftraggeber zu führen, aufzubewahren und auf Anforderung an das BAFA zu übersenden sowie alle Bewachungseinsätze beim BAFA anzuzeigen und Einsatzprotokolle und -berichte zu erstellen und dem BAFA zu übermitteln. Von dieser Ermächtigung wurde jedoch nur teilweise Gebrauch gemacht. §§ 13, 14 SeeBewachV regeln nur die Handlungspflichten der Bewachungsunternehmen. Dahingegen wird das BAFA weder ermächtigt, von Bewachungsunternehmen im Einzelfall Auskunft über die nach § 13 SeeBewachV gefertigten Aufzeichnungen zu verlangen, noch bei einem Verstoß gegen die in §§ 13, 14 SeeBewachV normierten Aufzeichnungs-, Aufbewahrungs-, Anzeige-, Melde- und Vorlagepflichten einzuschreiten. §§ 13, 14 SeeBewachV kommen als Rechtsgrundlage daher nicht in Betracht.

Richtige Rechtsgrundlage könnte § 31 Abs. 2 S. 2 Hs. 2 GewO sein. Danach können nachträglich zur Zulassung Auflagen aufgenommen werden, wenn dies zum Schutz der Allgemeinheit oder der Auftraggeber erforderlich ist. Das wäre z. B. dann der Fall, wenn mit der Maßnahme für die Zukunft die Einhaltung von § 13 oder § 14 SeebewachV durchgesetzt werden soll. Hier soll die A-Security-GmbH jedoch lediglich verpflichtet werden, Auskunft über die bisher durchgeführten Bewachungseinsätze zu erteilen.

Näher in Betracht kommt daher § 29 Abs. 1 Nr. 1 GewO, der **inhaltlich** die Beauftragten der zuständigen öffentlichen Stelle ermächtigt, von Gewerbetreibenden, die einer der dort genannten Erlaubnisse bedürfen, zu verlangen, die für die Überwachung des Geschäftsbetriebs erforderlichen mündlichen und schriftlichen Auskünfte unentgeltlich zu erteilen. Aus dem Wortlaut „auf Verlangen" ergibt sich zugleich, dass die zuständige Stelle außerdem berechtigt ist, die Auskunft – wie hier von der Behörde nach dem streitigen Schriftwechsel über die Anwendbarkeit von § 14 SeebewachV angedacht – **in Form eines Verwaltungsakts i.S.d. § 35 S. 1 VwVfG** (sog. VA-Befugnis) einzufordern, der in Bestandskraft erwachsen und vollstreckt werden kann.[19]

Richtige Rechtsgrundlage für den Auskunftsbescheid ist somit § 29 Abs. 1 Nr. 1 GewO.

II. Formelle Voraussetzungen

1. Zuständigkeit

Sachliche Zuständigkeit

a) Sachliche Zuständigkeit
Das BAFA (Bundesoberbehörde) müsste für das Auskunftsverlangen zunächst sachlich zuständig sein. § 29 Abs. 1 Nr. 1 GewO ermächtigt allgemein die Beauftragten der sachlich zuständigen öffentlichen Stelle. Dies ist gemäß § 31 Abs. 7 GewO das BAFA. Die sachliche Zuständigkeit ist damit gegeben.

Örtliche Zuständigkeit

b) Örtliche Zuständigkeit
Die örtliche Zuständigkeit des BAFA könnte hier nach § 3 Abs. 1 Nr. 2 VwVfG gegeben sein. Das setzt voraus, dass § 3 Abs. 1 Nr. 2 VwVfG anwendbar ist und dass das Unternehmen im Bezirk des BAFA betrieben wird. Eine Spezialregelung besteht nicht, § 3 Abs. 1 Nr. 1 VwVfG ist nicht einschlägig und die Angelegenheit (hier das Auskunftsverlangen) bezieht sich auf die Bewachungseinsätze des A-Security-GmbH, also auf den Betrieb eines Unternehmens, so dass § 3 Abs. 1 Nr. 2 VwVfG anwendbar ist. Betrieben wird ein Dienstleistungsgewerbe sowohl am Erfüllungsort als auch dort, von wo aus es gelenkt und verwaltet wird. Hier wird die A-Security-GmbH von ihrem Sitz in Hamburg aus gelenkt und verwaltet. Damit ist

---

19 Anders z.B. die Verfahrensnorm § 26 Abs. 2 VwVfG. Aus dieser Norm lässt sich nur eine Obliegenheit des Beteiligten, aber keine mittels Verwaltungsakt durchsetzbare Handlungspflicht zur Auskunftserteilung herleiten. § 26 Abs. 2 VwVfG ist daher keine Ermächtigungsgrundlage, Auskünfte durch Auskunftsbescheid einzufordern.

das BAFA, zu dessen Dienstbezirk als Bundesoberbehörde das gesamte Bundesgebiet und alle Seeschiffe unter deutscher Flagge gehören, auch örtlich zuständig.

2. Verfahren

§§ 9, 10 VwVfG

a) Anwendbarkeit der §§ 9 ff. VwVfG
Weiter ist zu prüfen, ob die einzuhaltenden Verfahrensvorschriften beachtet worden sind. Welche das sind, richtet sich nach der Art des Verwaltungshandelns (vgl. § 9 VwVfG). Das angedachte Auskunftsverlangen stellt, wie oben erörtert, einen Verwaltungsakt i. S. d. § 35 S. 1 VwVfG dar. Somit sind, soweit in der GewO bzw. in der SeeBewachV nicht etwas anderes geregelt ist, §§ 10 ff. VwVfG anwendbar.

§§ 11–19 VwVfG

b) Beteiligtenstellung und Bevollmächtigung
Die Verwaltung muss §§ 11 – 19 VwVfG beachten. Nach § 11 VwVfG darf am Verfahren nur beteiligt werden, wer gemäß § 11 VwVfG beteiligungsfähig ist. Wer am Verfahren beteiligt ist, ergibt sich aus § 13 VwVfG. Hier hat die A-Security-GmbH dadurch, dass sie vom BAFA auf die Meldepflichten hingewiesen wurde und Adressat des angedachten Auskunftsersuchens sein soll, gemäß § 13 Abs. 1 Nr. 2 VwVfG die Stellung als Beteiligte erlangt. Sie ist als juristische Person gemäß § 11 Nr. 1 Alt. 2 VwVfG beteiligungsfähig. Ein Verstoß gegen § 11 VwVfG ist damit nicht ersichtlich.

Weiter hat das BAFA bisher im Verfahren weder gegen § 12 Abs. 1 Nr. 3 VwVfG noch gegen § 14 Abs. 1 S. 1 VwVfG, wonach die A-Security-GmbH in diesem Verfahren durch ihren bevollmächtigten Rechtsanwalt aktiv und passiv vertreten wird, oder gegen § 14 Abs. 3 VwVfG verstoßen. Auch im Übrigen ist kein Verstoß ersichtlich. §§ 11 – 19 VwVfG sind damit gewahrt.

Verfahrensrechte, insbes. Anhörung

c) Verfahrensrechte der Beteiligten
Nach § 28 Abs. 1 VwVfG ist, bevor ein Verwaltungsakt erlassen wird, der in Rechte eines Beteiligten eingreift, diesem Gelegenheit zu geben, sich zu den für die Entscheidung erheblichen Tatsachen zu äußern. Wie geprüft, ist das Auskunftsverlangen ein Verwaltungsakt und die A-Security-GmbH Beteiligte. Durch das Auskunftsverlangen wird in das Recht der GmbH auf Berufsfreiheit aus Art. 12 Abs. 1 S. 1 GG eingegriffen, auf das sich nach Art. 19 Abs. 3 GG auch inländische juristische Personen berufen können. Damit war eine Anhörung erforderlich. Laut Sachverhalt hat das BAFA der A-Security-GmbH mitgeteilt, dass gemäß § 14 Abs. 1 SeeBewachV alle Bewachungseinsätze anzuzeigen seien. Damit wurde der A-Security-GmbH Gele-

genheit gegeben, sich zu den für das Auskunftsverlangen erheblichen Tatsachen zu äußern, wovon die A-Security-GmbH über ihren Rechtsanwalt auch Gebrauch gemacht hat. Die Verfahrensrechte der A-Security-GmbH wurden gewahrt.

Form

3. Form

Das Auskunftsverlangen ist, da keine Spezialregelung besteht, gemäß § 37 Abs. 2 S. 1 VwVfG an keine Form gebunden. Zweckmäßig ist aus Beweisgründen und mit Hinblick auf das Verlangen des Vorgesetzten, den Auskunftsbescheid zuzustellen, die Schriftform oder die elektronische Form. Dann sind § 37 Abs. 3 S. 1 u. Abs. 5 VwVfG zu beachten. Das schriftliche bzw. elektronische Auskunftsverlangen ist nach § 39 Abs. 1 S. 1 VwVfG in dem in den Sätzen 2 und 3 genannten Umfange zu begründen. Außerdem ist nach § 37 Abs. 6 S. 1 VwVfG eine Rechtsbehelfsbelehrung beizufügen, in der die A-Security-GmbH darüber zu belehren ist, dass sie innerhalb eines Monats nach Bekanntgabe des Auskunftsbescheids beim BAFA (mit Sitz in Eschborn) Widerspruch erheben kann (§ 70 Abs. 1 S. 1 VwGO).

Bekanntgabe

4. Bekanntgabe

Eine bestimmte Form der Bekanntgabe ist hier gesetzlich nicht vorgeschrieben. Zweckmäßig und vom Vorgesetzten nach § 1 Abs. 2 VwZG angeordnet ist die förmliche Zustellung. Zuzustellen ist hier nach § 7 Abs. 1 S. 2 VwZG zwingend an den Rechtsanwalt, da dieser seine schriftliche Vollmacht zu den Akten gegeben hat. In Betracht kommt jede der in §§ 3 ff. VwZG genannten Zustellungsarten. Aus Kostengründen empfiehlt sich nach § 5 Abs. 4 VwZG die Zustellung an den Rechtsanwalt mit einfachem Brief oder elektronisch (dann unter Beachtung von § 5 Abs. 6 VwZG) gegen Empfangsbekenntnis.

Zwischenergebnis

5. Zwischenergebnis

Das Auskunftsverlangen kann formell rechtmäßig erlassen werden.

Materielle Voraussetzungen/Obersatz

III. Materielle Voraussetzungen

Das Auskunftsverlangen ist materiell rechtmäßig, wenn die Tatbestandsvoraussetzungen von § 29 Abs. 1 Nr. 1 GewO (an dessen Verfassungsmäßigkeit keine Zweifel bestehen) vorliegen und das Auskunftsverlangen auch im Übrigen inhaltlich mit dem geltenden Recht vereinbar ist.

Tatbestandsvoraussetzungen

1. Tatbestandsvoraussetzungen

Tatbestandsvoraussetzung von § 29 Abs. 1 Nr. 1 GewO ist, dass Gegenstand der Überwachung der Geschäftsbetrieb eines in Nr. 1 genannten Gewerbes ist und dass das Auskunftsverlangen für die Überwachung des Geschäftsbetriebs dieses Gewerbes erforderlich ist.

a) Die A-Security-GmbH betreibt laut Sachverhalt ein gemäß § 31 Abs. 1 GewO zulassungspflichtiges Bewachungsgewerbe auf Seeschiffen und damit ein in Nr. 1 genanntes Gewerbe.

b) Die geforderten Unterlagen beziehen sich auf die Bewachungseinsätze und damit ausschließlich auf den Geschäftsbetrieb genau dieses Gewerbes.

c) Problematisch und zwischen dem BAFA und der GmbH ist streitig, ob das Auskunftsverlangen für die Überwachung des Geschäftsbetriebs dieses Bewachungsgewerbes auch erforderlich ist. Durch die Beschränkung auf die für die Durchführung der Gewerbeaufsicht erforderlichen Auskünfte nimmt der Gesetzgeber auf den Grundsatz der Verhältnismäßigkeit im weiteren Sinne Bezug, so dass bereits auf Tatbestandsseite zu prüfen ist, ob das Auskunftsverlangen zur Erreichung eines legitimen Zwecks geeignet und erforderlich ist.

aa) Das Auskunftsverlangen dient hier dem Zweck festzustellen, ob bzw. in welchem Umfange die A-Security-GmbH ihren Anzeigepflichten nach § 14 SeeBewachV nachgekommen ist. Das ist legitim.

bb) Das Auskunftsverlangen müsste auch geeignet, also zur Erreichung des legitimen Zwecks förderlich sein.

(1) Das ist im Hinblick auf das Auskunftsverlangen über alle Einsätze auf Schiffen unter deutscher Flagge unproblematisch.

(2) Das Auskunftsverlangen über die Einsätze auf Schiffen unter ausländischer Flagge hingegen ist nur dann förderlich, die Einhaltung von § 14 SeeBewachV zu überprüfen, wenn diese nach § 14 SeeBewachV zu melden sind, was hier streitig ist.

Die A-Security-GmbH ist der Auffassung, dass nach Art. 92 und 94 des Seerechtsübereinkommens der Vereinten Nationen Auskunft nur über Vorgänge verlangt werden könne, die sich auf Schiffe beziehe, die unter deutscher Flagge fahren.

Gegen diese Auffassung spricht, dass es sich bei § 31 Abs. 1 GewO um eine Personalkonzession handelt, die für Bewachungsunternehmen mit Sitz in Deutschland selbst dann vorgeschrieben ist, wenn ausschließlich

Schiffe unter ausländischer Flagge bewacht werden (vgl. Hessischer VGH, Beschluss vom 21.07.2015 – 8 B 1916/14). Damit gelten auch §§ 13 Abs. 1, 14 Abs. 1 SeeBewachV nicht nur für die Bewachungseinsätze auf Seeschiffen unter deutscher Flagge. Folglich ist das Auskunftsverlangen geeignet.

cc) Schließlich muss das Auskunftsverlangen auch i. e. S. erforderlich sein. Das ist der Fall, wenn es kein milderes (den Betroffenen weniger belastendes), aber gleich geeignetes Mittel gibt. Ein solches milderes Mittel ist hier nicht ersichtlich, zumal die A-Security-GmbH über ihren Rechtsanwalt hat mitteilen lassen, zur Auskunft nicht verpflichtet zu sein und somit zu erkennen gegeben hat, freiwillig keine Auskünfte zu erteilen. Das Auskunftsverlangen ist somit auch i. e. S. erforderlich.

Damit liegen die Tatbestandsvoraussetzungen vor.

Rechtmäßige Rechtsfolge

2. Rechtsfolgenseite

a) Regelungsadressat
Richtiger Regelungsadressat für das Auskunftsverlangen ist nach § 29 Abs. 1 Nr. 1 GewO der Gewerbetreibende, hier also die A-Security-GmbH.

b) Maßnahme
Zunächst ist zu prüfen, ob § 29 Abs. 1 Nr. 1 GewO der Behörde Ermessen einräumt oder ob es sich um eine gebundene Entscheidung handelt. Aus dem Wortlaut von § 29 Abs. 1 Nr. 1 GewO ergibt sich keine entsprechende Verpflichtung zum Erlass eines Auskunftsverlangens. Die Formulierung „auf Verlangen" deutet auf eine Ermessensentscheidung der Verwaltung hin. Dafür sprechen auch Sinn und Zweck der Norm, denn es könnten im Einzelfall auch andere Maßnahmen zur Aufklärung des Sachverhalts gegeben sein.

Das Ermessen ist gemäß § 40 VwVfG entsprechend dem Zweck der Ermächtigung und innerhalb der gesetzlichen Grenzen des Ermessens auszuüben.

aa) Kein Ermessensnichtgebrauch
Die Behörde muss ihr Ermessen erkennen und ausüben, ansonsten liegt ein Ermessensnichtgebrauch vor. Das BAFA muss hier also das Für und Wider ermitteln und dann eine Abwägungsentscheidung treffen.

bb) Kein Ermessensfehlgebrauch
Das BAFA muss das Ermessen entsprechend dem Zweck der Ermächtigung, hier also entsprechend § 29 Abs. 1 Nr. 1 GewO ausüben, ansonsten liegt ein Ermessensfehlgebrauch vor. Hier ist nicht ersichtlich, dass das BAFA von zweckwidrigen Überlegungen ausgehen würde.

cc) Keine Ermessensüberschreitung

Schließlich darf das Auskunftsersuchen nicht gegen gesetzliche Grenzen verstoßen. Solche ergeben sich aus der Rechtsgrundlage selbst und dem sonstigen geltenden Recht.

(1) Grenzen nach dem Wortlaut der Rechtsgrundlage

Nach § 29 Abs. 1 Nr. 1 GewO kann die unentgeltliche mündliche oder schriftliche Auskunft verlangt werden. Diese Grenzen werden mit der angedachten Verfügung, die A-Security zu verpflichten, schriftlich Auskunft zu erteilen, gewahrt.

(2) Kein Verstoß gegen den Grundsatz der Verhältnismäßigkeit im engeren Sinne

Weiter ist die Wahrung des Verhältnismäßigkeitsgrundsatzes (Art. 20 Abs. 3 GG) zu prüfen. Wie bereits oben erörtert, ist das Auskunftsverlangen zur Verfolgung eines legitimen Auskunftszwecks geeignet und erforderlich. Es müsste auch angemessen sein. Eine Maßnahme ist angemessen, wenn für den Betroffenen kein Nachteil herbeigeführt wird, der erkennbar außer Verhältnis zum beabsichtigten Erfolg steht. Dies ist im Rahmen einer Gesamtabwägung festzustellen: Die Schwere des Eingriffs in die Rechtsgüter des Betroffenen ist abzuwägen mit dem Nutzen der Maßnahme für die Allgemeinheit, hier also die Schwere des Eingriffs in das Recht der A-Security-GmbH auf Berufsfreiheit (Art. 12 Abs. 1 S. 1 GG) mit dem öffentlichen Interesse an einer effektiven Gewerbeaufsicht und der Durchsetzung der in § 14 SeeBewachV normierten Anzeigepflichten.

Das auf § 29 Abs. 1 Nr. 1 GewO (also auf eine Berufsausübungsregelung) gestützte Auskunftsverlangen stellt einen vergleichsweise geringfügigen Eingriff dar, zumal die A-Security-GmbH nach § 13 Abs. 1 SeeBewachV ohnehin verpflichtet ist, die begehrten Unterlagen zu führen. Auf der anderen Seite dient das Auskunftsverlangen dazu, dass das BAFA alle erforderlichen Informationen erhält, um zukünftig sicherzustellen, dass Seeschiffe nur durch zuverlässige Bewachungsgewerbe geschützt werden, und um mögliche Gefahren für Leib und Leben des eingesetzten, in der Regel bewaffneten Bewachungspersonals, der Schiffsbesatzung und Dritter in diesem besonders sensiblen Bereich der Wahrnehmung von Aufgaben der Gefahrenabwehr durch Private von vornherein zu unterbinden. Hinzu kommt, dass hier sogar ein konkreter Verdacht besteht, dass die A-Security-GmbH in der Vergangenheit gegen § 14 Abs. 1 SeeBewachV verstoßen hat, und das Auskunftsverlangen somit, was nicht zwingend erforderlich ist, sogar anlassbezogen erfolgt.

Die eingeräumte Zeit von 2 Wochen ab Bestandskraft des Bescheids ist ausreichend bemessen, da alle Unterlagen, die für die Auskunft benötigt werden, bereits beim Unternehmen vorliegen müssten.

Damit stehen die Nachteile für die A-Security-GmbH nicht außer Verhältnis zum beabsichtigten Erfolg. Das Auskunftsverlangen ist angemessen und somit insgesamt verhältnismäßig.

c) Bestimmtheit
Das Auskunftsverlangen muss nach § 37 Abs. 1 VwVfG inhaltlich hinreichend bestimmt formuliert werden. Dem wird durch die in der Aufgabenstellung vorgeschlagene Formulierung entsprochen.

Gesamtergebnis

IV. Gesamtergebnis

Das Auskunftsverlangen kann formell und materiell rechtmäßig erlassen werden.

3. Besprechung

Bitte nehmen Sie zunächst die Bewertungstabelle zur Hand. Wie Sie sehen, habe ich der Bewertung insgesamt folgendes Schema zugrunde gelegt:
- Gutachtenstil: 20 Punkte
- Rechtsgrundlage: 10 Punkte
- Formelle Rechtmäßigkeit 30 Punkte
- Materielle Rechtmäßigkeit 40 Punkte.

Dort sehen Sie auch, mit welcher Punktzahl Sie welche Note erreichen konnten. Auf die Verteilung der Punkte für die Gutachtentechnik werde ich zum Schluss eingehen. Wir beginnen mit dem Obersatz.

a) Der vollständige Obersatz

Vorbemerkung Gassner
Wir besprechen zunächst die Einleitung Ihres Gutachtens. In diesem Obersatz sollten Sie nicht nur die gefragte Rechtsfolge (hier: Auskunftsverlangen ist rechtmäßig), sondern auch die Voraussetzungen (hier: formelle und materielle Voraussetzungen werden beachtet) benennen. Diese Voraussetzungen ergeben sich zwar auch durch Ihren Aufbau (Rechtsgrundlage, formelle und materielle Rechtmäßigkeit mit Unterpunkten). Sie lernen die Funktion des Obersatzes aber besser, wenn Sie diesen immer vollständig formulieren. Ich habe daher als Korrekturanmerkung nur auf die Unvollständigkeit hingewiesen, dafür aber keinen Punktabzug vorgenommen.

Was haben Sie gemacht?
Bitte lesen Sie jetzt Ihren Obersatz (und den von Student U, siehe oben). Vergleichen Sie diesen mit der Musterlösung. Welche Fragen haben Sie noch?[20]

b) Die richtige Rechtsgrundlage

Vorbemerkung Gassner
Einer der Schwerpunkte der Klausur war es, die richtige Rechtsgrundlage zu finden. Das ist für Anfänger i. d. R. sehr schwierig. Insgesamt wurden von Ihnen folgende Normen als Rechtsgrundlage angewendet:
- § 29 Abs. 1 Nr. 1 GewO (wie Musterlösung)
- § 31 Abs. 2 S. 2 Hs. 2 GewO (bei entsprechender Begründung als vertretbar gewertet)
- § 31 Abs. 2 S. 3 GewO (falsch)
- § 31 Abs. 4 S. 1 Nr. 3 GewO (falsch, später noch mehr zur Bewertung, vorweg: Sie haben um ein „bestanden" kämpfen müssen)
- §§ 13, 14 SeebewachV (mit entsprechender Begründung vertretbar)

Nun im Einzelnen:
- Bitte lesen Sie nun § 29 Abs. 1 Nr. 1 GewO. Unterstreichen Sie „auf Verlangen". Hieran erkennen Sie die Ermächtigung für die Verwaltung, Auskunft von Gewerbetreibenden i. S. d. § 31 Abs. 1 GewO zu verlangen. Diese Rechtsgrundlage passt also auf unseren Fall, so auch die Musterlösung.
- Lesen Sie nun § 31 Abs. 2 S. 2 Hs. 2 GewO. Bitte unterstreichen Sie: „unter denselben Voraussetzungen ist auch die nachträgliche Aufnahme [...] von Auflagen zulässig". Die Norm ermächtigt zum nachträglichen Erlass selbstständiger Auflagen (Ordnungsverfügungen). Viele von Ihnen haben nun argumentiert, diese Norm sei lex specialis zu § 29 GewO. Das habe ich als vertretbar bewertet und nur geringfügig Punkte abgezogen. Was Sie übersehen haben: Durch § 31 Abs. 2 S. 2 Hs. 2 GewO wollte der Gesetzgeber das Auskunftsverlangen nicht spezialgesetzlich regeln. Warum würde er sonst in § 29 Abs. 1 Nr. 1 GewO ausdrücklich § 31 GewO zitieren? § 31 Abs. 2 S. 2 Hs. 2 GewO wäre vielmehr dann die richtige Rechtsgrundlage, wenn das BAFA die A-Security GmbH auf die Zukunft gerichtet verpflichtet wollte, zukünftig auch Bewachungseinsätze auf ausländischen Schiffen innerhalb von 24 Stunden zu melden. Hier aber will das BAFA eine andere Rechtsfolge setzen.

---

20 Leider ist das nur ein Buch. In der Besprechung würde ich Ihnen antworten. So bleibt nur mein Angebot, Ihre Frage zu senden an: KathiGassner@bundeswehr.org.

- Einige von Ihnen haben auf § 31 Abs. 2 S. 3 GewO zurückgegriffen. Bitte lesen Sie nun diese Norm. Unterstreichen Sie: „Die Zulassung [...] ist zu versagen". § 31 Abs. 2 S. 3 GewO ist zwar eine Rechtsgrundlage, passt aber nicht, da dort die Versagung einer beantragten Zulassung geregelt ist. In unserem Fall ist eine Zulassung schon erteilt. Hier hätten Sie also allenfalls § 49 Abs. 2 S. 1 Nr. 3 VwVfG i. V. m. § 31 Abs. 2 S. 3 GewO prüfen können. Dann hätten Sie herausarbeiten müssen, dass das Auskunftsersuchen lediglich eine Verfahrenshandlung (Anhörung nach § 28 VwVfG oder Ersuchen um Mitwirken nach § 26 Abs. 2 VwVfG) in dem auf den Widerruf der Zulassung gerichteten Verfahren ist. Das haben diejenigen, die diese Anspruchsgrundlage gewählt haben, nicht getan. Vielmehr wurde ohne weitere Begründung auf § 31 Abs. 2 S. 3 GewO zurückgegriffen. Hier gab es dann einen empfindlichen Punktabzug. Bitte beachten Sie, dass Sie in einer Fortgeschrittenenklausur bei einem solchen Fehler durchfallen würden.
- Nicht wenige von Ihnen haben in § 31 Abs. 4 S. 1 Nr. 3 GewO die richtige Rechtsgrundlage gesehen. Bitte lesen Sie nun diese Norm. Unterstreichen Sie: „Das Bundesministerium [...] kann [...] durch Rechtsverordnung [...]". Das war ein sehr schlimmer Fehler. § 31 Abs. 4 S. 1 GewO ermächtigt zum Erlass von Rechtsverordnungen, also von abstrakt-generellen Regelungen und nicht zum Erlass von Einzelfallregelungen. Das steht übrigens auch in der Überschrift („Verordnungsermächtigung"). Bei den meisten von Ihnen ist der Fehler nach meiner Einschätzung dadurch entstanden, dass Sie das Wort „Rechtsverordnung" überlesen haben. Hier war ich dann mit der Bewertung großzügig. Wenn die sonstigen Ausführungen überzeugend waren, konnten Sie noch bestehen, manche haben sogar noch ein befriedigend erreicht. In späteren Klausuren dürfen Sie sich diesen Fehler aber nicht mehr erlauben, sonst sind Sie durchgefallen. Wenige haben (noch schlimmer) das Auskunftsersuchen tatsächlich als Rechtsverordnung definiert. Diese Bearbeiter*innen sind dann durchgefallen.
- Bitte lesen Sie nun § 13 und § 14 SeebewachV. Nach dem Wortlaut regeln beide Normen nur Handlungspflichten des Gewerbetreibenden, nicht aber eine Ermächtigung der Verwaltung zum Einschreiten bei entsprechenden Verstößen. Das gibt es im besonderen Verwaltungsrecht häufiger. Dann ist es ein Problem der Auslegung, ob man in diesen Handlungspflichten konkludent auch eine Ermächtigung der Verwaltung sieht. Das wiederum ist bei vielen Normen streitig. Wer das Problem erkannte, diskutierte und sich mit nachvollziehbaren Argumenten für die

Anwendbarkeit von § 13 bzw. § 14 SeebewachV entschied, bekam die volle Punktzahl.

Was haben Sie gemacht?
Bitte lesen Sie jetzt Ihre Ausführungen zur Rechtsgrundlage (und die von Student U, siehe oben). Vergleichen Sie diese mit der Musterlösung. Es gab insgesamt 10 Punkte. Welche Fragen haben Sie noch?

c) Die sachliche Zuständigkeit

Vorbemerkung Gassner
Hier gab es teilweise große Probleme. Viele haben nicht erkannt, dass für solche Auskunftsersuchen für ganz Deutschland nur eine einzige Behörde, nämlich das BAFA, eine Bundesoberbehörde, sachlich zuständig ist.

Im Einzelnen: Wer das Auskunftsersuchen auf § 29 Abs. 1 Nr. 1 GewO gestützt hat, musste die sachliche Zuständigkeit aus § 31 Abs. 7 GewO herleiten. Wer § 31 Abs. 2 S. 2 Hs. 2 GewO als Rechtsgrundlage heranzog, musste die Zuständigkeit des BAFA aus § 31 Abs. 2 S. 1 GewO herleiten. Wer §§ 13, 14 SeeBewachV für einschlägig hielt, konnte die sachliche Zuständigkeit direkt aus der SeeBewachV herleiten. Falsch war der Rückgriff auf § 31 Abs. 4 S. 2 GewO. Dort geht es um die Delegation der Zuständigkeit des Ministeriums auf das BAFA für den Erlass von Regelungen durch Rechtsverordnung. Solche Ermächtigungen finden Sie in der SeeBewachV. Aufgrund dieser Ermächtigungen hat das BAFA die Seeschiffbewachungsdurchführungsverordnung (SeeBewachDV) erlassen. Das sehen Sie an der Einleitung der SeebewachDV:

Verordnung zur Durchführung der Seeschiffbewachungsverordnung – Seeschiffbewachungsdurchführungsverordnung

> Auf Grund des § 31 Absatz 4 Satz 2 bis 4 der Gewerbeordnung in Verbindung mit § 4 Absatz 2, § 5 Absatz 3 und § 6 Absatz 1 Satz 2 der Seeschiffbewachungsverordnung vom 11.06.2013 (BGBl. I S. 1562), von denen § 31 der Gewerbeordnung durch Artikel 1 Nummer 4 des Gesetzes vom 04.03.2013 (BGBl. I S. 362) eingefügt worden ist, verordnet das Bundesamt für Wirtschaft und Ausfuhrkontrolle im Einvernehmen mit dem Bundespolizeipräsidium und dem Bundesamt für Seeschifffahrt und Hydrographie unter Wahrung der Rechte des Bundestages:

Was haben Sie gemacht?
Bitte lesen Sie jetzt Ihre Ausführungen zur sachlichen Zuständigkeit (und die von Student U, siehe oben). Vergleichen Sie diese mit der Musterlösung. Es gab insgesamt 2 Punkte. Welche Fragen haben Sie noch?

d) Die örtliche Zuständigkeit

Vorbemerkung Gassner
Viele von Ihnen sahen in der Norm, die die sachliche Zuständigkeit des BAFA regelt, zugleich eine Regelung der örtlichen Zuständigkeit, da das BAFA auf deutschem Hoheitsgebiet ohnehin die einzige zuständige Behörde ist. Das habe ich als vertretbar gewertet. Meines Erachtens ist auch in diesem Fall auf § 3 VwVfG und hier auf § 3 Abs. 1 Nr. 2 VwVfG zurückzugreifen. Das BAFA ist für Auskunftsersuchen an die A-Security-GmbH nach § 3 Abs. 1 Nr. 2 VwVfG örtlich zuständig, weil das Unternehmen in Hamburg und damit im Bezirk des BAFA seinen Sitz hat. Einige von Ihnen haben § 3 Abs. 1 Nr. 3 b) VwVfG für anwendbar gehalten und übersehen, dass das Gewerbe nicht nur dort betrieben wird, wo die Dienstleistungen gegenüber dem Kunden erbracht werden.

Was haben Sie gemacht?
Bitte lesen Sie jetzt Ihre Ausführungen zur örtlichen Zuständigkeit (und die von Student U, siehe oben). Vergleichen Sie diese mit der Musterlösung. Es gab insgesamt 3 Punkte. Welche Fragen haben Sie noch?

e) Die einschlägigen Verfahrensvorschriften

Vorbemerkung Gassner
Diesen Prüfungspunkt habe ich für Anfänger eingeführt. Er ist an dieser Stelle nicht zwingend. Sie müssen an geeigneter Stelle im Gutachten nur darlegen, dass das Auskunftsersuchen einen Verwaltungsakt darstellt. Im Normalfall („Abrissverfügung an Bauherrn") können Sie die Rechtsnatur des Verwaltungshandelns schon im Obersatz im Feststellungsstil erörtern. In meiner Musterlösung finden Sie Ausführungen zur Rechtsnatur im Prüfungspunkt „Rechtsgrundlage". Unter „einschlägige Verfahrensvorschriften" greife ich darauf zurück. Sie durften (wie zuvor geübt) diese Problematik auch erst hier ansprechen. Ebenso ist es vertretbar, den Punkt „einschlägige Verfahrensvorschriften" gar nicht zu prüfen und das Vorliegen eines Verwaltungsakts erst bei „Beteiligter" oder – wenn Sie auch dies nicht separat prüfen – bei „Anhörung" anzusprechen.

Was haben Sie gemacht?
Bitte lesen Sie jetzt Ihre Ausführungen zu den einschlägigen Verfahrensvorschriften (und die von Student U, siehe oben). Vergleichen Sie diese mit der Musterlösung. Es gab insgesamt 2 Punkte. Welche Fragen haben Sie noch?

f) Beteilige, Bevollmächtigte

Vorbemerkung Gassner

Sie werden viele Musterklausuren lesen, in denen es diesen separaten Prüfungspunkt nicht gibt, wenn die Beteiligtenstellung (wie hier) unproblematisch ist. Dann wird im Rahmen der Prüfung von § 28 VwVfG nur kurz angesprochen, wer Beteiligter i. S. d. § 13 VwVfG ist. Das ist selbstverständlich auch hier vertretbar gewesen. Ich ziehe diesen Prüfungspunkt in der Musterlösung nur deswegen vor die Prüfung der ordnungsgemäßen Anhörung, um Ihnen im Grundstudium ein besseres Verständnis über die Beteiligtenstellung zu vermitteln. Das war hier auch erforderlich, denn viele von Ihnen haben angenommen, sowohl die A-Security-GmbH als auch der Rechtsanwalt seien Beteiligte des Verfahrens. Später im Rahmen der Anhörung haben Sie dann sogar noch geprüft, in welches Recht des Rechtsanwalts das Auskunftsersuchen eingreift. Das ist falsch. Beteiligte des Verfahrens i. S. d. § 13 VwVfG ist hier ausschließlich die A-Security-GmbH. Der Rechtsanwalt ist nur der gewillkürte Vertreter im Verfahren.

Absolut falsch war der Rückgriff auf § 13 Abs. 1 Nr. 3 VwVfG: hier geht es nicht um den Abschluss eines öffentlich-rechtlichen Vertrags.

Was haben Sie gemacht?

Bitte lesen Sie jetzt Ihre Ausführungen zu den Vorschriften über die Beteiligung (und die von Student U, siehe oben). Vergleichen Sie diese mit der Musterlösung. Es gab insgesamt 3 Punkte. Welche Fragen haben Sie noch?

g) Anhörung

Vorbemerkung Gassner

Hier war teilweise schon der Obersatz falsch: eine Anhörung ist nicht generell, sondern nur vor Erlass von einen Beteiligten belastenden Verwaltungsakten erforderlich.

Bei der Subsumtion der Voraussetzungen mussten Sie die Prüfungspunkte „Verwaltungsakt“ und „Eingriff in Rechte eines Beteiligten“ überzeugend prüfen. Hier wurde teilweise schludrig gearbeitet. Viele waren auch bei „Eingriff in Rechte des Beteiligten“ unsicher.

Einige haben hier (und auch bei der Angemessenheitsprüfung) einen Eingriff in die Rechte des Beteiligten gänzlich verneint nach dem Motto „Auskunftsverlangen ist harmlos“. Das war falsch. Dazu später mehr bei der Besprechung der materiellen Rechtmäßigkeit.

Manche von Ihnen griffen auf Art. 92 und 94 des Seerechtsabkommens zurück. Das sind aber unmittelbar keine subjektiv-öffentlichen Rechte des Einzelnen. Andere sahen einen Eingriff in das Recht auf informationelle

Selbstbestimmung. Träger dieses Grundrechts (Art. 2 Abs. 1 i.V.m. Art. 1 Abs. 1 GG) sind nach h.M. aber ausschließlich natürliche Personen. Das Grundrecht ist nach Art. 19 Abs. 3 GG dem Wesen nach nicht auf juristische Personen anwendbar. Vertretbar wäre dahingegen die Berufung auf das Betriebsgeheimnis gewesen. Wer hier einen Eingriff in das Recht auf allgemeine Handlungsfreiheit aus Art. 2 Abs. 1 GG annahm, bekam volle Punktzahl. Tatsächlich greift Art. 12 Abs. 1 S. 1 GG (Recht auf Berufsfreiheit). Punktabzug gab es, wenn die Grundrechte nicht präzise zitiert wurden (z.B. nur Art. 2 GG für die allgemeine Handlungsfreiheit oder nur Art. 2 Abs. 1 GG für das Recht auf informationelle Selbstbestimmung). Ebenfalls gab es Punktabzug, wenn ein Eingriff sowohl in Art. 12 Abs. 1 S. 1 GG als auch in Art. 2 Abs. 1 GG gesehen wurde. Art. 2 Abs. 1 GG ist nämlich nur ein Auffanggrundrecht, das nicht greift, wenn ein Eingriff in ein spezielles Freiheitsgrundrecht vorliegt. Das sollten Sie auch als Anfänger bereits wissen.

Bei der Prüfung, ob ordnungsgemäß angehört wurde, mussten Sie sich mit der Frage auseinandersetzen, ob die Mitteilung des BAFA über die Mitteilungspflichten nach § 14 SeeBewachV eine solche Anhörung darstellt. Die Musterlösung geht davon aus. Andere Auffassungen waren bei entsprechender Begründung vertretbar. Einige von Ihnen haben hier die Subsumtion komplett vergessen, d.h. nur dargestellt, dass anzuhören ist, nicht aber, ob angehört wurde.

Was haben Sie gemacht?
Bitte lesen Sie jetzt Ihre Ausführungen zur Anhörung (und die von Student U, siehe oben). Vergleichen Sie diese mit der Musterlösung. Es gab insgesamt 10 Punkte. Welche Fragen haben Sie noch?

h) Form

Vorbemerkung Gassner
Hier mussten Sie herausarbeiten, dass Formfreiheit besteht, nach den Vorgaben des Vorgesetzten (Bekanntgabe durch Zustellung) allerdings nur die Wahl zwischen Schriftform und elektronischer Form besteht. Dann war wie üblich vorzugehen: Hinweis auf § 37 Abs. 3 S. 1 und Abs. 5, § 39 VwVfG sowie die Rechtsbehelfsbelehrungspflicht nach § 37 Abs. 6 S. 1 VwVfG. Bitte geben Sie in diesem Zusammenhang auch den Rechtsbehelf (hier Widerspruch), die Frist (hier einen Monat nach Bekanntmachung, § 70 Abs. 1 S. 1 VwGO) sowie die Behörde und (sofern gegeben) deren Sitz an (hier BAFA, Sitz war unbekannt, musste nicht angegeben werden).

Was haben Sie gemacht?
Bitte lesen Sie jetzt Ihre Ausführungen zur Form (und die von Student U, siehe oben). Vergleichen Sie diese mit der Musterlösung. Es gab insgesamt 2 Punkte. Welche Fragen haben Sie noch?

i) Bekanntgabe

Vorbemerkung Gassner
Hier war herauszuarbeiten, dass zugestellt werden soll. Damit ist § 7 Abs. 1 S. 2 VwZG (Zustellung an Rechtsanwalt) zu beachten. Zweckmäßig ist m.E. die Zustellung nach § 5 Abs. 4 VwZG gegen Empfangsbekenntnis, hier waren auch alle anderen Zustellungsformen vertretbar.

Was haben Sie gemacht?
Bitte lesen Sie jetzt Ihre Ausführungen zur Bekanntgabe (und die von Student U, siehe oben). Vergleichen Sie diese mit der Musterlösung. Es gab insgesamt 8 Punkte. Wenn § 7 Abs. 1 S. 2 VwZG fehlte, habe ich nur 3 Punkte gegeben. Das war sehr oft der Fall. Noch weiteren Punktabzug gab es, wenn Sie auf die Zustellung gar nicht eingegangen sind. Welche Fragen haben Sie noch?

j) Sonstiges bei den formellen Voraussetzungen

Vorbemerkung Gassner
Einige von Ihnen haben als weiteren Punkt die „**ordnungsgemäße Untersuchung des Sachverhalts**" geprüft und hier ausgeführt, dass das BAFA den Sachverhalt ordnungsgemäß untersucht habe, weil es die Entscheidung des VGH Hessen herangezogen habe. Das ist falsch, ich habe allerdings keinen Punktabzug gegeben. Warum ist das falsch? Durch das Lesen von Gerichtsentscheidungen prüft der Sachbearbeiter die Rechtslage, nicht aber die Sachlage. „Ordnungsgemäße Untersuchung nach §§ 24, 26 VwVfG" meint aber die Aufklärung von Tatsachen (Sachlage, Sachverhalt).

Andere haben „**Frist**" geprüft und ausgeführt, die Fristvorschriften seien gewahrt, indem der A-Security-GmbH eine Frist von 2 Wochen nach Bestandskraft gesetzt worden sei. Das ist falsch und hier gab es bei „Gutachtentechnik" Punktabzug. Mit „formeller Frist" gemeint ist die Frist für die Behörde, also in welcher Zeit eine Behörde den Verwaltungsakt erlassen muss. Das haben Sie hier gegebenenfalls verwechselt. Die dem Bürger gesetzte Frist von 2 Wochen ist eine materiell-rechtliche Frage. Auf der Rechtsfolgenseite ist also zu prüfen, ob diese Frist den gesetzlichen Grenzen der Ermächtigung entspricht und ob die Frist verhältnismäßig ist.

„Kein Verstoß gegen §§ 20, 21 VwVfG“ konnte – kurz! – angesprochen werden.

„Benehmen mit der Bundespolizei“ war von denjenigen, die in § 31 Abs. 2 S. 2 Hs. 2 GewO die richtige Rechtsgrundlage sahen, folgerichtig anzusprechen. Allerdings habe ich hier keinen Punktabzug gegeben, wenn dies fehlte.

Was haben Sie gemacht?
Bitte lesen Sie jetzt Ihre etwaigen zusätzlichen Ausführungen zur formellen Rechtmäßigkeit (und die von Student U, siehe oben). Welche Fragen haben Sie noch?

k) Vorbemerkung zur materiellen Rechtmäßigkeit

Vorbemerkung Gassner
Im Rahmen der materiellen Rechtmäßigkeit prüfen Sie, ob die Tatbestandsvoraussetzungen vorliegen, um die Auskunft zu verlangen, und ob das Auskunftsverlangen (also die gesetzte Rechtsfolge) mit dem sonstigen Recht vereinbar ist.

Bitte überlegen Sie zunächst, in welchem Bereich der Verwaltung wir uns befinden: Eingriffsverwaltung, Leistungsverwaltung oder neutrale Verwaltung? Einige von Ihnen haben in dem Auskunftsverlangen keinen Eingriff, sondern ein neutrales Verwaltungshandeln gesehen. Das ist mit der Rechtsprechung des BVerfG zur allgemeinen Handlungsfreiheit (Art. 2 Abs. 1 GG) nicht vereinbar. Seit dem „Elfes-Urteil“[21] wird der Schutzbereich von Art. 2 Abs. 1 GG definiert als „Jeder kann tun und lassen, was er will“. Selbst vermeintlich harmlose Ge- oder Verbote (Taubenfütterungsverbot[22] oder Reitverbot im Wald[23]) stellen zunächst einmal einen Eingriff in die allgemeine Handlungsfreiheit dar, somit auch Auskunftsersuchen in Form von Verwaltungsakten.

Was haben Sie gemacht?
Bitte lesen Sie jetzt noch einmal Ihre Ausführungen (und die von Student U, siehe oben) zur Anhörung und schon vorweg zur Angemessenheit (dazu später noch genauer). Haben Sie den Rechtseingriff erkannt? Welche Fragen haben Sie noch?

21 BVerfGE 6, 32.
22 BVerfGE 54, 143.
23 BVerfGE 80, 137.

l) Tatbestandsvoraussetzungen und Problem „ausländische Flagge“

aa) Tatbestandsvoraussetzungen

Vorbemerkung Gassner

Hier war wichtig, dass Sie die Tatbestandsvoraussetzungen aus Ihrer Rechtsgrundlage entwickeln. Wer die falsche Rechtsgrundlage § 31 Abs. 4 S. 1 GewO wählte, hatte es sehr schwer, hier Punkte zu bekommen.

§ 29 Abs. 1 Nr. 1 GewO

Zunächst zu den Tatbestandsvoraussetzungen von § 29 Abs. 1 Nr. 1 GewO. Schlagen Sie bitte die Norm auf und unterstreichen Sie:

§ 29 Abs. 1 Nr. 1 GewO

- Gewerbetreibende [...], die einer Erlaubnis nach [...] § 31 [...] bedürfen [...]
- die für die Überwachung des Geschäftsbetriebs erforderlichen Auskünfte.

Tatbestandsvoraussetzungen sind also:
- „Gewerbetreibender, der einer Erlaubnis nach § 31 GewO bedarf“ und
- „Auskunft für die Überwachung des Geschäftsbetriebs erforderlich“.

§ 31 Abs. 2 S. 2 Hs. 2 GewO

Schlagen Sie nun § 31 Abs. 2 S. 2 Hs. 2 GewO auf und unterstreichen Sie:

§ 31 Abs. 2 S. 2 Hs. 2 GewO

unter denselben Voraussetzungen ist auch die nachträgliche Aufnahme, Änderung oder Ergänzung von Auflagen zulässig.

Nun ist zu prüfen, was mit „unter denselben Voraussetzungen“ gemeint ist. Dazu benötigen Sie § 31 Abs. 2 S. 2 Hs. 1 GewO

§ 31 Abs. 2 S. 2 Hs. 1 GewO

Sie [= die Zulassung nach § 31 Abs. 2 S. 1 i. V. m. Abs. 1 GewO] ist zu befristen und kann mit Auflagen verbunden werden, soweit dies zum Schutz der Allgemeinheit oder der Auftraggeber erforderlich ist;

Tatbestandsvoraussetzungen sind also:
- „Betrieb eines Gewerbes mit einer Zulassung i. S. d. § 31 Abs. 2 S. 1 i. V. m. § 31 Abs. 1 GewO“ und
- „Zum Schutz der Allgemeinheit oder der Auftraggeber sind Auflagen erforderlich = Gefahr für die Allgemeinheit oder die Auftraggeber (hier: Verstoß gegen § 14 Abs. 1 SeeBewachV)“.

§ 14 Abs. 1 SeeBewachV
Wer in § 14 Abs. 1 SeeBewachV die einschlägige Rechtsgrundlage sah, musste als Tatbestandsmerkmale prüfen:
- „Bewachungseinsatz auf Seeschiffen i.S.d. § 14 Abs. 1 SeeBewachV" und
- „Verstoß gegen die Anzeigepflicht nach § 14 Abs. 1 SeeBewachV"

Was haben Sie gemacht?
Bitte lesen Sie jetzt Ihre Ausführungen zu den Tatbestandsvoraussetzungen (und die von Student U, siehe oben). Vergleichen Sie diese mit der Musterlösung. Es gab insgesamt 10 Punkte. Welche Fragen haben Sie noch?

bb) Problem „ausländische Flagge"

Vorbemerkung Gassner
Zu problematisieren war außerdem, ob auch Bewachungseinsätze auf Schiffen unter ausländischer Flagge zu melden sind. Dafür kamen mehrere „Standorte im Gutachten" in Betracht: Sie hätten das Problem z.B. im Punkt „Rechtsgrundlage" oder „örtliche Zuständigkeit" oder als gesetzliche Grenze auf der Rechtsfolgenseite ansprechen können. In der Musterlösung wird das Problem bei den Tatbestandsvoraussetzungen erörtert. Falsch war es, auf das Problem erst im Rahmen der Angemessenheit einzugehen: Ob ausländische Einsätze dem BAFA zu melden sind, ist nämlich keine Frage der Abwägung, sondern eine vorgeschaltete Rechtsfrage.

Was haben Sie gemacht?
Bitte lesen Sie jetzt Ihre Ausführungen zu dem Problem „Meldepflicht über Bewachungseinsätze auf Schiffen unter deutscher Flagge" (und die von Student U, siehe oben). Vergleichen Sie diese mit der Musterlösung. Es gab insgesamt 10 Punkte. Welche Fragen haben Sie noch?

m) Richtiger Regelungsadressat

Vorbemerkung Gassner
Hier war zu prüfen, gegen wen das Auskunftsersuchen inhaltlich rechtmäßig gerichtet werden darf, also ob die GmbH der richtige Adressat ist.

Das haben viele von Ihnen verwechselt mit der Beteiligtenstellung nach § 13 Abs. 1 Nr. 2 VwVfG. Diese bestimmt sich rein formal: Der, gegen den die Verwaltung den Verwaltungsakt richten will, ist Verfahrensbeteiligter. Ob die Verwaltung gegen diesen den Verwaltungsakt auch richten darf, das ist an dieser Stelle unter „richtiger Regelungsadressat" zu prüfen.

Was haben Sie gemacht?
Bitte lesen Sie jetzt Ihre Ausführungen zu dem Regelungsadressaten (und die von Student U, siehe oben). Vergleichen Sie diese mit der Musterlösung. Es gab insgesamt 2 Punkte. Welche Fragen haben Sie noch?

n) Ermessen oder gebundene Entscheidung

Vorbemerkung Gassner
Wer § 31 Abs. 2 S. 2 Hs. 2 GewO als Rechtsgrundlage wählte, erkannte relativ leicht, dass die Norm dem BAFA Ermessen einräumt.

Bei § 29 Abs. 1 Nr. 1 GewO musste das Ermessen aus dem Wortlaut „auf Verlangen" herausgearbeitet werden.

Wer § 14 Abs. 1 SeeBewachV wählte, durfte aus der Handlungspflicht für den Betroffenen nicht automatisch auf eine gebundene Entscheidung der Behörde schließen. Hier passierten dann Fehler und Sie gingen von einer gebundenen Entscheidung aus. Dies habe ich relativ großzügig bewertet und von den 6 Punkten für Ermessen teilweise sogar die vollständige Punktzahl vergeben. Allerdings haben die Verfechter einer gebundenen Entscheidung dann nicht mehr die Verhältnismäßigkeit geprüft und so meist 12 Punkte verloren. Tipp: Prüfen Sie auch bei gebundenen Entscheidungen zumindest kurz die Verhältnismäßigkeit. Zur Verhältnismäßigkeit im Einzelnen gleich später.

Was haben Sie gemacht?
Bitte lesen Sie jetzt Ihre Ausführungen (und die von Student U, siehe oben) zu „Ermessen erkennen und nach § 40 VwVfG ausüben (2 Punkte)", „kein Ermessensnichtgebrauch (1 Punkt)", „kein Ermessensfehlgebrauch (2 Punkte)" und „Keine Ermessensüberschreitung bis einschließlich Einhaltung der Grenzen des Wortlauts der Rechtsgrundlage, also ohne Verhältnismäßigkeit (1 Punkt)". Vergleichen Sie Ihre Ausführungen mit der Musterlösung. Welche Fragen haben Sie noch?

o) Verhältnismäßigkeit

Vorbemerkung Gassner
Zunächst mussten Sie die Verhältnismäßigkeit aus Art. 20 Abs. 3 GG herleiten und richtig definieren können. Das haben die meisten von Ihnen gekonnt. Bitte achten Sie auf die genaue Formulierung. Das habe ich in jeder Klausur, in der es falsch war, verbessert. Mit der Geeignetheit und der Erforderlichkeit des Auskunftsersuchens haben wir uns nach der Musterlösung schon auf Tatbestandsseite beschäftigt. Nun näher zur Angemessenheits-

prüfung: Nach der Definition war zunächst herauszuarbeiten, in welche Rechte der A-Security-GmbH zum Schutz welcher öffentlichen Interessen bzw. welcher Rechtsgüter eingegriffen wird.

Dabei sind folgende Fehler passiert:
- Ein sehr schlimmer Fehler ist es, wenn Sie schreiben: „Auf der einen Seite verletzt das Auskunftsverlangen die A-Security-GmbH in ihrem Grundrecht aus Art. 12 Abs. 1 S. 1 GG (Berufsfreiheit). Auf der anderen Seite dient es dem Schutz der Allgemeinheit“. Hier verwechseln Sie „Grundrechtseingriff“ und „Grundrechtsverletzung“. Das Auskunftsverlangen stellt einen Eingriff in die Berufsfreiheit dar. Ob dieser Eingriff rechtswidrig ist (und damit eine Grundrechtsverletzung darstellt), prüfen Sie doch gerade erst im Rahmen der Abwägung!
- Ein ebenso schlimmer Fehler ist es, wenn Sie schreiben: „Dadurch, dass die A-Security-GmbH entgegen § 14 Abs. 1 SeebewachV Einsätze nicht meldet, wird in Art. 2 Abs. 2 S. 1 GG (Leben und Gesundheit) eingegriffen.“ Das ist falsch. Die A-Security-GmbH ist eine Privatperson. Grundrechte sind grundsätzlich Abwehrrechte des Bürgers gegen den Staat, sie haben grundsätzlich keine Drittwirkung. Die A-Security-GmbH greift also nicht in Art. 2 Abs. 2 S. 1 GG ein. Sie müssen aus der Perspektive des Staats denken: dieser wird tätig, um Art. 2 Abs. 2 S. 1 GG zu schützen.
- Viele von Ihnen haben statt Art. 12 Abs. 1 S. 1 GG (Berufsfreiheit) einen Eingriff in das Recht auf informationelle Selbstbestimmung (Art. 2 Abs. 1 S. 1 i.V.m. Art. 1 Abs. 1 GG) geprüft. Das haben wir oben schon bei der Prüfung der Anhörung besprochen.
- Einige von Ihnen haben statt Art. 12 Abs. 1 S. 1 GG (Berufsfreiheit) einen Eingriff in die allgemeine Handlungsfreiheit (Art. 2 Abs. 1 GG i.V.m. Art. 19 Abs. 3 GG) geprüft. Auch hierzu siehe die Besprechung zur Anhörung.
- Ebenfalls schon besprochen haben wir den Fehler, wenn Sie einen Eingriff in Art. 12 Abs. 1 S. 1 GG und in Art. 2 Abs. 1 GG geprüft haben. Art. 2 Abs. 1 GG ist ein Auffangrundrecht. Der Anwendungsbereich ist also nur eröffnet, wenn kein spezielles Freiheitsgrundrecht greift.

Nachdem Sie nun „Eingriff in …“ und „zum Schutz von …“ herausgearbeitet hatten, mussten Sie die Abwägungsentscheidung für den Einzelfall treffen: Wie schwer wiegt hier im Einzelfall der Eingriff in die Berufsfreiheit der A-Security-GmbH? Wie dringend ist hier im Einzelfall der Schutz der Allgemeinheit?

Das ist in den meisten Fällen weniger überzeugend gelungen.

- Fehler 1: Sie treffen meist nur eine abstrakte Güterabwägung und sagen: „Leben und Gesundheit sind wichtiger als die Berufsfreiheit". Aufpassen: Sie müssen für den **Einzelfall** die Abwägungsentscheidung treffen.
- Fehler 2: Sie schreiben am Ende: „Also überwiegt der Schutz der Allgemeinheit." Aufpassen: Ein Überwiegen ist nicht erforderlich. Die Nachteile dürfen nur nicht außer Verhältnis zum beabsichtigten Erfolg stehen.

Manche haben im Rahmen der Angemessenheitsprüfung gut mit Art. 3 Abs. 1 GG und dem öffentlichen Interesse an einer gleichmäßigen Durchsetzung von § 14 Abs. 1 SeeBewachV argumentiert.

Einige haben wenig überzeugend den Eingriff als schwerwiegend beurteilt mit dem Hinweis, es drohe sogar die Entziehung der Zulassung. Hier wurde nicht streng zwischen dem Eingriff durch das Auskunftsersuchen und dem Eingriff durch Entziehung der Zulassung getrennt.

Was haben Sie gemacht?
Bitte lesen Sie jetzt Ihre Ausführungen zur Verhältnismäßigkeit. Auf die richtige Definition gab es 3 Punkte, für die Angemessenheitsprüfung insgesamt 9 Punkte. Welche Fragen haben Sie noch?

p) Gutachtentechnik

Vorbemerkung Gassner
Ich habe bei der Bewertung zwischen dem Inhalt (z. B. Ausführungen zur Rechtsgrundlage) und der Gutachtentechnik unterschieden und für die Gutachtentechnik insgesamt 20 Punkte vergeben. So werde ich in späteren Klausuren nicht mehr trennen. Hier ging es mir darum, Sie als Anfänger(innen) auf grundlegende Fehler aufmerksam machen. Bei groben Verstößen gegen die Gutachtentechnik werden Klausuren später nämlich als nicht bestanden bewertet. Was also kennzeichnet eine gute Gutachtentechnik?

- **Überzeugender Gesamtaufbau:** Bitte achten Sie darauf, Ihr Gutachten mit einem vollständigen Obersatz einzuleiten. Dann folgt die Subsumtion (mit Untergliederungen: Unterobersatz, Untersubsumtion, Unterergebnis). Das Gutachten schließt mit dem Gesamtergebnis. Zum Obersatz habe ich oben schon etwas gesagt.
- **Kein Urteilsstil bzw. keine Vorwegnahme des Ergebnisses:** Bitte achten Sie darauf, im Gutachtenstil zu schreiben. Gelegentlich habe ich folgenden Fehler bemerkt: Sie formulieren zunächst richtig die gesuchte Rechtsfolge im Obersatz. Dann benennen Sie richtig die Voraussetzun-

gen, die dafür vorliegen müssen. Im Rahmen der Subsumtion stellen Sie dann zunächst im ersten Satz fest, dass alle Voraussetzungen hier vorliegen. Das begründen Sie dann über mehrere Sätze. Genau hier liegt der Verstoß gegen den Gutachtenstil: Wenn die Subsumtion aus mehreren Sätzen besteht, dürfen Sie nicht im ersten Satz das Ergebnis nennen und dies dann in den folgenden Sätzen begründen. Hier müssen Sie genau umgekehrt aufbauen.

- **Folgerichtigkeit/keine Widersprüche/Logik:** Ihre Ausführungen müssen folgerichtig sein. Wer z.B. § 31 Abs. 2 S. 2 Alt. 2 GewO als Rechtsgrundlage genommen hat, musste folgerichtig die Zuständigkeit und die Tatbestandsvoraussetzungen ebenfalls aus dieser Rechtsgrundlage herleiten und nicht etwa die Zuständigkeit aus § 31 Abs. 7 GewO oder die Tatbestandsvoraussetzungen aus § 29 Abs. 1 Nr. 1 GewO.
- **Keine Verweise nach unten:** Sie dürfen im Gutachten nur nach oben nicht aber nach unten verweisen (erlaubt: „das wurde oben bereits ausführlich erörtert"; nicht erlaubt: „das werde ich später noch erläutern").

Was haben Sie gemacht?
Bitte lesen Sie jetzt in Ihrer Klausur (und in der von Student U) meine Hinweise zur Gutachtentechnik. Insgesamt gab es 20 Punkte.

3. Kapitel: Entwurf eines Bescheids (Anfänger)

A. Einführung

Lernziel

☑ Die Studierenden sollen recht- und zweckmäßige Bescheide entwerfen können.

Lerninhalte

☑ Aufbau von Bescheiden

☑ Bekanntgabe (Art und Adressat)

☑ Inhaltliche Bestimmtheit von Verwaltungsakten

☑ Recht- und zweckmäßige Rechtsbehelfsbelehrungen

B. Übungsfall „maritime Sicherheitsdienstleistungen" (Fall 2.6, Fortsetzung von Fall 2.5)

I. Sachverhalt und Aufgabenstellung

■ Sachverhalt

Die Firma „A-Security-GmbH" mit Sitz in Hamburg bietet u.a. maritime Sicherheitsdienstleistungen (Begleitung und Bewachung von Handelsschiffen in internationalen Gewässern außerhalb der deutschen ausschließlichen Wirtschaftszone von 200-Seemeilen gegen Angriffe von Piraten) an. Die dafür gemäß § 31 Abs. 1 GewO erforderliche Zulassung wurde ihr vor einem halben Jahr vom Bundesamt für Wirtschaft und Ausfuhrkontrolle (BAFA) im Benehmen mit der Bundespolizei befristet für die Dauer auf 2 Jahre erteilt. Nunmehr stellt das BAFA fest, dass die A-Security-GmbH nur die Bewachungseinsätze auf Seeschiffen unter deutscher, nicht aber auch die unter ausländischer Flagge anzeigt. Das BAFA teilt daraufhin der Security-GmbH mit, dass gemäß § 14 Abs. 1 SeeBewachV alle Bewachungseinsätze anzuzeigen seien.

Die A-Security-GmbH lässt dem BAFA durch ihren bevollmächtigten Rechtsanwalt[24] mitteilen, dass sie zwar Bewachungseinsätze auf Schiffen unter ausländischer Flagge durchführe, aber nicht verpflichtet sei, diese dem BAFA mitzuteilen: Das folge aus Art. 92 und 94 des Seerechtsübereinkommens der Vereinten Nationen vom 10.12.1982. Dort sei geregelt, dass sich nach der Flagge bestimme, welches nationale Recht an Bord des Schiffes gelte[25]. Damit könne aber auch keine Auskunftsverpflichtung über Einsätze auf Schiffen unter ausländischer Flagge bestehen.[26]

■ Aufgabe

Sie sind der/die zuständige Mitarbeiter(in) des BAFA. Ihr Vorgesetzter bittet Sie, die A-Security-GmbH durch schriftlichen Bescheid zu verpflichten, innerhalb von 2 Wochen nach Bestandskraft des Bescheids schriftlich Auskunft über die seit dem Zeitpunkt der Erteilung der Zulassung durchgeführten Bewachungsaufträge auf Seeschiffen unter deutscher und unter ausländischer Flagge zu erteilen und hierfür eine Kopie des Auftragsbuchs, Kopien der jeweiligen Bewachungsverträge und – im Falle von Rahmenver-

---

24 Hinweis: Eine Vollmacht hat der Rechtsanwalt zu den Akten gegeben.

25 Hinweis: Das stimmt und ist unstreitig.

26 Hinweis: Das ist die Rechtsauffassung des Rechtsanwalts. Sie sind unsicher und recherchieren in juris. Dort finden Sie die als Auszug im Anhang abgedruckte Gerichtsentscheidung des Hessischen Verwaltungsgerichtshofs.

trägen – die Kopien der jeweiligen Einzelaufträge vorzulegen. Der Bescheid soll förmlich zugestellt werden.

Entwerfen Sie den Bescheid!

II. Ihr Vorgehen

Sie gehen so vor, wie Sie in Klausuren immer vorgehen. Nur müssen Sie jetzt kein Gutachten schreiben, sondern einen Bescheid. Wichtig ist es also, dass Sie beim Prüfungsschema mit der Skizze „Bescheidaufbau“ beginnen und sich dann Gedanken machen, wie Sie die einzelnen Bestandteile formulieren und aufbauen. Beachten Sie insbesondere:

Wem wird der Verwaltungsakt bekannt gemacht?	*Hier: dem Rechtsanwalt nach §§ 7 Abs. 1 S. 2, 5 Abs. 4 VwZG, darum Anschreiben an diesen und Verwaltungsakt als Anhang*
Tenorierung muss vollständig, folgerichtig und inhaltlich hinreichend bestimmt sein!	*Hauptentscheidung: wer (GmbH) muss wem (BAFA) worüber Auskunft erteilen?* *Anordnung der sofortigen Vollziehung laut Aufgabenstellung nicht verlangt* *Gebührenentscheidung*
Sachverhalt korrekt aufbauen!	*Hier: Allgemeines/ausländische Einsätze werden nicht angezeigt/Gelegenheit zur Stellungnahme/Auffassung der GmbH*
Rechtliche Würdigung – „Bescheidstil“: Ergebnis, dann Begründung – Reihenfolge: Rechtsgrundlage, ggf. formelle Rechtmäßigkeit, immer materielle Rechtmäßigkeit – Ermessensgesichtspunkte angeben! – Auf alle Argumente des Bürgers eingehen!	*Separates Prüfungsschema für den rechtmäßigen Erlass des Auskunftsverlangens nach § 29 Abs. 1 Nr. 1 GewO erstellen* *Alle Argumente der GmbH aufschreiben und einem Prüfungspunkt zuordnen* *Schwerpunkt bei der Formulierung der Ermessensausübung setzen!*
Rechtsbehelfsbelehrung muss korrekt und bürgerfreundlich sein	*Hier: statthafter Rechtsbehelf ist der Widerspruch, über diesen belehren*
Ggf. weitere Rechtshinweise	
Grußformel und Unterschrift	

III. Lösungsvorschlag

Anschreiben an den Rechtsanwalt

Bundesamt für Wirtschaft und Ausfuhrkontrolle

Referat 224
Sachbearbeiterin: Marleen Lehr
Frankfurter Straße 29–35

65760 Eschborn

Telefon: 06196/908-2827
Fax: 06196/908-1800

Gegen Empfangsbekenntnis

Herrn Rechtsanwalt
Arne Bär
Rechtsanwaltsweg 2

20249 Hamburg

Eschborn, den 26. März 2018

Ihre Mandantin A-Security-GmbH, Musterstraße 1, 20249 Hamburg

Sehr geehrter Herr Bär,

anbei übersende ich in 2-facher Ausfertigung das an Ihre Mandantin gerichtete Auskunftsersuchen mit der Bitte, das beifügte Formular „Empfangsbekenntnis" auszufüllen und an uns zurückzusenden.

Mit freundlichen Grüßen

Marleen Lehr

Anlagen:
Auskunftsersuchen (2-fach)
Formular Empfangsbekenntnis

Anlage: Blankoformular „Empfangsbekenntnis"

Absender (bitte ausfüllen):

An das
Bundesamt für Wirtschaft und Ausfuhrkontrolle
Referat 224
Frankfurter Straße 29–35

65760 Eschborn

Empfangsbekenntnis

Schreiben des BAFA vom 26. März 2018, Zeichen 224-12345 – A-Security-GmbH

Sehr geehrte Damen und Herren,

hiermit bestätige ich den Eingang des oben genannten Schreibens am ______________ (bitte ausfüllen).

Mit freundlichen Grüßen

(bitte ausfüllen: Datum, Unterschrift)

Auskunftsverlangen nach § 29 GewO

Briefkopf

Bundesamt für Wirtschaft und Ausfuhrkontrolle

Referat 224
Sachbearbeiterin: Marleen Lehr
Frankfurter Straße 29–35

65760 Eschborn

Telefon: 06196/908-2827
Fax: 06196/908-1800

A-Security-GmbH
vertreten durch Herrn Geschäftsführer Hubert Maier
Musterstraße 1

20249 Hamburg

Eschborn, den 26. März 2018

Auskunftspflicht

224-12345 – A-Security-GmbH

Eingangssatz und Tenorierung

Sehr geehrter Herr Hubert Maier,

an die von Ihnen gesetzlich vertretene A-Securitiy-GmbH erlasse ich folgende Verfügungen:

Hauptverwaltungsakt

1. Die A-Security-GmbH wird hiermit verpflichtet, innerhalb von 2 Wochen nach Bestandskraft dieses Bescheids dem Bundesamt für Wirtschaft und Ausfuhrkontrolle schriftlich Auskunft über alle bisher durchgeführten Bewachungsaufträge auf Seeschiffen zu erteilen und die entsprechenden Kopien (Auftragsbuch, Bewachungsverträge und – sofern Rahmenverträge bestehen – alle Einzelverträge) vorzulegen.

Gebührenfestsetzung

2. Für diesen Bescheid wird eine Gebühr von 178 € festgesetzt.

Begründung

Sachliche Gründe

I. Sachverhalt

Die von Ihnen gesetzlich vertretene A-Security-GmbH mit Sitz in Hamburg bietet u. a. maritime Sicherheitsdienstleistungen (Begleitung und Bewachung von Handelsschiffen in internationalen Gewässern außerhalb der deutschen ausschließlichen Wirtschaftszone von 200-Seemeilen gegen Angriffe von Piraten) an. Die dafür gemäß § 31 Abs. 1 Gewerbeordnung (GewO) erforderliche Zulassung wurde ihr vor einem halben Jahr vom Bundesamt für Wirtschaft und Ausfuhrkontrolle im Benehmen mit der Bundespolizei befristet für die Dauer auf 2 Jahre erteilt.

Zwischenzeitlich wurde festgestellt, dass die A-Security-GmbH nur die Bewachungseinsätze auf Seeschiffen unter deutscher, nicht aber auch die unter ausländischer Flagge anzeigt.

Auf meine Mitteilung, dass gemäß § 14 Abs. 1 Seeschiffbewachungsverordnung (SeeBewachV) alle Bewachungseinsätze anzuzeigen sind, hat die A-Security-GmbH durch ihren bevollmächtigten Rechtsanwalt Arne Bär mitteilen lassen, dass sie zwar Bewachungseinsätze auf Schiffen unter ausländischer Flagge durchführe, aber nicht verpflichtet sei, diese dem BAFA mitzuteilen: Das folge aus Art. 92 und 94 des Seerechtsübereinkommens der Vereinten Nationen vom 10. Dezember 1982. Dort sei geregelt, dass sich nach der Flagge bestimme, welches nationale Recht an Bord des Schiffes gelte. Damit könne aber auch keine Auskunftsverpflichtung über Einsätze auf Schiffen unter ausländischer Flagge bestehen.

II. Rechtliche Würdigung

Rechtliche Gründe zur Hauptentscheidung

Zu Ziffer 1:

Das Auskunftsersuchen beruht auf § 29 Abs. 1 Nr. 1 Gewerbeordnung (GewO). Danach sind die Beauftragten der zuständigen öffentlichen Stelle ermächtigt, von Gewerbetreibenden, die einer der dort genannten Erlaubnis bedürfen, zu verlangen, die für die Überwachung des Geschäftsbetriebs erforderlichen mündlichen und schriftlichen Auskünfte unentgeltlich zu erteilen.

Die Tatbestandsvoraussetzungen von § 29 Abs. 1 Nr. 1 GewO liegen vor.

Zunächst betreibt die von Ihnen vertretene A-Security-GmbH ein gemäß § 31 Abs. 1 GewO zulassungspflichtiges Bewachungsgewerbe auf Seeschiffen und damit ein in § 29 Abs. 1 Nr. 1 GewO genanntes Gewerbe.

Auch beziehen sich die geforderten Unterlagen auf die Bewachungseinsätze und damit ausschließlich auf den Geschäftsbetrieb eben dieses Seebewachungsgewerbes.

Weiter ist das Auskunftsverlangen für die Überwachung des Geschäftsbetriebs dieses Gewerbes erforderlich.

Das Auskunftsverlangen dient hier dem legitimen Zweck festzustellen, ob bzw. in welchem Umfange die A-Security-GmbH ihre Anzeigepflichten nach § 14 SeeBewachV durchgeführt hat.

Das Auskunftsverlangen ist auch geeignet, also zur Erreichung des legitimen Zwecks förderlich. Das ist im Hinblick auf das Auskunftsverlangen über alle Einsätze auf Schiffen unter deutscher Flagge unproblematisch. Aber auch das Auskunftsverlangen über die Einsätze auf Schiffen unter ausländischer Flagge dient der Durchsetzung von § 14 SeeBewachV, da entgegen der von Ihnen vertretenen Auffassung auch Einsätze auf ausländischen Schiffen zu melden sind.

Die Zulassung für die Seebewachung nach § 31 Abs. 1 GewO stellt eine Personalkonzession dar, die für Bewachungsunternehmen mit Sitz in Deutschland selbst dann vorgeschrieben ist, wenn ausschließlich Schiffe unter ausländischer Flagge bewacht werden (vgl. Hessischer VGH, Beschluss vom 21. Juli 2015 – 8 B 1916/14, juris).

Schließlich ist das Auskunftsersuchen auch im engeren Sinne erforderlich. Hier ist kein milderes Mittel zur Durchsetzung von § 14 SeebewachV ersichtlich, zumal die A-Security-GmbH die freiwillige Auskunft über ihren Rechtsanwalt ausdrücklich verweigert.

Damit liegen die Tatbestandsvoraussetzungen vor.

Als Gewerbetreibende ist die A-Security-GmbH nach § 29 Abs. 1 Nr. 1 GewO der richtige Regelungsadressat dieses Auskunftsersuchens.

Nach § 29 Abs. 1 Nr. 1 GewO kann die unentgeltliche mündliche oder schriftliche Auskunft verlangt werden. Das uns eingeräumte Ermessen haben wir gemäß § 40 Verwaltungsverfahrensgesetz (VwVfG) entsprechend dem Zweck der Ermächtigung und innerhalb der gesetzlichen Grenzen des Ermessens ausgeübt.

Wir wollen mit dem Auskunftsersuchen sicherstellen, dass wir über sämtliche Bewachungseinsätze der A-Security-GmbH informiert sind, um ggf. weitere Maßnahmen zur Gefahrenabwehr ergreifen zu können.

Insbesondere wird die A-Security-GmbH durch das Auskunftsersuchen nicht unverhältnismäßig belastet. Das Auskunftsverlangen stellt einen vergleichsweise geringfügigen Eingriff in die durch Art. 12 Abs. 1 S. 1 Grundgesetz (GG) gewährte Berufsfreiheit der A-Security-GmbH in Form einer Berufsausübungsregelung dar. Die A-Security-GmbH ist nach § 13 Abs. 1 SeeBewachV ohnehin verpflichtet ist, die begehrten Unterlagen zu führen. Nunmehr wird lediglich die Vorlage dieser Unterlagen verlangt.

Auf der anderen Seite dient das Auskunftsverlangen dazu, dass das BAFA alle erforderlichen Informationen erhält, um zukünftig sicherzustellen, dass Seeschiffe nur durch zuverlässige Bewachungsgewerbe geschützt werden, und um mögliche Gefahren für Leib und Leben des eingesetzten, in der Regel bewaffneten Bewachungspersonals, der Schiffsbesatzung und Dritter in diesem besonders sensiblen Bereich der Wahrnehmung von Aufgaben der Gefahrenabwehr durch Private von vornherein zu unterbinden. Hinzu kommt, dass hier sogar ein konkreter Verdacht besteht, dass die A-Security-GmbH in der Vergangenheit gegen § 14 Abs. 1 SeeBewachV verstoßen hat, und das Auskunftsverlangen somit, was nicht zwingend erforderlich ist, anlassbezogen erfolgt.

Die eingeräumte Zeit von 2 Wochen ab Bestandskraft des Bescheids ist ausreichend bemessen, da alle Unterlagen, die für die Auskunft benötigt werden, bereits beim Unternehmen vorliegen müssten.

Damit stehen die Nachteile für die A-Security-GmbH nicht außer Verhältnis zum beabsichtigten Erfolg. Das Auskunftsverlangen ist angemessen und somit insgesamt verhältnismäßig.

Rechtliche Gründe zur Gebührenfestsetzung

Zu Ziffer 2:

Rechtsgrundlage für die Gebührenfestsetzung ist § 1 Abs. 1 Seeschiffbewachungsgebührenverordnung (SeeBewachGebV) i. V. m. Nr. 6 des Gebührenverzeichnisses (Anlage zu § 1 Abs. 1). Danach ist für Anordnungen nach § 29 in Verbindung mit § 31 Abs. 7 der Gewerbeordnung eine Gebühr in Höhe von 178 bis 356 € zu erheben. Mit 178 € wird hier lediglich die Mindestgebühr erhoben.

Rechtsbehelfsbelehrung

Gegen diesen Bescheid kann innerhalb eines Monats nach seiner Zustellung Widerspruch beim Bundesamt für Wirtschaft und Ausfuhrkontrolle in Eschborn (Adresse siehe oben im Briefkopf) erhoben werden.

Der Widerspruch kann schriftlich, in elektronischer Form nach § 3 a Abs. 2 Verwaltungsverfahrensgesetz oder zur Niederschrift erhoben werden.

Bitte beachten Sie zur zulässigen elektronischen Form nach § 3 a Abs. 2 Verwaltungsverfahrensgesetz:

Der Widerspruch kann auch durch E-Mail mit qualifizierter elektronischer Signatur nach dem Signaturgesetz erhoben werden. Die E-Mail Adresse lautet: Poststelle@bafa.bund.de.

Der Widerspruch kann auch durch De-Mail in der Sendevariante mit bestätigter sicherer Anmeldung nach dem De-Mail-Gesetz erhoben werden. Die De-Mail-Adresse lautet: poststelle@bafa.de-mail.de.

Mit freundlichen Grüßen

Im Auftrag

Marleen Lehr

IV. Bewertungsvorschlag

Beschreibung	Sollpunktzahl (v. 100 Punkten)	Bewertungsmaßstab
Bekanntgabe an den Rechtsanwalt und Briefkopf des Bescheids	5 Punkte	sehr gut: 5 Punkte ausreichend: 2,5 Punkte Bekanntgabe an Rechtsanwalt übersehen: 0 Punkte

Beschreibung	Sollpunktzahl (v. 100 Punkten)	Bewertungsmaßstab
Tenorierung	15 Punkte	**Hauptentscheidung 10 Punkte** folgerichtig und inhaltlich bestimmt: 10 Punkte (5 Punkte, wenn nur zusammen mit der Begründung bzw. dem Sachverhalt inhaltlich hinreichend bestimmt, weniger als 5 Punkte, wenn nicht hinreichend bestimmt) **Gebührenentscheidung: 5 Punkte**
Sachverhalt	10 Punkte	sehr gut: 10 Punkte ausreichend: 5 Punkte
Rechtliche Würdigung	60 Punkte	**richtige Rechtsgrundlage:** 10 Punkte für korrekt, sonst weniger **Tatbestandsvoraussetzungen:** 30 Punkte für sehr gute Leistung **Ermessensausübung:** 20 Punkte für sehr gute Leistung
Rechtsbehelfsbelehrung	10 Punkte	10 Punkte = sehr gut (bürgerfreundlich und rechtlich korrekt) 5 Punkte = ausreichend (rechtlich korrekt alle Mindestanforderungen angegeben: 5 Punkte) 0 Punkte = Rechtsbehelfsbelehrung fehlerhaft
Gesamtpunktzahl	**100 Punkte**	

4. Kapitel: Widerspruch und Widerspruchsverfahren

A. Einführung in das Kapitel

Lernziele im Fach „Allgemeines Verwaltungsrecht"

Zum Tätigkeitsprofil des gehobenen Verwaltungsdienstes gehört u. a. die Bearbeitung von außergerichtlichen Rechtsbehelfen. An den Hochschulen für öffentliche Verwaltung wird dies im Fach „Allgemeines Verwaltungsrecht" anhand des Widerspruchs geübt. Dazu lassen sich folgende Lernziele formulieren:

☑ Sie können den Widerspruch (§§ 68 ff. VwGO) von anderen außergerichtlichen formlosen und förmlichen Rechtsbehelfen sowie von gerichtlichen Rechtsbehelfen abgrenzen.

☑ Sie kennen die normativen Funktionen und den Doppelcharakter des Widerspruchsverfahrens.

☑ Sie können den Ablauf des Widerspruchsverfahrens beschreiben.

- ☑ Sie können recht- und zweckmäßig über Widersprüche entscheiden, also die Erfolgsaussichten von Widersprüchen gutachterlich beurteilen, recht- und zweckmäßige Abhilfe- und Widerspruchsbescheide entwerfen, bei Säumnis der Widerspruchsfrist recht- und zweckmäßig über die Wiedereinsetzung in den vorigen Stand entscheiden und sonstige praktische Entscheidungen im Widerspruchsverfahren entwerfen wie insbes. Vorlageberichte der Ausgangs- an die Widerspruchsbehörde und Kostenfestsetzungsbescheide.

Lerninhalte im Fach Verwaltungsrecht

Um diese Lernziele zu erreichen, müssen Sie die notwenigen Techniken (gutachterliche Prüfung, ggf. Auswertung von Literatur und Rechtsprechung, Entwurf von praktischen Entscheidungen) beherrschen und außerdem mit den folgenden Themen vertraut sein:

- ☑ Begriff des Widerspruchs und seine Abgrenzung zu sonstigen Rechtsbehelfen
- ☑ Doppelnatur des Widerspruchsverfahrens
- ☑ Normative Funktionen des Widerspruchsverfahrens
- ☑ Devolutiv- und Suspensiveffekt des Widerspruchs
- ☑ Ablauf des Widerspruchsverfahrens
- ☑ Zulässigkeitsvoraussetzungen von Widersprüchen (Anfechtungs-, Verpflichtungs- und Beamtenwiderspruch)
- ☑ Begründetheit von Widersprüchen (Prüfungsgegenstand/Prüfungsumfang: Recht- u. Zweckmäßigkeitskontrolle/Maßgeblicher Zeitpunkt/Reformatio in peius (Verböserung)/Folgen von und Umgang mit Fehlern der Ausgangsbehörde im Widerspruchsverfahren)
- ☑ Zuständige Stelle für den Erlass des Widerspruchsbescheids
- ☑ Recht- und zweckmäßiger Erlass von Widerspruchsbescheiden (einschließlich Kostenentscheidung)
- ☑ Sonstiges (objektive u. subjektive Widerspruchshäufung (mehrere Widerspruchsgegenstände bzw. Widerspruchsführer)/Hinzuziehung von Dritten/Rücknahme statt Abhilfebescheid/Selbsteintrittsrecht der Widerspruchsbehörde bei unzulässigen oder unbegründeten Widersprüchen)

Aufbau dieses Kapitels

In „**Wissens-Check**" bearbeiten Sie reine Wissensfragen rund um den Widerspruch und das Widerspruchsverfahren. Das ist (neben der Fallprüfung) eine typische Aufgabenstellung in der mündlichen Prüfung oder in Zusatzaufgaben einer schriftlichen Prüfung.

Anschließend halten Sie zu einem bestimmten Thema einen „**spontanen Kurzvortrag**". Das ist eine etwas anspruchsvollere Aufgabenstellung in der mündlichen oder schriftlichen Prüfung.

In „**Kleine Übungen**" prüfen Sie gutachterlich kürzere Fragestellungen zur Zulässigkeit von Widersprüchen.

Schließlich bearbeiten Sie folgende **größeren Fragestellungen**:
- „Prüfen Sie die Erfolgsaussichten des Widerspruchs" (häufiger Klausurtyp),
- Hier finden Sie u.a. auch „Wir brauen eine Widerspruchsklausur". Mit dieser nicht ganz ernst gemeinten Überschrift sollen Sie auf eine didaktische Methode aufmerksam gemacht werden: Sie übernehmen aktiv die Rolle des Klausurenstellers und mischen aus vielen Zutaten des allgemeinen und besonderen Verwaltungsrechts eine anspruchsvolle Abschlussklausur.
- „Entwerfen Sie den Widerspruchsbescheid", für die Praxis besonders wichtig.

Materialien im Anhang

Im „Anhang" dieses Übungsbuchs finden Sie zum Thema „Widerspruch" ein Prüfungsschema zur Prüfung der Erfolgsaussichten des Widerspruchs und eine Hilfe zum Aufbau von Widerspruchsbescheiden sowie ein Prüfungsschema zur Prüfung der Rechtmäßigkeit von Widerspruchsbescheiden.

Lern- und Vertiefungstipps

Lernen Sie aktiv! Verwenden Sie z.B. die hier vorgestellten Lerntechniken, indem Sie anhand der Listen „Lerninhalte" und „Lernziele" eigene Wissensfragen sowie Themen für Kurzvorträge formulieren und eigene kleine und große Übungsfälle konzipieren. Halten Sie es dabei wie ein 110-Meter-Hürdenläufer[27]: Verbessern Sie von Vorlesungsbeginn an Ihr Können und Wissen mit **vielen kleinen** Übungsfällen. Bereiten Sie die Prüfungssituation „Klausur" mit **wenigen großen** Übungsfällen vor und setzen Sie dort den Schwerpunkt vor allem auf „Zeitmanagement und Arbeitsweise in der Klausur".

---

27 Wie trainiert ein Hürdenläufer: Der trainiert regelmäßig und sehr oft den Start und den Lauf über die ersten drei Hürden, nicht aber ständig die gesamte Strecke und auch nicht immer mit den echten Hürden!

B. Wissens-Check

Rechtsbehelfe

1. Welche Rechtsbehelfe gegen Verwaltungshandeln kennen Sie allgemein? Gehen Sie näher auf die außergerichtlichen förmlichen Rechtsbehelfe ein!

Zunächst ist zwischen **gerichtlichen Rechtsbehelfen** (insbes. Klagen und Anträge vor den Verwaltungsgerichten) sowie **außergerichtlichen formlosen** (z.B. Petitionen vor dem Bundes- oder Landtagspetitionsausschuss, Dienst-, Fach- und Rechtsaufsichtsbeschwerden, Gegenvorstellung, Eingaben an den Wehrbeauftragten) und **außergerichtlichen förmlichen Rechtsbehelfen** zu unterscheiden. Zu letzteren gehören:

- Widerspruch nach §§ 68ff. VwGO
- Sonderformen wie insbesondere:
  - Widerspruch nach §§ 78ff. SGB X
  - Widerspruch nach §§ 41-44 BDG bzw. den Landesdisziplinargesetzen
  - Einspruch nach § 347 AO
  - Soldatenbeschwerde nach §§ 1ff. Wehrbeschwerdeordnung (WBO)

Gegenstand des Widerspruchs

2. Was ist Gegenstand des Widerspruchs? Worauf bzw. wogegen richtet sich der Widerspruch?

Normalerweise sind nur Verwaltungsakte (s. § 35 VwVfG) Gegenstand des Widerspruchsverfahrens. Entweder wird begehrt, dass ein Verwaltungsakt aufgehoben wird, oder dass ein beantragter, aber abgelehnter Verwaltungsakt erlassen wird (§ 68 VwGO).

Wollen **Beamte u.Ä. aus dem Beamtenverhältnis** vorgehen, müssen sie ebenfalls zuvor Widerspruch erheben (§ 126 Abs. 2 BBG, § 54 Abs. 2 BeamtStG). Dann muss Gegenstand des Widerspruchs nicht zwingend ein Verwaltungsakt ein.[28]

---

28 Sie erinnern sich an unseren Einstieg zu Beginn des Lehrbuchs zum Thema „Verwaltungsakt“: So ist beispielsweise die Umsetzung eines Beamten mangels Außenwirkung kein Verwaltungsakt, sondern eine verwaltungsinterne Weisung, weil sie den Beamten nicht in seinen persönlichen Rechten, sondern nur in seiner Funktion als Organwalter treffen soll (also kein finaler bzw. bezweckter Eingriff in Rechte des Beamten, Ziel ist allein die Regelung des innerdienstlichen Betriebs). Dennoch kann die Umsetzung einen mittelbaren Eingriff in Rechte des Beamten darstellen (z.B. in Art. 6 Abs. 1 GG). Außerdem ist der Beamte gegen willkürliche Umsetzungen geschützt. Ihm steht also der Rechtsweg offen. Statthaft wäre im Hauptverfahren die allgemeine Leistungsklage auf Aufhebung der Umsetzung. Weil Beamte nach dem Willen des Gesetzgebers aber „nicht gleich zu Gericht rennen“, sondern zunächst nach einer

Ausschluss und Entbehrlichkeit (problematisch) des Widerspruchs

3. In welchen Fällen muss sofort geklagt werden (Unzulässigkeit des Widerspruchs), in welchen Fällen hat der Betroffene die Wahl, ob er Widerspruch erhebt oder klagt?

Ausgeschlossen ist der Widerspruch in den in § 68 Abs. 1 S. 2 VwGO genannten Fällen, so z.B. gemäß § 68 Abs. 1 S. 2 Nr. 1 VwGO i.d.R. gegen Verwaltungsakte von obersten Bundes- oder Landesbehörden (z.B. Ministerien). Weitere Fälle sind in § 68 Abs. 1 S. 2 Nr. 2 VwGO oder in speziellen Bundes- oder Landesgesetzen geregelt (z.B. § 74 Abs. 6 S. 3 VwVfG, § 110 Abs. 1 S. 1 Justizgesetz NRW, § 15 Abs. 1 S. 1 AGVwGO BW).

Ebenfalls ausgeschlossen ist der Widerspruch, wenn die Ausgangsbehörde untätig bleibt („kein Untätigkeitswiderspruch"). Statthaft ist dann die Untätigkeitsklage (§ 75 VwGO).

Wann der Widerspruch zwar **zulässig, aber entbehrlich ist,** ist gesetzlich nicht genau geregelt und im Einzelnen umstritten. Diese Frage stellt sich allerdings nicht im Widerspruchsverfahren, sondern erst bei der Prüfung der Zulässigkeit der Klage, wenn diese ohne Vorverfahren erhoben worden ist.

Kein Widerspruch gegen erledigte Verwaltungsakte (streitig)

4. Was muss die Widerspruchsbehörde tun, wenn sich der angegriffene Verwaltungsakt nach Erhebung, aber vor der Entscheidung über den Widerspruch erledigt hat?

Ob der Widerspruch gegen einen erledigten Verwaltungsakt zulässig ist, ist umstritten:

Nach der Rechtsprechung ist er unzulässig.[29] Als statthafter Rechtsbehelf kommt nur die Fortsetzungsfeststellungsklage in Betracht (s. § 113 Abs. 1 S. 4 VwGO). Die Widerspruchsbehörde muss ein bereits laufendes Widerspruchsverfahren einstellen. Eine Entscheidung in der Sache ergeht also nicht.[30] Über die Kosten wird nur dann entschieden, wenn das einschlägige VwVfG eine solche Entscheidung vorsieht (so z.B. § 80 Abs. 1 S. 5 LVwVfG BW, nicht aber § 80 VwVfG des Bundes).

---

verwaltungsinternen Lösung suchen sollen, ist das Widerspruchsverfahren hier vorgeschaltet. Beamtenwidersprüche müssen sich also nicht zwingend gegen Verwaltungsakte richten.

29 BVerwGE 26, 161 (165 ff.).

30 Besteht der Widerspruchsführer auf eine Entscheidung, ist der Widerspruch als unzulässig abzuweisen.

Nach der Gegenauffassung ist über den Widerspruch analog § 113 Abs. 1 S. 4 VwGO in der Sache zu entscheiden.[31]

In einer Prüfung müssten Sie den Streit darlegen (insbes. wissen, wie die Rechtsprechung dazu steht) und sich mit der entsprechenden Begründung für eine der beiden Auffassungen entscheiden.

Doppelnatur des Widerspruchsverfahrens

5. Was bedeutet „Doppelnatur" des Widerspruchsverfahrens?

Einerseits ist die ordnungsgemäße Durchführung des Widerspruchsverfahrens nach §§ 68 ff. VwGO **Zulässigkeitsvoraussetzung im späteren Klageverfahren:** Wurde das vorgeschriebene Widerspruchsverfahren vom Widerspruchsführer nicht ordnungsgemäß durchgeführt (z. B. verspäteter Widerspruch), ist die Klage grundsätzlich unzulässig.

Zur Vertiefung: Streitig ist, ob die Klage dann zulässig ist, wenn sich der Beklagte auf die Klage einlässt, ohne die nicht ordnungsgemäße Durchführung des Widerspruchsverfahrens durch den Widerspruchsführer zu rügen. Beim sogenannten Drittwiderspruch bleibt es nach allgA bei der Unzulässigkeit der Klage. Im Übrigen geht die Rechtsprechung davon aus, dass eine Rügepflicht des Beklagten besteht.[32]

Andererseits ist das Widerspruchsverfahren auch ein **Verwaltungsverfahren** i. S. d. § 9 (L)VwVfG (s. § 79 f. (L)VwVfG).

Damit sind für das Widerspruchsverfahren sowohl die Vorschriften der VwGO als auch die des einschlägigen (L)VwVfG von Bedeutung.

Ablauf des Widerspruchsverfahrens

6. Schildern Sie kurz den Ablauf des Widerspruchsverfahrens!

Der Widerspruchsführer erhebt Widerspruch bei der Ausgangsbehörde. Erhebt er bei der Widerspruchsbehörde Widerspruch (was zur Fristwahrung zulässig ist), leitet diese den Widerspruch an die Ausgangsbehörde weiter, vgl. § 72 VwGO.

Mit der Widerspruchserhebung beginnt das Vorverfahren (§ 69 VwGO) und zwar zunächst die nochmalige Prüfung durch die **Ausgangsbehörde**, das sogenannte Abhilfeverfahren (vgl. § 72 VwGO). Hält die Ausgangsbehörde den Widerspruch für zulässig und begründet, hilft sie dem Widerspruch durch Abhilfebescheid (§ 72 VwGO) ab, ansonsten leitet sie den

31 *Schenke*, Verwaltungsprozessrecht, Rn. 665–666.
32 Zum Meinungsstand: *Schenke*, Verwaltungsprozessrecht, Rn. 679.

Widerspruch mit einem Vorlagebericht zur weiteren Entscheidung an die Widerspruchsbehörde weiter (vgl. § 73 Abs. 1 S. 1 VwGO). Üblich ist es, dem Widerspruchsführer eine Abgabenachricht zur erteilen.

Nun prüft die **Widerspruchsbehörde** die Erfolgsaussichten des Widerspruchs und entscheidet regelmäßig durch Widerspruchsbescheid: Sie gibt dem zulässigen und begründeten Widerspruch statt, sie weist den unzulässigen oder zulässigen, aber unbegründeten Widerspruch zurück. Anstatt einen Widerspruchsbescheid zu erlassen, ist es in der Praxis bei einem erfolgreichen Widerspruch oft auch üblich, die Ausgangsbehörde anzuweisen, dem Widerspruch durch Abhilfebescheid (§ 72 VwGO) abzuhelfen. Vor der Zurückweisung eines Widerspruchs ist es üblich, den Widerspruchsführer anzuhören und ihm so gleichzeitig Gelegenheit zur Rücknahme seines Widerspruchs zu geben. Eine Pflicht zur Anhörung besteht unter den Voraussetzungen von § 71 VwGO, der § 28 Abs. 1 (L)VwVfG verdrängt.[33]

Besonderheiten gelten dann, wenn Ausgangs- und Widerspruchsbehörde identisch sind oder wenn nach § 13 Abs. 2 (L)VwVfG Dritte hinzugezogen werden.

Beteiligte im Widerspruchsverfahren (teilweise streitig)

7. Wer ist im Widerspruchsverfahren Beteiligter?

Beteiligte sind nach §§ 79 Hs. 2, 13 Abs. 1 (L)VwVfG:
- der Widerspruchsführer (als Antragsteller nach § 13 Abs. 1 Nr. 1, Var. 1 (L)VwVfG und als der, an den der Widerspruchsbescheid ergehen soll, § 13 Abs. 1 Nr. 2 (L)VwVfG)
- ggf. Dritte:
  - Adressat des mit Widerspruch angefochtenen Ausgangsverwaltungsakts (als Antragsgegner nach § 13 Abs. 1 Nr. 1, Var. 2 (L)VwVfG und zusätzlich nach § 13 Abs. 1 Nr. 2 (L)VwVfG, sobald die Behörde dem Widerspruch stattgeben will),
  - Adressat, gegen den nach dem Willen des Widerspruchsführers der bisher abgelehnte Verwaltungsakt ergehen soll (als Antragsgegner nach § 13 Abs. 1 Nr. 1, Var. 2 (L)VwVfG und nach § 13 Abs. 1 Nr. 2 (L)VwVfG, sobald die Behörde dem Widerspruch stattgeben will),
  - Sonstige Dritte, die nach § 13 Abs. 1 Nr. 4 (L)VwVfG von der Behörde hinzugezogen worden sind,

---

33 Nach *Gassner*, VBlBW 2012, 405 (408) besteht eine Anhörungspflicht nach § 28 Abs. 1 (L)VwVfG aber dann, wenn im Widerspruchsbescheid eine Gebühr festgesetzt werden soll.

- nicht: die Ausgangsbehörde im Verfahren vor der Widerspruchsbehörde (streitig)[34],
- nicht: die Widerspruchsbehörde.

Devolutiv- und Suspensiveffekt des Widerspruchs

8. Was bedeuten „Devolutiv- und Suspensiveffekt des Widerspruchs"?

Devolutiveffekt: Über den Widerspruch entscheidet die nächsthöhere Behörde (§ 73 Abs. 1 S. 2 Nr. 1 VwGO). Ausnahmen z. B. § 73 Abs. 1 S. 2 Nr. 2 u. Nr. 3 VwGO. **Suspensiveffekt:** Der Anfechtungswiderspruch hat nach § 80 Abs. 1 VwGO aufschiebende Wirkung. Ausnahmen: § 80 Abs. 2 VwGO.

Zuständige Stelle für den Widerspruchsbescheid

9. Wer erlässt den Widerspruchsbescheid?

Zunächst kann sich die Zuständigkeit **kraft oder aufgrund von Spezialgesetz des Bundes** ergeben (z. B. kraft § 126 Abs. 3 BBG, § 54 Abs. 3 BeamtStG oder aufgrund von § 185 Abs. 2 VwGO durch Landesrecht der dort genannten Länder). Insbesondere kann die Zuständigkeit für die Entscheidung über Widersprüche durch Gesetz auch Ausschüssen oder Beiräten übertragen werden, § 73 Abs. 2 VwGO.

Im Übrigen bestimmt sich die Zuständigkeit nach **§ 73 Abs. 1 S. 2 VwGO**:
- **Devolutiveffekt:** Grundsätzlich entscheidet über den Widerspruch die **nächsthöhere (also direkt vorgesetzte) Behörde** (§ 73 Abs. 1 S. 2 Nr. 1 VwGO). Durch Gesetz kann die Zuständigkeit auch auf eine **andere höhere Behörde** übertragen werden (§ 73 Abs. 1 S. 2 Nr. 1 Hs. 2 VwGO).
- **Ausgangsbehörde selbst (soweit nicht wiederum Ausnahmen zu § 73 Abs. 1 S. 2 Nr. 2 o. 3 VwGO bestehen):**
  - Ausgangsbescheide von Bundes- oder Landesoberbehörden und sonstigen Behörden, die direkt einer obersten Bundes- oder Landesbehörde (Ministerium) unterstehen (§ 73 Abs. 1 S. 2 Nr. 2 VwGO), bescheiden diese selbst.
  - Widersprüche gegen Ausgangsbescheide in Selbstverwaltungsangelegenheiten bescheidet die Ausgangsbehörde selbst.

Recht- und Zweckmäßigkeitskontrolle

10. Was bedeutet „Recht- u. Zweckmäßigkeitskontrolle" im Widerspruchsverfahren?

---

34 A. A. Mann/Sennekamp/Uechtritz/*Sennekamp*, VwVfG, § 13 Rn. 13.

Rechtmäßigkeitskontrolle bedeutet, dass im Widerspruchsverfahren kontrolliert wird, ob der Verwaltungsakt mit dem geltenden Recht vereinbar ist.

Die Zweckmäßigkeitskontrolle erfolgt nur, wenn der Verwaltungsakt rechtmäßig ist und sein Erlass im Ermessen der Verwaltung steht. Dann wird geprüft, ob der Verwaltungsakt sachgerecht ist oder ob nichtrechtliche Kriterien gegen seinen Erlass sprechen.

Die Ausgangsbehörde ist immer zur Recht- und Zweckmäßigkeitskontrolle befugt. Grundsätzlich gilt das auch für die Widerspruchsbehörde. Allerdings ist die von der Ausgangsbehörde verschiedene Widerspruchsbehörde auf die reine Rechtmäßigkeitskontrolle beschränkt, wenn sie hinsichtlich des Gegenstandes des Widerspruchsverfahrens nach dem einschlägigen Verwaltungsorganisationsrecht nur zur Rechtsaufsicht, nicht aber auch zur Fachaufsicht befugt ist.

So entscheidet die Widerspruchsbehörde

11. Wie entscheidet die Widerspruchsbehörde, wenn der Anfechtungs- bzw. Verpflichtungswiderspruch zulässig und begründet ist, wie sonst?

Anfechtungswiderspruch: Die Widerspruchsbehörde hebt durch Widerspruchsbescheid den Ausgangsverwaltungsakt auf. Einen unzulässigen oder einen zulässigen, aber unbegründeten Anfechtungswiderspruch weist sie durch Widerspruchsbescheid zurück.

Verpflichtungswiderspruch: Die Widerspruchsbehörde erlässt den beantragten Verwaltungsakt oder verpflichtet die Ausgangsbehörde zu dessen Erlass. Ist die Widerspruchsbehörde nur zur Rechtmäßigkeitskontrolle befugt und steht der Erlass des begehrten Verwaltungsakts im Ermessen der Ausgangsbehörde, die diesen ermessensfehlerhaft abgelehnt hat, verpflichtet die Widerspruchsbehörde die Ausgangsbehörde, unter Berücksichtigung der Rechtsauffassung der Widerspruchsbehörde erneut über den beantragten Verwaltungsakt zu entscheiden. Einen unzulässigen oder zulässigen, aber unbegründeten Verpflichtungswiderspruch weist sie zurück.

Anspruch auf Erlass des Widerspruchsbescheids (streitig)

12. Hat der Widerspruchsführer einen Anspruch auf Erlass des Widerspruchsbescheids?

Das ist streitig. Nach der teilweise in der Literatur vertretenen Auffassung ergibt sich aus § 73 Abs. 1 S. 1 VwGO ein entsprechender Anspruch (verfassungskonforme Auslegung unter Beachtung von Art. 19 Abs. 4 GG und der geltend gemachten subjektiven Rechte).[35] Nach der Gegenauffassung ist § 73 Abs. 1 S. 1 VwGO ausschließlich eine Norm des objektiven Rechts, weil §§ 68 ff. VwGO nur eine prozessuale Pflicht des Widerspruchsführers zur Durchführung des Widerspruchsverfahrens sei.[36] Gegen letztere Auffassung spricht jedoch, dass das Widerspruchsverfahren nach allgemeiner Auffassung auch dem Rechtsschutz des Widerspruchsführers zu dienen bestimmt ist.

Objektive Widerspruchshäufung

13. Was ist eine objektive Widerspruchshäufung und was ist dann zu beachten?

Eine objektive Widerspruchshäufung liegt vor, wenn es nicht nur um einen Verwaltungsakt (Beamtenwiderspruch: ein Verwaltungshandeln), sondern um mehrere Verwaltungsakte derselben Ausgangsbehörde geht. Ein Beispiel hierfür ist der Widerspruch gegen die Hauptentscheidung (z. B. Platzverweis durch Stadt Mannheim) und die Gebührenentscheidung (z. B. Gebührenfestsetzung auf 100 € durch die Stadt Mannheim).

Hier ist zu beachten, dass eigentlich zwei Widersprüche vorliegen und für beide Zulässigkeit und Begründetheit zu prüfen sind. Praktische Probleme gibt es, wenn jeweils unterschiedliche Widerspruchsbehörden zuständig sind. Im Beispiel oben ist Widerspruchsbehörde für den Platzverweis das Regierungspräsidium Karlsruhe (§ 73 Abs. 1 S. 2 Nr. 1 VwGO, § 64 Nr. 3 lit. a PolG BW) und für die Gebührenfestsetzung (Selbstverwaltungsangelegenheit) die Stadt Mannheim selbst (§ 73 Abs. 1 S. 2 Nr. 3 VwGO).

Subjektive Widerspruchshäufung

14. Was ist eine subjektive Widerspruchshäufung und was ist dann zu beachten?

Eine subjektive Widerspruchshäufung liegt vor, wenn mehrere Widerspruchsführer gemeinsam Widerspruch gegen einen Verwaltungsakt erheben. Hier ist bei der Prüfung der Erfolgsaussichten insbesondere zu beachten, dass beide Widerspruchsführer widerspruchsbefugt sein müssen und nur Erfolg haben, wenn sie jeweils in ihren Rechten verletzt sind. Der

35 So *Schenke*, Verwaltungsprozessrecht, Rn. 683.

36 VGH Mannheim, NVwZ 1995, 280.

Widerspruchsbescheid muss jedem Widerspruchsführer zugestellt werden (bei Ehegatten: streitig)[37].

Rücknahme statt Abhilfebescheid

15. Darf die Ausgangsbehörde den durch Widerspruch angefochtenen Verwaltungsakt zurücknehmen (§ 48 (L)VwVfG) statt ihm nach § 72 VwGO abzuhelfen?

Das darf die Ausgangsbehörde nur, wenn ein sachlicher Grund dafür vorliegt, durch Rücknahme- statt durch Abhilfebescheid zu entscheiden. Rechtswidrig ist die Rücknahme, wenn sie nur dazu dient, keine Kostenentscheidung nach § 72 VwGO, § 80 Abs. 1 (L)VwVfG zugunsten des Widerspruchsführers zu erlassen.

Bestandskraft

16. Was passiert, wenn nicht innerhalb der Widerspruchsfrist Widerspruch erhoben wird?

Der Verwaltungsakt wird **formell bestandskräftig**: er kann nicht mehr mit Widerspruch (oder Klage) angefochten werden. Der Verwaltungsakt wird auch **materiell bestandskräftig**: Die Ausgangsbehörde kann den Verwaltungsakt nur noch unter den Voraussetzungen der §§ 48 ff. (L)VwVfG aufheben. Hat sie ein entsprechendes Verfahren eingeleitet, hat der Betroffene einen Anspruch auf ermessensfehlerfreie Entscheidung über die Aufhebung.

Der Betroffene selbst hat umgekehrt grundsätzlich kein formelles Antragsrecht, dass ein entsprechendes Verfahren nach §§ 48 ff. (L)VwVfG eingeleitet wird. Ein solches kann er nur anregen (anders: unter besonderen Umständen des Einzelfalls oder bei Zulässigkeit und Begründetheit eines Antrags auf Wiederaufgreifen des Verfahrens nach § 51 (L)VwVfG).

Bindungswirkung eines bestandskräftigen Widerspruchbescheids

17. Darf die Ausgangsbehörde ihren ursprünglichen Ausgangsverwaltungsakt in der Fassung, die er durch den bestandskräftigen Widerspruchsbescheid gefunden hat, zurücknehmen oder widerrufen (§§ 48, 49 (L)VwVfG)?

---

37 Wie hier auch: Kopp/Schenke/*W.-R. Schenke*, VwGO, § 56 Rn. 13, dort auch mit Nachweisen zur Rechtsprechung, nach der die Zustellung an einen reicht, wenn beide Ehegatten gemeinsame Verfügungsgewalt haben.

Grundsätzlich ist die Ausgangsbehörde an die Entscheidung der Widerspruchsbehörde gebunden. Sie darf vom Widerspruchsbescheid nur bei einer Änderung der Sach- oder Rechtslage abweichen.

Verböserung (reformatio in peius)

18. Ist im Widerspruchsverfahren die Verböserung des Ausgangsverwaltungsakts zulasten des Widerspruchsführers, der dessen Aufhebung bzw. Neuerlass begehrt, grds. zulässig?

Nach der Rechtsprechung und der wohl h. L. ist die Verböserung zulässig, die Gegenauffassung hält sie u. a. unter Berufung auf die Rechtsschutzfunktion des Widerspruchs für unzulässig.[38]

Selbsteintrittsrecht der Widerspruchsbehörde

19. Was verstehen Sie unter „Selbsteintrittsrecht der Widerspruchsbehörde"?

Unter „**Selbsteintrittsrecht**" versteht man die Befugnis der höheren Behörde, selbst an Stelle der eigentlich zuständigen unteren Behörde zu entscheiden.[39]

Aus **eigener Zuständigkeit** (§ 73 VwGO) ist die Widerspruchsbehörde zunächst nur befugt, auf einen zulässigen und begründeten Widerspruch hin den angefochtenen Verwaltungsakt aufzuheben bzw. den begehrten Verwaltungsakt zu erteilen. Will die Widerspruchsbehörde darüber hinaus tätig werden, stellt sich die Frage, ob die Widerspruchsbehörde dazu die Kompetenz, also das „Selbsteintrittsrecht" hat.[40] Die Reichweite des Selbsteintrittsrechts der Widerspruchsbehörde ist umstritten und betrifft folgende Entscheidungen der Widerspruchsbehörde:
- Entscheidung über die Begründetheit eines verspäteten Widerspruchs (nach allgA unzulässig beim Drittwiderspruch; nach umstrittener Rechtsprechung sonst grds. zulässig);
- Rücknahme bzw. Widerruf eines Verwaltungsakts durch die Widerspruchsbehörde bei unbegründetem Drittwiderspruch nach allgA unzulässig (kein Selbsteintrittsrecht);

38 Nachweise bei *Schenke*, Verwaltungsprozessrecht, Rn. 691.

39 *Schenke*, Verwaltungsprozessrecht, S. 232, dort Fn. 44.

40 Nicht erlaubt ist der Erlass eines ganz anderen Verwaltungsakts (z. B. darf eine durch Widerspruch angefochtene Nutzungsuntersagung von der Widerspruchsbehörde nicht in eine Abrissverfügung verbösert werden).

- Verböserung des Ausgangsverwaltungsakts (reformatio in peius): streitig, nach h.M: grundsätzlich zulässig und Widerspruchsbehörde zuständig (Selbsteintrittsrecht).

C. Kurzvortrag

■ Aufgabe

Halten Sie einen Kurzvortrag zu folgendem Thema: „Soll das Widerspruchsverfahren abgeschafft werden?“

■ Lösungsvorschlag

Ich möchte das Thema mit folgender Gliederung besprechen: „Grundlagen“, „Pro und Kontra“ und „Meine eigene Stellungnahme“.

1. Zunächst zu den Grundlagen:

Vorverfahren vor Klagen gegen/auf Verwaltungsakte

Die Gesetzgebungskompetenz liegt beim Bundesgesetzgeber (Art. 74 Abs. 1 Nr. 1 GG). Dieser sieht vor Klagen gegen oder auf Verwaltungsakte vor den Sozial-, Finanz- und Verwaltungsgerichten grundsätzlich die Durchführung eines verwaltungsbehördlichen Vorverfahrens vor, für die Verwaltungsgerichte ist das in § 68 Abs. 1 S. 1 VwGO geregelt.

Normative Funktionen des Vorverfahrens

Mit dem Vorverfahren will der Gesetzgeber erreichen, dass der Bürger einfacher und kostengünstiger zu seinem Rechtsschutz gelangt, außerdem wird bei Ermessensentscheidungen noch einmal über die Zweckmäßigkeit entschieden. Aus der Perspektive der Verwaltung soll das Widerspruchsverfahren der Selbstkontrolle dienen, aus der Perspektive der Gerichte deren Entlastung.

Ausschluss des Vorverfahrens

§ 68 Abs. 1 S. 2 Nr. 1 und Nr. 2 VwGO sehen Ausnahmegründe vor, in denen das Vorverfahren ausgeschlossen und direkt Klage zu erheben ist. Außerdem ermächtigt § 68 Abs. 1 S. 2 VwGO dazu, durch Bundes- oder Landesgesetz weitere solcher Ausnahmen vorzusehen. Einige Bundesländer (z. B. Niedersachsen und NRW) machen von dieser Ausnahmebefugnis sehr extensiv Gebrauch, der Bund und einige andere Bundesländer (z. B. Rheinland-Pfalz) eher weniger.

Rechtlicher Rahmen

Verfassungsrechtlich ist das Widerspruchsverfahren weder nach Art. 19 Abs. 4 GG noch aus sonstigen Gründen vorgegeben. Das ist zwar nicht völlig unumstritten, aber doch weitgehend allgA. Sehr umstritten ist allerdings die Reichweite der Ausnahmebefugnis von § 68 Abs. 1 S. 2 VwGO: Wäre es erlaubt, wenn es letztendlich mehr Ausnahmen als Regelfälle gäbe und wie soll man das messen? Das können wir hier in der Kürze nicht in allen Einzelheiten klären. Ich meine jedenfalls, dass § 68 Abs. 1 VwGO ein Regel-Ausnahme-Prinzip zu Grunde liegt und dass es damit eine Beschränkung der Ausnahmen gibt. Wenn das Widerspruchsverfahren gänzlich abgeschafft werden soll, muss also § 68 VwGO geändert werden.

2. Pro und Kontra:

[...]

Hier erörtern Sie Argumente (z.B. Entlastung der Verwaltungsbehörden als Pro-Argument, Abschreckung der Bürger als Kontra-Argument).

3. Eigene Stellungnahme:

[...]

Nun beziehen Sie selbst Stellung.

D. Kleine Übungen (Gutachten)

I. Eröffnung des Verwaltungsrechtswegs

1. Aufgaben

Prüfen Sie gutachterlich, ob der Verwaltungsrechtsweg eröffnet ist:

1. Herr M (Landesbeamter in Baden-Württemberg) erhebt Widerspruch gegen seine Entlassung.
2. Frau T (Bundesbeamtin) erhebt Widerspruch gegen ihre Abordnung.
3. Herr S (Soldat der Bundeswehr) hat gegen seine Versetzung Widerspruch erhoben.
4. Frau A (Angestellte der Stadt Mannheim) hat gegen ihre fristlose Kündigung Widerspruch erhoben.

5. Herr R erhebt Widerspruch gegen den Bußgeldbescheid für zu schnelles Fahren.
6. Frau F (Hundehalterin) erhebt Widerspruch gegen den Hundesteuerbescheid der Stadt Mannheim.
7. Herr O (Student in Tübingen) erhebt Widerspruch gegen die Ablehnung seines BAföG-Antrags.

2. Lösungsvorschlag

Der Widerspruch als Vorverfahren eines verwaltungsgerichtlichen Verfahrens (s. §§ 68 ff. VwGO) ist in den oben genannten Fällen nur dann zulässig, wenn im späteren Gerichtsverfahren der Verwaltungsrechtsweg eröffnet ist. Das ist der Fall, wenn die Voraussetzungen einer Spezialzuweisung oder von § 40 Abs. 1 VwGO erfüllt sind.

a) Eröffnung des Verwaltungsrechtswegs kraft Sonderzuweisung

Fall 1

In **Fall 1** könnte der Verwaltungsrechtsweg nach § 54 Abs. 1 Beamtenstatusgesetz (BeamtStG) eröffnet sein. Das setzt voraus, dass die Norm nach § 1 BeamtStG anwendbar ist, M eine der in § 54 Abs. 1 BeamtStG genannten Personen ist und Streitgegenstand eine Angelegenheit aus dem Beamtenverhältnis ist. M ist Landesbeamter. Streitgegenstand ist seine Entlassung (§ 23 BeamtStG). Damit sind alle drei Tatbestandsvoraussetzungen erfüllt. Der Verwaltungsrechtsweg ist in **Fall 1 eröffnet**. *(Ende der Prüfung von Fall 1).*

Fall 2

In **Fall 2** könnte der Verwaltungsweg nach § 126 Abs. 1 Bundesbeamtengesetz (BBG) eröffnet sein. Das setzt voraus, dass die Norm nach § 1 BBG anwendbar ist, T eine der in § 126 Abs. 1 BBG genannten Personen ist und Streitgegenstand eine Angelegenheit aus dem Beamtenverhältnis ist. T ist Bundesbeamtin. Streitgegenstand ist ihre Abordnung (§ 27 BBG). Damit sind alle drei Tatbestandsvoraussetzungen erfüllt. Der Verwaltungsrechtsweg ist in **Fall 2 eröffnet**. *(Ende der Prüfung von Fall 2).*

Fall 3

In **Fall 3** könnte der Verwaltungsrechtsweg nach § 82 Abs. 1 Soldatengesetz (SG) eröffnet sein. Das setzt voraus, dass erstens der Widerspruchsführer ein Soldat, ein Soldat im Ruhestand, ein früherer Soldat, ein Dienstleistungspflichtiger gemäß § 59 Abs. 3 S. 1 SG oder ein Hinterbliebener ist, dass zweitens Streitgegenstand eine Angelegenheit aus dem Wehrdienstverhältnis ist und dass drittens keine abdrängende Sonderzuständigkeit eines anderen Gerichts besteht. S fällt als Soldat unter den in der Norm genannten Personenkreis. Streitgegenstand ist seine Versetzung, also eine Angelegenheit aus dem Wehrdienstverhältnis. Allerdings tritt nach § 17 Abs. 2 i. V. m. Abs. 1 Wehrbeschwerdeordnung (WBO) das Verfahren vor dem Truppendienstgericht an die Stelle des Verwaltungsrechtswegs.[41] Damit ist der Verwaltungsrechtsweg in **Fall 3 nicht eröffnet**. *(Ende der Prüfung von Fall 3).*

Fall 7

In **Fall 7 ist** der Verwaltungsrechtsweg nach **§ 54 BAföG** gegeben. *(Ende der Prüfung von Fall 7)*

b) Eröffnung des Verwaltungsrechtswegs gemäß § 40 Abs. 1 VwGO

In den anderen Fällen ist eine aufdrängende Sonderzuweisung nicht ersichtlich. Nach § 40 Abs. 1 VwGO ist der Verwaltungsrechtsweg für alle öffentlich-rechtlichen Streitigkeiten nichtverfassungsrechtlicher Art eröffnet, die nicht kraft Bundes- oder Landesrecht einer anderen Gerichtsbarkeit zugewiesen sind.

aa) Öffentlich-rechtliche Streitigkeit

Eine öffentlich-rechtliche Streitigkeit ist dann gegeben, wenn es materiellrechtlich um öffentliches Recht geht, d. h. wenn streitentscheidende Norm eine Norm des öffentlichen Rechts ist, oder wenn Streitgegenstand ein Verwaltungshandeln in öffentlich-rechtlicher Form ist.

Fall 4

In **Fall 4** ist Streitgegenstand die Kündigung der angestellten A, also privatrechtliches Handeln der Behörde. Inhaltlich geht es um die Wirksamkeit der Kündigung nach dem Privatrecht. Der Verwaltungsrechtsweg ist in **Fall 4 nicht eröffnet.** *(Ende der Prüfung von Fall 4)*

Fall 5

In **Fall 5** ist Streitgegenstand der Bußgeldbescheid, also öffentlich-rechtliches Handeln einer Behörde (vgl. §§ 65, 66 OWiG). Inhaltlich geht es um die Rechtmäßigkeit des Bußgeldbescheids. Streitentscheidende Normen sind somit § 24 StVG i. V. m. § 49 StVO, also öffentlich-rechtliche Normen.

---

41 BVerwG, Beschluss vom 02.02.2015 – 1 WDS-VR 3/14 –, juris.

Damit liegt in Fall 5 eine öffentlich-rechtliche Streitigkeit vor. *(Fall 5 geht bei bb) weiter).*

Fall 6

In **Fall 6** ist Streitgegenstand ein Hundesteuerbescheid, also öffentlich-rechtliches Handeln einer Behörde in Form eines Verwaltungsakts. Inhaltlich geht es um die Rechtmäßigkeit des Hundesteuerbescheids nach dem KAG i. V. m. der einschlägigen Hundesteuersatzung, Normen des öffentlichen Rechts. Damit liegt auch in Fall 6 eine öffentlich-rechtliche Streitigkeit vor. *(Fall 6 geht bei bb) weiter).*

bb) Streitigkeit ist nichtverfassungsrechtlicher Art

Weder in Fall 5 noch in Fall 6 streiten Verfassungsorgane und Verfassungsrecht. Damit liegt nach der Theorie der doppelten Verfassungsunmittelbarkeit kein Verfassungsstreit vor. Das ergibt sich im Übrigen auch daraus, dass weder das BVerfGG noch die entsprechenden Gerichtsgesetze der Länder hier eine Zuständigkeit der Verfassungsgerichtsbarkeit vorsehen. *(Fall 5 und Fall 6 gehen bei cc) weiter).*

cc) Keine abdrängende Sonderzuweisung an eine andere Gerichtsbarkeit

Schließlich darf die Streitigkeit nicht einem anderen Gericht zugewiesen sein.

Fall 5

Gegen den Bußgeldbescheid (**Fall 5**) ist nach § 68 OWiG der Rechtsweg zur ordentlichen Gerichtsbarkeit eröffnet (AG entscheidet über den Einspruch gegen den Bußgeldbescheid). Der Verwaltungsrechtsweg ist kraft Sonderzuweisung der öffentlich-rechtlichen Streitigkeit an ein anderes Gericht somit **in Fall 5 nicht eröffnet**. *(Ende von Fall 5).*

Fall 6

In **Fall 6** ist eine abdrängende Sonderzuweisung nicht ersichtlich. Der Weg zur Finanzgerichtsbarkeit (§ 33 FGO, § 347, § 1 AO) ist hier nicht eröffnet, weil Streitgegenstand kein Steuerbescheid einer Finanzbehörde, sondern einer Gemeinde ist. Damit ist der Verwaltungsrechtsweg in Fall 6 eröffnet. *(Ende von Fall 6).*

c) Gesamtergebnis

Der **Verwaltungsrechtsweg** ist in den **Fällen 1, 2 und 7** kraft Sonderzuweisung und in **Fall 6** gemäß § 40 Abs. 1 S. 1 VwGO **eröffnet**. In **Fall 3** ist statthafter Rechtsbehelf die Soldatenbeschwerde mit späterer Klagemöglichkeit vor den Truppendienstgerichten. Gegen die Kündigung (**Fall 4**) ist Klage vor dem Arbeitsgericht zu erheben. In **Fall 5** ist gegen den Bußgeldbescheid Einspruch über die Verwaltungsbehörde beim Amtsgericht gegeben.

II. Widerspruchsbefugnis

1. Befugnis zur Erhebung des Anfechtungswiderspruchs

a) Aufgaben

Sind die Widerspruchsführer in den folgenden Fällen jeweils widerspruchsbefugt?

Fall 1 (Anfänger, sehr einfach): An A ergehen zwei Verbote: Die Stadt Karlsruhe verbietet ihm, für die Dauer von 3 Monaten das Stadtgebiet zu betreten. Die Stadt Mannheim verbietet ihm, auf dem Marktplatz Tauben zu füttern. A erhebt gegen beide Verbote Widerspruch.

Fall 2 (Anfänger, einfach): Die Stadt Mannheim widerruft den B erteilten Subventionsbescheid über 1000 €, weil er mehreren Auflagen nicht nachgekommen ist. In anderen vergleichbaren Fällen ist sie nicht so streng. B erhebt Widerspruch.

Fall 3 (Anfänger, einfach): Die Stadt Mannheim widerruft die C erteilte Gaststättenerlaubnis. C erhebt Widerspruch.

Fall 4 (Anfänger, einfach): Die Stadt Mannheim entlässt ihren verbeamteten Mitarbeiter D. D erhebt Widerspruch.

Fall 5 (Anfänger, etwas komplizierter): Die Stadt Mannheim erteilt dem Bauherrn eine Baugenehmigung zum Bau eines Mehrfamilienhauses. Angrenzer E erhebt Widerspruch und macht wie schon im Anhörungsverfahren geltend, dass die zu seinem Grundstück nach § 5 LBO BW einzuhaltende Abstandsfläche nicht eingehalten werde. F (ein guter Freund von E aus Hamburg, der regelmäßig bei E zu Besuch ist) erklärt sich solidarisch und erhebt ebenfalls Widerspruch.

Fall 6 (Anfänger, einfach): G lagert illegal Baumaterial vor seinem Haus auf dem Gehweg. Die Stadt Mannheim fordert G auf, eine Erlaubnis zu beantragen. Dem kommt G zunächst nicht nach. Daraufhin verfügt die Stadt Mannheim nach § 16 Abs. 8 S. 1 StrG BW die sofortige Räumung des Gehwegs. G erhebt Widerspruch. Im Widerspruch schreibt er selbst, dass er die Verfügung für rechtmäßig halte. Er bitte aber um wohlwollende Prüfung, ob nicht vereinbart werden könne, dass er für 3 weitere Wochen den Gehweg (gegen Sondernutzungsgebühr) benutzen dürfe.

Fall 7 (Fortgeschrittene): Die Stadt Mannheim widerruft die der Spielbank-GmbH erteilte Spielbankerlaubnis. Nun wird über deren Vermögen das Insolvenzverfahren eröffnet. Der Insolvenzverwalter erhebt gegen den Widerruf Widerspruch.

Fall 8 (Fortgeschrittene): Nachdem das Insolvenzverfahren eröffnet ist, verfügt die Stadt Mannheim, dass ein Betriebsgebäude der Spielbank-GmbH, das akut einsturzgefährdet ist, abzureißen ist. Der Insolvenzverwalter erhebt gegen die Abrissverfügung Widerspruch.

Fall 9 (Fortgeschrittene, äußerst kompliziert): Das Landratsamt S (Baden-Württemberg) erteilt der Hähnchen-Lecker-GmbH eine immissionsschutzrechtliche Genehmigung zur Errichtung und zum Betrieb einer Anlage zur Intensivhaltung von Mastgeflügel mit 86.000 Tierplätzen im Außenbereich. Der X e.V. hatte schon während des Verfahrens gerügt, dass nach § 6 UVPG eine Umweltprüfung durchzuführen sei und dass die Genehmigung gegen Vorschriften des BImSchG verstoßen würde. Er ist erbost, dass die Genehmigung dennoch erteilt wird, erhebt Widerspruch und wiederholt seine rechtlichen Bedenken. *Zum Hintergrund: Der X e.V. ist ein anerkannter Naturschutzverband in Baden-Württemberg. Nach § 5 der Satzung des X e.V. tritt der Verein für den wirkungsvollen Schutz des Lebens und der natürlichen Umwelt ein. Zu seinen Zielen gehören gemäß § 5 a der Satzung unter anderem der Schutz, die Pflege und die Entwicklung der natürlichen Lebensgrundlagen und der Leistungsfähigkeit des Naturhaushaltes, der Schutz der Vielfalt, Eigenart und Schönheit von Natur und Landschaft sowie die Durchsetzung unter anderem des Natur- und Umweltrechts und des Immissionsschutzrechts.*

b) Lösungsvorschlag

Obersatz

> **Hinweis:** Da in allen Fällen die Widerspruchsbefugnis geprüft wird, ist der folgende Obersatz entsprechend immer derselbe und würde so oder ähnlich lauten:

Soweit gesetzlich nichts anderes geregelt ist, ist zur Erhebung eines Anfechtungswiderspruchs gemäß § 68 Abs. 1 S. 1 VwGO i. V. m. § 42 Abs. 2 VwGO analog zunächst widerspruchsbefugt, wer geltend macht, durch den angefochtenen Verwaltungsakt in seinen Rechten verletzt zu sein. Es reicht, dass nach dem Vortrag des Widerspruchsführers der Verwaltungsakt möglicherweise objektiv rechtswidrig ist und er dadurch möglicherweise in eigenen Rechten verletzt ist (Möglichkeitstheorie).

Da im Widerspruchsverfahren neben der Rechtmäßigkeit auch die Zweckmäßigkeit des angefochtenen Verwaltungsakts geprüft wird (§ 68 Abs. 1 S. 1 VwGO), ist die Widerspruchsbefugnis auch dann gegeben, wenn sich der Widerspruch gegen einen Verwaltungsakt richtet, dessen Erlass im Ermessen der Behörde steht, der Verwaltungsakt möglicherweise unzweckmäßig ist und die Ermessensnorm möglicherweise zumindest auch den Interessen des Widerspruchsführers zu dienen bestimmt ist.

Fall 1

In Fall 1 ist A in beiden Varianten Adressat eines befehlenden Verwaltungsakts und damit nach der Adressatentheorie unproblematisch widerspruchsbefugt, weil er jeweils geltend machen kann, durch den möglicherweise rechtswidrigen Verwaltungsakt (hier: Aufenthalts- bzw. Taubenfütterungsverbot) auffangweise jedenfalls in seinem Recht auf allgemeine Handlungsfreiheit (Art. 2 Abs. 1 GG) verletzt zu sein.

Lerntipp

Hier muss man zunächst das Elfes-Urteil des BVerfG[42] zu Art. 2 Abs. 1 GG kennen. Danach ist Schutzbereich von Art. 2 Abs. 1 GG: „Jeder kann tun, was er will". So stellen auch „Bagatellverbote" wie das Taubenfütterungsverbot einen Eingriff in die allgemeine Handlungsfreiheit dar.[43] Außerdem muss man mit dem Begriff des „klassischen Grundrechtseingriffs" vertraut sein: Befehlende Verwaltungsakte stellen für den Adressaten einen Eingriff auffangweise jedenfalls in Art. 2 Abs. 1 GG (allgemeine Handlungsfreiheit) dar, weil er final und unmittelbar zu einem Tun, Dulden oder Unterlassen verpflichtet wird.

Fälle 2–4

In den Fällen 2–4 sind B, C und D anders als A in Fall 1 nicht Adressaten von befehlenden Verwaltungsakten, sondern von rechtsgestaltenden Verwaltungsakten. Damit greift die Adressatentheorie nicht, da ein rechtsgestaltender Verwaltungsakt nicht zwingend einen Eingriff in die allgemeine Handlungsfreiheit (Art. 2 Abs. 1 GG) darstellt. Hier muss das möglicherweise verletzte subjektiv-öffentliche Recht also benannt werden.

B kann geltend machen, durch den Widerruf in seinem durch den Subventionsbescheid eingeräumten Anspruch auf die Subvention und in seinem Grundrecht auf Gleichbehandlung (Art. 3 Abs. 1 GG) verletzt zu sein.

C kann geltend machen, durch den Widerruf in seiner durch die Gaststättenerlaubnis erteilten Rechtsposition und in seiner Berufsfreiheit (Art. 12 Abs. 1 S. 1 GG) verletzt zu sein.

---

42 BVerfGE 6, 32-45.

43 BVerfGE 54, 143-148.

D kann geltend machen, durch die Entlassung in seinem durch die Ernennung ins Beamtenverhältnis eingeräumten Status als Beamter und in seiner Berufsfreiheit (Art. 12 Abs. 1 S. 1 GG)[44] verletzt zu sein.

Fall 5
In Fall 5 ist E schon nicht Adressat des angefochtenen Verwaltungsakts. Auch hier greift also die Adressatentheorie nicht. Vielmehr ist E nur dann widerspruchsbefugt, wenn er geltend macht, dass die Baurechtsbehörde eine öffentlich-rechtliche Norm verletzt hat, die zumindest auch dem Schutz seiner Interessen zu dienen bestimmt ist (Schutznormtheorie). Hier macht E eine Verletzung von § 5 LBO BW geltend. Die nach § 5 LBO BW vorgeschriebenen Abstandsflächen dienen nicht nur dem öffentlichen Interesse (z. B. Abwehr von Bränden), sondern auch den Interessen des Angrenzers. Damit ist E widerspruchsbefugt. F hingegen gehört nicht zu dem durch § 5 LBO BW geschützten Personenkreis. Es ist auch kein anderes subjektives öffentliches Recht ersichtlich, auf das er sich berufen könnte. Damit ist F nicht widerspruchsbefugt.

Fall 6
In Fall 6 ist G zwar Adressat eines belastenden Verwaltungsakts (Räumung des ohne Erlaubnis genutzten Gehwegs). Er beruft sich aber ausdrücklich nicht auf dessen objektive Rechtswidrigkeit (also z. B. nicht auf Formfehler oder Ermessensfehler), sondern auf die Unzweckmäßigkeit (also auf den Verstoß gegen außerrechtliche Kriterien). Das ist im Widerspruchsverfahren grundsätzlich zulässig. G ist widerspruchsbefugt, weil die Ermessensnorm (§ 16 Abs. 8 StrG BW) auch seinen Interessen dient.

Fälle 7–8
Der Insolvenzverwalter ist in Fall 7 gemäß § 80 InsO, § 42 Abs. 2 VwGO analog widerspruchsbefugt, wenn er geltend machen kann, dass die Erlaubnis zum Führen der Spielbank, deren Widerruf er anficht, zum Gegenstand der Insolvenzmasse gehört, und der Insolvenzschuldner durch den Widerruf in seinen Rechten verletzt ist. Bei der Erlaubnis handelt es sich um eine personengebundene höchstpersönliche Erlaubnis und damit nicht um einen Gegenstand, der zur Insolvenzmasse gehört.[45] Damit ist der Insolvenzverwalter nicht befugt, gegen den Widerruf im eigenen Namen Widerspruch zu erheben. Hier ist nur die Spielbank-GmbH selbst widerspruchsbefugt.

---

44 Zum Schutzbereich von Art. 12 Abs. 1 S. 1 GG gehört auch die Tätigkeit im öffentlichen Dienst, BVerfG NVwZ 2008, 547.

45 BVerfG, Nichtannahmebeschluss vom 22.03.2013 – 1 BvR 791/12 –, juris.

In Fall 8 hingegen ist der Insolvenzverwalter widerspruchsbefugt, weil das Betriebsgebäude, dessen Abriss angeordnet worden ist, zur Insolvenzmasse gehört. Hier wäre ein Widerspruch der Spielbank-GmbH unzulässig, da diese wegen § 80 InsO nicht widerspruchsbefugt ist.[46]

Fall 9

Der X e.V. könnte abweichend von § 42 Abs. 2 VwGO analog gemäß § 2 Abs. 1 UmwRG widerspruchsbefugt sein. Das setzt dreierlei voraus: Erstens muss der Widerspruchsführer eine nach § 3 UmwRG anerkannte Umweltvereinigung sein, zweitens muss Streitgegenstand eine Entscheidung i. S. d. § 1 Abs. 1 S. 1 UmwRG oder deren Unterlassen sein und drittens muss das UmwRG in Bezug auf das Rechtsschutzziel des Widerspruchsführers anwendbar sein.

1. Widerspruchsführer i. S. d. § 3 UmwRG

Laut Sachverhalt ist der X e.V. eine nach § 3 UmwRG anerkannte Umweltvereinigung. Damit ist die erste Voraussetzung gegeben.

2. Entscheidung i. S. d. § 1 Abs. 1 S. 1 UmwRG oder deren Unterlassen

Die immissionsschutzrechtliche Genehmigung könnte ein Vorhaben i. S. d. § 1 Abs. 1 S. 1 Nr. 1 lit a darstellen. Dann müsste es sich um eine Zulassungsentscheidung i. S. v. § 2 Abs. 6 UVPG handeln, für die nach dem UVPG eine Pflicht zur Durchführung einer Umweltverträglichkeitsprüfung bestehen kann. Darunter fallen nach § 2 Abs. 6 Nr. 1, § 1 UVGP u. a. immissionsschutzrechtliche Genehmigungen (§ 4 BImSchG) für alle in der Anlage 1 zum UVPG aufgezählten Vorhaben.

Der Mastgeflügelbetrieb bedarf einer immissionsschutzrechtlichen Genehmigung (§ 4 Abs. 1 BImSchG, § 1 der 4. BImSchV i. V. m. Nr. 7.1.3.1 des Anhang 1). Zu den in Anlage 1 zum UVPG aufgezählten Vorhaben gehören Mastgeflügelbetriebe ab 30.000 Plätzen (Nr. 7.3 der Anlage 1 zum UVPG). Damit ist die immissionsschutzrechtliche Genehmigung für den Mastgeflügelbetrieb mit 86.000 ein tauglicher Streitgegenstand.[47]

---

46 Es ist streitig, ob dieses Thema („gesetzliche Prozessstandschaft") wie hier unter dem Punkt „Widerspruchs- bzw. Klagebefugnis" (so auch Kopp/Schenke/*W.-R. Schenke/Ruthig*, VwGO, § 42 Rn. 61) oder (so z. B. Teile der Rechtsprechung) unter einem zusätzlichen Prüfungspunkt „aktive Prozessführungsbefugnis" zu prüfen ist.

47 Das Vorhaben ist nach § 6 S. 2 UVGP i. V. m. Nummer 7.3.1 der Anlage sogar zwingend UVP-pflichtig.

3. UmwRG in Bezug auf Rechtsschutzziel anwendbar

a) Geltendmachung der objektiven Rechtswidrigkeit der Entscheidung/des Unterlassens

Nach § 2 Abs. 1 S. 1 Nr. 1 UmwRG muss zunächst die objektive Rechtswidrigkeit der Entscheidung bzw. des Unterlassens geltend gemacht werden. Das ist hier der Fall, gerügt werden Verstöße gegen § 6 UVPG und gegen das BImSchG.

Hinweis: Der X e.V. hätte auch die Verletzung von nicht umweltbezogenen Vorschriften rügen können, denn nur bei Entscheidungen nach § 1 Abs. 1 S. 1 Nummer 2a bis 6 UmwRG kann nur der Verstoß gegen umweltbezogene Vorschriften geltend gemacht werden, siehe § 2 Abs. 1 S. 2 UmwRG.

b) Geltendmachung, dass der satzungsgemäße Aufgabenbereich berührt ist

Ferner muss die Vereinigung nach § 2 Abs. 1 S. 1 Nr. 2 UmwRG geltend machen, dass sie durch die Entscheidung bzw. deren Unterlassen in ihrem satzungsgemäßen Aufgabenbereich der Förderung der Ziele des Umweltschutzes berührt ist. Zum Satzungszweck gehört u.a. die Durchsetzung Natur- und Umweltrechts und des Immissionsschutzrechts. Damit ist ihr satzungsgemäßer Aufgabenbereich durch die geltend gemachte Rechtsverletzung von Vorschriften des UVPG und des BImSchG berührt.

c) Beteiligungsberechtigung

Schließlich muss die Vereinigung gemäß § 2 Abs. 1 S. 1 Nr. 3 lit a UmwRG zur Beteiligung berechtigt sein. Der X e.V. ist im immissionsschutzrechtlichen Genehmigungsverfahren gemäß § 10 Abs. 3 BImSchG und im unselbstständigen Verfahren der Umweltprüfung nach § 18 UVPG zur Beteiligung berechtigt.

Hinweis: Bei Entscheidungen nach § 1 Abs. 1 Nr. 4 UmwRG muss nicht nur ein Beteiligungsrecht bestehen. Darüber muss sich die Vereinigung auch geäußert haben bzw. keine Gelegenheit zur Äußerung bekommen haben (§ 2 Abs. 1 S. 1 Nr. 3 lit. b UmwRG).

4. Gesamtergebnis

Damit ist der X e.V. gemäß § 2 Abs. 1 UmwRG widerspruchsbefugt.

2. Befugnis zur Erhebung des Verpflichtungswiderspruchs

a) Aufgaben

Sind die Widerspruchsführer widerspruchsbefugt?

Fall 10 (Anfänger, einfach): M hat eine Bewachungsgewerbeerlaubnis beantragt (§ 34a GewO). Der Antrag wird abgelehnt. M erhebt Widerspruch.

Fall 11 (Anfänger, einfach): N hat eine Sondernutzungserlaubnis für die Bundesstraße beantragt (§ 8 FStrG). Der Antrag wird abgelehnt. N erhebt Widerspruch.

Fall 12 (Anfänger, etwas komplizierter): Z beantragt, dass sein Nachbar durch Ordnungsverfügung verpflichtet werde, nach 22.00 Uhr keinen Rasen mehr zu mähen (§§ 3, 1 Abs. 1 PolG BW). Sein Antrag wird abgelehnt. Z erhebt Widerspruch.

Fall 13 (Anfänger, etwas komplizierter): Bürger O beantragt beim Landratsamt den Erlass einer kommunalaufsichtsrechtlichen Beanstandungsverfügung (Verwaltungsakt nach § 121 GemO BW) gegen die Gemeinde R, weil diese wiederholt unzulässig in nichtöffentlicher Sitzung Gemeinderatssitzungen durchführt habe. Das wird abgelehnt. O erhebt Widerspruch.

b) Lösungsvorschlag

Obersatz

Soweit gesetzlich nichts anderes geregelt ist, ist zur Erhebung eines Verpflichtungswiderspruchs zunächst widerspruchsbefugt, wer geltend macht, durch die Ablehnung des begehrten Verwaltungsakts in seinen Rechten verletzt zu sein (§§ 68 Abs. 2 u. Abs. 1 S. 1 VwGO i. V. m. § 42 Abs. 2 VwGO analog). Das ist der Fall, wenn der Widerspruchsführer möglicherweise einen Anspruch auf die Erteilung des abgelehnten Verwaltungsakts hat oder in seinem Anspruch auf ermessensfehlerfreie Entscheidung über seinen Antrag verletzt sein könnte. Ob eine Norm des öffentlichen Rechts solche Ansprüche einräumt, ist nach der Schutznormtheorie zu ermitteln.

Da im Widerspruchsverfahren auch die Zweckmäßigkeit des abgelehnten Verwaltungsakts geprüft wird (§ 68 Abs. 2 u. 1 S. 1 VwGO), ist bei Ermessensentscheidungen auch widerspruchsbefugt, wer geltend macht, dass die Ablehnung zwar nicht rechtswidrig, aber unzweckmäßig ist und die Ermessensnorm auch seinen Interessen zu dienen bestimmt ist.

Fall 10

In **Fall 10** kann M geltend machen, durch eine etwaige rechtswidrige Ablehnung möglicherweise in seinem Anspruch aus § 34a GewO auf Erteilung der Bewachungserlaubnis und damit auch in seiner Berufsfreiheit (Art. 12 Abs. 1 S. 1 GG) verletzt zu sein.

Fall 11

In **Fall 11** kann N geltend machen, durch eine etwaige rechtswidrige (z.B. ermessensfehlerhafte) Ablehnung möglicherweise in seinem Anspruch aus § 8 FStrG auf ermessensfehlerfreie Entscheidung über seinen Antrag auf Sondernutzungserlaubnis verletzt zu sein.

Fall 12

In **Fall 12** ist Z widerspruchsbefugt, wenn er geltend machen kann, durch die Ablehnung in seinen Rechten verletzt zu sein. Ordnungsverfügungen nach §§ 3, 1 Abs. 1 PolG BW dienen nicht nur dem Schutz der Allgemeinheit, sondern auch dem Schutz von Individualrechtsgütern Einzelner. Hier ist Z durch den Nichterlass der Ordnungsverfügung möglicherweise in seinem Recht auf Gesundheit (Art. 2 Abs. 2 S. 1 GG) verletzt. Damit ist Z widerspruchsbefugt.

Fall 13

In **Fall 13** müsste O geltend machen, durch den Nichterlass der Beanstandungsverfügung in seinen Rechten verletzt zu sein. §§ 118 ff. GemO, in denen die Kommunalaufsicht geregelt ist, dienen jedoch ausschließlich dem öffentlichen Interesse an einer geordneten Verwaltung und nicht dem Schutz einzelner. Damit ist O nicht widerspruchsbefugt.

III. Frist

1. Ausgangsfälle

Fall 1: A wird am 16.04.2018 (Montag) der Verwaltungsakt bekannt gegeben. Sein Widerspruch geht bei der Behörde am 16.05.2018 (Mittwoch, kein Feiertag) erst nach Dienstschluss um 23.50 Uhr per Fax ein.

Fall 2: B wird am 16.04.2018 (Montag) der Verwaltungsakt bekannt gegeben. Der Verwaltungsakt enthält eine fehlerhafte Rechtsbehelfsbelehrung. Sein Widerspruch geht bei der Behörde erst am 15.06.2018 (Freitag) ein.

Fall 3: C erfährt erst am 30.07.2018 davon, dass sein Nachbar schon am 03.01.2018 eine Baugenehmigung bekommen hat. Bisher wurde mit dem Bau nicht begonnen. C erhebt am 02.11.2018 Widerspruch.

2. Lösungsvorschlag

Fall 1

Nach § 70 Abs. 1 VwGO muss der Widerspruch grundsätzlich innerhalb eines Monats nach seiner Bekanntgabe formgerecht bei der Ausgangs- oder Widerspruchsbehörde erhoben werden. Bei fehlender oder fehlerhafter Rechtsbehelfsbelehrung beträgt die Frist gemäß §§ 70 Abs. 2, 58 Abs. 2 VwGO ein Jahr.

Bekanntgabe war laut Sachverhalt Montag, der 16.04.2018. Mangels fehlender Angaben im Sachverhalt ist davon auszugehen, dass die Rechtsbehelfsbelehrung ordnungsgemäß war und die Widerspruchsfrist somit einen Monat beträgt. Damit läuft die Widerspruchsfrist gemäß §§ 79 Hs. 2, 31 Abs. 1 (L)VwVfG i. V. m. §§ 188 Abs. 2 Hs. 1, 187 Abs. 1 BGB mit Ablauf von Mittwoch, den 16.05.2018 ab. Der noch um 23.50 Uhr erhobene Widerspruch ist also fristgerecht.

Fall 2

Nach § 70 Abs. 1 VwGO muss der Widerspruch grundsätzlich innerhalb eines Monats nach seiner Bekanntgabe formgerecht bei der Ausgangs- oder Widerspruchsbehörde erhoben werden. Bei fehlender oder fehlerhafter Rechtsbehelfsbelehrung beträgt die Frist gemäß §§ 70 Abs. 2, 58 Abs. 1 VwGO ein Jahr.

Hier war Bekanntgabe laut Sachverhalt am Montag, den 16.04.2018. Da die Rechtsbehelfsbelehrung fehlerhaft war, läuft die Widerspruchsfrist gemäß §§ 79 Hs. 2, 31 Abs. 1 (L)VwVfG i. V. m. §§ 188 Abs. 2 Hs. 1, 187 Abs. 1 BGB mit Ablauf von Donnerstag, den 16.05.2019 ab. Der am 15.06.2018 erhobene Widerspruch ist fristgerecht.

Fall 3

Nach § 70 Abs. 1 VwGO muss der Widerspruch grundsätzlich innerhalb eines Monats nach seiner Bekanntgabe formgerecht bei der Ausgangs- oder Widerspruchsbehörde erhoben werden. Da die Behörde die Baugenehmigung C bisher nicht bekannt gegeben hat, ist die Baugenehmigung ihm gegenüber bisher nicht wirksam, § 43 Abs. 1 (L)VwVfG. Eine Frist wurde ihm gegenüber nicht in Gang gesetzt. Nach allgA verwirkt C sein Widerspruchsrecht, wenn er nicht binnen eines Jahres, nachdem er tatsächlich von der Baugenehmigung erfährt oder hätte erfahren müssen, Widerspruch erhebt. Hier hat C erst am 30.07.2018 tatsächlich von der Genehmigung erfahren. Da vorher mit dem Bau nicht begonnen wurde, musste er von der Genehmigung auch nicht früher wissen. Damit verwirkt C sein Widerspruchsrecht grundsätzlich erst mit Ablauf von Dienstag, den 30.07.2019 (§ 58 Abs. 2 VwGO analog). Sein Widerspruch vom 02.11.2018 ist zulässig.

3. Lerntipps

Fast jede „Widerspruchs- oder Klageklausur“ enthält ein „Fristproblem“.

Die hier dargestellten Fälle sind die drei Grundfälle, die Sie zunächst unterscheiden müssen.

Was kommt dazu?
Anders als hier in den Fällen 1 und 2 müssen Sie das maßgebliche Datum der Bekanntgabe bzw. Zustellung eines Verwaltungsakts selbst ermitteln können. Wiederholen Sie hierzu nun Teil 1, dort die Fälle ab Fall 1.9 zur Wirksamkeit von Verwaltungsakten!

> 🕮 Zur Vertiefung: Gassner, Kompendium Verwaltungsrecht, 2. Auflage (dort zu den Stichworten „Bekanntgabe“, „Fehler bei der Bekanntgabe“ und „Widerspruchsfrist“).

E. Die Erfolgsaussichten eines Widerspruchs (Gutachten)

I. „Fußball oder Wahlhelfer“ (Anfechtungswiderspruch)

1. Sachverhalt (Aktenauszug)

Ordnungsgeldbescheid

Stadt Mannheim – Der Oberbürgermeister [...]

Gegen Postzustellungsurkunde

Frau Isa Wildt
Musterstraße 1

71234 Mannheim — Mannheim, den 28. Juni 2018

Festsetzung eines Ordnungsgeldes wegen Ablehnung eines Ehrenamts

Sehr geehrte Frau Wildt,

der Gemeinderat der Stadt Mannheim hat in nichtöffentlicher Sitzung vom 26. Juni 2018 folgenden Beschluss gefasst, den ich Ihnen hiermit in meiner Funktion als Oberbürgermeister bekannt gebe:

Gegen Sie wird ein Ordnungsgeld in Höhe von 1.000 Euro festgesetzt.

Begründung

I. Sachverhalt

Sie sind deutsche Staatsangehörige, volljährig und arbeiten als Beamtin des gehobenen Dienstes der Bundeswehrverwaltung im BiZBw in Mannheim. In Mannheim haben Sie seit nunmehr 10 Jahren auch ihren Hauptwohnsitz in der Musterstraße 1.

Am 2. Februar 2018 wurden Sie darüber informiert, dass beabsichtigt sei, Sie für die Kommunalwahlen in Baden-Württemberg am Sonntag, den 20. Mai 2018[48] zum Mitglied des Wahlvorstandes Nr. 123 in Mannheim zu bestellen. Außerdem wurden Sie gebeten, die Übernahme des Ehrenamtes zu bestätigen bzw. eventuell in Frage kommende Verhinderungsgründe der Stadt Mannheim innerhalb von zwei Wochen nach Bekanntgabe des Informationsschreibens mitzuteilen.

Daraufhin teilten Sie uns mit, dass Ihr Ehemann, Stürmer bei Waldhof Mannheim, an dem Wahltag ein Heimspiel habe, für das er vermutlich auch aufgestellt werde.

Mit Bescheid vom 3. April 2018 habe ich Sie für die Kommunalwahlen in Baden-Württemberg am 20. Mai 2018 zur Beisitzerin für den Wahlvorstand Nr. 123 in Mannheim bestellt. In der Bestellung wurden Sie darauf hingewiesen, dass die Teilnahme Ihres Ehemannes an einem Heimspiel bei Waldhof Mannheim die Ablehnung des Ehrenamtes nicht rechtfertige.[49] Laut Postzustellungsurkunde wurde Ihnen diese Bestellung persönlich am 4. April 2018 an Ihrer Haustür übergeben.

Am 20. Mai 2018 erschienen Sie jedoch nicht, sondern ließen uns am 19. Mai 2018 per E-Mail wissen, dass Ihr Ehemann wie bereits vermutet vom Trainier für die Startelf bei Waldhof Mannheim nominiert worden sei und Sie unbedingt zu dem Spiel müssten.

Dieser Sachverhalt wurde dem Gemeinderat mitgeteilt, der daraufhin in seiner Sitzung vom 26. Juni 2018 zunächst eingehend beriet, ob und ggf. in welcher Höhe gegen Sie ein Ordnungsgeld verhängt werden solle, und dann einstimmig beschloss, gegen Sie ein Ordnungsgeld in der oben genannten Höhe festzusetzen.

II. Rechtliche Würdigung

Die Festsetzung des Ordnungsgeldes beruht auf § 16 Abs. 3 Satz 1 Gemeindeordnung für Baden-Württemberg (GemO BW).

Sie ist formell rechtmäßig.

Zuständig für die Festsetzung des Ordnungsgeldes ist nach § 16 Abs. 3 Satz 1 GemO BW der Gemeinderat. Dieser hat unter Beachtung der einschlägigen Vorschriften der Gemeindeordnung und nach eingehender vorheriger Beratung ordnungsgemäß durch Mehrheitsbeschluss entschieden. In meiner Funktion als Vor-

48 Fiktiver Fall.

49 Der Bescheid enthielt eine ordnungsgemäße Rechtsbehelfsbelehrung.

sitzender des Gemeinderats (§ 43 Abs. 1 GemO BW) bin ich für die Bekanntgabe dieses Beschlusses zuständig.[50]

Die einschlägigen Verfahrens- und Formvorschriften nach dem Landesverwaltungsverfahrensgesetz Baden-Württemberg (LVwVfG BW) wurden beachtet. Auf eine Anhörung konnte verzichtet werden, da Sie bereits vor der Bestellung zur Beisitzerin ausreichend angehört worden sind.

Die Festsetzung ist auch materiell rechtmäßig.

Sie sind gemäß § 12 Abs. 1 GemO BW Bürgerin der Stadt Mannheim.[51] Die Begleitung des Ehemannes zum Besuch eines Fußballspiels ist kein wichtiger Grund, eine ehrenamtliche Tätigkeit wie die Bestellung als Beisitzerin im Wahlvorstand (siehe §§ 14 Abs. 1, 15 Abs. 1 Satz 1 Kommunalwahlgesetz) abzulehnen, insbesondere liegt kein Regelbeispiel im Sinne des § 16 Abs. 1 Satz 2 Nr. 7 GemO BW vor. Trotzdem haben Sie am Wahltag Ihr Ehrenamt nicht angetreten.

Die Festsetzung eines Ordnungsgeldes stand im Ermessen des Gemeinderats. Der dafür vorgesehene Rahmen wurde eingehalten. Nach eingehender Beratung hat sich der Gemeinderat für ein Ordnungsgeld in Höhe von 1.000 Euro entschieden. Hintergrund ist, dass die unberechtigte Ablehnung von Ehrenämtern rapide zugenommen hat und hier auch für die Öffentlichkeit ein deutliches Zeichen gesetzt werden soll, dass die Bestellung zu einem Ehrenamt ernst zu nehmen ist.

Rechtsbehelfsbelehrung

Gegen diesen Bescheid kann innerhalb eines Monats nach Zustellung Widerspruch beim Gemeinderat der Stadt Mannheim in Mannheim erhoben werden.

Mit freundlichen Grüßen

[...] (Unterschrift des Oberbürgermeisters)

Zustellung

Laut Postzustellungsurkunde wurde das oben genannte Schreiben Frau Wildt am Samstag, den 30.06.2018 in ihrer Wohnung in der Musterstraße 1 persönlich übergeben.

---

50 Diese Ausführungen zur Zuständigkeit des Gemeinderats, zur ordnungsgemäßen Beschlussfassung und zur Bekanntgabe des Beschlusses durch den Oberbürgermeister dürfen Sie als richtig unterstellen und insofern von der formellen Rechtmäßigkeit des Ordnungsgeldbescheids ausgehen.

51 Dass Frau Wildt nach § 12 Abs. 1 GemO BW Bürgerin der Stadt Mannheim ist, dürfen Sie als richtig unterstellen.

Widerspruch

Am 04.08.2018 geht beim Gemeinderat der Stadt Mannheim folgendes, korrekt adressiertes Schreiben (übermittelt durch einfachen Brief, Poststempel vom 24.07.2018) ein:

Rechtsanwalt Arno Berg
Musterweg 17

71234 Mannheim — 23. Juli 2018

Stadt Mannheim/Gemeinderat

...

Ordnungsgeld gegen meine Mandantin Ina Wildt

Ihr Bescheid vom 28. Juni 2018
Anlage: schriftliche Vollmacht

Sehr geehrte Damen und Herren,

anbei übersende ich zunächst die schriftliche Vollmacht. Im Namen von Frau Wildt erhebe ich gegen den Bescheid der Stadt Mannheim/Gemeinderat vom 28. Juni 2018 Widerspruch und beantrage:

1. *Der Ordnungsgeldbescheid vom 28. Juni 2018 wird aufgehoben.*
2. *Die Kosten des Verfahrens werden der Stadt Mannheim auferlegt.*
3. *Die Hinzuziehung eines Rechtsanwalts wird für notwendig erklärt.*

Begründung

Der Bescheid ist wegen fehlender Anhörung meiner Mandantin bereits formell rechtswidrig. Außerdem hat meine Mandantin zu Recht das Ehrenamt abgelehnt: Sie beruft sich auf die Fürsorge der Familie und hat außerdem schon bei der letzten Bundestagswahl als Wahlhelferin geholfen.

Im Übrigen ist der Bescheid ermessensfehlerhaft:

Zum einen setzen Sie ein Ordnungsgeld fest, um eine Signalwirkung auch für Öffentlichkeit zu erreichen. Das dürfen Sie jedoch nicht.

Zum anderen ist ein Ordnungsgeld in Höhe von 1.000 Euro jedenfalls viel zu hoch. Hier hätten Sie zugunsten meiner Mandantin berücksichtigen müssen, dass sie in der Vergangenheit das Ehrenamt tadellos ausgeführt hat und dass ein erstmaliger Verstoß vorliegt.

Mit freundlichen Grüßen

Arno Berg

2. Aufgaben (4-stündige Klausur)

1. Aufgabe: Wovon hängt es ab, ob der Gemeinderat der Stadt Mannheim oder das Regierungspräsidium Karlsruhe (Aufsichtsbehörde der Stadt Mannheim) hier die zuständige Widerspruchsbehörde ist?
Hinweis: Antworten Sie in maximal 2–4 Sätzen unter Angabe der einschlägigen Rechtsnorm(en). Sie müssen das Problem nur benennen, nicht aber lösen.

2. Aufgabe: Ist der Widerspruch zulässig? Zu sämtlichen aufgeworfenen Rechtsfragen ist (notfalls im Wege eines Hilfsgutachtens) Stellung zu nehmen.

3. Aufgabe: Ist der Widerspruch begründet? Zu sämtlichen aufgeworfenen Rechtsfragen ist (notfalls im Wege eines Hilfsgutachtens) Stellung zu nehmen.
Hinweis: Diese Aufgabe ist auch dann zu bearbeiten, wenn der Widerspruch Ihrer Auffassung nach bereits unzulässig ist.

4. Aufgabe: Wem und in welcher Form wird der Widerspruchsbescheid bekannt gegeben?
Hinweis: Bitte antworten Sie in maximal 2–5 Sätzen unter Angabe der einschlägigen Rechtsnorm(en).

5. Aufgabe: Entwerfen Sie den vollständigen Tenor des Widerspruchsbescheids (ohne Gebührenentscheidung). Dieser muss Ihre Erörterungen zu den Aufgaben 2-3 folgerichtig umsetzen.

3. Anlagen

Gemeindeordnung für Baden-Württemberg (GemO BW)

§ 16 Ablehnung ehrenamtlicher Tätigkeit

(1) [1]Der Bürger kann eine ehrenamtliche Tätigkeit aus wichtigen Gründen ablehnen oder sein Ausscheiden verlangen. [2]Als wichtiger Grund gilt insbesondere, wenn der Bürger

1. ein geistliches Amt verwaltet,
2. ein öffentliches Amt verwaltet und die oberste Dienstbehörde feststellt, dass die ehrenamtliche Tätigkeit mit seinen Dienstpflichten nicht vereinbar ist,
3. zehn Jahre lang dem Gemeinderat oder Ortschaftsrat angehört oder ein öffentliches Ehrenamt verwaltet hat,
4. häufig oder langdauernd von der Gemeinde beruflich abwesend ist,
5. anhaltend krank ist,
6. mehr als 62 Jahre alt ist oder

7. durch die Ausübung der ehrenamtlichen Tätigkeit in der Fürsorge für die Familie erheblich behindert wird.

[3][...]

(2) [...]

(3) [1]Der Gemeinderat kann einem Bürger, der ohne wichtigen Grund eine ehrenamtliche Tätigkeit ablehnt oder aufgibt, ein Ordnungsgeld bis zu 1 000 Euro auferlegen. [2][...]

Verordnung des Innenministeriums zur Durchführung der Gemeindeordnung (DVO GemO)

§ 9 Ordnungsgeld

(1) Das Ordnungsgeld nach § 16 Abs. 3 Satz 1 [...] beträgt mindestens 50 Euro.

(2) [1]Das Ordnungsgeld ist schriftlich in bestimmter Höhe aufzuerlegen. [...].

Kommunalwahlgesetz Baden-Württemberg (KomWG BW)

§ 14 Wahlvorstände

(1) [1]Für jeden Wahlbezirk wird ein Wahlvorstand gebildet, der die Wahlhandlung leitet und das Wahlergebnis im Wahlbezirk feststellt. [2]Der Wahlvorstand besteht aus dem Wahlvorsteher als Vorsitzendem, seinem Stellvertreter und mindestens drei weiteren Beisitzern. [3]Die Mitglieder des Wahlvorstandes und die erforderlichen Hilfskräfte werden vom Bürgermeister aus den Wahlberechtigten und Gemeindebediensteten berufen. [...]

§ 15 Gemeinsame Vorschriften über die Ausschüsse und Wahlvorstände

(1) [1]Die Mitglieder der Ausschüsse und Wahlvorstände nach §§ 11 bis 14 außer dem Bürgermeister und dem Landrat, die Stellvertreter der Mitglieder sowie die Schriftführer und die Hilfskräfte sind ehrenamtlich tätig. [...]

LVwVfG BW, LVwZG BW und LVwVG BW

Hier nicht abgedruckt, bitte über das Internet recherchieren, sofern nicht vorhanden.

4. Ihre Vorarbeit

1. Sie lesen sorgfältig den Sachverhalt und die Aufgabenstellung.

2. Sie analysieren die Fragestellung:
Hier sollen Sie [...].

3. Sie fertigen eine Sachverhaltsskizze.
[...]

4. Gleichzeitig halten Sie alle Einfälle auf einem „Brainstorming-Blatt" fest.

[...]

5. Nun erstellen Sie zur Vorbereitung der Reinschrift eine Prüfungsskizze.

[...]

6. Nun notieren Sie im Prüfungsschema die Schwerpunkte!

[...]

7. Erst dann beginnen Sie mit der Reinschrift.

5. Erwartungshorizont

Diese Klausur ist eine von mir konzipierte Originalklausur aus der Laufbahnprüfung 2017 (Abschlussprüfung) an der HS-Bund/Fachbereich Bundeswehrverwaltung mit folgendem Erwartungshorizont:

Die Studierenden müssen in einem im Studium nicht behandelten Rechtsgebiet (Kommunalrecht und Festsetzung von Ordnungsgeldern wegen Ablehnung eines Ehrenamts) die Erfolgsaussichten eines Anfechtungswiderspruchs prüfen (Aufgaben 2 und 3) und zeigen, dass sie ihre Ergebnisse in praktische Entscheidungen umsetzen können (Aufgaben 1, 4 und 5).

Der Schwerpunkt liegt im allgemeinen Verwaltungsrecht und im Verwaltungsprozessrecht: Zulässigkeit des Widerspruchs (einschließlich Wiedereinsetzung von Amts wegen) und Begründetheit des Widerspruchs (fehlende Anhörung und deren Heilung; Erarbeiten der Tatbestandsvoraussetzungen, Ermessensausübung).

Sofern darüber hinausgehende Probleme erkannt werden (wie beispielsweise: Abgrenzung des Ordnungsgelds vom Bußgeld; Anwendung des Schuldprinzips; Feststellungswirkung der Bestellung zum Beisitzer in Bezug auf die Ablehnungsgründe nach § 16 Abs. 3 S. 1, 2 GemO; Festsetzung von Ordnungsgeldern als Ermessens- oder Rechtsentscheidung), kann dies mit Zusatzpunkten honoriert werden.

Der Lösungsvorschlag enthält zugleich einen Bewertungsvorschlag zur Vergabe der insgesamt 100 Leistungspunkte. Zur Zuordnung der entsprechenden Noten siehe oben (1. Kapitel in diesem 2. Teil).

6. Lösungsvorschlag

Widerspruchsbehörde (5 Punkte)

■ Zur 1. Aufgabe: Widerspruchsbehörde[52]

Problematisch ist hier, ob es sich bei der Festsetzung des Ordnungsgeldes nach § 16 Abs. 3 S. 1 GemO BW um eine Selbstverwaltungsangelegenheit des Gemeinderats der Stadt Mannheim handelt. Ist das der Fall, so ist Widerspruchsbehörde nach § 73 Abs. 1 S. 2 Nr. 3 VwGO der Gemeinderat der Stadt Mannheim; ansonsten ist das Regierungspräsidium Karlsruhe gemäß § 73 Abs. 1 S. 2 Nr. 1 VwGO als nächsthöhere Behörde die zuständige Widerspruchsbehörde.

■ Zur 2. Aufgabe: Zulässigkeit des Widerspruchs

Eröffnung des Verwaltungsrechtswegs (5 Punkte)

I. Eröffnung des Verwaltungsrechtsweges

Der Widerspruch ist nur zulässig, wenn für eine nachfolgende Klage der Verwaltungsrechtsweg eröffnet wäre. Der Verwaltungsrechtsweg ist mangels aufdrängender Sonderzuweisung[53] nach § 40 Abs. 1 VwGO in allen öffentlich-rechtlichen Streitigkeiten nichtverfassungsrechtlicher Art gegeben, soweit keine abdrängende Sonderzuweisung an ein anderes Gericht besteht.[54] Eine öffentlich-rechtliche Streitigkeit liegt vor, wenn die streitentscheidende Norm zum öffentlichen Recht gehört. Streitentscheidende Norm ist hier § 16 Abs. 3 Abs. 1 GemO BW, eine Norm, die ausschließlich den Gemeinderat und nicht Private zur Festsetzung von Ordnungsgeldern berechtigt und damit zum öffentlichen Recht gehört. Der Streit ist nichtverfassungsrechtlicher Art, da hier Bürger und Gemeinde um die Rechtmäßigkeit des Ordnungsgeldes streiten. Es besteht auch keine abdrängende Sonderzuweisung an ein anderes Gericht.[55]

---

52 An einer Hochschule des Landes für öffentliche Verwaltung, an der das Fach Kommunalrecht zum Pflichtunterricht gehört, wäre nicht nur das Problem aufzuzeigen, sondern die zuständige Behörde zu benennen.

53 Zwar ist Isa Wildt Bundesbeamtin. § 126 Abs. 1 BBG greift aber nicht, weil es hier nicht um eine Streitigkeit aus dem Beamtenverhältnis zwischen ihr und der Bundesrepublik Deutschland geht.

54 Ebenfalls vertretbar: *„Der Widerspruch ist nach § 40 Abs. 1 VwGO analog zulässig, wenn der Verwaltungsrechtsweg eröffnet ist“* bzw. *„Nach § 40 Abs. 1 VwGO analog müsste zunächst der Verwaltungsrechtsweg eröffnet sein.“*

55 Zusatzpunkte, wenn hier eine abdrängende Sonderzuweisung an die Amtsgerichte nach § 68 Abs. 1 S. 1 OWiG angesprochen und verneint wird. Weder handelt die Verwaltungsbehörde hier der Form nach durch Bußgeldbescheid (keine entsprechende Bezeichnung, keine entsprechende Rechtsbehelfsbelehrung) noch geht es materiell-rechtlich um die Ahndung einer Ordnungswidrigkeit i.S.d. § 1 Abs. 1 OWiG, da § 16 Abs. 3 GemO BW als Sanktionsmittel nicht die Geldbuße, sondern das Ordnungsgeld vorsieht. A.A. vertretbar („Umgehung des

Statthaftigkeit (5 Punkte)

II. Statthaftigkeit des Widerspruchs

Hier könnte ein Anfechtungswiderspruch statthaft sein.

Dieser ist nach § 68 Abs. 1 S. 1 VwGO grundsätzlich vorgeschrieben, wenn im nachfolgenden Gerichtsverfahren die Anfechtungsklage statthaft ist, d.h. wenn nach § 42 Abs. 1, Var. 1 VwGO die Aufhebung eines Verwaltungsakts (§ 35 VwVfG)[56] begehrt wird.[57] Frau Wildt begehrt die Aufhebung des festgesetzten Ordnungsgeldes in Höhe von 1.000 €. Durch die Festsetzung des Ordnungsgeldes wird Frau Wildt vom Gemeinderat hoheitlich auf dem Gebiet des öffentlichen Rechts eine Zahlungspflicht auferlegt und damit eine verpflichtende[58] Einzelfallregelung mit Außenwirkung getroffen. Dies stellt einen Verwaltungsakt i.S.d. § 35 S. 1 LVwVfG BW dar, der auch alle Merkmale von § 35 S. 1 VwVfG erfüllt.

Der Anfechtungswiderspruch ist nach § 68 Abs. 1 S. 2 VwGO auch nicht ausnahmsweise ausgeschlossen und somit insgesamt statthaft.

Widerspruchsbefugnis (5 Punkte)

III. Widerspruchsbefugnis

Weiter müsste Frau Wildt widerspruchsbefugt sein.

Widerspruchsbefugt ist nach § 42 Abs. 2 VwGO analog, wer geltend macht, durch den Verwaltungsakt in seinen Rechten verletzt zu sein. Bei Ermessensverwaltungsakten ist mit Hinblick auf § 68 Abs. 1 S. 1 VwGO auch widerspruchsbefugt, wer geltend macht, durch einen rechtmäßigen, aber unzweckmäßigen Verwaltungsakt in seiner Rechtsstellung beeinträchtigt zu sein.

Ausreichend ist nach h.M., dass die vom Widerspruchsführer geltend gemachte Rechtsverletzung (bzw. Beeinträchtigung in einer eigenen Rechtsstellung) möglich erscheint (Möglichkeitstheorie).

Eine mögliche Verletzung eigener Rechte kann der Adressat eines belastenden Verwaltungsakts immer geltend machen, da er, sollte der Verwaltungsakt tatsächlich formell und/oder materiell rechtswidrig sein, zumin-

---

Ordnungswidrigkeitenrechts“): Dann war laut Aufgabenstellung hilfsgutachtlich weiter zu prüfen.

56 Korrekterweise ist der Begriff des VA i.S.d. § 68 VwGO ein bundesrechtlicher, daher ist an § 35 VwVfG anzuknüpfen. Dennoch kein Abzug, wenn an das LVwVfG BW angeknüpft wird.

57 Ebenfalls vertretbar: *„Der Anfechtungswiderspruch ist nach § 68 Abs. 1 S. 1 VwGO i.V.m. § 42 Abs. 1 Alt. 1 VwGO analog statthaft, wenn Ziel die Aufhebung eines Verwaltungsakts ist.“*

58 Ebenfalls vertretbar: Zusätzlich wird eine feststellende Regelung getroffen (verbindliche Feststellung des Verstoßes).

dest in seinem Recht auf allgemeine Handlungsfreiheit aus Art. 2 Abs. 1 GG verletzt wäre (Adressatentheorie).

Frau Wildt, die sich auf die Rechtswidrigkeit des Verwaltungsakts aus formellen und materiellen Gründen beruft, ist als Adressatin des Ordnungsgeldbescheids somit unproblematisch widerspruchsbefugt.

§§ 11, 12, 14 (L)VwVfG (2 Punkte)

IV. Beteiligungsfähigkeit, Handlungsfähigkeit, Vertretung

Die Widerspruchsführerin ist nach §§ 79, 11 Nr. 1 Alt. 1 LVwVfG BW beteiligungs- und nach §§ 79, 12 Abs. 1 Nr. 1 LVwVfG BW auch handlungsfähig. Sie lässt sich hier nach §§ 79, 14 Abs. 1 S. 1 LVwVfG BW durch Rechtsanwalt Berg als ihren Bevollmächtigten vertreten.

V. Ordnungsgemäße Erhebung des Widerspruchs

Richtige Stelle (1 Punkt)

1. Erhebung bei der richtigen Behörde

Der Widerspruch kann nach § 70 Abs. 1 S. 1 VwGO entweder bei der Ausgangs- oder nach § 70 Abs. 1 S. 2 VwGO bei der Widerspruchsbehörde erhoben werden. Hier wurde der Widerspruch beim Gemeinderat der Stadt Mannheim, also bei der Ausgangsbehörde erhoben.

Form (2 Punkte)

2. Form

Formgemäß ist der Widerspruch nach § 70 Abs. 1 S. 1 VwGO, wenn er schriftlich, elektronisch nach § 3a Abs. 2 VwVfG oder zur Niederschrift erhoben wird. Hier wurde der Widerspruch durch Rechtsanwaltsschreiben, also schriftlich und damit formgerecht erhoben. (2 Punkte)

Frist (10 Punkte)

3. Frist

Zu prüfen ist, ob der Widerspruch auch fristgemäß erhoben wurde.

Nach § 70 Abs. 1 S. 1 VwGO ist der Widerspruch grundsätzlich innerhalb eines Monats nach Bekanntgabe des Verwaltungsakts zu erheben. Nur bei fehlender oder fehlerhafter Rechtsbehelfsbelehrung beträgt die Widerspruchsfrist gemäß §§ 70 Abs. 2, 58 Abs. 2 VwGO ein Jahr. Hier war die Rechtsbehelfsbelehrung nach § 58 Abs. 1 VwGO richtig erteilt, da über den Rechtsbehelf (Widerspruch), die Verwaltungsbehörde und deren Sitz (Gemeinderat Mannheim in Mannheim) und die einzuhaltende Frist (innerhalb eines Monats nach Zustellung) schriftlich belehrt worden ist. Somit ist die Monatsfrist zu beachten.

Der Ordnungsgeldbescheid wurde laut Postzustellungsurkunde am Samstag, den 30.06.2018 Frau Wild ordnungsgemäß nach § 3 LVwZG BW zugestellt und damit bekannt gegeben.

Damit konnte gemäß §§ 79, 31 Abs. 1 LVwVfG BW i. V. m. §§ 188 Abs. 2 Hs. 1, 187 Abs. 1 BGB bis Montag, den 30.07.2018 um 24.00 Uhr fristgerecht Widerspruch erhoben werden.[59]

Der erst am 04.08.2018 eingegangene Widerspruch ist somit verfristet.

Wiedereinsetzung (10 Punkte)

4. Wiedereinsetzung in den vorigen Stand von Amts wegen

Zu prüfen ist, ob von Amts wegen nach § 70 Abs. 2 VwGO i. V. m. § 60 Abs. 2 S. 4 VwGO Wiedereinsetzung in den vorigen Stand gewährt werden kann bzw. zu gewähren ist.

Dann müsste Frau Wildt gemäß § 60 Abs. 1 VwGO ohne Verschulden verhindert gewesen sein, eine gesetzliche Frist – hier die in § 70 Abs. 1 S. 1 VwGO geregelte Widerspruchsfrist – einzuhalten. Ein Verschulden liegt vor, wenn die Frist vorsätzlich oder fahrlässig nicht eingehalten worden ist. Maßgeblich ist nach h. M. ein subjektiver Fahrlässigkeitsmaßstab. Fahrlässig handelt also, wer gegen eine individuelle Sorgfaltspflicht verstößt, auf die er sich einstellen konnte. Das Verschulden eines Vertreters steht dem Verschulden des Beteiligten gleich, § 173 VwGO i. V. m. § 85 Abs. 2 ZPO.[60]

Rechtsanwalt Berg hat das Widerspruchsschreiben laut Poststempel am 24.07.2018 bei der Post aufgegeben. Er durfte darauf vertrauen, dass das Schreiben bei ordnungsgemäßer Beförderung von maximal 2 Werktagen noch rechtzeitig bei der Ausgangsbehörde eingehen wird. Die Fristsäumnis ist damit unverschuldet. Die versäumte Rechtshandlung – hier die Erhebung des Widerspruchs – ist bereits nachgeholt.

Da die unverschuldete Fristsäumnis offensichtlich ist und auch sonst keine Gründe ersichtlich sind, die gegen eine Wiedereinsetzung von Amts wegen sprechen könnten, ist von Amts wegen Wiedereinsetzung zu gewähren (Reduzierung des Verfahrensermessens auf null).

■ Zur 3. Aufgabe: Begründetheit des Widerspruchs

Obersatz (3 Punkte)

Der Anfechtungswiderspruch ist nach § 68 Abs. 1 S. 1 VwGO i. V. m. § 113 Abs. 1 S. 1 VwGO analog begründet, soweit der Verwaltungsakt rechtswidrig und der Widerspruchsführer dadurch in seinen Rechten verletzt ist.

59 Ebenfalls vertretbar: § 57 VwGO i. V. m. § 222 ZPO i. V. m. §§ 188 Abs. 2, 187 Abs. 1 BGB.

60 Ebenfalls vertretbar: §§ 79, 32 Abs. 1 S. 2 LVwVfG BW.

Ist der Verwaltungsakt rechtmäßig und steht dessen Erlass im Ermessen der Verwaltung, ist der Anfechtungswiderspruch auch dann begründet, soweit der Verwaltungsakt unzweckmäßig ist und der Widerspruchsführer dadurch in seiner Rechtsstellung beeinträchtigt ist. Voraussetzung ist dann allerdings, dass die Behörde, die über den Widerspruch zu entscheiden hat, nicht auf eine Rechtmäßigkeitskontrolle beschränkt ist.

A. Rechtswidrigkeit der Auferlegung des Ordnungsgeldes

Rechtsgrundlage (2 Punkte)

I. Rechtsgrundlage

Zu prüfen ist zunächst, ob die Ausgangsbehörde das Ordnungsgeld auf die richtige Rechtsgrundlage gestützt hat. Richtige Rechtsgrundlage ist hier § 16 Abs. 3 S. 1 GemO BW. Danach kann der Gemeinderat einem Bürger, der ohne wichtigen Grund eine ehrenamtliche Tätigkeit ablehnt oder aufgibt, ein Ordnungsgeld bis zu 1.000 Euro auferlegen. *(Diese Vorschrift hat als Spezialnorm Anwendungsvorrang und schließt einen Rückgriff auf § 87 LVwVfG BW aus.)*[61] Genau hierauf hat der Gemeinderat die Festsetzung des Ordnungsgeldes auch gestützt.

Anhörung (10 Punkte)

II. Formelle Voraussetzungen

Laut Aufgabenstellung ist von der sachlichen und örtlichen Zuständigkeit des Gemeinderats und der ordnungsgemäßen Beschlussfassung im Gemeinderat auszugehen.

Fraglich ist, ob die Verfahrensrechte der Beteiligten ausreichend beachtet worden sind. Nach § 28 Abs. 1 LVwVfG BW ist, bevor ein Verwaltungsakt erlassen wird, der in Rechte eines Beteiligten eingreift, diesem Gelegenheit zu geben, sich zu den für die Entscheidung erheblichen Tatsachen zu äußern.

Wie geprüft, stellt die Auferlegung des Ordnungsgeldes einen Verwaltungsakt dar. Frau Wildt ist als diejenige, an die der Verwaltungsakt gerichtet ist, Beteiligte des Verfahrens (§ 13 Abs. 1 Nr. 2 LVwVfG BW). Die Auferlegung des Ordnungsgelds in Höhe von 1.000 Euro stellt, wie bereits ebenfalls geprüft, zumindest einen Eingriff in ihr Recht auf allgemeine Handlungsfreiheit (Art. 2 Abs. 1 GG) dar.

Ein Ausnahmegrund nach § 28 Abs. 2 oder 3 LVwVfG BW ist nicht ersichtlich, so dass Frau Wildt vor Erlass des Ordnungsgeldbescheids hätte angehört werden müssen. Die Anhörung vor der Bestellung als Beisitzerin

61 Der Hinweis auf § 87 LVwVfG war nicht verlangt. Hier können Zusatzpunkte vergeben werden.

im Wahlvorstand reicht hierfür nicht, da für die Festsetzung des Ordnungsgeldes nicht die gleichen Tatsachen erheblich sind wie bei der Bestellung zum Ehrenamt. Eine ordnungsgemäße Anhörung ist somit bisher nicht erfolgt. Die fehlende Anhörung kann gemäß § 45 Abs. 1 Nr. 3, Abs. 2 LVwVfG BW bis zum Abschluss der letzten Tatsacheninstanz eines verwaltungsgerichtlichen Verfahrens und damit auch im Widerspruchsverfahren nachgeholt werden. Nach der Rechtsprechung tritt mit Durchführung des Vorverfahrens automatisch Heilung ein, wenn im Ausgangsbescheid die entscheidungserheblichen Tatsachen aufgeführt werden und sich die Behörde mit den Einwänden, die der Bürger im Widerspruch vorbringt, auseinandersetzt. Damit kann die fehlende Anhörung hier geheilt werden, indem die von Rechtsanwalt Berg im Namen der Widerspruchsführerin vorgebrachten Einwände bei der Entscheidung über den Widerspruch beachtet werden.

Sonstige Verstöße sind nicht erkennbar und werden auch nicht geltend gemacht.

III. Materielle Voraussetzungen

Tatbestandsvoraussetzungen (5 Punkte)

1. Vorliegen der Tatbestandsvoraussetzungen

Voraussetzung für die Auferlegung eines Ordnungsgeldes ist, dass ein Bürger ohne wichtigen Grund eine ehrenamtliche Tätigkeit ablehnt oder aufgibt.

a) Frau Wildt ist laut Sachverhalt Bürgerin der Stadt Mannheim. Sie wurde gemäß § 14 Abs. 1 KomWG BW bestandskräftig zum Mitglied des Wahlvorstandes berufen.[62] Diese Tätigkeit ist nach § 15 Abs. 1 S. 1 KomWG BW ehrenamtlich. Frau Wildt hat das Ehrenamt abgelehnt, indem sie am Wahltag nicht erschienen ist.

b) Fraglich ist, ob sie die ehrenamtliche Tätigkeit ohne wichtigen Grund abgelehnt hat.[63] In § 16 Abs. 1 S. 2 Nr. 1 bis 7 GemO BW werden Regelbeispiele aufgeführt, in denen das private Interesse an der Ablehnung des Ehrenamts das öffentliche Interesse an der Wahrnehmung der ehrenamtlichen Tätigkeit überwiegt. Ein Ausnahmegrund nach § 16 Abs. 1 S. 2 Nr. 3 GemO BW liegt nicht vor, da Frau Wildt zwar bereits früher ehrenamtlich

---

62 Wegen der Bestandskraft war die Rechtmäßigkeit der Bestellung nicht zu prüfen; a. A. vertretbar.

63 Zusatzpunkte für Studierende, die hier problematisieren, ob das Fehlen eines wichtigen Grundes nicht bereits bestandskräftig durch die Bestellung vom 03.04.2018 festgestellt worden und hier damit gar nicht mehr zu prüfen ist. Laut Sachverhalt wurde das Nichtvorliegen eines Ausnahmegrundes allerdings nicht im Tenor des Bescheids bereits verbindlich festgestellt, sondern nur ein entsprechender Hinweis in der Begründung für die Bestellung gegeben.

als Wahlhelferin im Einsatz war, sie dieses Ehrenamt aber nicht bereits zehn Jahre lang verwaltet hat. Weiter beruft sich Frau Wildt auf ihre besondere Fürsorgepflicht für ihren Ehemann. Die Fürsorge für die Familie ist nach § 16 Abs. 1 S. 2 Nr. 7 GemO BW als Ablehnungsgrund aber nur dann anerkannt, wenn die Ausübung der ehrenamtlichen Tätigkeit die Fürsorge der Familie erheblich behindert. Das wäre z. B. der Fall, wenn Familienangehörige gepflegt werden müssten, nicht jedoch wie hier bei einer einmaligen Nichtteilnahme bei einem Heimspiel des Ehemannes. Ein sonstiger, mit den in § 16 Abs. 1 S. 2 GemO BW aufgezählten Regelbeispielen vergleichbarer wichtiger Grund ist ebenfalls nicht erkennbar. Frau Wildt ist nicht anders als andere Wahlhelfer in ihrer persönlichen Freizeitgestaltung betroffen.

(c) Ob auch Verschulden erforderlich ist und ob Fahrlässigkeit ausreichend ist, kann hier offen bleiben, da Frau Wildt die ehrenamtliche Tätigkeit wissentlich und willentlich und damit vorsätzlich ablehnte, um das Spiel ihres Mannes zu besuchen. Sofern sie meinte, die Teilnahme am Heimspiel berechtige sie zur Ablehnung der ehrenamtlichen Tätigkeit, läge ein bloßer Subsumtionsirrtum vor, der den Vorsatz nicht ausschließt, und im Übrigen vermeidbar gewesen wäre.[64]

2. Setzen einer rechtmäßigen Rechtsfolge im Ausgangsbescheid

Ermessensnorm (1 Punkt)

Nach § 16 Abs. 3 S. 1 GemO BW steht es im Ermessen des Gemeinderats, ob und ggf. in welcher Höhe ein Ordnungsgeld festgesetzt wird. Zu prüfen ist, ob der Gemeinderat das ihm eingeräumte Ermessen gemäß § 40 LVwVfG BW entsprechend dem Zweck und innerhalb der gesetzlichen Grenzen der Ermächtigungsgrundlage ausgeübt hat.

Kein Ermessensnichtgebrauch (1 Punkt)

a) Kein Ermessensnichtgebrauch

Der Gemeinderat müsste zunächst sein Ermessen erkannt und ausgeübt haben, ansonsten liegt ein Ermessensnichtgebrauch vor. Laut Bescheid wurde im Gemeinderat ausführlich darüber diskutiert, ob und in welcher Höhe ein Ordnungsgeld verhängt werden soll. Ein Ermessensnichtgebrauch liegt folglich nicht vor.

Kein Ermessensfehlgebrauch (3 Punkte)

b) Kein Ermessensfehlgebrauch

Die Behörde muss das ihr eingeräumte Ermessen entsprechend dem Zweck der Ermächtigungsgrundlage ausüben. Sachfremde Erwägungen darf sie

64 Diese Ausführungen waren nicht verlangt und können mit Zusatzpunkten honoriert werden.

nicht einstellen, für die Entscheidung wichtige Gesichtspunkte dürfen nicht vergessen werden, ansonsten liegt ein Ermessensfehlgebrauch vor.

Gesetzeszweck von § 16 Abs. 3 S. 1 GemO BW i. V. m. §§ 14 Abs. 1, 15 Abs. 1 S. 1 KomWG BW ist es, die zur Übernahme eines Ehrenamtes verpflichteten Bürger zumindest mittelbar durch die Möglichkeit der Festsetzung eines Ordnungsgeldes zum Dienstantritt zu veranlassen, um so die ordnungsgemäße Durchführung von Kommunalwahlen sicherzustellen, die ohne die Bestellung Ehrenamtlicher nicht möglich wäre. Damit dürfen – anders als Rechtsanwalt Berg meint – nicht nur spezialpräventive, sondern auch generalpräventive Überlegungen in die Ermessensausübung eingestellt werden. Es ist also nicht ermessensfehlerhaft, wenn zu Lasten von Frau Wildt berücksichtigt worden ist, dass die unberechtigte Ablehnung von Ehrenämtern zugenommen hat und das Ordnungsgeld daher auch aus generalpräventiven Gründen verhängt werden soll.[65]

c) Keine Ermessensüberschreitung

Das Ermessen müsste auch innerhalb der gesetzlichen Grenzen des Ermessens ausgeübt werden. Die gesetzlichen Grenzen ergeben sich aus dem Wortlaut der Rechtsgrundlage selbst und dem sonstigen geltenden Recht, insbesondere aus dem Verhältnismäßigkeitsprinzip, aus den Grundrechten oder aus dem Unionsrecht.

Wortlautgrenze (2 Punkte)

aa) Wortlautgrenzen

Nach § 16 Abs. 3 S. 1 GemO BW i. V. m. § 9 Abs. 1 DVO GemO BW beträgt das Ordnungsgeld mindestens 50 Euro und maximal 1.000 Euro. Diese Wortlautgrenze wird bei einem Ordnungsgeld in Höhe von 1.000 Euro gewahrt.

Verhältnismäßigkeit (8 Punkte)

bb) Sonstige Grenzen

Als sonstige gesetzliche Grenze ist hier der Verhältnismäßigkeitsgrundsatz (Art. 20 Abs. 3 GG) zu prüfen. Eine Verwaltungsmaßnahme ist verhältnismäßig, wenn sie zur Verfolgung eines legitimen Zwecks geeignet, erforderlich und angemessen ist.

(1) Verhältnismäßigkeit der Festsetzung eines Ordnungsgeldes

Die Festsetzung des Ordnungsgeldes müsste geeignet, d. h. förderlich für den angestrebten legitimen Zweck sein. Durch die Sanktionierung mit dem Ordnungsgeld werden Frau Wildt und andere dazu angehalten, zukünftig

---

65 A.A. vertretbar z. B. mit der Begründung, dass das Verwaltungsverfahren nichtöffentlich ist und eine Abschreckung der Öffentlichkeit somit schon gar nicht erreicht werden kann.

eine ehrenamtliche Tätigkeit nicht ohne besonderen Grund abzulehnen. Damit wird die Durchführung zukünftiger Wahlen zumindest mittelbar sichergestellt. Die Maßnahme ist somit geeignet.

Eine Maßnahme ist erforderlich, wenn es kein milderes (den Betroffenen weniger belastendes), aber gleich geeignetes Mittel gibt. Eine Verwarnung wäre zwar milder, nicht aber gleich geeignet. Somit ist kein milderes Mittel ersichtlich.

Schließlich muss die Maßnahme auch angemessen sein. Die Maßnahme ist angemessen, wenn für den Betroffenen kein Nachteil herbeigeführt wird, der erkennbar außer Verhältnis zum beabsichtigten Erfolg steht. Dies ist im Rahmen einer Gesamtabwägung festzustellen: Die Schwere des Eingriffs in die Rechtsgüter des Betroffenen ist abzuwägen mit dem Nutzen der Maßnahme für die Allgemeinheit, hier also die Betroffenheit von Frau Wildt durch das festgesetzte Ordnungsgeld in ihrer allgemeinen Handlungsfreiheit (Art. 2 Abs. 1 GG) mit dem öffentlichen Interesse an der ordnungsgemäßen Durchführung der Kommunalwahlen. Dabei hat die ordnungsgemäße Durchführung von Wahlen schon grundsätzlich ein besonderes Gewicht. Hier kommt hinzu, dass es immer schwieriger wird, Freiwillige als Wahlhelfer zu finden, so dass der Staat zunehmend auf die Bestellung von Wahlhelfern auch gegen deren Willen angewiesen ist. Daher erscheint es nicht unangemessen, wenn der Gemeinderat hier ein Ordnungsgeld festsetzt. Dass Frau Wildt in der Vergangenheit bereits als Wahlhelferin zur Verfügung gestanden hat und dieses Amt damals auch tadellos wahrgenommen hat, zwingt nicht dazu, von einer Festsetzung des Ordnungsgeldes vollständig abzusehen.

(2) Verhältnismäßigkeit der Festsetzung eines Ordnungsgeldes in Höhe von 1.000 Euro

Fraglich ist allerdings, ob auch die Höhe des Ordnungsgeldes verhältnismäßig ist.

An der Geeignetheit bestehen keine Zweifel.

Problematisch ist, ob ein Ordnungsgeld in Höhe von 1.000 Euro erforderlich ist, um Frau Wildt und andere anzuhalten, künftig Ehrenämter anzutreten und so die Durchführung von Wahlen sicherzustellen. Hier gibt der Gesetzgeber einen Rahmen von 50 bis 1.000 Euro vor, wobei die Mindesthöhe für sehr geringfügige Verstöße und deren künftige Vermeidung, die Maximalhöhe hingegen für besonders schwerwiegende Verstöße und deren künftige Vermeidung vorgesehen ist. Ein solcher besonders schwerwiegender Verstoß liegt hier nicht vor. So war die ordnungsgemäße Durchführung der Kommunalwahlen beispielsweise nicht ernsthaft bedroht. Außerdem ist der Verstoß erstmalig. Milderes Mittel wäre ein Ordnungsgeld im unteren Bereich etwas oberhalb von 50 Euro bis zu 500 Euro gewesen. Das Ordnungsgeld in Höhe von 1.000 Euro ist nicht erforderlich und damit materiell rechtswidrig.

Rechtsverletzung (1 Punkt)

B. Rechtsverletzung

Frau Wildt ist durch den materiell rechtswidrigen Ordnungsgeldbescheid in ihrem Recht auf allgemeine Handlungsfreiheit (Art. 2 Abs. 1 GG) verletzt.

Ermessen im Widerspruchsverfahren (4 Punkte)

C. Erneute Ermessensausübung im Widerspruchsverfahren[66]

Der Ordnungsgeldbescheid in Höhe von 1.000 Euro kann somit nicht aufrecht erhalten bleiben. Frau Wildt hat jedoch keinen Anspruch darauf, dass der Ordnungsgeldbescheid vollständig aufgehoben wird. Vielmehr kann im Widerspruchsverfahren nunmehr unter Berücksichtigung der oben gemachten Ausführungen zur Erforderlichkeit ermessensfehlerfrei erneut über die Höhe des Ordnungsgeldes entschieden werden. Berücksichtigt man hier, dass Frau Wildt in der Vergangenheit ohne Tadel das Ehrenamt während der Bundestagswahl ausgeübt und der Stadt Mannheim nochmals kurz vor dem Wahltag mitgeteilt hat, dass sie das Ehrenamt nicht antreten werde, dass andererseits aber die unberechtigte Ablehnung des Ehrenamt schon aus generalpräventiven Gründen nicht hingenommen werden kann und das Absehen von einer Sanktionierung eine negative Signalwirkung hätte, erscheint die Festsetzung eines Ordnungsgeldes in Höhe von 100 Euro zweckmäßig.

D. Gesamtergebnis

Der Widerspruch ist insoweit begründet, als ein höheres Ordnungsgeld als 100 Euro festgesetzt wurde. Im Übrigen ist der Widerspruch unbegründet.

Zustellung an Rechtsanwalt (5 Punkte)

■ Zur 4. Aufgabe:

Nach § 73 Abs. 3 S. 1 und S. 2 VwGO muss der Widerspruchsbescheid nach den Vorschriften des VwZG zugestellt werden. Ist der Widerspruchsführer (wie hier) anwaltlich vertreten und liegt eine schriftliche Vollmacht vor, muss der Widerspruchsbescheid gemäß § 7 Abs. 1 S. 2 VwZG zwingend an den Rechtsanwalt zugestellt werden. Zweckmäßig ist bei Rechtsanwälten die Zustellung gegen Empfangsbekenntnis nach § 5 Abs. 4 VwZG.

66 Ebenfalls vertretbar: Keine separate Ermessensausübung wie hier, sondern abschließende Darstellung im Rahmen der Ermessensausübung.

Zur 5. Aufgabe:

Tenor (10 Punkte)

Tenor des Widerspruchsbescheids: [67]

1. Es wird von Amts wegen Wiedereinsetzung in den vorigen Stand gewährt.
2. Auf Ihren Widerspruch vom 23.07.2018 gegen den Ordnungsgeldbescheid der Stadt Mannheim vom 28.06.2018 wird das Ordnungsgeld auf nunmehr 100 Euro statt wie bisher 1.000 Euro festgesetzt. Im Übrigen wird der Widerspruch zurückgewiesen.
3. Die Kosten des Widerspruchsverfahrens trägt die Stadt Mannheim.[68]
4. Die Hinzuziehung eines Rechtsanwalts war erforderlich.[69]

II. „Wir brauen eine Widerspruchsklausur" (zugleich: Rechtmäßigkeit einer Gebührensatzung)

1. „Zutatenliste" oder „Wir brauen eine Klausur"

Wir möchten eine „schöne" Abschlussklausur „zusammenbrauen". Die Studierenden sollen zeigen, dass sie ihr Wissen aus mehreren Rechtsfächern zusammenführen können. Wir nehmen folgende „Zutaten":

- Allgemeines Verwaltungsrecht und Verwaltungsprozessrecht
  - Zulässigkeit und Begründetheit von Widersprüchen
  - Rechtmäßigkeit von Verwaltungsakten
  - Rechtmäßigkeit einer Satzung (einschließlich: Normenverwerfungskompetenz)
- Besonderes Verwaltungsrecht:
  - Kommunalrecht:
    - öffentliche Einrichtung
    - Befangenheit von Gemeinderäten
  - Recht der öffentlichen Finanzen bzw. Kommunales Abgabenrecht:
    - Kalkulation von Benutzungsgebühren
    - Abgabenbescheide
- Staats- und Europarecht:
  - Art. 3 Abs. 1 GG

---

67 Zu bewerten ist, ob der Tenor sich folgerichtig aus der vorausgegangenen gutachtlichen Vorprüfung ergibt.

68 § 80 Abs. 1 S. 2 LVwVfG: Verstoß gegen die Anhörungspflicht.

69 A.A. vertretbar.

2. Sachverhalt und Aufgabenstellung

Die Große Kreisstadt A (Baden-Württemberg) betreibt eine Musik- und Kunstschule als öffentliche Einrichtung, die auch Personen ohne Wohnsitz in der Stadt A besuchen dürfen. Der Gemeinderat hat die Benutzungsgebühren durch Satzung festgesetzt. Für die Teilnahme am Unterricht werden laut § 4 Abs. 1 der Gebührensatzung von der Stadt A Benutzungsgebühren nach dem der Satzung beigefügten Gebührenverzeichnis erhoben. Gebührenschuldner sind bei minderjährigen Teilnehmern laut § 5 der Gebührensatzung die Sorgeberechtigten; mehrere Schuldner sind Gesamtschuldner. Die Gebühren werden laut § 4 Abs. 2 der Gebührensatzung jeweils für einen Kalendermonat erhoben und bei der erstmaligen Unterrichtung durch schriftlichen Bescheid festgesetzt.

Die Gebühr für den Einzelunterricht (45 min) beträgt nach Nr. 1.2.3 des Gebührenverzeichnisses für Teilnehmer mit Wohnsitz in der Stadt A 109,50 €, für auswärtige Teilnehmer monatlich 175 €. Die Regelung beruht auf folgender Gebührenkalkulation:

Kalkulation	**Plan für nächstes Jahr**
Personalkosten	682.960 €
Sachkosten	27.660 €
Abschreibungen	2.400 €
Servicekosten	139.000 €
Kalkulatorische Zinsen	260 €
./. kostenmindernde Erlöse (u. a. Landeszuschuss)	–52.530 €
Zzgl. Steuerungsumlage	31.990 €
Gesamtkosten	**831.740 €**
Geplante Anzahl der Unterrichtseinheiten zu 45 Minuten	11.350 Unterrichtseinheiten
Stundensatz je 45 Minuten	73,28 €
Monatliche Gebühr	
Kostendeckende Gebühr für Einzelunterricht wäre:	**293,12 €**
Einzel, Auswärtige (45 min)	175,00 € (Kostendeckungsgrad: 60 %)
Einzel, Wohnort A (45 min)	109,50 € (Kostendeckungsgrad: 37 %)

Frau und Herr Schröder haben ihre 10jährige Tochter für den September erstmals zum Klavierunterricht (45minütiger Einzelunterricht) angemeldet. Sie wohnen nicht in der Stadt A, sondern in der ca. 10 km entfernten kleinen Gemeinde H, in der es keine Angebote für Klavierunterricht gibt. In der Anmeldung haben sie zähneknirschend angekreuzt: Klavierunterricht, 45-Minuten-Einzelunterricht, auswärtig: 175 €.

Der zuständige Mitarbeiter der Stadt A setzt die Gebühren durch schriftlichen Bescheid auf monatlich 175 € fest. Der Bescheid ist an beide Eheleute adressiert und mit einer ordnungsgemäßen Rechtsbehelfsbelehrung versehen.

Beide erheben gemeinsam schriftlich 2 Tage nach Bekanntgabe „Einspruch" und beantragen, den Gebührenbescheid und die Gebührensatzung aufzuheben. Dies begründen sie damit, dass – was den Tatsachen entspricht – bei der letzten Neufassung der Satzung vor einem Jahr fünf Gemeinderäte mitgewirkt haben, deren Kinder selbst die Musikschule besuchen, und die Satzung außerdem nur im Internet veröffentlicht worden sei. Zwar habe das die Gemeinde so – was stimmt – durch Bekanntmachungssatzung geregelt, das sei aber trotzdem unzulässig. Außerdem machen sie einen Verstoß gegen Art. 3 Abs. 3 GG geltend. Danach sei eine Diskriminierung wegen Heimat und Herkunft unzulässig.

3. Aufgabenstellung

■ **Aufgabe 1:** Hat der „Einspruch" Aussicht auf Erfolg? Gehen Sie davon aus, dass die Satzung schriftlich gefasst und vom Bürgermeister auch ausgefertigt worden ist.

■ **Aufgabe 2:** Gehen Sie in jedem Fall (entweder schon in Aufgabe 1 oder separat) auf die Frage ein, wie der zuständige Sachbearbeiter verfahren muss, wenn er die Gebührensatzung für formell und/oder materiell rechtswidrig hält.

4. Gesetzestexte

- LVwVfG BW
- GemO BW (insbes. §§ 2, 4, 10, 18, 32, 44 GemO BW)
- DVO GemO BW (insbes. § 1)
- KAG BW (insbes. §§ 2, 3, 13, 14 KAG BW) i. V. m. AO

5. Lösungsvorschlag zu Aufgabe 1

Obersatz

Der „Einspruch" bei der Großen Kreisstadt A hat Aussicht auf Erfolg, wenn er als außergerichtlicher förmlicher Rechtsbehelf zulässig und begründet ist.

Auslegung des Begehrens

A. Auslegung des Begehrens[70]

Zunächst ist der „Einspruch“ der Eheleute auszulegen. Zwar darf die Verwaltung, soweit der Dispositionsgrundsatz greift, nicht über etwas anderes entscheiden, als begehrt wurde, allerdings ist sie auch nicht an den Wortlaut des gestellten Antrags gebunden (vgl. § 88 VwGO für die Klagen). Wörtlich erheben Herr und Frau Schröder „Einspruch“ und beantragen die Aufhebung des Gebührenbescheids und der Gebührensatzung. Die Falschbezeichnung „Einspruch“ schadet nicht, das Begehren ist jeweils als Widerspruch auszulegen. Es liegt eine subjektive Widerspruchshäufung vor (mehrere Widerspruchsführer). Allerdings ist gegen Satzungen kein Widerspruch statthaft (vgl. § 68 VwGO). Würde man das Begehren so auslegen, dass explizit auch Widerspruch gegen die Satzung erhoben wird, wäre der Widerspruch insoweit bereits kostenpflichtig zurückzuweisen. Es ist davon auszugehen, dass Herr und Frau Schröder mit ihrem jeweiligen Widerspruch nur gegen den Gebührenbescheid vorgehen und anlässlich dieses Widerspruchs die Aufhebung der Gebührensatzung lediglich anregen.

B. Zulässigkeit

Eröffnung des Verwaltungsrechtswegs

I. Eröffnung des Verwaltungsrechtsweges

Im späteren Gerichtsverfahren müsste der Verwaltungsrechtsweg eröffnet sein. Das ist mangels Sonderzuweisung nach § 40 Abs. 1 VwGO zu beurteilen. Die Streitigkeit müsste öffentlich-rechtlicher, nichtverfassungsrechtlicher Art sein und es dürfte keine Zuständigkeit einer anderen Gerichtsbarkeit hierfür bestehen. Streitgegenstand ist der Gebührenbescheid, also formell öffentlich-rechtliches Verwaltungshandeln. Inhaltlich geht es um die Frage der Rechtmäßigkeit dieses Gebührenbescheids. Das beurteilt sich nach Normen des öffentlichen Rechts. Der Streit ist nichtverfassungsrechtlicher Art und es besteht auch keine abdrängende Sonderzuweisung an ein anders Gericht. Damit ist der Verwaltungsrechtsweg eröffnet.

---

70 Ebenfalls zulässiger Aufbau: Sie gehen auf das Begehren erst im Rahmen der Statthaftigkeit ein. Ein separater Prüfungspunkt „Auslegung des Begehrens“ kann auch in sonstigen Fällen erforderlich sein, z.B. zur Abgrenzung von formlosen Rechtsbehelfen (Petition, Dienstaufsichtsbeschwerde).

Statthaftigkeit des Widerspruchs

II. Statthaftigkeit des Widerspruchs[71]

Der Widerspruch ist als Anfechtungswiderspruch statthaft, wenn nach § 68 Abs. 1 S. 1 VwGO i. V. m. § 42 Abs. 1 Var. 1 VwGO analog die Aufhebung eines Verwaltungsakts begehrt wird und das Vorverfahren nicht ausnahmsweise nach § 68 Abs. 1 S. 2 VwGO ausgeschlossen ist. Mit dem angefochtenen Gebührenbescheid werden die Schröders als Gesamtschuldner zur Zahlung der festgesetzten Monatsgebühr verpflichtet, das stellt einen Verwaltungsakt i. S. d. § 35 S. 1 VwVfG dar. Das Vorverfahren gegen Gebührenbescheide einer Gemeinde ist in Baden-Württemberg schließlich nicht durch Landesgesetz i. S. d. § 68 Abs. 1 S. 2 VwGO ausgeschlossen. Damit ist der Anfechtungswiderspruch statthaft.

Widerspruchsbefugnis

III. Widerspruchsbefugnis

Sofern Spezialregeln nicht bestehen, ist zur Erhebung eines Anfechtungswiderspruchs nach § 42 Abs. 2 VwGO analog widerspruchsbefugt, wer geltend macht, durch den Verwaltungsakt in seinen Rechten verletzt zu sein. Es reicht die Möglichkeit einer Rechtsverletzung (Möglichkeitstheorie). Der Adressat eines befehlenden Verwaltungsakts, der sich auf die objektive Rechtswidrigkeit des angegriffenen Verwaltungsakts beruft, ist immer widerspruchsbefugt, da er, sollte diese Behauptung richtig sein, zumindest in seinem Recht auf allgemeine Handlungsfreiheit (Art. 2 Abs. 1 GG) verletzt wäre (Adressatentheorie).

Die Schröders sind Adressaten des Gebührenbescheids. Mit der Erhebung des „Einspruchs" gegen diesen Bescheid machen sie konkludent dessen objektive Rechtswidrigkeit geltend. Ein – wie hier erfolgter – weiterer Vortrag ist nicht erforderlich. Herr und Frau Schröder sind beide unproblematisch widerspruchsbefugt.

§§ 11, 12, 14 (L)VwVfG

IV. Beteiligungsfähigkeit, Handlungsfähigkeit, ggf. Vertretung

Jeder von ihnen ist nach §§ 79, 11 Nr. 1 Alt. 1 LVwVfG BW beteiligungs- und nach §§ 79, 12 Abs. 1 Nr. 1 LVwVfG BW handlungsfähig.

71 Alternativ: Statthaftigkeit des Rechtsbehelfs: Die Statthaftigkeit des Rechtsbehelfs richtet sich nach dem Begehren des Rechtsbehelfsführers (§ 88 VwGO). Hier begehren Frau und Herr Schröder […]. Dies könnte als Anfechtungswiderspruch statthaft sein.

Ordnungsgemäßer Widerspruch

V. Ordnungsgemäße Erhebung des Widerspruchs

Die Schröders haben den Widerspruch bei der Stadt A und damit gemäß § 70 Abs. 1 S. 1 VwGO bei der richtigen Stelle, nämlich der Ausgangsbehörde erhoben.[72] Der Widerspruch erfolgte schriftlich, also nach § 70 Abs. 1 S. 1 VwGO formgerecht, und laut Sachverhalt bereits 2 Tage nach Bekanntgabe des Gebührenbescheids, also fristgerecht innerhalb der Monatsfrist nach § 70 Abs. 1 S. 1 VwGO.

Ergebnis Zulässigkeit

VI. Zwischenergebnis

Damit ist der Widerspruch zulässig.

C. Begründetheit des Widerspruchs

Obersatz

Der Anfechtungswiderspruch ist nach § 68 Abs. 1 S. 1 VwGO i. V. m. § 113 Abs. 1 S. 1 VwGO analog begründet, soweit der Gebührenbescheid rechtswidrig ist und Herr und Frau Schröder dadurch in ihren Rechten verletzt sind. Auf eine etwaige Unzweckmäßigkeit (vgl. § 68 Abs. 1 S. 1 VwGO) können sie sich nicht berufen, da nach der Gebührensatzung i. V. m. dem Gebührenverzeichnis weder Entschließungs- noch Auswahlermessen bei der Gebührenfestsetzung besteht.

Rechtswidrigkeit des Verwaltungsakts

I. Rechtswidrigkeit des Gebührenbescheids

Rechtsgrundlage

1. Rechtsgrundlage

Als belastender Verwaltungsakt bedarf die Gebührenfestsetzung einer Rechtsgrundlage (Vorbehalt des Gesetzes). Das sind hier §§ 4, 5 der Gebührensatzung i. V. m. Nr. 1.2.3. des Gebührenverzeichnisses.

---

72 Außerdem ist die Große Kreisstadt A nach § 73 Abs. 1 S. 2 Nr. 3 VwGO zugleich auch Widerspruchsbehörde, weil die Festsetzung von Gebühren für öffentliche Einrichtungen der Kommunen zu deren Selbstverwaltungsaufgaben gehört. Eine Ausnahme besteht in Baden-Württemberg für Widersprüche gegen Ausgangsbescheide kleiner Gemeinden, die weder Stadtkreis noch Große Kreisstadt sind: dann entscheiden die Landratsämter als Rechtsaufsichtsbehörden (§ 17 Abs. 1 AGVwGO BW).

Formelle Rechtmäßigkeit

2. Formelle Rechtmäßigkeit[73]

Zuständig für die Gebührenfestsetzung ist nach § 4 Abs. 1 der Gebührensatzung die Gemeinde.[74] Die nach § 3 Abs. 1 Nr. 4 lit. c KAG BW i.V.m. § 91 Abs. 1 S. 1 AO erforderliche Anhörung ist erfolgt, indem die Schröders auf dem Antragsformular über alle für die Gebührenfestsetzung entscheidungserheblichen Tatsachen angehört wurden. Der Bescheid erfolgte, wie nach § 4 Abs. 2 der Satzung vorgeschrieben, schriftlich unter Angabe der festgesetzten Gebühr und der beiden Eheleute als Gesamtschuldner sowie mit ordnungsgemäßer Rechtsbehelfsbelehrung, § 3 Abs. 1 Nr. 4 lit. c KAG BW i.V.m. § 157 Abs. 1 S. 3 AO. Damit ist der Gebührenbescheid formell rechtmäßig.

Materielle Rechtmäßigkeit

3. Materielle Rechtmäßigkeit

Der Gebührenbescheid ist rechtmäßig, wenn er auf einer wirksamen und ausreichenden Rechtsgrundlage beruht, d.h. wenn die Gebührensatzung selbst rechtmäßig ist, wenn die Tatbestandsvoraussetzungen der Ermächtigungsgrundlage vorliegen und wenn die gesetzte Rechtsfolge inhaltlich mit dem geltenden Recht in Einklang steht.

Rechtmäßigkeit der Gebührensatzung

a) Rechtmäßigkeit der Gebührensatzung

Rechtsgrundlage für Satzung

aa) Rechtsgrundlage für den Erlass der Gebührensatzung

Rechtsgrundlage für den Erlass der Gebührensatzung, die einen Eingriff in die allgemeine Handlungsfreiheit (Art. 2 Abs. 1 GG) aller potentiellen Gebührenschuldner darstellt und damit einer über das allgemeine Satzungsrecht der Kommunen (vgl. § 4 Abs. 1 S. 1 GemO BW) hinausgehenden Ermächtigung bedarf, ist § 2 Abs. 1 S. 1 i.V.m. § 13 Abs. 1 S. 1 KAG BW. Danach können die Gemeinden für die Benutzung ihrer öffentlichen Einrichtungen durch Satzung Benutzungsgebühren festsetzen. An der Verfassungsmäßigkeit von §§ 2, 13 KAG BW bestehen keine Bedenken.

---

73 Das KAG BW verweist auf die AO. Diese Regelungen gehen als Spezialregelungen dem LVwVfG BW vor.

74 Genauer: Der Bürgermeister mit seiner Verwaltung, da es sich um ein Geschäft der laufenden Verwaltung handelt, § 44 Abs. 2 Var. 1 GemO BW.

Formelle Rechtmäßigkeit der Satzung

bb) Formelle Rechtmäßigkeit der Gebührensatzung
Die Satzung ist formell rechtmäßig, wenn sie von der zuständigen Stelle in einem ordnungsgemäßen Verfahren beschlossen und in der richtigen Form ordnungsgemäß bekannt gegeben worden ist.

Zuständigkeit für die Satzung

(1) Zuständigkeit
Die Verbandskompetenz liegt bei der Stadt A als Betreiberin der Musikschule. Zuständiges Organ für den Erlass von Satzungen innerhalb einer Gemeinde ist der Gemeinderat (vgl. §§ 44 Abs. 2 S. 3, 39 Abs. 2 Nr. 3 GemO BW). Hier wurde die Gebührensatzung vom Gemeinderat der Stadt A und damit von der sachlich zuständigen Stelle erlassen.

Verfahren und Beschlussfassung

(2) Ordnungsgemäßes Verfahren und wirksame Beschlussfassung
Die Gebührensatzung muss in einem ordnungsgemäßen Verfahren beschlossen worden sein. Schröders machen geltend, dass die Satzung unwirksam sei, weil an der Beschlussfassung fünf Gemeinderäte mit eigenen Kindern in der Musikschule beteiligt waren. Nach § 18 Abs. 6 S. 1 GemO BW ist ein Beschluss u.a. dann rechtswidrig, wenn bei der Beratung oder Beschlussfassung gegen § 18 Abs. 1 GemO BW verstoßen wurde. Nach § 18 Abs. 1 GemO BW darf ein ehrenamtlich tätiger Bürger (insbes. Gemeinderäte, § 32 Abs. 1 S. 1 GemOBW) weder beratend noch beschließend an der Entscheidung über eine Angelegenheit mitwirken, wenn diese ihm selbst einen unmittelbaren Vor- oder Nachteil bringen kann. Grundsätzlich bewirken Entscheidungen über abstrakt-generelle Regelungen (Satzungen, Rechtsverordnungen, Verwaltungsvorschriften) und über Allgemeinverfügungen an einen unbestimmten Personenkreis noch keinen unmittelbaren Vor- oder Nachteil Einzelner. Eine Ausnahme (wie z.B. bei Bebauungsplänen, weil diese bereits unmittelbar die Bebaubarkeit bestimmter Grundstücke regeln, oder Satzungen, die sich faktisch nur an wenige Personen der Gemeinde richten) ist nicht ersichtlich. Selbst wenn ein unmittelbarer Vor- oder Nachteil durch die Entscheidung bewirkt werden könnte, so wären die Gemeinderäte jedenfalls nach § 18 Abs. 3 S. 1 GemO BW nicht befangen, weil der Satzungsbeschluss nur die gemeinsamen Interessen aller Ortsansässigen (Bevölkerungsgruppe) berührt. Damit durften die Gemeinderäte mitwirken. Auch im Übrigen bestehen keine Zweifel an der ordnungsgemäßen Durchführung des Satzungsverfahrens und der wirksamen Beschlussfassung über die Satzung.

Form, Ausfertigung und Bekanntgabe

(3) Form und ordnungsgemäße Bekanntgabe
Die Satzung erging schriftlich. Sie wurde vom Bürgermeister auch ausgefertigt. Sie müsste schließlich ordnungsgemäß bekannt gemacht worden sein. Hier hat die Gemeinde die Satzung gemäß § 4 Abs. 3 S. 1 GemO BW i. V. m. § 1 Abs. 1 S. 1 DVO GemO ordnungsgemäß bekannt gemacht, indem sie diese wie in ihrer Bekanntmachungssatzung nach § 1 Abs. 1 S. 2 DVO GemO vorgesehen, im Internet bereitgestellt hat. Das ist entgegen der Auffassung von Familie Schröder also zulässig.

Zwischenergebnis

(4) Zwischenergebnis
Die Satzung ist formell rechtmäßig.

Materielle Rechtmäßigkeit der Satzung

cc) Materielle Rechtmäßigkeit
Die, wie oben geprüft, auf einer wirksamen Rechtsgrundlage beruhende Satzung ist im Übrigen materiell rechtmäßig, wenn sie innerhalb des Rahmens der gesetzlichen Ermächtigung erlassen worden und im Ganzen sowie in ihren einzelnen Regelungen inhaltlich mit dem geltenden Recht vereinbar ist.

Keine Gewinne

(1) Keine Überschreitung der kostendeckenden Gebühren
Nach § 14 Abs. 1 S. 1 KAG BW dürfen die Gebühren höchstens so bemessen werden, dass die nach betriebswirtschaftlichen Grundsätzen insgesamt ansatzfähigen Kosten (Gesamtkosten) der Einrichtung gedeckt werden, wobei die Gebühren in Abhängigkeit von Art und Umfang der Benutzung progressiv gestaltet werden können. Hieran hat sich die Stadt A, deren Gebühren insgesamt unter der kostendeckenden Gebühr von 293,12 € bleiben, gehalten.

Kein Verstoß gegen Art. 3 Abs. 3 GG

(2) Kein Verstoß gegen Art. 3 Abs. 3 GG
Entgegen der Rechtsauffassung der Schröders ist der Schutzbereich von Art. 3 Abs. 3 Var. 5 GG nicht betroffen, weil die Ausgestaltung der Gebühr lediglich an den Wohnsitz, nicht aber die Heimat und Herkunft im Sinne einer regionalen, gebürtigen Anbindung anknüpft. Ob die Anknüpfung an den Wohnsitz eine rechtswidrige Ungleichbehandlung darstellt, ist weiter unten noch anhand von Art. 3 Abs. 1 GG zu prüfen.

Kein Verstoß gegen das Äquivalenzprinzip

(3) Kein Verstoß gegen das Äquivalenzprinzip
Die einzelne in der Satzung festgesetzte Gebühr darf weiter nicht gegen das Äquivalenzprinzip verstoßen. Das Äquivalenzprinzip ist Ausdruck des allgemeinen, auf Verfassungsrecht beruhenden bundesrechtlichen Grundsatzes der Verhältnismäßigkeit und besagt, dass die Gebühr nicht in einem Missverhältnis zu der vom Träger öffentlicher Verwaltung erbrachten Leistung stehen darf, und im allgemeinen nach dem Umfang der Benutzung zu bemessen ist; bei in etwa gleicher Inanspruchnahme der öffentlichen Einrichtung müssen also in etwa gleich hohe Gebühren erhoben werden. Insoweit gibt es Berührungen mit dem Gleichheitssatz.[75]

Hier wird die Leistung (Musikunterricht) im überwiegenden Interesse des Einzelnen erbracht. Rechnerisch werden maximal (Betrag für Auswärtige) rund 58 €/h verlangt. Das ist noch kein unangemessen hoher Betrag.

Hier zahlen Auswärtige und Ortsansässige im Ergebnis zwar unterschiedliche Beträge. Das beruht aber nicht auf einer unterschiedlich kalkulierten Benutzungsgebühr trotz gleicher Nutzung, sondern auf der unterschiedlichen Höhe der Subventionierung. Diese ungleiche Subventionierung ist nicht anhand des Äquivalenzprinzips, sondern anhand von Art. 3 Abs. 1 GG zu prüfen.

Kein Verstoß gegen den allgemeinen Gleichheitsgrundsatz

(4) Kein Verstoß gegen Art. 3 Abs. 1 GG
Der unterschiedliche Nachlass auf die kalkulierte kostendeckende Gebühr von 293,12 € für Einheimische und Auswärtige verstößt gegen Art. 3 Abs. 1 GG, wenn sie eine rechtlich relevante Ungleichbehandlung darstellt und diese verfassungsrechtlich nicht gerechtfertigt ist.

Auswärtige und Einheimische lassen sich unter dem Oberbegriff „Benutzer der Musikschule" zusammenfassen. Die Ungleichbehandlung besteht in der unterschiedlichen Höhe der Subventionierung. Damit ist der Schutzbereich von Art. 3 Abs. 1 GG betroffen.

Fraglich ist, ob die unterschiedliche Subventionierung verfassungsrechtlich gerechtfertigt ist und anhand welchen Maßstabs dies zu prüfen ist. Nach der „**Willkürformel**" ist eine Ungleichbehandlung verfassungsgemäß, solange die Differenzierung nicht willkürlich erfolgt, d. h. solange ein vernünftiger sachlicher Unterscheidungsgrund vorliegt. Nach der „**neuen Formel**" ist die Ungleichbehandlung verfassungswidrig, wenn zwischen den

75 Zu dem Ganzen: BVerwG, NVwZ-RR 1995, 594; VGH Baden-Württemberg, Beschluss vom 03.11.2008 – 2 S 623/06 – AbfallR 2009, 44.

Vergleichsgruppen keine Unterschiede von solcher Art und Gewicht bestehen, dass sie eine ungleiche Behandlung rechtfertigen können, wenn die Ungleichbehandlung also unverhältnismäßig ist. Tendenziell greift die Willkürformel dann, wenn das Unterscheidungskriterium sachverhaltsbezogen ist, und die neue Formel, wenn das Unterscheidungskriterium personenbezogen ist. Der Übergang ist fließend.

Unterscheidungskriterium ist hier der Wohnsitz, also ein sachverhaltsbezogenes Kriterium. Das spricht für die Anwendung der Willkürformel. Damit ist zu prüfen, ob es für die höhere Subventionierung Ortsansässiger einen sachlich gerechtfertigten Grund gibt, d.h. ob die Gemeinde ein legitimes Ziel verfolgt. Die Rechtsprechung erkennt es als legitim an, wenn die Gemeinde die Haushaltsmittel auf die Aufgabenerfüllung gegenüber den Gemeindeeinwohnern beschränkt.[76] Das gilt jedenfalls dann, wenn wie hier die Errichtung der öffentlichen Einrichtung nicht sondergesetzlich geregelt ist, die Gemeinde die Benutzung also von Anfang an auf ihre Einwohner hätte beschränken können (s. § 10 Abs. 2 S. 2 GemO) und die Einrichtung in erster Linie für die Einwohner und nicht etwa aus Gründen der Förderung des Fremdenverkehrs errichtet worden ist. Damit ist die Ungleichbehandlung verfassungsrechtlich gerechtfertigt, Art. 3 Abs. 1 GG ist nicht verletzt.

Zwischenergebnis

dd) Zwischenergebnis

Der Gebührenbescheid beruht auf einer rechtmäßigen und somit wirksamen Ermächtigungsgrundlage.

Tatbestandsvoraussetzungen

b) Tatbestandsvoraussetzungen der Ermächtigungsgrundlage

Die Gebührenpflicht nach Ziffer 1.2.3 wird ausgelöst, wenn ein Auswärtiger am 45-minütigen Einzelunterricht der Musikschule teilnimmt. Das Kind der Schröders nimmt erstmals ab September als Auswärtige am Einzelunterricht über 45 Minuten an der Musikschule der Stadt A teil, damit liegen die Tatbestandsvoraussetzungen für den Erlass des Gebührenbescheids vor.

Rechtmäßigkeit der gesetzten Rechtsfolge

c) Rechtmäßigkeit der gesetzten Rechtsfolge

Nach § 5 der Satzung wurde die Gebühr zu Recht gegen Herrn und Frau Schröder als Sorgeberechtigte festgesetzt, die als Gesamtschuldner in Anspruch genommen werden.

---

76 BVerfG, NVwZ 2016, 1553.

Es wurde schließlich mit 175 € der richtige Betrag nach Ziffer 1.2.3. des Gebührenverzeichnisses festgesetzt.

Zwischenergebnis

d) Zwischenergebnis
Damit ist der Gebührenbescheid auch materiell rechtmäßig

Rechtsverletzung

II. Rechtsverletzung

Eine Rechtsverletzung der Schröders in ihren Rechten aus Art. 2 Abs. 1 GG oder Art. 3 Abs. 1 GG ist ausgeschlossen, da der Gebührenbescheid rechtmäßig ist.

Gesamtergebnis

D. Gesamtergebnis

Der Widerspruch ist zulässig, aber unbegründet.

6. Lösungsvorschlag zu Aufgabe 2

Sollte die Satzung nach Auffassung des Sachbearbeiters insgesamt formell oder materiell rechtswidrig sein, stellt sich die Frage, ob er dann überhaupt eine Gebühr festsetzen darf. Sollte nach Auffassung des Sachbearbeiters nur die Regelung der Gebühr für die Ortsfremden rechtswidrig sein, stellt sich die Frage, ob er dann einfach die Gebühren wie für Ortsansässige erheben kann.

Beides wird unter dem Stichwort „Normenverwerfungskompetenz" diskutiert und ist im Einzelnen sehr umstritten. Auf der einen Seite darf der Sachbearbeiter keine rechtswidrigen Verwaltungsakte erlassen (Art. 20 Abs. 3 GG), auf der anderen Seite steht ihm die Kompetenz zur Aufhebung der Satzung nicht zu. Diese liegt beim Gemeinderat. Daneben ist auch die Rechtsaufsichtsbehörde der Gemeinde (hier das örtlich zuständige Regierungspräsidium) zuständig, die Gemeinde anzuweisen, die rechtswidrige und unwirksame Satzung aus Klarstellungsgründen aufzuheben.

Da hier kein Eilfall besteht, wird der Sachbearbeiter eine Weisung seines Vorgesetzten einholen. Dieser wird dann den Bürgermeister veranlassen, in der nächsten Gemeinderatssitzung einen entsprechenden Beschluss herbeizuführen. Ist abzusehen, dass das Verfahren bis zur Entscheidung des Gemeinderats länger dauert oder ist bereits eine entsprechende Klage anhängig, kann der Sachbearbeiter, wenn er die gesamte Satzung für rechtswidrig hält, alle Gebührenfestsetzungen zunächst einmal aussetzen (§ 3 Abs. 1 Nr. 4 lit. c KAG i. V. m. § 165 Abs. 1 S. 4 AO). Hält er nur die höhere Gebühr für die Ortsfremden für rechtswidrig, kann er zunächst auch nur vorläufig eine Gebühr wie für Ortsansässige festsetzen (§ 3 Abs. 1 Nr. 4 lit. c KAG i. V. m. § 165 Abs. 1 S. 1 AO).

III. „Die begehrten Informationen" (Verpflichtungswiderspruch)

1. Sachverhalt und Aufgabenstellung

Das Bundeswehr-Dienstleistungszentrum in X (BwDLZ X) ist zuständig für die Liegenschaftsverwaltung des Truppenübungsplatzes X. Mit dem Fallschirmspringerclub FC hat das BwDLZ X im Namen der Bundesrepublik einen privatrechtlichen Vertrag geschlossen und diesem gegen Entgelt gestattet, einen Teil des Geländes auf dem Truppenübungsplatz zur Durchführung von Absetzflügen zu nutzen.

Herr U (Umweltschützer) ist erbost und beantragt Einsicht in die Akten des BwDLZ X über die Liegenschaftsverwaltung. Er möchte herausfinden, wie viele Absprünge jährlich zu welchen Zeiten durchgeführt werden. Das BwDLZ X lehnt den Antrag ohne Rechtsbehelfsbelehrung formlos mit der Begründung ab, Einsicht in die Akten der Liegenschaftsverwaltung könne nicht gewährt werden, hier ginge es um rein fiskalische und nicht um hoheitliche Aufgaben. Außerdem enthalte die Akte die persönlichen Daten der Fallschirmspringer, da jeder Sprung nach dem Vertrag vom Club unter Angabe aller Namen der Fallschirmspringer angegeben werden muss und zu den Akten genommen wird.

Noch am Tage des Zugangs des Ablehnungsschreibens erhebt Herr U schriftlich Widerspruch und beantragt, ihm die begehrte Akteneinsicht zu gewähren.

■ **Aufgabe:** Hat der Widerspruch Aussicht auf Erfolg?

2. Lösungsvorschlag

Der Widerspruch hat Aussicht auf Erfolg, wenn er zulässig und begründet ist.

A. Zulässigkeit

I. Eröffnung des Verwaltungsrechtsweges

Im späteren Gerichtsverfahren müsste der Verwaltungsrechtsweg eröffnet sein. Dieser könnte hier gemäß § 6 Abs. 1 Umweltinformationsgesetz des Bundes (UIG) oder § 9 Abs. 4 S. 1 Informationsfreiheitsgesetz (IFG) kraft Sonderzuweisung gegeben sein. Streitgegenstand ist das etwaige Recht auf Einsicht in die Akten über die Liegenschaftsverwaltung des Truppenübungsplatzes. Ob ein solcher Anspruch von U gegen das BwDLZ X besteht, beurteilt sich nach § 3 Abs. 1 S. 1 UIG, auffangweise nach § 1 Abs. 1 S. 1 IFG. Damit ist der Verwaltungsrechtsweg kraft Sonderzuweisung eröffnet, eines Rückgriffs auf § 40 Abs. 1 VwGO bedarf es nicht.

II. Statthaftigkeit des Widerspruchs

Die Statthaftigkeit des Rechtsbehelfs richtet sich nach dem Antragsbegehren (vgl. § 88 VwGO für die Klage). Hier erhebt U wörtlich „Widerspruch" und begehrt, dass ihm nun umgehend wie beantragt Akteneinsicht gewährt werden soll. Fraglich ist, ob er damit lediglich nach § 6 Abs. 3 S. 1 UIG einen Antrag bei der informationspflichtigen Stelle auf nochmalige Prüfung stellt. Dagegen spricht, dass U seinen Antrag bereits selbst als „Widerspruch" bezeichnet.

Statthaft könnte hier der Widerspruch in Form eines Verpflichtungswiderspruchs sein. Dann müsste gemäß § 68 Abs. 2 VwGO die Erteilung eines abgelehnten Verwaltungsakts (§ 35 S. 1 VwVfG) begehrt werden und der Widerspruch dürfte nicht ausnahmsweise nach § 68 Abs. 2 i. V. m. Abs. 1 S. 2 VwGO unstatthaft sein.

U hat Akteneinsicht beantragt, dieser Antrag wurde abgelehnt. Die Akteneinsicht selbst stellt lediglich einen Realakt dar. Im Übrigen ist grundsätzlich streitig, ob und in welchen Fällen die einem Realakt vorgeschaltete Entscheidung der Behörde über die Gewährung bzw. Rechtmäßigkeit des Realakts einen Verwaltungsakt i. S. d. § 35 S. 1 VwVfG darstellt. Entscheidungen über Auskunftsersuchen nach dem UIG bzw. dem IFG stellen nach der Gesetzessystematik jedenfalls Verwaltungsakte dar, gegen die der Verpflichtungswiderspruch statthaft ist und zwar abweichend von § 68 Abs. 1 S. 2 Nr. 1 VwGO auch dann, wenn die Ablehnungsentscheidung von einer obersten Bundesbehörde getroffen worden ist (§ 6 Abs. 2 UIG, 9 Abs. 4 S. 1 u. 2 IFG).

Damit ist der Verpflichtungswiderspruch hier statthaft.

III. Widerspruchsbefugnis

Sofern Spezialregeln nicht bestehen, ist zur Erhebung eines Verpflichtungswiderspruchs nach § 42 Abs. 2 VwGO analog widerspruchsbefugt, wer geltend macht, durch die Ablehnung des Verwaltungsakts in seinen Rechten verletzt zu sein. Es reicht die Möglichkeit einer Rechtsverletzung (Möglichkeitstheorie).

Hier ist die Ablehnung möglicherweise objektiv rechtswidrig und U damit möglicherweise in seinem Anspruch auf Akteneinsicht nach § 3 Abs. 1 S. 1 UIG bzw. auffangweise nach § 1 Abs. 1 S. 1 IFG verletzt. Damit ist U widerspruchsbefugt.

IV. Beteiligungsfähigkeit, Handlungsfähigkeit, ggf. Vertretung

U ist nach §§ 79, 11 Nr. 1 Alt. 1 LVwVfG BW beteiligungs- und nach §§ 79, 12 Abs. 1 Nr. 1 LVwVfG BW handlungsfähig.

V. Ordnungsgemäße Erhebung des Widerspruchs

U hat den Widerspruch beim BwDLZ X und damit gemäß § 70 Abs. 1 S. 1 VwGO bei der richtigen Stelle, nämlich der Ausgangsbehörde erhoben.[77] Der Widerspruch erfolgte schriftlich, also nach § 70 Abs. 1 S. 1 VwGO formgerecht, und laut Sachverhalt bereits unmittelbar nach Bekanntgabe des Ablehnungsbescheids, also fristgerecht innerhalb der wegen fehlender Rechtsbehelfsbelehrung laufenden Jahresfrist nach §§ 70 Abs. 2, 58 Abs. 2 VwGO.

VI. Zwischenergebnis

Damit ist der Widerspruch zulässig.

C. Begründetheit des Widerspruchs

Der Verpflichtungswiderspruch ist nach § 68 Abs. 2, Abs. 1 S. 1 VwGO i. V. m. § 113 Abs. 5 VwGO analog begründet, soweit die Ablehnung des beantragten Verwaltungsakts rechtswidrig ist, der Widerspruchsführer dadurch in seinen Rechten verletzt ist und die Sache spruchreif ist, d. h. wenn der Widerspruchsführer einen Anspruch auf den beantragten Verwaltungsakt hat.

Steht der Erlass des beantragten Verwaltungsakts im Ermessen der Ausgangsbehörde, hat der Widerspruchsführer weiter einen Anspruch darauf, dass die Zweckmäßigkeit der Ablehnung geprüft wird (§ 68 Abs. 2 u. Abs. 1 S. 1 VwGO). Hier ist der Widerspruch auch dann begründet, wenn die Ablehnung zwar rechtmäßig, aber unzweckmäßig ist, der Widerspruchsführer dadurch in seinen Interessen beeinträchtigt und die Sache spruchreif ist.

I. Anspruchsgrundlage

U könnte nach § 3 Abs. 1 S. 1 UIG gegen das BwDLZ X einen Anspruch auf Einsicht in die Akten über die Liegenschaftsverwaltung des Truppenübungsplatzes X haben. Insoweit tritt der Auskunftsanspruch nach § 1 Abs. 1 S. 1 IFG zurück.

---

77 Fristwahrend hätte er nach § 70 Abs. 1 S. 2 VwGO Widerspruch auch bei der Widerspruchsbehörde erheben können, nach § 73 Abs. 1 S. 2 Nr. 1 VwGO also beim BAIUDBw als der nächsthöheren Behörde.

II. Formelle Voraussetzungen

Dann müssten zunächst die formellen Voraussetzungen für die Gewährung der Akteneinsicht vorliegen.

Zuständigkeit
U müsste den Antrag zunächst bei der zuständigen Stelle gestellt haben. Nach § 4 Abs. 1 u. Abs. 3 S. 1 UIG muss der Antrag bei einer informationspflichtigen Stelle gestellt werden, die über die begehrten Umweltinformationen verfügt. Das BwDLZ ist nach § 2 Abs. 1 Nr. 1 S. 1 UIG als untere Bundesbehörde eine informationspflichtige Stelle i. S. d. UIG. Sie führt die Akten, in die Einsicht verlangt wird. Damit hat U den Antrag bei der zuständigen Stelle gestellt.

Ordnungsgemäßer Antrag
Nach § 22 S. 2 Nr. 2 VwVfG i. V. m. § 4 Abs. 1 UIG kann das Verfahren nur mit ordnungsgemäßem Antrag eingeleitet werden. U ist nach §§ 11 Nr. 1 Var. 1, 12 Abs. 1 Nr. 1 VwVfG handlungs- und beteiligungsfähig. Sein Antrag lässt sein Begehren genau erkennen und ist damit i. S. d. § 4 Abs. 2 S. 1 UIG bestimmt genug. Eine besondere Form ist nicht vorgeschrieben. U konnte den Antrag also mündlich erheben. Schließlich ist der Antrag auch an keine besondere Frist gebunden. Damit ist der Antrag insgesamt ordnungsgemäß erhoben worden.

Die formellen Voraussetzungen für die Gewährung der Akteneinsicht liegen vor.

III. Materielle Voraussetzungen

1. Tatbestandsvoraussetzungen

Nach § 3 Abs. 1 S. 1 UIG hat jede Person Anspruch auf freien Zugang zu Umweltinformationen, über die eine informationspflichtige Stelle im Sinne des § 2 Absatz 1 verfügt, ohne ein rechtliches Interesse darlegen zu müssen, wenn kein Ablehnungsgrund nach §§ 8, 9 UIG vorliegt.

U gehört zum berechtigten Personenkreis („jede Person"). Die Absprünge auf dem Truppenübungsplatz sind Tätigkeiten, die Lärm verursachen, sich wahrscheinlich auf die Umweltbestandteile „Landschaft und natürlicher Lebensraum" auswirken und damit Umweltinformationen i. S. d. § 2 Abs. 3 Nr. lit. a Var. 1 UIG.

Das BwDLZ X ist, wie bereits oben geprüft, als untere Bundesbehörde i. S. d. § 1 Abs. 2 UIG informationspflichtige Stelle i. S. d. § 2 Abs. 1 Nr. 1 S. 1 UIG.

Es führt die Akten über die Liegenschaftsverwaltung und verfügt damit i. S. d. § 2 Abs. 4 S. 1 UIG über die begehrten Umweltinformationen. Unerheblich ist dabei, dass das BwDLZ hier nicht hoheitlich, sondern rein fiskalisch handelt, denn nach § 2 Abs. 1 Nr. 1 S. 3 UIG werden nur Tätigkeiten oberster Bundesbehörde im Rahmen der Gesetzgebung (förmliche Gesetze und Rechtsverordnungen) ausgeschlossen.[78]

Ein Ausschlussgrund nach § 8 UIG ist nicht ersichtlich, insbesondere hätte die Information keine nachteiligen Auswirkungen auf die Verteidigung (§ 8 Abs. 1 Nr. 1 UIG) noch ist der Antrag offensichtlich rechtsmissbräuchlich (§ 8 Abs. 2 Nr. 1 UIG).

Nach § 9 Abs. 1 S. 1 Nr. 1 UIG besteht ein Ausschlussgrund, wenn durch das Bekanntgeben der Informationen personenbezogene Daten offenbart, dadurch Interessen der Betroffenen erheblich beeinträchtigt würden und der Betroffene weder zugestimmt hat noch das öffentliche Interesse an der Bekanntgabe überwiegt. Nicht mitgeteilt werden dürfen also die Namen der Fallschirmspringer. Dahingegen darf der Name des Vereinsvorstands/der Vereinsvorstände, der/die den Vertrag unterschrieben hat/haben, mitgeteilt werden, denn durch diese Offenbarung werden die Interessen dieser Personen nicht erheblich beeinträchtigt. Unter Berufung auf § 9 Abs. 1 Nr. 1 UIG darf nunmehr aber nicht das gesamte Auskunftsersuchen abgelehnt werden. Nach § 5 Abs. 3 UIG ist die Behörde verpflichtet, die von dem Ablehnungsgrund nicht betroffenen Informationen zugänglich zu machen, soweit es möglich ist, die betroffenen Informationen auszusondern.

Nach § 9 Abs. 1 S. 1 Nr. 3 UIG dürfen durch das Bekanntgeben u. a. keine Betriebs- oder Geschäftsgeheimnisse zugänglich gemacht werden. Die Anzahl der Fallschirmsprünge fällt nicht unter das Betriebs- oder Geschäftsgeheimnis des Fallschirmspringerclub FC.

§ 9 Abs. 2 UIG greift hier nicht, weil die einzelnen Sprünge vom Verein aufgrund privatrechtlichen Vertrags übermittelt werden.

Damit liegen die Tatbestandsvoraussetzungen vor.

2. Rechtsfolge

U hat somit dem Grunde nach einen Anspruch auf Information über die Anzahl der durchgeführten Sprünge, das BwDLZ hat also kein Entschließungsermessen.

Nach § 3 Abs. 2 S. 1 UIG steht die Art des Informationszugangs zunächst grundsätzlich im Auswahlermessen der informationspflichtigen Stelle. Wird allerdings eine bestimmte Art des Informationszugangs beantragt, so darf dieser nur aus gewichtigen Gründen auf andere Art eröffnet werden, § 3 Abs. 2 S. 2 UIG. Als gewichtiger Grund gilt insbesondere ein deutlich höherer Verwaltungsaufwand (§ 3 Abs. 2 S. 3 UIG). Soweit Umweltinformationen der antragstellenden Person bereits auf andere, leicht zugängliche

---

78 BVerwG, NVwZ 2006, 343.

Art, insbesondere durch Verbreitung nach § 10 UIG, zur Verfügung stehen, kann die informationspflichtige Stelle die Person auf diese Art des Informationszugangs verweisen (§ 3 Abs. 2 S. 4 UIG).

U hat hier Akteneinsicht beantragt. Das BwDLZ X müsste, wie oben geprüft, vor Gewährung der Akteneinsicht alle Namen der Fallschirmspringer schwärzen oder aus der Akte herausnehmen und hätte somit einen höheren Verwaltungsaufwand, als wenn sie Herrn U schriftlich Auskunft über die Zeiten und die Anzahl der jährlichen Fallschirmsprünge erteilt. Damit liegt ein gewichtiger Grund gemäß § 3 Abs. 2 S. 3 UIG dafür vor, die begehrte Auskunft nur in Form der Erteilung einer Kopie der Statistik zu gewähren.

3. Zwischenergebnis

U hat nur einen Anspruch auf Zugang zu den Informationen über die Anzahl der durchgeführten Sprünge dem Grunde nach, nicht aber auch einen Anspruch auf Zugang in Form der Akteneinsicht. Insoweit ist der Verpflichtungswiderspruch unbegründet.

IV. Rechtsverletzung

Soweit der Anspruch auf Zugang zu den Informationen schon dem Grunde nach abgelehnt worden ist, ist U in seinem Recht aus § 3 Abs. 1 S. 1 UIG verletzt.

D. Gesamtergebnis

Der Widerspruch ist zulässig und teilweise begründet. Statt Akteneinsicht ist Herrn U Auskunft über die Anzahl der Fallschirmsprünge zu erteilen.

IV. „Widerspruch gegen die Umsetzung an einen anderen Ort" (Beamtenwiderspruch; Zweckmäßigkeitsprüfung im Widerspruchsverfahren)

1. Sachverhalt und Aufgabenstellung

Kreisbeamtin B ist eine von vier Sachbearbeiterinnen in der Führerscheinstelle des Landratsamts S am Hauptsitz in der Stadt X, wo sie auch mit ihrer Familie wohnt. Mit Wirkung 01.07. wird sie mit Schreiben vom 01.02., das ihr am gleichen Tag persönlich übergeben wird, in die 30 km entfernte Außenstelle der Führerscheinstelle des Landratsamts S in der Stadt Y umgesetzt. Das wird vom Landratsamt damit begründet, dass in der Außenstelle ein Personalbedarf bestehe und die Führerscheinstelle am Hauptsitz relativ gut besetzt sei.

Zunächst unternimmt B nichts. 2 Monate später nimmt ihr Ehemann eine neue, weiter entfernte Stelle an. B befürchtet, dass es jetzt mit der Betreuung der beiden Kinder (12 und 8 Jahre) schwierig wird, wenn sie täglich von X nach Y pendeln muss. Die anderen drei Kolleginnen wollen allerdings ebenfalls in der Stadt X bleiben. Auch sie wohnen dort, haben Kinder im vergleichbaren Alter und hätten bei einer Umsetzung ähnliche Betreuungsprobleme.

B erhebt 2 Monate nach Bekanntgabe der Umsetzung Widerspruch und beantragt die Aufhebung der Umsetzung. Sie beruft sich auf die Schwierigkeiten bei der Kinderbetreuung. Außerdem regt sie an, die Umsetzung anderer Bediensteter zu prüfen. Beispielsweise sei Frau M (Sachbearbeiterin in der Zulassungsstelle) alleinstehend ohne Kinder und könne sich gewiss schnell einarbeiten. Auch bestände die Möglichkeit, die Öffnungszeiten der Außenstelle in Y zu beschränken. Sie sei auch bereit, an einem Tag der Woche zu pendeln. Ein großer Teil der Arbeit in der Außenstelle könne vor Ort am Hauptsitz erledigt werden.

Die Leiterin der Führerscheinstelle und der Leiter des Personalamts wollen nach Rücksprache mit dem Landrat an der Umsetzung gern festhalten.

■ **Aufgabe 1:** Hat der Widerspruch Aussicht auf Erfolg? (Stand Mai, also noch vor der Durchführung der Umsetzung)

■ **Aufgabe 2:** Hat der Widerspruch aufschiebende Wirkung?

2. Lösungsvorschlag zu Aufgabe 1

Der Widerspruch hat Aussicht auf Erfolg, wenn er zulässig und begründet ist.

A. Zulässigkeit

I. Eröffnung des Verwaltungsrechtsweges

Im späteren Klageverfahren müsste der Verwaltungsrechtsweg eröffnet sein. Nach §§ 1, 54 Abs. 1 BeamtStG ist für alle Klagen der Beamtinnen, Beamten, Ruhestandsbeamtinnen, Ruhestandsbeamten, früheren Beamtinnen, früheren Beamten der Länder, Gemeinden und Gemeindeverbände sowie der sonstigen der Aufsicht eines Landes unterstehenden Körperschaften, Anstalten und Stiftungen des öffentlichen Rechts und der Hinterbliebenen aus dem Beamtenverhältnis sowie für Klagen des Dienstherrn der Verwaltungsrechtsweg gegeben. Hier ginge es im Hauptsachenverfahren um eine Klage der Kreisbeamtin B gegen ihre Umsetzung, also um eine Streitigkeit aus dem Beamtenverhältnis mit einem Landkreis. In der Hauptsache wäre damit der Verwaltungsrechtsweg eröffnet.

II. Statthaftigkeit des Widerspruchs

Nach § 54 Abs. 2 S. 1 BeamtStG ist abweichend von § 68 Abs. 1 S. 1 VwGO nicht nur vor Anfechtungs- und Verpflichtungsklagen, sondern vor allen

Klagen ein Vorverfahren durchzuführen. Der Widerspruch ist abweichend von § 68 Abs. 1 S. 2 VwGO nach § 54 Abs. 2 S. 3 BeamtStG nur dann unzulässig, wenn ein Landesgesetz dies ausdrücklich bestimmt. Das LBG BW enthält eine solche Bestimmung nicht. Damit ist der Beamtenwiderspruch statthaft.

Je nach Begehren kann der Beamtenwiderspruch in Form eines Anfechtungs-, Verpflichtungs-, Fortsetzungsfeststellungs-, allgemeinen Leistungs- oder allgemeinen Feststellungswiderspruchs statthaft sein.

Hier begehrt die Beamtin B die Aufhebung ihrer Umsetzung. Mangels Außenwirkung stellt die Umsetzung keinen Verwaltungsakt i. S. d. § 35 S. 1 VwVfG, sondern nur eine interne Weisung dar. Somit ist der Beamtenwiderspruch hier in Form des allgemeinen Leistungswiderspruchs statthaft.

III. Widerspruchsbefugnis

Nach § 42 Abs. 2 VwGO analog ist die Beamtin B widerspruchsbefugt, wenn sie geltend macht, durch die angefochtene Umsetzung in ihren Rechten verletzt zu sein. Es reicht die Möglichkeit einer Rechtsverletzung (Möglichkeitstheorie).

Zwar ist die Umsetzung auf die Regelung des Innenverhältnisses der Behörde gerichtet und stellt somit keinen finalen und unmittelbaren Eingriff in etwaige Rechte der betroffenen Amtsperson dar. Der Beamte hat aber ein Recht auf ermessensfehlerfreie Entscheidung über die Umsetzung unter Berücksichtigung seiner Interessen. Eine Verletzung in diesem Recht scheint möglich. Damit ist die Beamtin B widerspruchsbefugt.

IV. Beteiligungsfähigkeit, Handlungsfähigkeit, ggf. Vertretung

Beamtin B ist nach §§ 79, 11 Nr. 1 Alt. 1 LVwVfG BW beteiligungs- und nach §§ 79, 12 Abs. 1 Nr. 1 LVwVfG BW handlungsfähig.

V. Ordnungsgemäße Erhebung des Widerspruchs

Beamtin B hat ihren Widerspruch beim Landratsamt und damit gemäß § 70 Abs. 1 S. 1 VwGO bei der richtigen Stelle, nämlich der Ausgangsbehörde erhoben.[79]

Der Widerspruch erfolgte schriftlich, also nach § 70 Abs. 1 S. 1 VwGO formgerecht.

Eine Widerspruchsfrist nach § 70 Abs. 1 S. 1 VwGO läuft nur bei Anfechtungs- und Verpflichtungswidersprüchen, da Voraussetzung die Bekanntgabe des angefochten Verwaltungsakts bzw. der Ablehnung des beantragten

79 Widerspruchsbehörde ist nach § 73 Abs. 1 S. 2 Nr. 3 VwGO ebenfalls der Landrat mit seinem Landratsamt.

Verwaltungsakts ist. Damit bestehen insoweit keine Bedenken, dass die Beamtin B erst 2 Monate nach der mündlichen Umsetzung Widerspruch erhoben hat.

VI. Rechtsschutzbedürfnis

Eine Verwirkung des Widerspruchsrechts ist hier weder mit Hinblick auf die beamtenrechtlichen Sonderregelungen[80] noch mit Hinblick auf § 58 Abs. 2 VwGO ersichtlich.

VII. Zwischenergebnis

Damit ist der Widerspruch zulässig.

B. Begründetheit des Widerspruchs

Der allgemeine Leistungswiderspruch ist begründet, soweit der Widerspruchsführer vom Rechtsträger der Ausgangsbehörde die begehrte Leistung verlangen kann. Hier begehrt die Beamtin B vom Landkreis S, vertreten durch den Landrat mit seinem Landratsamt, die Aufhebung der Umsetzung. Einen solchen Anspruch hat sie, wenn die Umsetzung rechtswidrig ist und sie dadurch in ihren Rechten verletzt ist (Rechtsgedanke aus § 113 Abs. 1 S. 1 VwGO). Ebenfalls ist der Widerspruch begründet, wenn die Umsetzung, deren Erlass im Ermessen der Ausgangsbehörde steht, unzweckmäßig ist und dadurch Interessen der Beamtin betroffen werden.

I. Rechtswidrigkeit der Umsetzung

1. Rechtsgrundlage

Die Umsetzung, eine das statusrechtliche und das funktionelle Amt im abstrakten Sinn unberührt lassende Zuweisung eines anderen Dienstpostens innerhalb einer Behörde, bedarf als verwaltungsinterne Weisung keiner gesetzlichen Ermächtigung, sondern beruht auf der Organisationsgewalt des Dienstherren und ist vom Beamten auf Grund seiner allgemeinen Gehorsamspflicht grundsätzlich zu befolgen.[81]

2. Formelle Rechtmäßigkeit

Ein Verstoß gegen Zuständigkeits-,[82] Verfahrens-, Form- oder Bekanntgabevorschriften ist nicht ersichtlich. Die Umsetzung ist formell rechtmäßig.

---

80 So darf das vermeintlich zu niedrige Gehalt grundsätzlich nur im laufenden Kalenderjahr mit Widerspruch angefochten werden.

81 BVerfG, NVwZ 2008, 547.

82 Verbandskompetenz: Landkreis; Organkompetenz: Landrat mit Landratsamt nach § 42 Abs. 1 u. 2 LKrO BW.

3. Materielle Rechtmäßigkeit

Die Umsetzung, die an keine besonderen Tatbestandsvoraussetzungen geknüpft ist, ist materiell rechtmäßig, wenn sie ermessensfehlerfrei ist (vgl. § 40 LVwVfG BW).

Dass das Landratsamt sein Ermessen nicht erkannt oder nicht ausgeübt hat (Ermessensnichtgebrauch), ist nicht ersichtlich.

Die Umsetzung kann grundsätzlich auf jeden sachlichen Grund gestützt werden.[83] Ein Ermessensfehlgebrauch liegt vor, wenn keine sachlichen Gründe vorliegen, sachliche Gründe nur vorgeschoben werden oder unsachliche Gründe in die Ermessensausübung eingestellt werden. Hier stützt das Landratsamt die Umsetzung auf einen Personalbedarf in der Außenstelle. Das ist ein legitimer Grund. Dass dieser Grund vom Landratsamt nur vorgeschoben wird, ist weder ersichtlich noch wird das von der Widerspruchsführerin geltend gemacht.

Die Ausübung des Ermessens wird gesetzlich begrenzt durch das Recht auf amtsangemessene Beschäftigung oder eine Zusicherung. Daneben sind die Belange des Betroffenen nach dem Grundsatz der Verhältnismäßigkeit zu berücksichtigen.[84]

Art. 33 Abs. 5 GG gewährt dem Beamten einen Anspruch auf Übertragung eines seinem Amt im statusrechtlichen Sinne entsprechenden funktionellen Amtes, eines „amtsgemäßen Aufgabenbereichs“ (Art. 33 Abs. 5 GG), jedoch kein Recht auf unveränderte und ungeschmälerte Ausübung des ihm übertragenen Dienstpostens. Hier wird B die gleichen, ihrem Amt angemessenen Tätigkeiten wie vorher ausüben, nur an einem anderen Ort. Der Schutzbereich von Art. 33 Abs. 5 GG ist daher nicht betroffen.

Frau B wurde auch kein Verbleiben am Hauptsitz zugesichert (vgl. § 38 LVwVfG BW).

Verhältnismäßig ist die Umsetzung, wenn sie zur Erreichung des Ziels (hier der Deckung des Personalbedarfs) geeignet, erforderlich und angemessen ist.

Die Umsetzung ist für die Deckung des Personalbedarfs förderlich und somit geeignet.

Erforderlich ist die Umsetzung, wenn es kein für die Beamtin B und andere milderes, aber gleich geeignetes Mittel gibt. Zwar wäre für B eine Umsetzung einer der anderen 3 Kolleginnen milder, nicht aber für diese. Eine nur vorübergehende Umsetzung ist nicht gleich geeignet, den Personalbedarf auf Dauer zu decken. Damit ist ein anderes milderes Mittel nicht ersichtlich.

---

83 BVerwG, Urteil v. 26.05.2011 – BVerwG 2 A 8.09, juris.

84 BVerwG, Urteil v. 26.05.2011 – BVerwG 2 A 8.09, juris.

Die Umsetzung muss auch angemessen sein. Die Nachteile, die Frau B durch die Umsetzung hinzunehmen hat, dürfen nicht außer Verhältnis zu den mit ihrer Umsetzung angestrebten Vorteilen stehen.

Zwar muss B nun längere Fahrzeiten und dadurch bedingte längere Zeiten der Abwesenheit von zu Hause in Kauf nehmen. Auch muss sie ggf. die Kinderbetreuung anders als bisher organisieren. Dem steht jedoch das öffentliche Interesse an einer funktionierenden Verwaltung entgegen. Ohne die Umsetzung wäre die Führerscheinstelle unbesetzt. Nach Abwägung dieser Vor- und Nachteile ist die Umsetzung nicht unangemessen und damit insgesamt verhältnismäßig.

II. Zweckmäßigkeit der Umsetzung

Im Widerspruchsverfahren wird neben der Rechtmäßigkeit auch die Zweckmäßigkeit geprüft. Der Widerspruch hat also Aussicht auf Erfolg, wenn die Ausgangs- bzw. Widerspruchsbehörde nunmehr eine andere Lösung als die Umsetzung für sachgerecht hält. Laut Sachverhalt möchte das Landratsamt den Personalbedarf nicht mit Personen aus anderen Stellen als der Führerscheinstelle decken und auch nicht prüfen, wie die in der Außenstelle anfallende Arbeit anders als durch eine Umsetzung erledigt werden könnte. Damit ist die Umsetzung zweckmäßig.

D. Gesamtergebnis

Der Widerspruch ist zulässig, aber unbegründet.

3. Lösungsvorschlag zu Aufgabe 2

Aufschiebende Wirkung haben nach § 80 Abs. 1 VwGO nur Widersprüche gegen Verwaltungsakte (also Anfechtungswidersprüche). Der allgemeine Leistungswiderspruch mit dem Ziel der Aufhebung sonstigen Verwaltungshandelns hat also keine aufschiebende Wirkung.

V. Widerspruch gegen Nebenbestimmungen

1. Anfechtung der Befristung einer § 34 a GewO-Erlaubnis (rechtswidrige Nebenbestimmung zu einer gebundenen Entscheidung, Fall 1)

a) Sachverhalt und Aufgabenstellung

Fall 1: Die Beschütz-GmbH hat eine Erlaubnis nach § 34 a GewO beantragt. Die zuständige Gewerbebehörde (Baden-Württemberg) erteilt die Erlaubnis nach vorheriger Anhörung der Beschütz-GmbH nur befristet für 2 Jahre. Das begründet sie mit dem öffentlichen Interesse an einer effektiven Gewerbeüberwachung. Die Beschütz-GmbH ist erzürnt, erhebt Widerspruch und beantragt, die erteilte § 34a GewO-Erlaubnis insoweit aufzuheben, als sie unter einer Befristung ergangen ist.

■ **Aufgabe 1:** Ist der Widerspruch mit genau diesem Antrag (teilweise Anfechtung der Erlaubnis) statthaft? Besteht ein Rechtsschutzbedürfnis?

■ **Aufgabe 2:** Ist der isolierte Anfechtungswiderspruch begründet?

■ **Aufgabe 3:** Hat die Beschütz-GmbH die Wahl, ob sie isolierten Anfechtungswiderspruch oder Verpflichtungswiderspruch auf unbefristete § 34a GewO-Erlaubnis erhebt?

b) Lösungsvorschlag zu Aufgabe 1

Statthaftigkeit des isolierten Anfechtungswiderspruchs

Die Statthaftigkeit richtet sich nach dem Begehren des Antragstellers (vgl. § 88 VwGO). Streitgegenstand ist die Erlaubnis für das Bewachungsgewerbe (§ 34a GewO), also ein Verwaltungsakt i.S.d. § 35 S. 1 VwVfG. Damit ist nach § 68 Abs. 2 bzw. § 68 Abs. 1 S. 1 VwGO grundsätzlich der Widerspruch gegeben. Ein Ausnahmefall (§ 68 Abs. 1 S. 2 VwGO) liegt nicht vor.

Fraglich ist, ob hier der Anfechtungs- oder der Verpflichtungswiderspruch statthaft ist. Mit dem Anfechtungswiderspruch wird nach § 68 Abs. 1 S. 1 VwGO i.V.m. § 42 Abs. 1 Var. 1 VwGO die Aufhebung eines Verwaltungsakts begehrt. Umstritten ist, ob es zulässig ist, nur die Aufhebung einer Nebenbestimmung zum Verwaltungsakt zu beantragen (sogenannter isolierter Anfechtungswiderspruch).

Nach einer (früher herrschenden) Auffassung soll ein isolierter Anfechtungswiderspruch nur gegen Auflagen und Auflagenvorbehalte statthaft sein. Andere halten ihn immer für unzulässig. Nach BVerwG[85] und wohl h.M. ist eine isolierte Anfechtungsklage (und so auch der isolierte Anfechtungswiderspruch) gegen Nebenbestimmungen grundsätzlich zulässig. Für letztere Auffassung spricht, dass schon nach § 113 Abs. 1 S. 1 VwGO eine nur teilweise Aufhebung eines rechtswidrigen Verwaltungsakts zulässig ist.

Hier beantragt die Beschütz-GmbH die Aufhebung der Befristung auf 2 Jahre, also die Aufhebung einer Nebenbestimmung i.S.d. § 36 Abs. 2 Nr. 1 VwVfG.[86] Damit ist der isolierte Anfechtungswiderspruch statthaft.

Rechtsschutzbedürfnis

Für einen isolierten Anfechtungswiderspruch fehlt das Rechtsschutzbedürfnis, wenn bereits bei der Zulässigkeitsprüfung offensichtlich ist, dass

---

85 BVerwG, NVwZ 2001, 429.

86 Korrekterweise ist im Rahmen von § 68 VwGO auf den bundesrechtlichen Begriff zurückzugreifen.

das Rechtsschutzziel nur mit dem Verpflichtungswiderspruch erreicht werden kann. Das ist der Fall, wenn schon auf den ersten Blick erkennbar ist, dass der Verwaltungsakt und die angegriffene Nebenbestimmung nicht teilbar sind.

Ohne die angefochtene Befristung würde die Erlaubnis nach § 34a GewO unbefristet gelten. Das ist weder nach § 34a GewO noch aus sonstigen Gründen offensichtlich rechtswidrig. Damit mangelt es hier nicht am Rechtschutzbedürfnis für die Erhebung eines isolierten Anfechtungswiderspruchs.

Ergebnis
Wenn auch alle anderen Zulässigkeitsvoraussetzungen vorliegen, ist der isolierte Anfechtungswiderspruch zulässig.

c) Lösungsvorschlag zu Aufgabe 2

Obersatz
Ein isolierter Anfechtungswiderspruch gegen die Nebenbestimmung zu einem Verwaltungsakt ist nach § 68 Abs. 1 S. 1 VwGO i. V. m. § 113 Abs. 1 S. 1 VwGO analog begründet, soweit der Erlass der Nebenbestimmung rechtswidrig ist, der Widerspruchsführer dadurch in seinen Rechten verletzt ist und soweit der Verwaltungsakt ohne die erteilte Nebenbestimmung rechtmäßig Bestand haben kann.

Steht die Erteilung der Nebenbestimmung im Ermessen der Widerspruchsbehörde, ist der isolierte Anfechtungswiderspruch gemäß § 68 Abs. 1 S. 1 VwGO auch dann begründet, soweit der Erlass der Nebenbestimmung zwar nicht rechtswidrig, aber unzweckmäßig ist und die Ermessensnorm zumindest auch dem Interesse des Widerspruchsführers dient. Zu einer solchen Prüfung ist die Ausgangsbehörde immer berechtigt und verpflichtet, die Widerspruchsbehörde nur dann nicht, wenn sie auf die Rechtsaufsicht und damit die Rechtmäßigkeitskontrolle beschränkt ist.

Rechtmäßigkeit der Nebenbestimmung
Zunächst bedarf die Nebenbestimmung als belastende Verwaltungsmaßnahme einer **Rechtsgrundlage**. Spezialgesetzlich ist die Befristung einer § 34a GewO-Erlaubnis nicht geregelt, damit kommen als Rechtsgrundlage nur § 36 Abs. 2 LVwVfG BW und § 36 Abs. 1 Var. 2 LVwVfG BW in Betracht. Da § 34a GewO keine Ermessensentscheidung, sondern ein Verwaltungsakt ist, auf dessen Erlass ein Anspruch besteht, ist richtige Rechtsgrundlage hier § 36 Abs. 1 Var. 2 LVwVfG BW.

Verstöße gegen Zuständigkeits-, Verfahrens-, Form- oder Bekanntgabevorschriften sind nicht ersichtlich. Damit ist die Befristung **formell rechtmäßig**.

Die Befristung ist **materiell rechtmäßig**, wenn die Voraussetzungen von § 36 Abs. 1 Var. 2 LVwVfG BW vorliegen und die gesetzte Rechtsfolge inhaltlich mit dem geltende Recht vereinbar ist.

Tatbestandsvoraussetzung von § 36 Abs. 1 Var. 2 LVwVfG BW ist, dass die Nebenbestimmung sicherstellen soll, dass die gesetzlichen Voraussetzungen des Verwaltungsakts erfüllt werden. Hier ist also zu prüfen, ob tatsächlich eine formelle oder materielle Voraussetzung für den Erlass der beantragten § 34a GewO-Erlaubnis fehlte und diese Voraussetzung nun durch die Befristung hergestellt werden soll.

Laut Sachverhalt war der Antrag ordnungsgemäß. Weiter stellt die von der Beschütz-GmbH angestrebte Tätigkeit ein Bewachungsgewerbe i.S.d. Vorschrift dar. Schließlich lag auch kein Versagungsgrund vor. Damit lagen alle formellen und materiellen Voraussetzungen für den Erlass einer Erlaubnis nach § 34a GewO vor. Die Tatbestandsvoraussetzungen für eine Befristung sind somit nicht gegeben. Folglich ist die Befristung materiell rechtswidrig.

Rechtsverletzung

Durch die materiell rechtswidrige Befristung ist die Beschütz-GmbH in ihrem subjektiv-öffentlichen Recht auf Erteilung einer unbefristeten § 34a GewO-Erlaubnis und in ihrer Berufsfreiheit (Art. 12 Abs. 1 S. 1 GG i.V.m. Art. 19 Abs. 3 GG) verletzt.

Teilbarkeit

Die § 34a GewO-Erlaubnis ohne Befristung von 2 Jahren verstößt gegen kein sonstiges Recht. Eine unzulässige Kürzung des Ermessensspielraums der Ausgangsbehörde liegt nicht vor, weil die Befristung nicht im Ermessen der Ausgangsbehörde stand. Erlaubnis und Befristung sind damit auch teilbar.

Ergebnis

Der isolierte Anfechtungswiderspruch gegen die Befristung ist auch begründet.

d) Lösungsvorschlag zu Aufgabe 3

Ob der Betroffene die Wahl zwischen Anfechtungs- und Verpflichtungsklage (bzw. Anfechtungs- und Verpflichtungswiderspruch) hat, ist problematisch. Nach Teilen der Literatur geht die isolierte Anfechtungsklage als speziellere Klageart vor, dem Kläger fehlt also das Rechtsschutzbedürfnis für eine Verpflichtungsklage, wenn er sein Begehren mit der isolierten Anfechtungsklage erreichen kann.[87] Ob nach Auffassung der Rechtsprechung eine Wahlmöglichkeit zwischen beiden Klagearten besteht, ist bislang ungeklärt.[88] Unproblematisch ist die Abgrenzung, wenn man, wie hier vertreten, davon ausgeht, dass die Anfechtungsklage nur dann Erfolg hat, wenn der Kläger einen Rechtsanspruch auf die uneingeschränkte Begünstigung ohne die angefochtene Nebenbestimmung hat. Gleiches gilt für den Widerspruch.

2. Anfechtung der Befristung einer § 31 GewO-Zulassung (rechtswidrige Nebenbestimmung zu einer gebundenen Entscheidung, Fall 2)

a) Sachverhalt und Aufgabenstellung

Fall 2: Die Seebewachungs-GmbH hat eine Erlaubnis nach § 31 Abs. 1 GewO beantragt. Das zuständige BAFA erteilt die Erlaubnis befristet für ein Jahr und begründet das mit dem Bedürfnis, die Einsätze so besser überwachen zu können. Die Seebewachungs-GmbH ist über die Befristung überrascht, erhebt „isolierten Anfechtungswiderspruch gegen die Befristung" und beantragt, die Erlaubnis insoweit aufzuheben, als sie unter einer Befristung ergangen ist.

■ **Aufgabe 1:** Ist der isolierte Anfechtungswiderspruch gegen die Befristung statthaft? Besteht ein Rechtsschutzbedürfnis?

■ **Aufgabe 2:** Prüfen Sie (ggf. hilfsweise), ob der isolierte Anfechtungswiderspruch begründet ist.

b) Lösungsvorschlag zu Aufgabe 1

Statthaftigkeit

Die Statthaftigkeit richtet sich nach dem Begehren des Antragstellers (§ 88 VwGO). Streitgegenstand ist die Zulassung für das Seebewachungsgewerbe (§ 31 Abs. 1 GewO), also ein Verwaltungsakt i. S. d. § 35 S. 1 VwVfG, so dass nach § 68 Abs. 2 bzw. § 68 Abs. 1 S. 1 VwGO grundsätzlich der Widerspruch statthaft ist. [...][89].

Hier begehrt die Seebewachungs-GmbH die Aufhebung der Befristung auf 1 Jahr. Die Befristung ist eine Nebenbestimmung i. S. d. § 36 Abs. 2 Nr. 1 VwVfG. Damit ist der Widerspruch als isolierter Anfechtungswiderspruch statthaft.

---

87 *Schenke*, Verwaltungsprozessrecht, Rn. 297.

88 Vgl. *Schenke*, Verwaltungsprozessrecht, Rn. 300 zur unklaren Entscheidung des BVerwG DVBl. 2001, 813.

89 Siehe oben unter Nr. 1

Rechtsschutzbedürfnis

Das Rechtsschutzbedürfnis für einen isolierten Anfechtungswiderspruch fehlt, wenn bereits bei der Zulässigkeitsprüfung offensichtlich ist, dass er keinen Erfolg haben wird und das Rechtsschutzziel nur mit einem Verpflichtungswiderspruch erreicht werden kann. Das ist der Fall, wenn schon auf den ersten Blick erkennbar ist, dass der Verwaltungsakt und die angegriffene Nebenbestimmung nicht teilbar sind.

Ohne die Befristung auf 2 Jahre gilt die Zulassung unbefristet. Das ist nach § 31 Abs. 2 S. 2 GewO, wonach die Zulassung zwingend auf 2 Jahre (oder unter den Voraussetzungen von § 36 Abs. 1 Var. 2 VwVfG auf einen noch kürzeren Zeitraum) zu befristen ist, rechtswidrig. Ernsthafte Zweifel an der Verfassungsmäßigkeit von § 31 Abs. 2 S. 2 GewO bestehen nicht und werden auch nicht geltend gemacht.[90] Damit könnte der isolierte Anfechtungswiderspruch mangels Rechtsschutzbedürfnisses unzulässig sein. Nach allgA kann der Betroffene mit dem isolierten Anfechtungswiderspruch nämlich nicht den Austausch einer Nebenbestimmung durch eine andere, ihn weniger belastende Nebenbestimmung erreichen.[91] Das gilt aber nur dann, wenn die Nebenbestimmungen zueinander im Wesen (qualitativ) verschieden sind („aliud"). Hier geht es nur um einen quantitativen Unterschied.

Damit ist das Rechtsschutzbedürfnis gegeben, denn der isolierte Anfechtungswiderspruch könnte zumindest insoweit begründet sein, als die Befristung für weniger als 2 Jahre ausgesprochen wurde.

Zwischenergebnis

Der isolierte Anfechtungswiderspruch ist zulässig.

c) Lösungsvorschlag zu Aufgabe 2

Obersatz

Ein isolierter Anfechtungswiderspruch gegen die Nebenbestimmung zu einem Verwaltungsakt ist nach § 68 Abs. 1 S. 1 VwGO i. V. m. § 113 Abs. 1 S. 1 VwGO analog begründet, soweit der Erlass der Nebenbestimmung rechtswidrig ist, der Widerspruchsführer dadurch in seinen Rechten verletzt ist und soweit der Verwaltungsakt ohne die erteilte Nebenbestimmung rechtmäßig Bestand haben kann.

Steht die Erteilung der Nebenbestimmung im Ermessen der Widerspruchsbehörde, ist der isolierte Anfechtungswiderspruch auch dann be-

---

90 Andere Auffassung unter Berufung auf die offene Frage der Verfassungsmäßigkeit von § 31 Abs. 2 S. 2 GewO vertretbar.

91 *Schenke*, Verwaltungsprozessrecht, Rn. 300.

gründet, soweit der Erlass der Nebenbestimmung zwar nicht rechtswidrig, aber unzweckmäßig ist und die Ermessensnorm zumindest auch dem Interesse des Widerspruchsführers dient. Zu einer solchen Prüfung ist die Ausgangsbehörde immer berechtigt und verpflichtet, die Widerspruchsbehörde nur dann nicht, wenn sie auf die Rechtsaufsicht und damit die Rechtmäßigkeitskontrolle beschränkt ist.

Rechtmäßigkeit der Nebenbestimmung
Zunächst müsste die Nebenbestimmung rechtmäßig sein.

Rechtsgrundlage
Die Nebenbestimmung bedarf als belastende Verwaltungsmaßnahme einer **Rechtsgrundlage**. Hier ermächtigen spezialgesetzlich (vgl. § 36 Abs. 1 Var. 1 VwVfG) § 31 Abs. 2 S. 2 GewO, § 31 Abs. 4 S. 1 Nr. 1 GewO i. V. m. § 3 SeeBewachV zur Befristung der Zulassung für das Seebewachungsgewerbe.

Formelle Rechtmäßigkeit (insb. Anhörung)
Die Befristung muss **formell rechtmäßig** sein. Zuständig ist nach § 31 Abs. 2 S. 2 u. 1 GewO das BAFA. Fraglich ist, ob die Befristung ohne Verstoß gegen Verfahrensvorschriften erfolgte. Nach § 28 Abs. 1 VwVfG ist dem Beteiligten vor Erlass eines Verwaltungsakts, der in seine Rechte eingreift, Gelegenheit zu Stellungnahme zu geben. Ob § 28 Abs. 1 VwVfG auch bei Erlass begünstigender Verwaltungsakte mit belastenden Nebenbestimmungen anwendbar ist, ist streitig. Geht man von einer Anwendbarkeit aus, so hätte der Seebewachungs-GmbH (Beteiligte nach § 13 Abs. 1 Nr. 1 Var. 1 VwVfG) zuvor Gelegenheit gegeben werden müssen, zu dem vom BAFA befürchteten Verhalten Stellung nehmen zu können. Allerdings kann die fehlende Anhörung im Widerspruchsverfahren gemäß § 45 Abs. 1 Nr. 3 VwVfG geheilt werden. Die Seebewachungs-GmbH hatte Gelegenheit, sich im Widerspruchsverfahren zu äußern. Wenn sich das BAFA mit diesen Argumenten nunmehr auseinandersetzt, ist der Verstoß geheilt.

Sonstige Verstöße gegen Verfahrens-, Form- oder Bekanntgabevorschriften sind nicht erkennbar. Damit ist die Befristung mit nachgeholter Anhörung formell rechtmäßig.

Materielle Rechtmäßigkeit
Die Befristung ist **materiell rechtmäßig**, wenn sie auf einer rechtmäßigen und ausreichenden Rechtsgrundlage beruht, die Tatbestandsvoraussetzungen der Rechtsgrundlage vorliegen und die gesetzte Rechtsfolge inhaltlich mit dem geltenden Recht in Einklang steht.

Wirksame Rechtsgrundlage
An der Rechtmäßigkeit von § 3 SeeBewachV einschließlich der Verfassungsmäßigkeit von § 31 Abs. 2 S. 2 u. Abs. 4 S. 1 Nr. 1 GewO bestehen keine Bedenken.

Tatbestandsvoraussetzungen
Die Tatbestandsvoraussetzungen für die Befristung (Erlass einer Zulassung für das Bewachungsgewerbe) lagen vor.

Rechtmäßige Rechtsfolge
§ 31 Abs. 2 S. 2 GewO i. V. m. § 3 SeeBewachV sieht als zwingende Rechtsfolge die Befristung auf 2 Jahre vor. Dagegen hat das BAFA durch die einjährige Befristung verstoßen. Damit ist die Befristung rechtswidrig.

Rechtsverletzung
Durch die materiell-rechtswidrige Befristung ist die Seebewachungs-GmbH in ihrem subjektiv-öffentlichen Recht auf Erteilung einer § 31 GewO-Zulassung für 2 Jahre und in ihrer Berufsfreiheit (Art. 12 Abs. 1 S. 1 GG i. V. m. Art. 19 Abs. 3 GG) verletzt.

Teilbarkeit
Die Erteilung einer § 31 GewO-Erlaubnis ohne Befristung würde gegen § 31 Abs. 2 S. 2 GewO i. V. m. § 3 SeebewachV, wonach zwingend eine Befristung von 2 Jahren auszusprechen ist, verstoßen.

Ergebnis
Der isolierte Anfechtungswiderspruch gegen die Befristung ist nur insoweit begründet, als eine Befristung von weniger als 2 Jahren ausgesprochen wurde. Im Übrigen ist der isolierte Anfechtungswiderspruch unbegründet.

3. Anfechtung der Befristung einer Sondernutzungserlaubnis

a) Sachverhalt und Aufgabenstellung

Fall 1: Gastwirt G hat eine unbefristete Sondernutzungserlaubnis für die Fußgängerzone beantragt. Diese wird ihm nach vorheriger Anhörung gemäß § 16 Abs. 1 S. 2 StrG BW[92] stets widerruflich und für eine Dauer von 2 Jahren erteilt. Die Befristung begründet die Straßenbaubehörde damit, dass sie so nach 2 Jahren eine neue Gebühr für die Sondernutzung festsetzen kann. Mit dem Widerrufsvorbehalt (§ 36 Abs. 2 Nr. 3 LVwVfG BW) ist Gastwirt G einverstanden, mit der Befristung nicht. Eine Befristung, nur um

92 Dort steht, dass eine Erlaubnis nur befristet oder auf Widerruf erteilt werden darf.

Gebühren zu generieren, hält er für rechtswidrig. Daher erhebt er „isolierten Anfechtungswiderspruch gegen die Befristung“ und beantragt, den Verwaltungsakt insoweit aufzuheben, als er mit der Befristung von 2 Jahren ergangen ist.

■ **Aufgabe 1:** Ist der isolierte Anfechtungswiderspruch statthaft?

■ **Aufgabe 2:** Prüfen Sie (ggf. hilfsweise), ob der isolierte Anfechtungswiderspruch begründet ist.

■ **Aufgabe 3:** Was ist dem Widerspruchsführer mit Hinblick auf die vielen Unklarheiten in der Praxis, die sie hier und in den Fällen oben kennengelernt haben, zu empfehlen?

b) Lösungsvorschlag zu Aufgabe 1

Statthaftigkeit

Die Statthaftigkeit richtet sich nach dem Begehren des Antragstellers (§ 88 VwGO). Streitgegenstand ist die Sondernutzungserlaubnis (§ 16 Abs. 1 u. 2 StrG BW), also ein Verwaltungsakt i. S. d. § 35 S. 1 LVwVfG BW, so dass nach § 68 Abs. 2 bzw. § 68 Abs. 1 S. 1 VwGO grundsätzlich der Widerspruch statthaft ist. [...][93]

Hier begehrt Gastwirt G die teilweise Aufhebung der befristet und stets widerruflich erteilten Sondernutzungserlaubnis, soweit sie unter einer Befristung von 2 Jahren ergangen ist. Damit beantragt er die Aufhebung einer Nebenbestimmung i. S. d. § 36 Abs. 2 Nr. 1 VwVfG. Dieses Begehren ist grundsätzlich als isolierter Anfechtungswiderspruch statthaft.

Rechtsschutzbedürfnis

Das Rechtsschutzbedürfnis für einen isolierten Anfechtungswiderspruch fehlt, wenn bereits bei der Zulässigkeitsprüfung offensichtlich ist, dass er keinen Erfolg haben wird und das Rechtsschutzziel nur mit einem Verpflichtungswiderspruch erreicht werden kann. Das ist der Fall, wenn schon auf den ersten Blick erkennbar ist, dass der Verwaltungsakt und die angegriffene Nebenbestimmung nicht teilbar sind.

Ohne die Befristung auf 2 Jahre gilt die Sondernutzungserlaubnis stets widerruflich. Das steht in keinem Widerspruch zu § 16 Abs. 1 S. 2 StrG BW, denn danach ist lediglich vorgeschrieben, dass die Sondernutzungserlaubnis zwingend entweder mit einer Befristung oder einem Widerrufsvorbehalt zu versehen ist. Auch ist nicht von vornherein ausgeschlossen, dass G einen Anspruch auf Erteilung der Sondernutzungserlaubnis ohne die Befristung

---

93 Siehe oben unter Nr. 1.

hat. Damit besteht ein Rechtsschutzbedürfnis an Erhebung der isolierten Anfechtungsklage.

Ergebnis
Die isolierte Anfechtungsklage ist zulässig.

c) Lösungsvorschlag zu Aufgabe 2

Obersatz
Ein isolierter Anfechtungswiderspruch gegen die Nebenbestimmung zu einem Verwaltungsakt ist nach § 68 Abs. 1 S. 1 VwGO i. V. m. § 113 Abs. 1 S. 1 VwGO analog begründet, soweit der Erlass der Nebenbestimmung rechtswidrig ist, der Widerspruchsführer dadurch in seinen Rechten verletzt ist und soweit der Verwaltungsakt ohne die erteilte Nebenbestimmung rechtmäßig Bestand haben kann.

Steht die Erteilung der Nebenbestimmung im Ermessen der Verwaltung, ist der isolierte Anfechtungswiderspruch gemäß § 68 Abs. 1 S. 1 VwGO auch dann begründet, soweit der Erlass der Nebenbestimmung zwar nicht rechtswidrig, aber unzweckmäßig ist und die Ermessensnorm zumindest auch dem Interesse des Widerspruchsführers dient. Zu einer solchen Prüfung ist die Ausgangsbehörde immer berechtigt und verpflichtet, die Widerspruchsbehörde nur dann nicht, wenn sie auf die Rechtsaufsicht und damit die Rechtmäßigkeitskontrolle beschränkt ist.

Rechtmäßigkeit der Nebenbestimmung
Zu prüfen ist, ob die Nebenbestimmung rechtmäßig ist.

Rechtsgrundlage
Rechtsgrundlage für die Erteilung einer Nebenbestimmung zur Sondernutzungserlaubnis (Ermessensentscheidung nach § 16 Abs. 2 StrG BW) sind § 36 Abs. 2 LVwVfG BW i. V. m. § 16 Abs. 1 S. 2 StrG BW.

Formelle Rechtmäßigkeit
Ein Verstoß gegen Zuständigkeits-, Verfahrens-, Form- oder Bekanntgabevorschriften ist hier nicht ersichtlich. Damit ist die Befristung **formell rechtmäßig**.

Materielle Rechtmäßigkeit
Zunächst müssten die Tatbestandsvoraussetzungen für eine Befristung vorliegen. Nach § 36 Abs. 2 LVwVfG sind Nebenbestimmungen zu Ermessensverwaltungsakten grundsätzlich zulässig. Die Erteilung einer Sondernutzungserlaubnis steht nach § 16 Abs. 2 StrG BW im Ermessen der Behörde.

Damit liegen die Tatbestandsvoraussetzungen für den Erlass einer Nebenbestimmung vor.

Nun ist zu prüfen, ob die gesetzte Rechtsfolge (hier die Befristung auf 2 Jahre) inhaltlich mit dem geltenden Recht vereinbar ist. Der Erlass von Nebenbestimmungen steht gemäß § 36 Abs. 2 LVwVfG BW im Ermessen der Verwaltung. Eine Ermessensreduzierung auf null wegen der besonderen Konstellation des Einzelfalls ist hier nicht ersichtlich. Das Ermessen ist gemäß § 40 LVwVfG gemäß dem Zweck der Ermächtigung und innerhalb der gesetzlichen Grenzen auszuüben.

Kein Ermessensnichtgebrauch
Die Straßenbaubehörde hat ihr Ermessen erkannt und ausgeübt, ein Ermessensnichtgebrauch ist nicht ersichtlich.

Keine Ermessensüberschreitung
Gesetzliche Grenze ist hier zunächst § 16 Abs. 1 S. 2 StrG BW. Danach ist die Straßenbaubehörde verpflichtet, die Sondernutzungserlaubnis zumindest entweder zu befristen oder widerruflich zu erteilen. Hier hat die Behörde die Sondernutzungserlaubnis sowohl befristet als auch mit Widerrufsvorbehalt erteilt. Ein Verstoß gegen § 16 Abs. 1 S. 2 StrG BW liegt also nicht vor.

Weiter dürfen Nebenbestimmungen nach § 36 Abs. 3 LVwVfG BW nicht dem Zweck des Verwaltungsakts zuwiderlaufen. Nebenbestimmungen sind also nicht bereits dann zulässig, wenn sie irgendeinem legitimen Verwaltungszweck dienen. Vielmehr müssen sie der Verhinderung, Beseitigung oder Minderung von Nachteilen dienen, die sich sonst aus dem Verwaltungsakt für die Allgemeinheit oder Einzelne ergeben können.[94]

Durch die Sondernutzungserlaubnis sollen die unterschiedlichen Nutzungszwecke der Straße (Gemeingebrauch, Anliegergebrauch und Sondernutzung) zum Ausgleich gebracht werden. Überlegungen zur Generierung höherer Gebühren sind daher sachfremde Gesichtspunkte. Die Befristung dient nicht dem Zweck der Sondernutzungserlaubnis. Damit liegt ein Verstoß gegen § 36 Abs. 3 LVwVfG BW vor. Dieser Fehler könnte von der Ausgangsbehörde geheilt werden, wenn sie die Befristung nunmehr auf andere Überlegungen stützt. Von der Widerspruchsbehörde (hier dem Landratsamt Ortenaukreis) kann der Fehler hingegen nicht geheilt werden, weil das Landratsamt Ortenaukreis gemäß § 17 Abs. 1 AGVwGO BW auf die Rechtsaufsicht beschränkt ist.

94 BeckOK VwVfG/*Tiedemann*, VwVfG, § 36 Rn. 21–23.2.

Streitig ist, ob der Ermessensfehler dennoch unbeachtlich ist, weil sich die Befristung auf sachgemäße Überlegungen stützen ließe. Nach richtiger Rechtsauffassung ist das abzulehnen, weil sonst die Kompetenz der Ausgangsbehörde überschritten wird.

Da die Ausgangsbehörde hier an ihrer Entscheidung festhalten will, ist der Verstoß nicht geheilt.

Rechtsverletzung
Durch die ermessensfehlerhafte Befristung ist G in seinen Rechten aus § 16 Abs. 1 u. 2 StrG BW auf ermessensfehlerfreie Entscheidung über seinen Antrag auf Sondernutzungserlaubnis verletzt.

Teilbarkeit
Ohne die Befristung läge eine immer noch widerrufliche und damit nach § 16 Abs. 1 S. 2 StrG BW rechtmäßige Sondernutzungserlaubnis vor. Allerdings steht die Entscheidung, ob die Sondernutzungserlaubnis auch ohne Befristung erteilt wird, im Ermessen der Ausgangsbehörde. Die Widerspruchsbehörde ist hier nach § 17 Abs. 1 StrG BW ausnahmsweise wie ein Gericht auf eine reine Rechtmäßigkeitsprüfung beschränkt und darf so anders als sonst die Zweckmäßigkeit nicht prüfen.

Nach teilweise vertretener Auffassung soll das unschädlich sein, die Widerspruchsbehörde muss die rechtswidrige Nebenbestimmung aufheben. Es wäre dann Sache der Ausgangsbehörde, die Befristung noch einmal rechtmäßig zu erlassen oder die Sondernutzungserlaubnis nach § 49 Abs. 2 Nr. 3 oder 4 LVwVfG BW aufzuheben. Zu Recht wird dem entgegengehalten, dass die Voraussetzungen für einen Widerruf nach § 49 Abs. 2 Nr. 3 LVwVfG BW in diesem Fall gar nicht vorliegen, denn weder hat sich die Sach- noch die Rechtslage geändert.[95]

Ergebnis
Damit ist der isolierte Anfechtungswiderspruch wegen fehlender Teilbarkeit von Nebenbestimmung und Sondernutzungserlaubnis unbegründet.

d) Lösungsvorschlag zu Aufgabe 3

In der Praxis ist der Widerspruchsführer gut beraten, wenn er die Aufhebung der strittigen Nebenbestimmung (isolierter Anfechtungswiderspruch) und hilfsweise den Erlass des begehrten Verwaltungsakts ohne die Nebenbestimmung (Verpflichtungswiderspruch) beantragt.

95 *Schenke*, Verwaltungsprozessrecht, Rn. 808.

4. Unzulässige Anfechtung von Inhaltsbestimmungen bzw. modifizierten Gewährungen

a) Sachverhalt und Aufgabenstellung

Fall 4: A beantragt eine immissionsschutzrechtliche Genehmigung für einen Mastgeflügelbetrieb mit 80.000 Plätzen. Er erhält eine Genehmigung für den Betrieb mit 29.999 Plätzen. Dagegen erhebt er isolierten Anfechtungswiderspruch mit dem Antrag, die Genehmigung insoweit aufzuheben, als weniger als 80.000 Plätze erlaubt wurden.

- **Aufgabe:** Ist der isolierte Anfechtungswiderspruch statthaft?

b) Lösungsvorschlag

Der isolierte Anfechtungswiderspruch ist nur dann statthaft, wenn die Aufhebung einer Nebenbestimmung zu einem Verwaltungsakt begehrt wird. Hier handelt es sich bei der Regelung „für 29.999 Plätze" aber nicht um eine Nebenbestimmung i. S. d. § 36 Abs. 2 VwVfG, sondern um eine inhaltliche Bestimmung des mit der immissionsschutzrechtlichen Genehmigung erlaubten Betriebs (vgl. § 37 Abs. 1 VwVfG). Der isolierte Anfechtungswiderspruch ist also unstatthaft. Statthaft wäre nur der Verpflichtungswiderspruch auf Erteilung einer immissionsschutzrechtlichen Genehmigung für den beantragten Betrieb mit 80.000 Plätzen.[96]

---

96 Die weitere Prüfung in diesem Fall ist etwas kompliziert, da bei der sogenannten „modifizierten Auflage", was in den meisten Kommentierungen nicht weiter problematisiert wird (vgl. *Kopp/Schenke*, VwGO, § 42 Rn. 23), tatsächlich zwischen zwei Verwaltungsverfahren zu trennen ist. Einerseits hat die Behörde hier den Antrag auf 80.000 Plätze abgelehnt, andererseits hat sie rechtswidrig ein weiteres Verfahren eröffnet und A ohne dessen Antrag (Verstoß gegen den Dispositionsgrundsatz) eine „Genehmigung für 29.999 Plätze" erteilt. Nach der hier vertretenen Rechtsauffassung kann A nun nachträglich einen Antrag auf eine Genehmigung auf 29.999 Plätze stellen. Dann wird der Verstoß gegen die Antragspflicht geheilt und die Genehmigung für 29.999 Plätze mit der Heilung nach § 45 Abs. 1 Nr. 1 LVwVfG rechtmäßig. Auch wenn er nunmehr eine Genehmigung für 29.999 Plätze beantragt und erhalten hat, steht dem nicht entgegen, dass er weiterhin auch eine zweite Genehmigung für 80.000 Plätze begehrt. Gegen die Ablehnung der beantragten Genehmigung für 80.000 Plätze kann A also davon unabhängig Verpflichtungswiderspruch erheben. Verliert er diesen, hat er zumindest die Genehmigung für 29.999 Plätze.

F. Entwurf von Widerspruchsbescheiden

I. „Weniger Beihilfe“ (Verpflichtungswiderspruch, reformatio in peius)

1. Sachverhalt und Aufgabe

Allgemeines

Herr L ist seit dem 01.10.2012 Landesbeamter beim Regierungspräsidium Stuttgart in Baden-Württemberg. Er ist verheiratet, seine Frau ist Hausfrau (kein eigenes Einkommen), gemeinsam haben sie 2 Kinder. Für das älteste Kind („Kind 1“, 21 Jahre) erhält er seit dem 01.01.2018 kein Kindergeld mehr. Das zweite Kind („Kind 2“) ist erst 10 Jahre alt.

Antrag auf Beihilfe

Die gesamte Familie lässt sich gegen Hepatitis B impfen. Dabei fallen laut den Arztrechnungen vom 16.04.2018 je Person 180 € an (für 3 Injektionen je Person). Mit Antrag vom 17.04.2018 beantragt Herr L beim zuständigen Landesamt für Besoldung und Versorgung (Landesoberbehörde) Beihilfe. Auf dem Antragsformular[97] kreuzt er an: „Es handelt sich um eine wiederholte Antragstellung ohne Änderung beihilferelevanter Sachverhalte bei mir oder meinen berücksichtigungsfähigen Angehörigen“. Außerdem trägt er im Antragsformular folgende „Zusammenstellung der Aufwendungen“ ein:

- Beleg Nr. 1, Antragsteller, Rechnung vom 16.04.2018, Gesamtbetrag: 180 €
- Beleg Nr. 2, Ehefrau, Rechnung vom 16.04.2018, Gesamtbetrag: 180 €
- Beleg Nr. 3, Kind 1, Rechnung vom 16.04.2018, Gesamtbetrag: 180 €
- Beleg Nr. 4, Kind 2, Rechnung vom 16.04.2018, Gesamtbetrag: 180 €

Beihilfebescheid

Daraufhin setzt das Landesamt für Besoldung die Beihilfe mit Bescheid vom 23.04.2018 auf insgesamt 450 € fest.

Widerspruch

Mit Fax vom 11.05.2018 erhebt Herr L Widerspruch. Zur Begründung führt er aus, dass wahrscheinlich ein Zahlendreher vorliege und ihm Beihilfe wie folgt zustehe:

---

97 Wer sich ein solches Antragsformular nicht vorstellen kann, wird unter „https://lbv.landbw.de/vordrucke#anlass=Beihilfe“ fündig.

Anteilige Beihilfe L in Höhe von 70 % von 180 €:	126 €
Anteilige Beihilfe Ehefrau Höhe von 70 % von 180 €:	126 €
Anteilige Beihilfe Kind 1 in Höhe von 80 % von 180 €:	144 €
Anteilige Beihilfe Kind 2 in Höhe von 80 % von 180 €:	144 €
Beihilfebetrag insgesamt	540 €

Anhörung

Zwischenzeitlich erfährt das Landesamt für Besoldung und Versorgung, dass Herr L für Kind 1 nicht mehr kindergeldberechtigt ist. Das teilt es Herrn L mit und kündigt sogleich an, die Beihilfe entsprechend niedriger festsetzen zu wollen. Darauf schreibt Herr L erbost zurück, dass eine Verböserung im Widerspruchsverfahren nicht zulässig und das Landesamt außerdem für den Erlass eines Widerspruchsbescheids nicht zuständig sei. Über den Widerspruch dürfe nur das zuständige Ministerium entscheiden.

Aufgabe

- **Aufgabe 1:** Entwerfen Sie den Widerspruchsbescheid!
- **Aufgabe 2:** Was hätte L tun können, um zumindest den Beihilfebescheid über 450 € zu „retten"?

Anhang: Gesetzestexte

- § 78 Landesbeamtengesetz Baden-Württemberg[98]
- Beihilfeverordnung in der ab dem 01.01.2017 gültigen Fassung (BVO 2017)[99]
- Beachten Sie auch § 19 Abs. 6 BVO 2017 i. V. m. der BVO 2012 (Beihilfeverordnung in der ab dem 24.07.2012 bis zum 31.12.2017 gültigen Fassung)[100]

---

98 Im Internet z. B. zu finden unter: dejure.org oder unter vd-bw-neu.de.

99 Diese finden Sie im Internet auf den Seiten des Landesamts für Besoldung und Versorgung Baden-Württemberg.

100 Auch diese Beihilfeverordnung finden Sie auf den zuvor genannten Internetseiten des LBV Baden-Württemberg.

2. Lösungsvorschlag zu Aufgabe 1

Landesamt für Besoldung und Versorgung Baden-Württemberg[101]

Sachbearbeiter(in): Ina Muster
Telefon: [...]
Mail: [...]
Fax: [...]

Besucheradresse: [...]

Postzustellungsurkunde[102]

Herrn [...]L
Musterstraße 1

12345 Musterstadt

Fellbach, den 19. Juni 2018

Ihr Widerspruch vom 25. April 2018
Unser Zeichen: [...]

Sehr geehrter Herr L,

es ergeht folgender

Widerspruchsbescheid

1. Auf Ihren Widerspruch vom 11. Mai 2018 gegen unseren Beihilfebescheid vom 23. April 2018, Aktenzeichen [...] wird die Beihilfe wie folgt neu festgesetzt:

Anteilige Beihilfe an Ihren Impfkosten gegen Hepatitis B vom 16.04.2018 in Höhe von insgesamt 180 €:	90 €
Anteilige Beihilfe an den Impfkosten gegen Hepatitis B vom 16.04.2018 für Ihre Ehefrau in Höhe von insgesamt 180 €:	126 €
Anteilige Beihilfe an den Impfkosten gegen Hepatitis B vom 16.04.2018 für Ihr Kind 2 in Höhe von insgesamt 180 €:	144 €
Beihilfebetrag insgesamt	360 €

Im Übrigen wird Ihr Widerspruch zurückgewiesen.

2. Das Widerspruchsverfahren ist kostenfrei.

101 Über Widersprüche gegen die eigenen Ausgangsverwaltungsakte ist das Landesamt für Besoldung und Versorgung (Landesoberbehörde unter der Aufsicht des Ministeriums) gemäß § 73 Abs. 1 S. 2 Nr. 2 VwGO zuständige Widerspruchsbehörde (kein Devolutiveffekt).

102 Nach § 73 Abs. 3 S. 1 u. 2 VwGO ist die Zustellung vorgeschrieben.

Begründung

I. Sachverhalt

Sie sind Landesbeamter beim Regierungspräsidium Stuttgart in Baden-Württemberg, verheiratet und haben zwei Kinder. Ihre Ehefrau ist Hausfrau und hat kein eigenes Einkommen. Für Kind 1 sind Sie seit dem 1. Januar 2018 nicht mehr kindergeldberechtigt, für Kind 2 sind Sie kindergeldberechtigt.

Mit Antrag vom 17. April 2018 machten Sie für sich, Ihre Ehefrau, Kind 1 und Kind 2 Impfkosten gegen Hepatitis B in Höhe von je 180 € geltend, die nach dem 1. Januar 2018 angefallen sind und sich je Person auf 180 € belaufen. Auf dem Antragsformular haben Sie angekreuzt: „Es handelt sich um eine wiederholte Antragstellung ohne Änderung beihilferelevanter Sachverhalte bei mir oder meinen berücksichtigungsfähigen Angehörigen".

Daraufhin haben wir mit Bescheid vom 23. April 2018 Beihilfe von insgesamt 450 € festgesetzt. Dabei sind wir irrtümlich davon ausgegangen, dass Sie für sich selbst weiterhin zu 70 % und für Kind 1 zu 80 % beihilfeberechtigt sind. Allerdings ist uns dann ein Zahlendreher unterlaufen, so dass wir statt 540 € auf 450 € kamen.

Mit Fax vom 11. Mai 2018 haben Sie Widerspruch erhoben und auf diesen Rechenfehler (450 € statt 540 €) hingewiesen.

Zwischenzeitlich wurden wir darüber informiert, dass Sie für Kind 1 schon seit dem 1. Januar 2018 nicht mehr kindergeldberechtigt sind. Hierüber und über unsere Absicht, die Beihilfe deswegen niedriger festzusetzen, haben wir Sie informiert und Ihnen Gelegenheit zur Stellungnahme gegeben. Sie machen geltend, dass eine Verschlechterung zu Ihren Lasten im Widerspruchsverfahren nicht zulässig sei und wir für die Entscheidung durch Widerspruchsbescheid nicht zuständig seien.

II. Rechtliche Würdigung

Rechtsgrundlage

Zu Nummer 1 unserer Entscheidung

Rechtsgrundlage für unsere Entscheidung über Ihren Widerspruch sind § 73 Abs. 1 S. 1 Verwaltungsgerichtsordnung (VwGO) i. V. m. § 78 Landesbeamtengesetz Baden-Württemberg (LBG BW).

Formelle Rechtmäßigkeit des Widerspruchsbescheids

Unsere Entscheidung über Ihren Widerspruch ist formell rechtmäßig.

Ihr Widerspruch ist zulässig, Sie haben das Widerspruchsverfahren durch ordnungsgemäßen Widerspruch form- und fristgerecht eingeleitet.

Als Landesoberbehörde sind wir gemäß § 73 Abs. 1 S. 2 Nr. 2 Verwaltungsgerichtsordnung (VwGO) zuständige Widerspruchsbehörde. Das stellt eine Ausnahmevorschrift zu der von Ihnen geltend gemachten Grundregelung dar, dass die nächsthöhere Behörde entscheidet.

Unsere Zuständigkeit als Widerspruchsbehörde umfasst auch die Kompetenz, die Ausgangsentscheidung (hier die ursprüngliche Festsetzung der Beihilfe auf 450 €) zu Ihren Lasten zu verschlechtern. Das ist im Fall der Identität von Ausgangs- und Widerspruchsbehörde unproblematisch.

Materielle Rechtmäßigkeit des Widerspruchsbescheids

Das Widerspruchsverfahren wurde ordnungsgemäß durchgeführt, insbesondere wurde Ihnen gemäß § 71 VwGO Gelegenheit zur Stellungnahme gegeben.

Ihr Widerspruch ist unbegründet. Sie haben nach § 68 Abs. 2 u. 1 S. 1 VwGO i. V. m. § 113 Abs. 5 VwGO analog anders als von Ihnen geltend gemacht keinen Anspruch auf Beihilfe für die am 16. April 2018 angefallenen Impfkosten von mehr als 360 €.

Nach § 78 LBG BW haben Sie als Beamter u. a. einen Anspruch auf Beihilfe zu Aufwendungen zur Gesundheitsvorsorge, solange Ihnen laufende Besoldungs- und Versorgungsbezüge zustehen.

Berücksichtigungsfähige Angehörige sind in Ihrem Fall nach § 3 Abs. 1 Satz 1 Nr. 1 der Beihilfeverordnung Baden-Württemberg (BVO BW) Ihre Ehefrau und nach § 3 Abs. 1 Satz 1 Nr. 2 BVO BW Ihr Kind 2.

Ihr Kind 1 ist gemäß § 3 Abs. 1 Satz 1 Nr. 2 BVO BW seit dem 1. Januar 2018 hingegen kein berücksichtigungsfähiger Angehöriger mehr, weil es nach § 41 Abs. 3 Landesbesoldungsgesetz Baden-Württemberg (LBesG BW) nicht mehr im Familienzuschlag als Kind berücksichtigungsfähig ist. Danach erhält der Beamte den kinderbezogenen Teil des Familienzuschlags für jedes Kind, für das ihm Kindergeld nach dem Einkommensteuergesetz oder nach dem Bundeskindergeldgesetz zusteht oder ohne Berücksichtigung der §§ 64 oder 65 des Einkommensteuergesetzes oder der §§ 3 oder 4 des Bundeskindergeldgesetzes zustehen würde. In Ihrem Fall ist der Kindergeldanspruch seit dem 1. Januar 2018 entfallen.

Der Beihilfebemessungssatz beträgt für

Sie	50 %	(§ 19 Abs. 6 Satz 1 BVO 2017[103] i. V. m. § 14 Abs. 1 S. 2 Nr. 1 BVO 2012[104])
Ihre Ehefrau	70 %	(§ 19 Abs. 6 Satz 1 BVO 2017 i. V. m. § 14 Abs. 1 S. 2 Nr. 2 BVO 2012)
Ihr Kind 2	80 %	(§ 19 Abs. 6 Satz 1 BVO 2017 i. V. m. § 14 Abs. 1 S. 2 Nr. 3 BVO 2012)

Anders als von Ihnen vertreten haben Sie nach § 19 Abs. 6 Satz 1 BVO 2017[105] i. V. m. § 14 Abs. 1 S. 3 BVO 2012[106] keinen Anspruch mehr auf den erhöhten Beihilfebemessungssatz für zwei oder mehr berücksichtigungsfähige Kinder von 70 %.

103 BVO in der Fassung vom 01.01.2017.

104 BVO in der ab dem 24.07.2012 bis zum 01.01.2013 geltenden Fassung.

105 BVO in der Fassung vom 01.01.2017.

106 BVO in der ab dem 24.07.2012 bis zum 01.01.2013 geltenden Fassung.

Das liegt daran, dass Kind 1 nicht mehr berücksichtigungsfähig ist und nie drei oder mehr Kinder berücksichtigungsfähig waren.

Für Sie und alle berücksichtigungsfähigen Angehörigen haben wir die Impfkosten gegen Hepatitis B als berücksichtigungsfähige Aufwendungen in voller Höhe anerkannt (§ 10 Abs. 4 BVO 2017). Diese sind in Baden-Württemberg ohne Alterseinschränkung erstattungsfähig.

Anders als von Ihnen vertreten ist eine Verschlechterung des ursprünglichen Beihilfebescheids zu Ihren Lasten in Form einer Neuberechnung materiell-rechtlich zulässig.

Die Neuberechnung zu Ihren Lasten verletzt Sie nicht in Ihrem Vertrauen auf den Bestand des ursprünglichen Bescheids. Auf ein solches Vertrauen können Sie sich nach § 48 Abs. 2 Satz 3 Nr. 2 Landesverwaltungsverfahrensgesetz (LVwVfG) analog nicht berufen, weil Sie den ursprünglichen Bescheid über eine Beihilfe von 450 € durch falsche, jedenfalls durch unvollständige Angaben erwirkt haben. Zum einen haben Sie die falsche Angabe gemacht, dass es keine Änderung beihilferelevanter Sachverhalte seit der letzten Antragstellung gegeben habe, zum anderen sind Ihre Angaben unvollständig, weil Sie den Wegfall des Kindergeldes nicht mitgeteilt haben. Selbst wenn Ihnen die rechtliche Relevanz des Wegfalles des Kindergeldes für Ihren Beihilfeanspruch nicht bekannt gewesen sein sollte, so hatten Sie zumindest von den Tatsachen Kenntnis und haben uns diese Tatsache nicht mitgeteilt. Letztendlich kann das jedoch dahinstehen, da Sie die Rechtswidrigkeit unseres ursprünglichen Beihilfebescheids jedenfalls grob fahrlässig nicht erkannt haben und Sie sich somit auch gemäß § 48 Abs. 2 Satz 3 Nr. 3 LVwVfG nicht auf Ihr Vertrauen in den rechtswidrigen Ausgangsbescheid berufen können.

Begründung der Kostenentscheidung

Zu Nummer 2 unserer Entscheidung

Die Kostenentscheidung beruht auf § 73 Abs. 3 S. 3 VwGO i. V. m. § 80 Abs. 1 Satz 3 Hs. 2 Nr. 1 LVwVfG BW.

Rechtsbehelfsbelehrung

Rechtsbehelfsbelehrung

Gegen den Beihilfebescheid vom 23. April 2018 in Gestalt dieses Widerspruchsbescheids oder isoliert gegen diesen Widerspruchsbescheid können Sie innerhalb eines Monats nach Zustellung des Widerspruchsbescheids Klage beim Verwaltungsgericht Stuttgart in Stuttgart erheben.

Die Klage muss den Kläger, den Beklagten und den Gegenstand des Klagebegehrens bezeichnen. Sie soll einen bestimmten Antrag enthalten und die zur Begründung dienenden Tatsachen und Beweismittel sollen angegeben werden. Für die Erhebung der Klage stehen folgende Möglichkeiten zur Verfügung:

1. Schriftlich oder zur Niederschrift:

Die Klage kann schriftlich oder zur Niederschrift des Urkundsbeamten der Geschäftsstelle des Verwaltungsgerichts erhoben werden. Die Anschrift lautet: Verwaltungsgericht Stuttgart, Schellingstraße 15, 70174 Stuttgart. Der Klage sollen dieser Widerspruchsbescheid im Original oder in Kopie und so viele Abschriften der Klage mit ihren Anlagen beigefügt werden, dass alle Beteiligten eine Ausfertigung erhalten können.

2. Auf elektronischem Weg:

Gemäß § 55 a Abs. 1 VwGO können Sie die Klage auch als elektronisches Dokument nach Maßgabe der Absätze 2 bis 6 des § 55 a VwGO erheben, also mit DE-Mail oder mit qualifizierter elektronischer Signatur über Ihr elektronisches Gerichts- und Verwaltungspostfach (EGVP) bzw. das web-EGVP. Bitte beachten Sie, dass eine Klageerhebung mit gewöhnlicher Mail unzulässig und damit unwirksam ist.

Mit freundlichen Grüßen

Ina Muster

3. Lösungsvorschlag zu Aufgabe 2

Zum einen hätte L seinen Verpflichtungswiderspruch vor Erlass des Widerspruchsbescheids zurücknehmen können. Dann wäre der ursprüngliche Beihilfebescheid bestandskräftig geworden. Genutzt hätte ihm das freilich nicht: Das LVA wäre dann als Ausgangsbehörde berechtigt, über die teilweise Rücknahme des Beihilfebescheids nach § 48 Abs. 1 S. 2 u. Abs. 2 Nr. 2 und 3 LVwVfG zu entscheiden.

Zum anderen hätte L einen beschränkten Verpflichtungswiderspruch erheben können: Anstatt den Beihilfebescheid insgesamt zum Gegenstand des Widerspruchsverfahrens zu machen und einen neuen Beihilfebescheid in Höhe von 540 € zu beantragten, hätte er beantragen können, dass ihm weitere 90 € an Beihilfe zugesprochen werden. Dann wäre lediglich diese weitere Festsetzung Gegenstand des Widerspruchsverfahrens gewesen, das LVA wäre als Widerspruchsbehörde nicht zur reformatio in peius berechtigt gewesen. Aber auch ein solches Vorgehen hätte im Endergebnis nichts gebracht: Das LVA ist, wie schon oben ausgeführt, als Ausgangsbehörde zur Rücknahme des Beihilfebescheids nach § 48 Abs. 1 S. 2 u. Abs. 2 S. 3 Nr. 2 bzw. Nr. 3 LVwVfG BW zur teilweisen Rücknahme des Beihilfebescheids berechtigt.

II. „Keine Berufungszulage für den Professor" (Beamtenwiderspruch und Wirksamkeit öffentlich-rechtlicher Verträge)

1. Sachverhalt und Aufgabenstellung

Herr Prof. Dr. Unke ist W2-Professor für Verwaltungsrecht an der Universität Y in Niedersachsen. Es ist seine erste Professorenstelle, er erhält nur das normale Grundgehalt. Nun hat er wegen seiner sehr guten Leistungen einen Ruf auf eine W2-Professur an die Universität X in Baden-Württemberg erhalten. Darüber freut er sich sehr, da der Unterschied im Grundgehalt schon allein 500 € monatlich ausmacht.

Vor dem Berufungsgespräch beim Rektor lässt die Universität Herrn Prof. Dr. Unke die Leistungsbezügeordnung des Rektorats der Universität zukommen.

Dort heißt es in § 3, dass einmalige und/oder laufende Berufungszulagen nur gezahlt werden dürfen, wenn das bisherige Bruttogehalt höher ist als das der neuen Stelle.

Umso mehr freut sich Prof. Dr. Unke über seinen Erfolg im Gespräch mit dem Rektor der Universität: Dieser sagt ihm mündlich die Auszahlung einer einmaligen Berufungszulage von 10.000 € zu. Die Ordnung über die Leistungsbezüge habe nur den Charakter einer Verwaltungsvorschrift und sei also im Außenverkehr nicht bindend.

Prof. Dr. Unke wechselt nach Baden-Württemberg, wartet aber 3 Monate vergeblich auf die einmalige Zahlung der Berufungsvereinbarung von 10.000 €. Zwischenzeitlich hat die Universität einen neuen Rektor. An diesen richtet Prof. Dr. Unke die Bitte, nunmehr die Auszahlung der 10.000 € beim zuständigen Landesamt für Besoldung zu veranlassen.

Sehr ärgerlich ist Prof. Dr. Unke, als er vom neuen Rektor ein Ablehnungsschreiben erhält, in dem dieser auf § 3 der Ordnung über die Leistungszulage und im Übrigen auf die fehlende Schriftform der Vereinbarung hinweist. 2 Monate später erhebt Prof. Dr. Unke Widerspruch.

■ **Aufgabe 1:** Prüfen Sie gutachtlich, ob der Widerspruch zulässig und begründet ist. Auf einen etwaigen Verstoß gegen das Strafrecht ist nicht einzugehen.

■ **Aufgabe 2:** Entwerfen Sie den Tenor und die rechtliche Würdigung des Widerspruchsbescheids! Auf einen etwaigen Verstoß gegen das Strafrecht ist nicht einzugehen.

2. Lösungsvorschlag zu Aufgabe 1

Der Widerspruch hat Aussicht auf Erfolg, wenn er zulässig und begründet ist.

A. Zulässigkeit

I. Eröffnung des Verwaltungsrechtsweges

Im späteren Gerichtsverfahren müsste der Verwaltungsrechtsweg eröffnet sein. Hier könnte der Verwaltungsrechtsweg durch aufdrängende Sonderzuweisung gegeben sein. Nach §§ 1, 54 Abs. 1 BeamtStG ist der Verwaltungsrechtsweg u.a. für alle Klagen der Beamten der Länder aus dem Beamtenverhältnis eröffnet. Prof. Dr. Unke ist Beamter des Landes Baden-

Württemberg. Fraglich ist allerdings, ob die Absprache anlässlich der Berufungsverhandlung, die zu einem Zeitpunkt abgeschlossen wurde, als Prof. Dr. Unke noch nicht Beamter des Lande Baden-Württemberg war, eine Streitigkeit aus dem Beamtenverhältnis ist. Bei näherer Betrachtung zeigt sich aber, dass im Kern die konkrete Ausgestaltung bzw. Durchführung des nun bestehenden öffentlich-rechtlichen Dienstverhältnisses streitig ist. Damit ist in den Fällen, in denen über die Berufungsvereinbarung nach Dienstantritt gestritten wird, der Verwaltungsrechtsweg nach §§ 1, 54 Abs. 1 BeamStG eröffnet.[107]

II. Statthaftigkeit des Widerspruchs

Nach § 54 Abs. 2 S. 1 BeamtStG ist abweichend von § 68 Abs. 1 S. 1 VwGO nicht nur vor Anfechtungs- und Verpflichtungsklagen, sondern vor allen Klagen ein Vorverfahren durchzuführen. Der Widerspruch ist abweichend von § 68 Abs. 1 S. 2 VwGO nach § 54 Abs. 2 S. 3 BeamtStG nur dann unzulässig, wenn ein Landesgesetz dies ausdrücklich bestimmt. Weder das LHG BW noch das LBesG BW enthalten solche abweichenden Bestimmungen. Damit ist der Beamtenwiderspruch statthaft.

Je nach Begehren kann der Beamtenwiderspruch in Form eines Anfechtungs-, Verpflichtungs-, Fortsetzungsfeststellungs-, allgemeinen Leistungs- oder allgemeinen Feststellungswiderspruchs statthaft sein.

Hier begehrt Prof. Dr. Unke, dass die Universität beim Landesamt für Besoldung und Versorgung die Auszahlung der Berufungszulage veranlassen möge. Diese Auszahlungsanweisung soll nach der Vorstellung von Prof. Dr. Unke nur umsetzen, was rechtlich ohnehin schon vereinbart worden ist und stellt demnach keine Regelung mit Außenwirkung dar. Etwas anderes würde dann gelten, wenn der Widerspruchsführer den Erlass eines die strittige Rechtslage bestätigenden feststellenden Verwaltungsakts i. S. d. § 35 S. 1 VwVfG beantragt hätte. Somit ist der Beamtenwiderspruch hier in Form des allgemeinen Leistungswiderspruchs statthaft.

III. Widerspruchsbefugnis

Nach § 42 Abs. 2 VwGO analog ist Prof. Dr. Unke widerspruchsbefugt, wenn er geltend macht, durch das Verweigern der Zahlungsanweisung in seinen Rechten verletzt zu sein. Es reicht die Möglichkeit einer Rechtsverletzung (Möglichkeitstheorie).

Prof. Dr. Unke beruft sich hier auf einen Anspruch auf Berufungszulage aufgrund der Absprache mit dem Rektor anlässlich seiner Berufungsver-

---

107 Wie hier: *Herrmann*, LKV 2011, 49 (50).

handlung. Es ist nicht offensichtlich ausgeschlossen, dass ihm ein solcher Anspruch zusteht. Damit ist Prof. Dr. Unke widerspruchsbefugt.

IV. Beteiligungsfähigkeit, Handlungsfähigkeit, ggf. Vertretung

Weiter ist er nach §§ 79, 11 Nr. 1 Alt. 1 LVwVfG BW beteiligungs- und nach §§ 79, 12 Abs. 1 Nr. 1 LVwVfG BW handlungsfähig.

V. Ordnungsgemäße Erhebung des Widerspruchs

Er hat seinen Widerspruch bei der Universität und damit gemäß § 70 Abs. 1 S. 1 VwGO bei der richtigen Stelle, nämlich bei der für die begehrte Auszahlungsanordnung zuständigen Stelle erhoben.

Der Widerspruch erfolgte schriftlich, also nach § 70 Abs. 1 S. 1 VwGO formgerecht.

Eine Widerspruchsfrist nach § 70 Abs. 1 S. 1 VwGO läuft nur bei Anfechtungs- und Verpflichtungswidersprüchen, da Voraussetzung die Bekanntgabe des angefochtenen Verwaltungsakts bzw. der Ablehnung des beantragten Verwaltungsakts ist. Damit bestehen insoweit keine Bedenken, dass Prof. Dr. Unke erst 2 Monate nach der erstmaligen Ablehnung seines Ersuchens Widerspruch erhoben hat.

VI. Rechtsschutzbedürfnis

Eine Verwirkung des Widerspruchsrechts ist hier nicht ersichtlich. Damit ist auch das Widerspruchsinteresse gegeben.

VII. Zwischenergebnis

Damit ist der Widerspruch zulässig.

B. Begründetheit des Widerspruchs

Der allgemeine Leistungswiderspruch ist begründet, soweit Prof. Dr. Unke gegen die Universität X, vertreten durch das Rektorat mit seiner Verwaltung, einen Anspruch auf Erteilung der begehrten, aber abgelehnten Auszahlungsanordnung an das Landesamt für Besoldung und Versorgung hat.

I. Anspruch aus öffentlich-rechtlichem Vertrag

Ein solcher Anspruch von Herrn Prof. Dr. Unke könnte sich aus der Absprache anlässlich der Berufungsverhandlungen ergeben, wenn diese einen wirksamen öffentlich-rechtlichen Vertrag i. S. d. §§ 54, 56 LVwVfG BW darstellt und danach ein Anspruch auf Auszahlung der 10.000 € besteht.

1. Die Rechtsnatur von Absprachen im Rahmen der Berufung ist umstritten. Teile der Literatur und Rechtsprechung lehnen bei Berufungsabsprachen eine Wahlfreiheit der Rechtsform ab. Innerhalb dieser Auffassung ist

dann umstritten, ob die Absprachen zwingend öffentlich-rechtliche Verträge (§§ 54 ff. (L)VwVfG)[108], Zusicherungen (§ 38 (L)VwVfG)[109] oder Zusagen sind. Diese Auffassungen übersehen, dass der Gesetzgeber für Berufungsverhandlungen keine bestimmte Rechtsform vorgesehen hat und damit die Wahl der Handlungsform im Gestaltungsermessen der Hochschule steht, so dass die Rechtsnatur der Berufungsvereinbarung nach der Ausgestaltung im konkreten Einzelfall zu bestimmen ist.

2. Zunächst müsste überhaupt eine gegenseitige Einigung über die Berufungszulage vorliegen. Hier wurde die Berufungszulage zwar anlässlich der Berufungsverhandlung thematisiert. Allerdings dient ein solches Gespräch regelmäßig erst der Vorbereitung. Das Rektorat hat dann die Wahl, in welcher Handlungsform es die Ergebnisse umsetzt, nämlich durch **einseitige Regelung** in Form einer Zusicherung[110] bzw. Zusage[111] oder durch **gegenseitige Regelung** in Form eines öffentlich-rechtlichen Vertrags, der vom Berufenen noch angenommen werden muss. Da dies nicht geschehen ist, liegt kein öffentlich-rechtlicher Vertrag vor.

3. Hilfsgutachtlich wird hier noch geprüft, ob der öffentlich-rechtliche Vertrag, wenn entgegen der Ausführungen oben eine gegenseitige Regelung vereinbart worden wäre, überhaupt wirksam ist. Das beurteilt sich nach § 59 LVwVfG BW.

a) Hier könnte der öffentlich-rechtliche Vertrag nach § 59 Abs. 1 LVwVfG BW[112] i. V. m. § 125 BGB nichtig sein. Gemäß § 57 LVwVfG BW müssen öffentlich-rechtliche Verträge schriftlich vereinbart werden. Der Formverstoß ist auch nicht ausnahmsweise unbeachtlich. Insbesondere verstößt die Berufung auf die Formnichtigkeit nicht in grober Weise gegen den Grundsatz von Treu und Glauben. Prof. Dr. Unke hätte die Formbedürftigkeit als Professor für Verwaltungsrecht erkennen können. Ihm ist auch zumutbar, die Professorentätigkeit nun ohne die einmalige Berufungszulage in Höhe von 10.000 € ausüben zu müssen, zumal schon sein neues Grundgehalt monatlich 500 € mehr als früher beträgt. Damit ist der öffentlich-rechtliche Vertrag wegen der fehlenden Schriftform unwirksam.

---

108 OVG Nordrhein-Westfalen, Urteil vom 27.11.1996 – 25 A 3079/93 –, juris.

109 Z. B. VG Magdeburg, Beschluss vom 05.07.2017 – 7 B 107/17 –, juris.

110 Zusicherung nach § 38 (L)VwVfG des Erlasses/Nichterlasses von Verwaltungsakten wie z. B. der Festsetzung einer Berufungszulage durch Verwaltungsakt.

111 Zusage bei sonstigen Verwaltungsmaßnahmen ohne Verwaltungsaktcharakter gegenüber dem Berufenen (ohne Außenwirkung) wie z. B. der Zusage einer bestimmten Raum- oder Sachausstattung.

112 Eine etwaige Nichtigkeit nach § 134 BGB i. V. m. § 266 StGB (Untreue) war laut Sachverhalt nicht zu prüfen.

b) Ein weiterer Nichtigkeitsgrund des öffentlich-rechtlichen Vertrages könnte sich nach § 59 Abs. 2 Nr. 2 LVwVfG BW ergeben. Danach ist ein Vertrag i. S. d. § 54 S. 2 LVwVfG nichtig, wenn ein Verwaltungsakt mit entsprechendem Inhalt nicht nur wegen eines Verfahrens- oder Formfehlers im Sinne des § 46 LVwVfG BW rechtswidrig wäre und dies den Vertragschließenden bekannt war.

Die Vereinbarung der Berufungszulage stellt einen Subordinationsvertrag i. S. d. § 54 S. 2 LVwVfG dar, denn die Berufungszulage könnte auch in Form eines begünstigenden Verwaltungsakts erlassen werden.

Rechtsgrundlage für die Berufungszulage sind zunächst § 38 Abs. 1 Nr. 1 u. Abs. 10 LBG BW i. V. m. §§ 2 Abs. 1 Leistungsbezügeverordnung Baden-Württemberg (LBVO BW). Danach können u. a. aus Anlass von Berufsverhandlungen Leistungsbezüge gewährt werden, soweit dies erforderlich ist, um eine Professur für die Hochschule zu gewinnen. Kriterien sind die Qualifikation und die bisherigen Leistungen des Bewerbers unter Berücksichtigung der Bewerberlage und der Arbeitsmarktsituation in dem jeweiligen Fach sowie alternativer Angebote. Die Regelungen zum Verfahren und die Vergabe von Berufungszulagen hat gemäß § 9 Abs. 1 S. 1 LBVO BW das Rektorat zu regeln. Dies hat das Rektorat durch § 3 der Leistungsbezügeordnung des Rektorats umgesetzt.

Zuständig für die Entscheidung über die Berufungszulage ist nach § 16 Abs. 3 S. 2 Nr. 11 Landeshochschulgesetz Baden-Württemberg (LHG BW) das gesamte Rektorat als Kollegialorgan (also nicht nur der Rektor). Sofern der Rektor die Entscheidung allein getroffen haben sollte, würde dieser Verstoß gegen die Zuständigkeit aber nicht zur Nichtigkeit des etwaigen öffentlich-rechtlichen Vertrags führen, denn dass die anderen Mitglieder des Rektorats nicht beteiligt worden sind, hat Prof. Dr. Unke nicht gewusst.

Weiter ist zu prüfen, ob die Tatbestandsvoraussetzungen für die Berufungszulage vorlagen. Nach § 3 der Leistungsbezügeordnung des Rektorats kann eine Berufungszulage nur gewährt werden, wenn das frühere Bruttogehalt höher war. Diese Voraussetzungen liegen hier nicht vor, da Prof. Dr. Unke vorher 500 € weniger verdiente.

Entgegen der vom früheren Rektor vertretenen Auffassung stellt der Verstoß gegen die Leistungsbezügeanordnung außerdem einen Verstoß gegen Art. 3 Abs. 1 GG dar. Das hat Prof. Dr. Unke auch gewusst. Es wäre lebensfremd anzunehmen, dass er als Professor für Verwaltungsrecht § 3 Leistungsbezügeordnung für rechtlich unverbindlich hielt. Dies hat er auch nicht geltend gemacht.

Damit liegt auch ein Nichtigkeitsgrund nach § 59 Abs. 2 Nr. 2 LVwVfG BW vor.

II. Anspruch aus Zusicherung

Aus den gleichen Gründen wie oben bereits ausgeführt, hat Prof. Dr. Unke auch keinen Anspruch auf Festsetzung einer Berufungszulage durch Verwaltungsakt aus einer Zusicherung nach § 38 LVwVfG BW, da eine solche Zusicherung bisher nicht erlassen worden ist. Sähe man in der Absprache anlässlich der Berufungsverhandlung eine solche Zusicherung, so wäre sie jedenfalls wegen fehlender Schriftform nach § 39 Abs. 1 S. 1 LVwVfG BW unwirksam.

Damit besteht der geltend gemachte Anspruch nicht. Der Widerspruch ist unbegründet.

C. Gesamtergebnis

Der Widerspruch ist zulässig, aber unbegründet.

3. Lösungsvorschlag zu Aufgabe 2

[...] Briefkopf laut Aufgabenstellung nicht verlangt

Sehr geehrter Herr Professor Unke,

auf Ihren Widerspruch vom [...] gegen unseren Ablehnungsbescheid vom [...] ergeht folgende Entscheidung:

1. Ihr Widerspruch wird zurückgewiesen.
2. Das Widerspruchsverfahren ist kostenfrei.

Begründung

I. Sachverhalt

[...] laut Aufgabenstellung nicht gefragt

II. Rechtliche Würdigung

Ihr Widerspruch ist zulässig, aber unbegründet.

1. Statthaft ist hier nach § 54 Abs. 2 Beamtenstatusgesetz (BeamtStG) der Beamtenwiderspruch in Form eines allgemeinen Leistungswiderspruchs mit dem Antrag auf Veranlassung der Auszahlung einer einmaligen Berufungszulage in Höhe von 10.000 €. Alle Zulässigkeitsvoraussetzungen sind gegeben, insbesondere ist Ihr Widerspruch an keine Frist gebunden, da Streitgegenstand weder die Aufhebung noch der Erlass eines Verwaltungsakts ist.

2. Die Ablehnung Ihres Antrags auf Veranlassung der Auszahlung der einmaligen Berufungszulage in Höhe von 10.000 € ist rechtmäßig und verletzt sie nicht in Ihren Rechten.

a) Ein Anspruch auf Zahlung der 10.000 € aus öffentlich-rechtlichem Vertrag besteht hier nicht.

aa) Zwischen Ihnen und dem Land Baden-Württemberg, vertreten durch die Universität X, wurde schon kein öffentlich-rechtlicher Vertrag geschlossen.

Die Hochschule hat ein Wahlrecht der Handlungsform, so dass die Rechtsnatur etwaiger Berufungsvereinbarungen nach der Ausgestaltung im konkreten Einzelfall zu bestimmen ist. Hier wurde noch keine verbindliche gegenseitige Regelung über die Berufungszulage in Form eines öffentlich-rechtlichen Vertrags geschlossen, vielmehr diente das Gespräch beim Rektor regelmäßig erst der Vorbereitung einer solchen Vereinbarung oder einer einseitigen Regelung durch das gesamte Rektorat.

bb) Selbst wenn entgegen der hier vertretenen Rechtsauffassung eine gegenseitige Regelung über die Berufungszulage in Höhe von 10.000 € mit Rechtsbindungswillen vereinbart worden sein sollte, so wäre dieser öffentlich-rechtliche Vertrag jedenfalls nach § 59 Abs. 1 Landesverwaltungsverfahrensgesetz Baden-Württemberg (LVwVfG BW) i. V. m. § 125 Bürgerliches Gesetzbuch (BGB) nichtig, weil er entgegen § 57 LVwVfG BW nicht schriftlich vereinbart worden ist. Der Formverstoß ist auch nicht ausnahmsweise unbeachtlich. Insbesondere verstößt die Berufung auf die Formnichtigkeit nicht in grober Weise gegen den Grundsatz von Treu und Glauben. Sie hätten die Formbedürftigkeit von öffentlich-rechtlichen Verträgen als Professor für Verwaltungsrecht erkennen können. Es ist Ihnen auch nicht schlechthin unzumutbar, die Professorentätigkeit nun ohne die einmalige Berufungszulage in Höhe von 10.000 € ausüben zu müssen, zumal schon Ihr neues Grundgehalt monatlich 500 € mehr als früher beträgt.

cc) Aber auch ungeachtet der Nichtigkeit nach § 59 Abs. 1 LVwVfG BW wäre die Berufungsvereinbarung nach § 59 Abs. 2 Nr. 2 LVwVfG BW nichtig. Die Erteilung einer entsprechenden Berufungszulage durch Verwaltungsakt wäre nämlich materiell rechtswidrig, und diese Rechtswidrigkeit ist Ihnen auch bekannt.

Rechtsgrundlage für die Erteilung einer Berufungszulage ist § 38 Abs. 1 Nr. 1 LBG BW, § 38 Abs. 10 LBG BW i. V. m. §§ 2 Abs. 1, 9 Leistungsbezügeverordnung Baden-Württemberg i. V. m. § 3 der Leistungsbezügeordnung des Rektorats.

Danach kann eine Berufungszulage nur gewährt werden, wenn das frühere Bruttogehalt höher war. Diese Voraussetzungen liegen hier nicht vor, da Sie vorher 500 € weniger verdienten.

Entgegen der vom früheren Rektor vertretenen Auffassung hat die Leistungsbezügeordnung des Rektorats über Art. 3 Abs. 1 GG auch Außenwirkung im Verhältnis zwischen der Universität und den Neuberufenen. Damit ist § 3 der Leistungsbezügeordnung rechtlich zu beachten und könnte nur durch eine Neufassung durch das gesamte Rektorat, nicht aber allein durch den Rektor geändert werden.

§ 3 der Leistungsbezügeordnung war Ihnen bekannt. Damit wussten sie, dass eine Leistungszulage nicht gewährt werden durfte. Es ist lebensfremd anzunehmen, dass Sie als Professor für Verwaltungsrecht dem Irrtum unterlegen sein könnten, dass ein Verstoß gegen die Vorschrift kein Verstoß gegen den Gleichheitsgrundsatz (Art. 3 Abs. 1 GG) ist. Das machen Sie auch nicht geltend.

b) Etwaige andere Anspruchsgrundlagen sind nicht ersichtlich und werden von Ihnen auch nicht geltend gemacht.

3. Die Kostenentscheidung beruht auf § 73 Abs. 3 S. 3 VwGO, § 80 Abs. 1 S. 3 Hs. 2 Nr. 1 LVwVfG.

[...] *Rechtsbehelfsbelehrung und Grußformel laut Aufgabenstellung nicht verlangt.*

III. „Erfolgloser Nachbarwiderspruch gegen Baugenehmigung"

1. Sachverhalt und Aufgabenstellung

A wohnt in Hamburg und besucht regelmäßig seine Oma, die in der Großen Kreisstadt Y (Baden-Württemberg) in ihrem hübschen Einfamilienhaus wohnt. A bezieht bei seinen Besuchen immer das schönste Zimmer im Dachgeschoss mit herrlicher Aussicht auf den Schwarzwald. Seine Oma (früher Architektin) erzählt ihm, dass in der Nachbarschaft ein Mehrfamilienhaus gebaut werden soll und dass man in der Nachbarschaft erbost sei, dass der Bauherr (Bau-BC-GmbH) die Baugenehmigung unter Befreiung der für das gesamte Gebiet durch Bebauungsplan festgesetzten Firsthöhe erhalten habe. A versteht nur Bahnhof und denkt sich erst einmal nichts. Dann verschlägt es ihn beruflich für 2 Jahre ins Ausland. Als er nach dem Auslandsaufenthalt endlich wieder seine Oma besucht, ist er entsetzt: Ein riesiges Mehrfamilienhaus im Rohbau (Dach noch nicht fertig) versperrt ihm nun die geliebte Aussicht auf den Schwarzwald.

A erhebt schriftlich Widerspruch bei der Großen Kreisstadt Y und beantragt die Aufhebung der Baugenehmigung. Er schreibt: „*Wer konnte vor 2 Jahren, als die Baugenehmigung erteilt wurde und Stadtgespräch war, ahnen, dass das Haus schon im Rohbau und ohne Dach die Aussicht auf den Schwarzwald versperren wird? Ich bin regelmäßiger Gast bei meiner Oma und fühle mich nun betrogen. Warum wird überhaupt eine Firsthöhe im Bebauungsplan festgesetzt, wenn sich die Baurechtsbehörde daran später doch nicht hält?*"

■ **Aufgabe 1:** Entwerfen Sie die „rechtliche Würdigung zur Hauptentscheidung" eines etwaigen Widerspruchsbescheids.

■ **Aufgabe 2**: Formulieren Sie den Tenor, wenn der Widerspruch erfolglos ist.

■ **Aufgabe 3:** Formulieren Sie den Tenor, wenn der Widerspruch erfolgreich ist und der Widerspruchsführer sich durch einen Rechtsanwalt hat vertreten lassen.

■ **Aufgabe 4:** Wem ist der Widerspruchsbescheid zuzustellen, wenn A durch einen Rechtsanwalt vertreten wird?

■ **Aufgabe 5:** Wer ist die zuständige Widerspruchsbehörde?

2. Lösungsvorschlag zu Aufgabe 1

[...]

Rechtliche Würdigung

Ihr Widerspruch ist bereits unzulässig.

Sie sind nicht widerspruchsbefugt. Widerspruchsbefugt ist nach § 68 Abs. 1 S. 1 VwGO i. V. m. § 42 Abs. 2 VwGO analog, wer geltend macht, durch den angefochtenen Verwaltungsakt in seinen Rechten verletzt zu sein. Es reicht, dass nach dem Vortrag des Widerspruchsführers eine Verletzung eigener Rechte möglich ist. Sie berufen sich hier darauf, dass die Baugenehmigung an den Bauherrn, die unter Befreiung von der festgesetzten Firsthöhe erteilt worden ist, unter Verstoß gegen § 31 Abs. 2 Baugesetzbuch ergangen sei. Soweit von nicht nachbarschützenden Festsetzungen befreit wird (wie hier von der nicht nachbarschützenden Firsthöhe), können sich Nachbarn im Bereich des Geltungsbereichs eines Bebauungsplans auf § 31 Abs. 2 BauGB insoweit berufen, als nachbarliche Rechte, mithin das Gebot der Rücksichtnahme, zu würdigen sind. Sie sind aber schon nicht Nachbar im Geltungsbereich des Bebauungsplans. In welchen eigenen Rechten Sie verletzt sein könnten, ist weder erkennbar noch wird eine solche Rechtsverletzung von Ihnen geltend gemacht.

Im Übrigen haben Sie auch Ihr Widerspruchsrecht verwirkt. Nach Ihren eigenen Angaben haben Sie seit mehr als 2 Jahren gewusst, dass eine Baugenehmigung unter Befreiung von der festgesetzten Firsthöhe erteilt worden ist. Nach der Rechtsprechung des BVerwG (vgl. BVerwGE 44, 294, 299 f.; 78, 85, 89 ff.) verhält sich ein Nachbar rechtmissbräuchlich, der nicht binnen eines Jahres, nachdem er von der Baugenehmigung Kenntnis erlangt oder hätte erlangen müssen, Widerspruch erhebt (vgl. dazu auch § 58 Abs. 2 Verwaltungsgerichtsordnung).

3. Lösungsvorschlag zu Aufgabe 2

1. Ihr Widerspruch wird zurückgewiesen.
2. Sie tragen die Kosten des Widerspruchsverfahrens.
3. Es wird eine Gebühr von [...] für den Erlass des Widerspruchsbescheids festgesetzt.

4. Lösungsvorschlag zu Aufgabe 3

1. Auf Ihren Widerspruch vom [...] wird die der Bau-BC-GmbH mit Bescheid vom [...] erteilte Baugenehmigung für den Bau eines [...] auf Flurstück [...] aufgehoben.
2. Die Kosten des Widerspruchsverfahrens trägt die Große Kreisstadt Y.
3. Die Hinzuziehung eines Rechtsanwalts war notwendig.

5. Lösungsvorschlag zu Aufgabe 4

Nach § 73 Abs. 3 S. 1 u. 2 VwGO i. V. m. § 7 Abs. 1 S. 2 VwZG[113] ist der Widerspruchsbescheid dem **Rechtsanwalt von A** (Bevollmächtigter des Widerspruchsführers nach §§ 79 Hs. 2, 13 Abs. 1 Nr. 1 Var. 1 u. Nr. 2, 14 LVwVfG BW) und **dem Bauherrn** (hier der Bau-BC-GmbH) als Antragsgegnerin nach § 73 Abs. 3 S. 1 u. 2 VwGO i. V. m. §§ 79 Hs. 2, 13 Abs. 1 Nr. 1 Var. 2 LVwVfG BW zuzustellen.

6. Lösungsvorschlag zu Aufgabe 5

Zuständige Widerspruchsbehörde ist nach § 73 Abs. 1 S. 2 Nr. 1 VwGO i. V. m. § 46 Abs. 1 Nr. 2 LBO BW, § 21 Abs. 2 LVG BW das Regierungspräsidium.

5. Kapitel: Klagen und Anträge vor der Verwaltungsgerichtsbarkeit

A. Allgemeines

Lernziele

Als Berufsanfänger(in) im gehobenen Verwaltungsdienst werden Sie Ihre Behörde vor Gericht eher selten vertreten. Auch ist der Schriftverkehr mit den Gerichten eher dem höheren Dienst oder erfahrenen Kräften des gehobenen Verwaltungsdienstes vorbehalten. Dennoch sollten Sie mit den Grundzügen des Verwaltungsprozessrechts vertraut sein. Die hier von den Hochschulen für öffentliche Verwaltung an Sie gestellten Erwartungen sind unterschiedlich. Wir formulieren folgende Lernziele:

- ☑ Sie können die Verwaltungsgerichtsbarkeit von anderen Gerichtsbarkeiten abgrenzen.
- ☑ Sie können den praktischen Ablauf des Gerichtsverfahrens beschreiben.
- ☑ Sie können die Zulässigkeit und Begründetheit der wichtigsten verwaltungsgerichtlichen Klagen und der Anträge auf vorläufigen Rechtsschutz (§§ 80, 80 a Abs. 3, 123 VwGO) in Standardfällen prüfen.
- ☑ Sie können in Standardfällen Klage- und Antragserwiderungen an das Gericht formulieren.

---

113 Streitig ist, ob § 73 Abs. 3 S. 2 VwGO nur auf das VwZG oder auch die LVwZG verweist.

Lerninhalte

Gegenstand dieses Kapitels sind folgende Lerninhalte:

- ☑ Statthaftigkeit von Anfechtungs-, Verpflichtungs-, Fortsetzungsfeststellungs-, Feststellungs- und allgemeinen Leistungsklagen sowie von Normenkontrollanträgen
- ☑ Statthaftigkeit von Anträgen auf vorläufigen gerichtlichen Rechtsschutz nach §§ 80 Abs. 5, 80 a Abs. 3, 123 VwGO
- ☑ Zulässigkeit und Begründetheit ausgewählter Klagen und Anträge sowie Überblick über die Sonderfälle „Drittklagen (Nachbar- und Konkurrentenklagen)" u. „Organstreitverfahren (Hoheitsverwaltung gegen Hoheitsverwaltung)"
- ☑ Klage- und Antragserwiderungen an das Gericht

Aufbau dieses Kapitels

In „**Übungen zum Einstieg**" bestimmen Sie, mit welchem gerichtlichen Rechtsbehelf die dort genannten Begehren/Ziele erreicht werden können („Statthaftigkeit von Rechtsbehelfen"). Außerdem prüfen Sie für Feststellungs- und Fortsetzungsfeststellungsklagen das Vorliegen des sogenannten „Feststellungsinteresses" und bei Organstreitverfahren „Klagebefugnis" und „Klagegegner".

Anschließend beurteilen Sie die „**Erfolgsaussichten von Klagen und Anträgen vor der Verwaltungsgerichtsbarkeit**" am Beispiel einer Anfechtungsklage, einer Untätigkeitsverpflichtungsklage, eines § 80 Abs. 5 VwGO-Antrags und eines § 123 VwGO-Antrags.

Schließlich **entwerfen** Sie zu einem § 80 a Abs. 3 VwGO-Antrag eine **Antragserwiderung**.

Materialien im Anhang

Im „Anhang" dieses Übungsbuchs finden Sie zu diesem Kapitel Prüfungsschemata zur Zulässigkeit und Begründetheit der hier angesprochenen Klagen, Normenkontrollanträge und Anträge auf vorläufigen Rechtsschutz.

Lern- und Vertiefungstipps

Erkundigen Sie sich bei Ihrer Hochschule, in welcher Intensität Sie sich mit verwaltungsgerichtlichen Klagen und Anträgen beschäftigen müssen. Es gibt für Studierende an den Universitäten zahlreiche Übungsbücher, in denen Sie weitere Fälle finden. Bei der Vertiefung helfen Ihnen die Schemata im Anhang.

B. Übungen zum Einstieg

I. Runde 1: Grundlagen

Darum geht es

In Runde 1 geht es um die beiden für die Praxis sehr wichtigen Klagen gegen Verwaltungsakte (Anfechtungsklage) bzw. auf Verwaltungsakte (Verpflichtungsklage) und den gerichtlichen Rechtsschutz gegen die sofortige Vollziehung von Verwaltungsakten (§§ 80 Abs. 5, 80a Abs. 3 VwGO). Gegenstand des Gerichtsverfahrens muss aber nicht zwingend ein Verwaltungsakt sein. Daher gibt es noch den Normenkontrollantrag (Gegenstand sind bestimmte Satzungen und Rechtsverordnungen) sowie die allgemeinen Leistungsklage (Gegenstand ist sonstiges Verwaltungshandeln).

■ Aufgabe

Erörtern Sie, welche Klage- bzw. Antragsart in den folgenden Fällen statthaft ist und beantworten Sie etwaige Zusatzfragen.

Fall 1

Gastwirt A hat eine Gaststättenerlaubnis (§ 1 LGastG BW i.V.m. §§ 2, 4 GastG) beantragt. Diese wurde abgelehnt. Auch sein Widerspruch war erfolglos. Wie kann A gerichtlich vorgehen?

Abwandlung 1: Wie könnte A vorgehen, wenn über seinen Widerspruch gegen die Ablehnung der Gaststättenerlaubnis nach 5 Monaten noch nicht entschieden worden ist?

Abwandlung 2: Wie ist die Rechtslage, wenn über den Antrag auf Gaststättenerlaubnis, den A vor 5 Monaten ordnungsgemäß gestellt hat, von der Ausgangsbehörde bislang nicht entschieden worden ist?

Abwandlung 3: Gastwirt A will auch die Fußgängerzone vor seiner Gaststätte nutzen und hat hierfür die erforderliche Sondernutzungserlaubnis (§ 16 Abs. 1 StrG BW) beantragt. Auch nach 5 Monaten wurde über seinen Antrag immer noch nicht entschieden. Was kann A tun?

Fall 2

Hauseigentümer D wurde von der zuständigen Behörde verpflichtet, seine Scheune (Grundstück in Baden-Württemberg) abzureißen (§ 65 S. 1 LBO BW). Sein Widerspruch blieb erfolglos. Wie kann D vorgehen?

Abwandlung 1: Die zuständige Behörde hat zugleich mit der Abrissverfügung die sofortige Vollziehung angeordnet. D erhebt Widerspruch. Wie geht er am besten weiter vor?

Abwandlung 2: Der Fall (Abwandlung 1) spielt in einem Bundesland, in dem das Widerspruchsverfahren unstatthaft ist. Wie geht D jetzt am besten gegen die Abrissverfügung vor?

Abwandlung 3: Die Behörde hat eine nichtige Abrissverfügung erlassen. Wie geht D am besten vor?

Fall 3

Die Gemeinde G hat einen Bebauungsplan (Satzung nach § 10 Abs. 1 BauGB) erlassen. Dagegen will X klagen.

Fall 4

Wie kann gegen oder auf sonstiges Verwaltungshandeln, das weder Verwaltungsakt noch abstrakt-generelle Regelung (Rechtsverordnung, Satzung, Verwaltungsvorschrift) ist, geklagt werden? Welche Klage muss also beispielsweise ein Beamter gegen seine Umsetzung (kein Verwaltungsakt, sondern verwaltungsinterne Weisung) erheben?

■ Lösung zu Fall 1

Ausgangsfall: Statthaft ist im Ausgangsfall nach § 42 Abs. 1 Var. 2 VwGO die Verpflichtungsklage (in Form der Versagungsgegenklage), weil die Verurteilung zum Erlass eines abgelehnten Verwaltungsakts i. S. d. § 35 VwVfG (hier: Gaststättenerlaubnis) begehrt wird.

Abwandlung 1: Normalerweise muss vor Erhebung der Verpflichtungsklage das Widerspruchsverfahren ordnungsgemäß durchgeführt werden, sofern es nicht ausnahmsweise nach § 68 Abs. 1 S. 2 VwGO unstatthaft oder aus sonstigen Gründen entbehrlich ist. Da die Widerspruchsbehörde hier nach 5 Monaten immer noch nicht über den Widerspruch entschieden hat, braucht A nicht weiter abzuwarten. Er kann nach §§ 42 Abs. 1 Var. 2, 75 Abs. 1 S. 1 Var. 1 VwGO nunmehr Verpflichtungsklage in Form der Untätigkeitsklage erheben.

Abwandlung 2: Auch hier könnte man zunächst an eine Untätigkeitsklage denken, diesmal nach § 75 Abs. 1 S. 1 Var. 2 VwGO. Für eine solche fehlt allerdings das Rechtsschutzbedürfnis, da A bereits eine fingierte Gaststättenerlaubnis hat: Nach § 6a Abs. 1 u. 2 GewO i. V. m. § 1 LGastG BW, § 31 GastG gilt die Gaststättenerlaubnis als erteilt.

Abwandlung 3: Anders als in Abwandlung 2 greift hier keine Erlaubnisfiktion, eine solche ist dem Straßenrecht fremd. A muss also tätig werden, um die begehrte Sondernutzungserlaubnis doch noch zu erhalten. Ein Untätigkeitswiderspruch ist unzulässig, A muss Klage erheben. Statthafte Klageart wäre die Verpflichtungsklage (§ 42 Abs. 1 Var. 2 VwGO), wenn er die Verurteilung zum Erlass eines unterlassenen Verwaltungsakts (Sondernutzungserlaubnis) begehrt. Allerdings würde er diese teilweise verlieren, denn er hat auf die Erteilung der Sondernutzungserlaubnis keinen Anspruch, sie steht im Ermessen der zuständigen Behörde (§ 16 Abs. 2 StrG BW). Das Gericht ist also gar nicht befugt, die Verwaltung zum Erlass der Sondernutzungserlaubnis zu verpflichten – oder in den Worten des Gesetzgebers: „die Sache ist nicht spruchreif (s. § 113 Abs. 5 S. 1 VwGO)". Das Gericht kann nach § 113 Abs. 5 S. 2 VwGO den Beklagten nur dazu verpflichten, unter Rechtsauffassung des Gerichts zu bescheiden. A ist also gut beraten, wenn er nur die Verurteilung zur Bescheidung seines Antrags auf Gaststättenerlaubnis beantragt („Untätigkeitsverpflichtungsklage in Form der Bescheidungsklage"), um so seinen Anspruch auf fehlerfreie Ermessenentscheidung über seinen Antrag auf Gaststättenerlaubnis durchzusetzen.

Lösung zu Fall 2

Ausgangsfall: Statthaft ist nach § 42 Abs. 1 Var. 1 VwGO die Anfechtungsklage, weil Ziel die gerichtliche Aufhebung eines Verwaltungsakts i. S. d. § 35 VwVfG (hier der Abrissverfügung) ist.

Abwandlung 1: Da die Behörde die sofortige Vollziehung angeordnet hat, hat der Widerspruch von D gemäß § 80 Abs. 2 S. 1 Nr. 4 VwGO keine aufschiebende Wirkung. Schon jetzt könnte die Behörde den Abriss also notfalls zwangsweise vollstrecken. Wenn D erreichen will, dass die Rechtmäßigkeit der Abrissverfügung zunächst einmal im Widerspruchsverfahren bzw. später gerichtlich geklärt wird, bevor die Scheune abgerissen wird, muss er gem. § 80 Abs. 5 S. 1 VwGO beim Verwaltungsgericht die Wiederherstellung der aufschiebenden Wirkung seines Widerspruchs gegen die Abrissverfügung beantragen.

Abwandlung 2: D müsste, da der Widerspruch unstatthaft ist, sofort Anfechtungsklage (§ 42 Abs. 1 Var. 1 VwGO) erheben und außerdem die gerichtliche Wiederherstellung der aufschiebenden Wirkung dieser Anfechtungsklage beantragen (§ 80 Abs. 5 S. 1 VwGO).

Abwandlung 3: D kann nach allgA nach wie vor Anfechtungsklage erheben, auch wenn sich seine Klage nunmehr auf Aufhebung eines nichtigen und damit unwirksamen (vgl. § 43 Abs. 3 VwVfG) Verwaltungsakts richtet. Er soll nicht das Risiko dafür tragen, ob der Verwaltungsakt „schon nichtig" oder „nur rechtswidrig" ist. Genauso gut kann D gemäß § 43 Abs. 1 Var. 2 VwGO aber auch Klage auf Feststellung der Nichtigkeit der Abrissverfügung erheben (Nichtigkeitsfeststellungsklage). Das macht vor allem dann Sinn, wenn eine Anfechtungsklage wegen Ablaufs der Klagefrist bzw. wegen zu späten Widerspruchs unzulässig ist.

Lösung zu Fall 3

Da der Bebauungsplan kein Verwaltungsakt, sondern eine Satzung ist, kann gegen ihn nicht mit Anfechtungs- oder Verpflichtungsklage vorgegangen werden. Grundsätzlich können abstrakt-generelle Regelungen der Verwaltung (Rechtsverordnungen, Satzungen, Verwaltungsvorschriften) nicht unmittelbar Gegenstand eines Gerichtsverfahrens sein. Vielmehr ist grundsätzlich abzuwarten, bis sie durch Verwaltungsakt oder sonstige Einzelmaßnahme vollzogen werden. Eine Ausnahmevorschrift dazu ist § 47 VwGO. Sofern die angegriffene Satzung, Rechtsverordnung oder sonstige abstrakt-generelle Vorschrift unter den Katalog des § 47 Abs. 1 VwGO fällt, kann gegen sie direkt mit **Normenkontrollantrag** zum Oberverwaltungsgericht (OVG) bzw. Verwaltungsgerichtshof (VGH) vorgegangen werden. Der Bebauungsplan ist eine Satzung i. S. d. § 47 Abs. 1 Nr. 1 VwGO und somit mittels Normenkontrollantrag angreifbar.

Lösung zu Fall 4

Statthaft ist hier die allgemeine Leistungsklage. Diese ist direkt nicht in der VwGO geregelt. Dass es sie gibt, ergibt sich aber z. B. aus § 43 Abs. 2 VwGO, da sie dort erwähnt wird.

II. Runde 2: Es wird komplizierter – (Fortsetzungs-)Feststellungsklage

Darum geht es

In Runde 2 geht es um die allgemeine Feststellungsklage nach § 43 Abs. 1 Var. 1 VwGO und die Fortsetzungsfeststellungsklage nach § 113 Abs. 1 S. 4 VwGO (analog).

Mit der Fortsetzungsfeststellungsklage kann eine vor Erledigung zulässige Anfechtungsklage „fortgesetzt" werden: Der Kläger will erreichen, dass die Rechtswidrigkeit eines Verwaltungsakts, der sich bereits erledigt hat, festgestellt wird. Eine Anfechtungsklage wäre unstatthaft, da es mit Erledigung keinen aufhebbaren Verwaltungsakt mehr gibt. Die Fortsetzungsfeststellungsklage kann auch eine Verpflichtungs- oder Bescheidungsklage „fortsetzen": Dann begehrt der Kläger, dass festgestellt wird, dass er vor

Erledigung einen Anspruch auf die Erteilung des begehrten Verwaltungsakts bzw. einen Anspruch auf ermessensfehlerfreie Entscheidung über seinen Antrag auf Erteilung des begehrten Verwaltungsakts hatte.

Mit der allgemeinen Feststellungsklage nach § 43 Abs. 1 Var. 1 VwGO wird begehrt, dass das (Nicht-)Bestehen eines sonstigen Rechtsverhältnisses gerichtlich festgestellt wird.

Ein besonderer Prüfungspunkt ist in beiden Fällen das besondere Feststellungsinteresse.

Fall 5

C, Fußballhooligan aus Hamburg, hat erstmals einen sofort vollziehbaren Platzverweis für den Marktplatz der Stadt O in Baden-Württemberg für den 10.3. erhalten (§ 27a Abs. 1 PolG BW). Der Platzverweis wurde nicht begründet. C erhebt rechtzeitig Widerspruch. Der Widerspruch bleibt liegen. Am 15.3 überlegt C, was er nun unternehmen kann. Zwar will er die Stadt O in naher Zukunft nicht besuchen, er will aber auch, dass die Rechtmäßigkeit des Platzverweises geprüft wird. Nehmen Sie zu den problematischen Zulässigkeitsvoraussetzungen einer etwaigen Klage Stellung![114]

Fall 6[115]

Die Seefisch-GmbH vertreibt Räucherlachs. Zwischen ihr und dem zuständigen Landratsamt S (Baden-Württemberg) ist streitig, ob das Fehlen des Hinweises „aufgetaut" auf ihrem Erzeugnis „Seefisch Räucherlachs Premiumqualität" gegen § 2 Abs. 1 Nr. 2 LMIDV i. V. m. Anhang VI Nr. 2 S. 1 zu § 18 Abs. 2 der VO (EU) 1169/2011 verstößt. Das LRA S hat in der Vergangenheit deswegen schon mehrfach Ordnungswidrigkeitenverfahren eingeleitet. Die Seefisch-GmbH kennzeichnet daraufhin wie gewünscht, möchte aber in naher Zukunft zum alten Verfahren zurückkehren und dies vorab gerichtlich klären lassen. Nehmen Sie zu den problematischen Zulässigkeitsvoraussetzungen einer etwaigen Klage Stellung.

Lösung zu Fall 5

Mit Ablauf des 10.03. hat sich der Platzverweis durch Zeitablauf erledigt und ist damit nach § 43 Abs. 2 LVwVfG BW nicht mehr wirksam. Der bereits erhobene Anfechtungswiderspruch wird damit unstatthaft und unzu-

---

114 Wie Sie hier sehen, gibt es durchaus Prüfungsaufgaben, die Sie nicht zwingend verpflichten, im Gutachtenstil (Obersatz, Subsumtion, Ergebnis) aufzubauen. Hier sind Sie in der Formulierung freier (siehe Lösungsvorschlag 5), können aber dennoch auch gutachtlich aufbauen (siehe Lösungsvorschlag 6).

115 Fall nach: VG Stuttgart, Urteil vom 16.07.2009 – 4 K 4277/08 –, juris.

lässig. Die Widerspruchsbehörde muss das Verfahren einstellen, nach h. M. ist sie nicht ermächtigt, die Rechtswidrigkeit des erledigten Verwaltungsakts durch Widerspruchsbescheid festzustellen.

Statthafter Rechtsbehelf ist die Fortsetzungsfeststellungsklage nach § 113 Abs. 1 S. 4 VwGO analog, da C die Feststellung der Rechtswidrigkeit eines Verwaltungsakts (Platzverweis) begehrt, der sich vor Klageerhebung erledigt hat. Er setzt also quasi eine Anfechtungsklage fort (die er allerdings nie erhoben hat).

Nach § 113 Abs. 1 S. 4 VwGO analog muss der Kläger jedoch ein berechtigtes Interesse an der Feststellung haben. Wann ein solches berechtigtes Interesse vorliegt, ist im Einzelnen umstritten. In folgenden Fällen ist das Vorliegen eines berechtigten Interesses anerkannt:

- Wiederholungsgefahr
- Rehabilitationsinteresse bei diskriminierendem Charakter des Verwaltungsakts (Eingriff in das allgemeine Persönlichkeitsrecht aus Art. 2 Abs. 1 i. V. m. Art. 1 Abs. 1 GG)
- Erledigung nach Klageerhebung und Ausgang des Verfahrens hat präjudizielle Bedeutung für einen zivilgerichtlichen Amtshaftungs- oder Entschädigungsprozess (str.)[116]
- anhaltende Grundrechtsbeeinträchtigung auch nach Erledigung des Verwaltungsakts (str.)[117]
- sich typischerweise kurzfristig erledigende Verwaltungsakte
  Hier ist allerdings streitig, ob zusätzlich eine schwerwiegende bzw. tiefgreifende Grundrechtsbeeinträchtigung vorliegen muss; nach richtiger Rechtsauffassung ist das zu verneinen, denn sonst gäbe es gegen viele, sich kurzfristig erledigende Verwaltungsakte, die nicht gleichzeitig schwerwiegend bzw. tiefgreifend Grundrechte beeinträchtigten, keinen Rechtsschutz, was wiederum einen Verstoß gegen Art. 19 Abs. 4 GG darstellen würde.[118]
- verfahrensfehlerhafte, aber nach § 46 VwVfG nicht aufhebbare Verwaltungsakte (str.)[119]

---

116 Nachweise zur Rechtsprechung bei Kopp/Schenke/*W.-R. Schenke*/*R. P. Schenke*, VwGO, § 113 Rn. 136.

117 A.A: jeder Grundrechtseingriff, dann wäre aber die Fortsetzungsfeststellungsklage immer gegeben, so zu Recht auch *Schenke*, Verwaltungsprozessrecht, Rn. 586 mit Nachweisen der Gegenauffassung.

118 So auch *Schenke*, Verwaltungsprozessrecht, Rn. 583 f; a. A. BVerwG, BayVBl. 1999, 632 (633).

119 So *Schenke*, Verwaltungsprozessrecht, Rn. 586 a mit der überzeugenden Begründung, dass andernfalls wegen § 44 a VwGO gegen nach § 46 VwVfG unbeachtliche Verfahrensfehler überhaupt kein Rechtsschutz gegeben ist.

Allein die Tatsache, dass der Platzverweis einen Grundrechtseingriff darstellt (Art. 11 (str.), auffangweise jedenfalls Art. 2 Abs. 1 GG), begründet nach richtiger Rechtsauffassung noch kein Fortsetzungsfeststellungsinteresse. Sonst wäre die Fortsetzungsfeststellungsklage gegen jeden belastenden Verwaltungsakt gegeben. Im Ausgangsfall besteht keine Wiederholungsgefahr. Der Platzverweis enthält keinen diskriminierenden Inhalt. Er hat sich schon vor Klageerhebung erledigt, so dass kein Interesse an der Fortsetzung eines laufenden Verwaltungsgerichtsverfahrens zur Vorbereitung eines etwaigen Zivilprozesses besteht. Die Grundrechtsbeeinträchtigung dauert nicht an, C könnte den Platz gegenwärtig jederzeit betreten. C wendet sich auch nicht gegen einen rechtswidrigen Verwaltungsakt, dessen Aufhebung er nach § 46 VwVfG nicht verlangen kann. Damit hat C nur dann ein Fortsetzungsfeststellungsinteresse, wenn man, wie hier vorgeschlagen, der Auffassung folgt, dass gegen sich typischerweise kurzfristig erledigende Verwaltungsakte wie hier der Platzverweis die Fortsetzungsfeststellungsklage zulässig ist.

Lösung zu Fall 6

Subsidiarität der allgemeinen Feststellungsklage

Statthaft könnte die allgemeine Feststellungsklage sein (§ 43 Abs. 1 Var. 1 VwGO). Diese ist nach § 43 Abs. 2 S. 1 VwGO allerdings unzulässig, wenn der Kläger seine Rechte durch Gestaltungs- oder Leistungsklage verfolgen kann oder hätte verfolgen können.

Die S-GmbH begehrt weder die Aufhebung, Erteilung noch die Feststellung der Rechtswidrig- oder Nichtigkeit eines Verwaltungsakts. Damit scheiden Anfechtungs-, Verpflichtungs-, Fortsetzungsfeststellungs- und Nichtigkeitsfeststellungsklage aus.

Zu prüfen bleibt, ob das Klageziel durch allgemeine Leistungsklage erreicht werden kann. Denkbar wäre, dass die S-GmbH beantragt, dass das Land Baden-Württemberg (vertreten durch das LRA S) verurteilt wird, es zu unterlassen, gegen sie Bußgeldbescheide zu erlassen oder sie zu der streitigen Kennzeichnungspflicht durch Verwaltungsakt zu verpflichten. Auf Unterlassung von Bußgeldbescheiden kann vor dem Verwaltungsgericht nicht geklagt werden (§ 40 Abs. 1 VwGO), aber auch nach dem OWiG ist eine solche Klageform vor dem Amtsgericht nicht vorgesehen. Dem liegt folgender Grundsatz zu Grunde: kein vorbeugender Rechtsschutz! Daher ist auch eine Klage auf Unterlassen von Verwaltungsakten grundsätzlich unzulässig. Eine allgemeine Leistungsklage scheidet somit ebenfalls aus. § 43 Abs. 2 S. 1 VwGO steht der Zulässigkeit der allgemeinen Feststellungsklage also nicht entgegen.

Konkretes und streitiges Rechtsverhältnis
Weiter muss der Kläger nach § 43 Abs. 1 Var. 1 VwGO die Feststellung des Bestehens oder Nichtbestehens eines konkreten und streitigen Rechtsverhältnisses begehren. Zwischen den Beteiligten besteht anlässlich eines konkreten Sachverhalts (Vertrieb von Räucherlachs durch die S-GmbH im Zuständigkeitsbereich des Landratsamts) ein Meinungsstreit über die Anwendung bestimmter öffentlich-rechtlicher Normen des Lebensmittelrechts. Aus diesem Meinungsstreit heraus berühmt sich das Landratsamt, eine bestimmte Kennzeichnungspflicht verlangen zu dürfen, was die S-GmbH wiederum bestreitet. Ein konkretes und streitiges Rechtsverhältnis liegt damit vor.

Berechtigtes Interesse an der baldigen Feststellung
Schließlich muss die S-GmbH nach § 43 Abs. 1 VwGO ein berechtigtes Interesse an der baldigen Feststellung haben. Dem in der S-GmbH für die Kennzeichnung Verantwortlichen (§ 9 OWiG) bzw. der S-GmbH selbst (§ 30 OWiG) drohen weitere Ordnungswidrigkeitenverfahren. Ein Abwarten ist nicht zumutbar. Hinzu kommt, dass ihr durch die geforderte Kennzeichnungspflicht zusätzliche wirtschaftliche Einbußen entstehen. Dem steht nicht entgegen, dass die S-GmbH derzeit wie vom LRA gewünscht kennzeichnet, denn dies geschieht nur unter dem Druck etwaiger Ordnungswidrigkeitenverfahren. Auch will die S-GmbH zur bisherigen Praxis zurückkehren. Damit ist ein Feststellungsinteresse zu bejahen.

III. Runde 3: Organstreitigkeit (Hoheitsverwaltung gegen Hoheitsverwaltung)

Darum geht es
Bisher haben wir uns mit Klagen im Staat-Bürger-Verhältnis beschäftigt. Denkbar ist ebenso, dass eine Hoheitsverwaltung im Namen ihres Rechtsträgers gegen Handeln einer anderen Hoheitsverwaltung desselben oder eines anderen Rechtsträgers vorgeht. Hier sind insbesondere folgende Schwerpunkte zu prüfen:
- Statthafte Klageart: Ist das angegriffene bzw. begehrte Verwaltungshandeln ein Verwaltungsakt oder sonstiges Verwaltungshandeln?
- Ist der Kläger klagebefugt, § 42 Abs. 2 VwGO (analog)?
- Wer ist zu verklagen?
- Muss vorher eine höhere Stelle der Verwaltung angerufen werden?

Fall 7
Landrat L des Landkreises L (Baden-Württemberg) ärgert sich darüber, dass das Regierungspräsidium ihn anweist, eine bestimmte Fahrerlaubnis zu

erteilen. Er überlegt, ob (ggf. nach einem etwaigen Vorverfahren) eine Klage gegen die Weisung zulässig wäre.

Fall 8[120]

Schulleiter S (Baden-Württemberg) weigert sich entgegen § 12 Abs. 7 S. 2 Konferenzordnung des Kultusministeriums Baden-Württemberg (KonfO BW), einen bestimmten Antrag der Lehrer 1 und 2 auf die Tagesordnung der nächsten Gesamtlehrerkonferenz zu setzen. Die Lehrer beschweren sich vergeblich beim Regierungspräsidium. Nun wollen sie klagen. Ist eine solche Klage zulässig?

■ Lösung zu Fall 7

Da die Weisung kein Verwaltungsakt ist, käme als statthafte Klageart die allgemeine Leistungsklage in Betracht. Eine solche wäre aber nach § 42 Abs. 2 VwGO analog unzulässig. Weder der Landrat, der Landkreis noch das Landratsamt können hier geltend machen, möglicherweise in eigenen Rechten verletzt zu sein. Als Fahrerlaubnisbehörde nimmt das Landratsamt staatliche Aufgaben wahr (vgl. § 1 Abs. 3 LKrO BW). Weisungen in diesem Bereich sind nicht justitiabel.[121]

■ Lösung zu Fall 8

Der Verwaltungsrechtsweg ist nach § 40 Abs. 1 S. 1 VwGO eröffnet, weil Streitgegenstand hier die Rechtmäßigkeit des Handelns des Schulleiters nach § 12 Abs. 7 S. 2 KonfVO BW, also eine öffentlich-rechtliche Streitigkeit ist.

Anfechtungs- oder Verpflichtungsklage sind unstatthaft, da Klageziel weder die Aufhebung noch der Erlass eines Verwaltungsakts i. S. d. § 35 VwVfG ist: Die Entscheidung des Schulleiters, einen Punkt auf die Tagesordnung zu nehmen, ist zwar eine hoheitliche Regelung auf dem Gebiet des öffentlichen Rechts, ihr fehlt aber die Außenwirkung, da nach h. M. eine solche im Binnenverhältnis einer juristischen Person grundsätzlich ausgeschlossen ist (str.).[122] Statthaft ist die allgemeine Leistungsklage, da die Verurteilung zu einem Realakt begehrt wird (Aufnahme des Punktes auf die Tagesordnung).

---

120 Fall nach: VG Freiburg, Urteil vom 21.04.2010 – 2 K 1359/09, juris.

121 Anders ist es, wenn das Landratsamt Selbstverwaltungsaufgaben des Landkreises wahrnimmt und dazu eine Weisung erteilt wird.

122 Nach a. A. sind Verwaltungsakte auch im Binnenverhältnis zwischen einzelnen Organen bzw. Organteilen möglich. So z. B. *Schenke*, Verwaltungsprozessrecht, Rn. 226–228.

Es liegt ein sogenanntes Organstreitverfahren vor. Näher zu betrachten sind hier noch die Klagebefugnis, die Beteiligungsfähigkeit, die passive Prozessführungsbefugnis und das Rechtsschutzbedürfnis.

Beide Lehrer sind klagebefugt nach § 42 Abs. 2 VwGO analog. Zwar können sie nicht geltend machen, in persönlichen subjektiven öffentlichen Rechten verletzt zu sein. Als stimmberechtigtes Mitglied der Gesamtlehrerkonferenz haben sie aber als Organteil nach § 12 Abs. 7 S. 2 KonfO BW ein Recht, einen bestimmten Antrag auf die Tagesordnung setzen zu lassen.

Streitig ist, ob Beklagter im Organstreit (wie auch sonst) der Rechtsträger (hier also das Land Baden-Württemberg)[123] oder das/der andere Organ(-teil)[124] (das wäre hier der Schulleiter) ist. Hier sprechen keine überzeugenden Gründe gegen ein Abweichen vom Rechtsträgerprinzip. Richtiger Beklagter ist damit nach hier vertretener Auffassung nicht der Schulleiter, sondern das Land Baden-Württemberg.

Streitig ist, ob das Rechtsschutzbedürfnis fehlt, wenn der Kläger vorher nicht den Versuch unternommen hat, die Angelegenheit von einem übergeordneten Hoheitsträger durch Weisung klären zu lassen. Dieser Streit kann jedoch dahinstehen, da die Lehrer das Regierungspräsidium vergeblich eingeschaltet haben.

IV. Runde 4: Vorbeugender Rechtsschutz

Darum geht es

Den Antrag bei Verwaltungsgericht nach § 80 Abs. 5 S. 1 VwGO auf Wiederherstellung der aufschiebenden Wirkung haben Sie bereits in Runde 1 kennengelernt. Dieser wurde gestellt, um gegen die von der Behörde angeordnete sofortige Vollziehung vorzugehen. Hier vertiefen wir die Anträge auf vorläufigen Rechtsschutz.

Fall 10

Nachbar N erhebt gegen die Herrn E erteilte Baugenehmigung Widerspruch. Allerdings hat der Widerspruch gemäß § 80 Abs. 2 S. 1 Nr. 3 VwGO i. V. m. § 212 a Abs. 1 BauGB keine aufschiebende Wirkung. Was kann er tun?

Fall 11

H hat sich auf eine bestimmte Beamtenstelle beworben. Die Behörde lehnt ihn ab und kündigt die Ernennung von Frau S an. H ist überzeugt, durch

---

123 So VG Freiburg, Urteil vom 21.04.2010 – 2 K 1359/09, juris Rn. 43.

124 Vgl. *Schenke*, Verwaltungsprozessrecht, Rn. 555 a.

seine Ablehnung in seinen Rechten aus Art. 33 Abs. 2 GG verletzt zu sein und will unbedingt verhindern, dass S ernannt wird. Denn dann kann er gegen deren Ernennung grds. nichts mehr unternehmen („Grundsatz der Ämterstabilität"). Was kann H tun?

Lösung zu Fall 10

N kann nach §§ 80a Abs. 3 S. 2 i.V.m. § 80 Abs. 5 S. 1 VwGO[125] beantragen, dass das Gericht die aufschiebende Wirkung seines Widerspruchs gegen die Baugenehmigung anordnet.

Lösung zu Fall 11

H kann nach § 123 Abs. 1 S. 1 VwGO den Erlass einer einstweiligen Anordnung beantragen, mit der das Gericht der Behörde vorläufig untersagt, die besagte Beamtenstelle zu besetzen. Näher dazu unter E.

C. Erfolgsaussichten von Anfechtungs- und Verpflichtungsklagen

I. Zulässigkeit und Begründetheit einer Anfechtungsklage

1. Sachverhalt und Aufgabe

Sachverhalt

Die Firma „A-Security-GmbH" mit Sitz in Hamburg bietet u.a. maritime Sicherheitsdienstleistungen (Begleitung und Bewachung von Handelsschiffen in internationalen Gewässern außerhalb der deutschen ausschließlichen Wirtschaftszone von 200-Seemeilen gegen Angriffe von Piraten) an. Die dafür gemäß § 31 Abs. 1 GewO erforderliche Zulassung wurde ihr vor einem halben Jahr vom Bundesamt für Wirtschaft und Ausfuhrkontrolle (BAFA, Sitz in Eschborn, Main-Taunus-Kreis) im Benehmen mit der Bundespolizei befristet für die Dauer auf 2 Jahre erteilt.

Nachdem das BAFA festgestellt hat, dass die A-Security-GmbH nur die Bewachungseinsätze auf Seeschiffen unter deutscher, nicht aber auch die unter ausländischer Flagge anzeigt, hat es nach vorheriger Anhörung der A-Security-GmbH diese nach § 29 Abs. 1 Nr. 1 GewO verpflichtet, innerhalb von 2 Wochen nach Bestandskraft des Bescheids schriftlich Auskunft über die seit dem Zeitpunkt der Erteilung der Zulassung durchgeführten Bewachungsaufträge auf Seeschiffen unter deutscher und unter ausländi-

---

125 Streitig, nach a.A.: § 80a Abs. 3 S. 1 i.V.m. Abs. 1 Nr. 2 Var. 1 VwGO. Näher dazu *Schenke*, Verwaltungsprozessrecht, Rn. 989.

scher Flagge zu erteilen und hierfür eine Kopie des Auftragsbuchs, Kopien der jeweiligen Bewachungsverträge und – im Falle von Rahmenverträgen – die Kopien der jeweiligen Einzelaufträge vorzulegen.

Der Bescheid ist ordnungsgemäß begründet und mit einer ordnungsgemäßen Rechtsbehelfsbelehrung versehen.

Ein form- und fristgerechter Widerspruch der A-Security-GmbH hat keinen Erfolg.

3 Wochen nach ordnungsgemäßer Zustellung des Widerspruchbescheids erhebt die A-Security-GmbH vertreten durch ihren Geschäftsführer C schriftlich Klage beim VG Frankfurt gegen das BAFA und beantragt, dass der näher bezeichnete Bescheid des BAFA vom VG Frankfurt aufgehoben wird.

Aufgabe

Hat die Klage Aussicht auf Erfolg?

2. Lösungsvorschlag

Die Klage hat Aussicht auf Erfolg, wenn sie zulässig und begründet ist.

A. Zulässigkeit

Verwaltungsrechtsweg

I. Eröffnung des Verwaltungsrechtswegs

Mangels aufdrängender Sonderzuweisung ist § 40 Abs. 1 VwGO zu prüfen. Danach ist der Verwaltungsrechtsweg in allen öffentlich-rechtlichen Streitigkeiten nichtverfassungsrechtlicher Art eröffnet, wenn keine abdrängende Sonderzuweisung an ein anderes Gericht besteht. Streitentscheidend ist hier § 29 Abs. 1 Nr. 1 GewO, eine Norm des öffentlichen Rechts. Damit ist die Streitigkeit öffentlich-rechtlich. Weiter streiten weder Verfassungsorgane um Verfassungsrecht noch besteht eine sonstige abdrängende Sonderzuweisung. Der Verwaltungsrechtsweg ist eröffnet.

Statthaftigkeit

II. Statthafte Klageart

Die Statthaftigkeit richtet sich nach dem Klagebegehren, § 88 VwGO. Die S-GmbH begehrt die Aufhebung der auferlegten Auskunftspflicht und somit die Aufhebung eines Verwaltungsakts i. S. d. § 35 S. 1 VwVfG. Dieses Klagebegehren kann nach § 42 Abs. 1 Var. 1 VwGO in Form der Anfechtungsklage verfolgt werden.

§§ 61, 62, 67 VwGO

III. Beteiligungs- und Prozessfähigkeit, Prozessvertretung und Postulationsfähigkeit des Klägers

Die klagende S-GmbH ist nach § 61 Nr. 1 Var. 2 VwGO als juristische Person beteiligungsfähig und nach § 62 Abs. 3 VwGO nur durch ihren gesetzlichen Vertreter (Geschäftsführer C) prozessfähig. Nach § 67 Abs. 1 VwGO kann sie den Rechtsstreit selbst führen.

Klagebefugnis

IV. Klagebefugnis

Die S-GmbH müsste, da Sonderregeln nicht bestehen, gemäß § 42 Abs. 2 VwGO geltend machen, durch den angefochtenen Verwaltungsakt in ihren Rechten verletzt zu sein. Es reicht, dass nach dem Vortrag des Klägers eine Verletzung eigener subjektiv-öffentlicher Rechte möglich ist (Möglichkeitstheorie). Der Kläger ist dann klagebefugt, wenn er Adressat eines gebietenden oder verbietenden Verwaltungsakts ist (Adressatentheorie) und dessen objektive Rechtswidrigkeit geltend macht. Denn sollte der Verwaltungsakt tatsächlich objektiv rechtswidrig sein, wäre er jedenfalls auffangweise in seiner allgemeinen Handlungsfreiheit aus Art. 2 Abs. 1 GG verletzt, wenn kein besonderes Freiheitsgrundrecht greift. Auf Art. 2 Abs. 1 GG können sich nach Art. 19 Abs. 3 GG auch inländische juristische Personen berufen. Damit ist die S-GmbH als Adressatin des Auskunftsverlangens klagebefugt.

Klagegegner

V. Richtiger Klagegegner; Beteiligten- und Prozessfähigkeit, Prozessvertretung und Postulationsfähigkeit des Beklagten

Die Klage ist, da in Hessen keine Sonderregeln i.S.d. § 78 Abs. 1 Nr. 2 VwGO bestehen, gemäß § 78 Abs. 1 Nr. 1 Hs. 1 VwGO[126] gegen den Rechtsträger der Ausgangsbehörde zu richten. Dabei reicht nach Hs. 2 die Angabe der Behörde. Hier hat die Klägerin das BAFA angegeben. Das ist dahingehend auszulegen, dass sich die Klage gegen deren Rechtsträgerin, also gegen die Bundesrepublik richtet.

Diese ist nach § 61 Nr. 1 Var. 2 VwGO als juristische Person beteiligungsfähig. Sie wird gemäß § 62 Abs. 3 VwGO durch den zuständigen Bundesminister für Wirtschaft und Energie, dieser wiederum durch den Leiter des BAFA vertreten und kann nach § 67 Abs. 1 VwGO den Rechtsstreit selbst führen.

---

126 Nach a.A. regelt § 78 VwGO die Passivlegitimation und ist erst bei der Begründetheit zu prüfen.

Ordnungsgemäße Klage

VI. Ordnungsgemäße Klageerhebung

1. Zuständiges Gericht

Die Klage muss beim zuständigen Gericht erhoben werden. Hier wurde Klage beim VG Frankfurt erhoben. Dies ist nach § 45 VwGO sachlich und nach § 52 Nr. 2 S. 1 VwGO als das Gericht, zu dessen Bezirk gemäß § 1 Abs. 2 Nr. 2 HessAGVwGO u.a. der Main-Tauber-Kreis gehört, in dem das BAFA (Bundesbehörde) seinen Sitz hat, auch örtlich zuständig.

2. Form

Die Klage kann nach § 81 Abs. 1 S. 1 VwGO schriftlich, nach § 81 Abs. 1 S. 2 VwGO zu Protokoll des Urkundsbeamten der Geschäftsstelle oder nach Maßgabe des § 55a Abs. 2–6 VwGO als elektronisches Dokument bei Gericht eingereicht werden. Hier hat die S-GmbH die Klage schriftlich und somit formgerecht erhoben.

3. Klagefrist

Die Klage ist fristgerecht, wenn sie gemäß § 74 Abs. 1 S. 1 VwGO innerhalb eines Monats nach Zustellung des Widerspruchsbescheids formgerecht beim zuständigen Verwaltungsgericht erhoben worden ist. Laut Sachverhalt wurde die Klage bereits 3 Wochen nach Zustellung beim VG Frankfurt und somit fristgerecht erhoben.

4. Inhalt der Klageschrift

Nach § 82 Abs. 1 S. 1 VwGO muss die Klage den Kläger, den Beklagten und den Gegenstand des Klagebegehrens bezeichnen. Diese Mindestangaben können jedoch auch noch nach Ablauf der Klagefrist vervollständigt werden. Ein Verstoß gegen § 82 Abs. 1 S. 1 VwGO ist nicht ersichtlich. §§ 81 Abs. 2, 82 Abs. 1 S. 2 und 3 VwGO sind bloße Ordnungsvorschriften und berühren die Zulässigkeit der Klage nicht.

Vorverfahren

VII. Ordnungsgemäße Durchführung des Vorverfahrens

Schließlich ist die Anfechtungsklage nach § 68 Abs. 1 S. 1 VwGO nur zulässig, wenn das Vorverfahren ordnungsgemäß durchgeführt worden ist. Hier hat die S-GmbH laut Sachverhalt form- und fristgerecht und auch im Übrigen zulässig Widerspruch erhoben, der in der Sache erfolglos geblieben ist. Damit hat sie das Vorverfahren ordnungsgemäß durchgeführt.

Zwischenergebnis

VIII. Zwischenergebnis

Die Anfechtungsklage ist zulässig.

Begründetheit/Obersatz

B. Begründetheit

Nach § 113 Abs. 1 S. 1 VwGO ist die Anfechtungsklage begründet, soweit der angefochtene Verwaltungsakt rechtswidrig und der Kläger dadurch in seinen Rechten verletzt ist.

Rechtswidriger VA

I. Rechtswidrigkeit/Rechtmäßigkeit des Auskunftsersuchens

[...][127] Das Auskunftsersuchen ist damit sowohl formell als auch materiell rechtmäßig.

Rechtsverletzung

II. Rechtsverletzung

Damit ist der Eingriff in die Berufsfreiheit der S-GmbH (Art. 12 Abs. 1 S. 1 GG i. V. m. Art. 19 Abs. 3 GG) in Form des Auskunftsverlangens rechtmäßig, die S-GmbH ist in ihren Rechten nicht verletzt.

Gesamtergebnis

III. Gesamtergebnis

Die Klage ist zwar zulässig, aber unbegründet.

II. Zulässigkeit und Begründetheit einer Verpflichtungsklage

1. Sachverhalt und Aufgabenstellung

Sachverhalt

Vor 7 Monaten hat Gastwirt G bei der Stadt Mannheim eine Sondernutzungserlaubnis (§ 16 Abs. 1 StrG BW) für die Fußgängerzone beantragt, um dort eine Außenwirtschaft zu betreiben. Bis zum heutigen Tag hat er trotz vollständiger Unterlagen keine Antwort erhalten. Nun erhebt G schriftlich Klage beim VG Karlsruhe mit dem Antrag, die Stadt Mannheim zu verurteilen, ihm eine für 5 Jahre gültige Sondernutzungserlaubnis für die in der Klageschrift genauer bezeichnete Fläche vor seinem Restaurant zu erteilen.

---

127 Geprüft wird wie bekannt in den Schritten „Rechtsgrundlage", „formelle Rechtmäßigkeit" und „materielle Rechtmäßigkeit", siehe Teil 2 unter C) den Fall „Seebewachung" (Klausurbesprechung).

Menschen mit Behinderungen sind nicht beeinträchtigt, wenn die Erlaubnis erteilt würde.

Aufgabe

Hat seine Klage Aussicht auf Erfolg?

2. Lösungsvorschlag

Die Klage hat Aussicht auf Erfolg, wenn sie zulässig und begründet ist.

A. Zulässigkeit

Verwaltungsrechtsweg

I. Eröffnung des Verwaltungsrechtswegs

Mangels aufdrängender Sonderzuweisung ist § 40 Abs. 1 VwGO zu prüfen. Danach ist der Verwaltungsrechtsweg in allen öffentlich-rechtlichen Streitigkeiten nichtverfassungsrechtlicher Art eröffnet, wenn keine abdrängende Sonderzuweisung an eine andere Gerichtsbarkeit besteht. Streitentscheidende Norm ist hier § 16 Abs. 1 u. 2 StrG BW, eine Norm des öffentlichen Rechts. Damit ist die Streitigkeit öffentlich-rechtlich. Es streiten auch keine Verfassungsorgane um Verfassungsrecht, ebenso fehlt eine abdrängende Sonderzuweisung. Der Verwaltungsrechtsweg ist eröffnet.

Statthaftigkeit

II. Statthafte Klageart

Die Statthaftigkeit richtet sich nach dem Klagebegehren, § 88 VwGO. G begehrt die Verurteilung der Stadt Mannheim zum Erlass der beantragten, bisher aber nicht erteilten Sondernutzungserlaubnis und damit die Verpflichtung zur Erteilung eines unterlassenen Verwaltungsakts i. S. d. § 35 S. 1 VwVfG. Dieses Klagebegehren kann nach § 42 Abs. 1 Var. 2 VwGO in Form der Verpflichtungsklage verfolgt werden.

§§ 61, 62, 67 VwGO

III. Beteiligungs- und Prozessfähigkeit von Kläger und Beklagtem; Prozessvertretung, Postulationsfähigkeit

Hinsichtlich der Beteiligungs- und Prozessfähigkeit bestehen keine Bedenken, die beklagte Stadt wird gemäß § 62 Abs. 3 VwGO durch den Oberbürgermeister vertreten.

Klagebefugnis

IV. Klagebefugnis

G müsste, da Sonderregeln nicht bestehen, gemäß § 42 Abs. 2 VwGO geltend machen, durch die Unterlassung der Erteilung der beantragten Sondernutzungserlaubnis in seinen eigenen Rechten verletzt zu sein. Es reicht, dass nach dem Vortrag des Klägers eine Verletzung eigener subjektiv-öffentlicher Rechte möglich ist (Möglichkeitstheorie). Aus § 16 Abs. 1 u. 2 StrG BW hat G jedenfalls einen Anspruch auf ermessensfehlerfreie Entscheidung über seinen Antrag auf Erteilung der Sondernutzungserlaubnis, in dem er möglicherweise verletzt ist. Ob er auch einen Anspruch auf Erteilung der beantragten Sondernutzungserlaubnis hat, kann hier noch dahinstehen. G ist klagebefugt.

Klagegegner

V. Richtiger Klagegegner

Die Klage ist, da in Baden-Württemberg keine Sonderregeln i. S. d. § 78 Abs. 1 Nr. 2 VwGO bestehen, gemäß § 78 Abs. 1 Nr. 1 Hs. 1 VwGO[128] gegen den Rechtsträger der Ausgangsbehörde zu richten. Hier wurde die Klage gegen die Stadt Mannheim und damit gegen den richtigen Klagegegner gerichtet.

Ordnungsgemäße Klage

VI. Ordnungsgemäße Klageerhebung

1. Zuständiges Gericht

Das VG Karlsruhe ist nach § 45 VwGO sachlich zuständig. Örtlich zuständig ist in Streitigkeiten über ortsgebundene Rechte wie hier die Sondernutzungserlaubnis gem. § 52 Nr. 1 VwGO das Gericht, in dessen Bezirk der Ort liegt. Mannheim gehört nach § 1 Abs. 2 AGVwGO BW i. V. m. § 12 LVG BW zum Bezirk des VG Karlsruhe, das somit auch örtlich zuständig ist.

2. Form

Die Klage kann nach § 81 Abs. 1 S. 1 VwGO schriftlich, nach § 81 Abs. 1 S. 2 VwGO zu Protokoll des Urkundsbeamten der Geschäftsstelle oder nach Maßgabe des § 55a Abs. 2–6 VwGO als elektronisches Dokument bei Gericht eingereicht werden. Hier hat G die Klage schriftlich und somit formgerecht erhoben.

---

128 Nach a. A. regelt § 78 VwGO die Passivlegitimation und ist erst bei der Begründetheit zu prüfen.

3. Klagefrist
Da bisher kein Ablehnungs- oder Widerspruchsbescheid ergangen ist, läuft auch keine Klagefrist (vgl. § 74 Abs. 2 VwGO).

4. Inhalt der Klageschrift
Ein Verstoß gegen § 82 Abs. 1 S. 1 VwGO ist nicht ersichtlich.

Untätigkeitsklage ohne Vorverfahren

VII. Voraussetzungen von § 75 VwGO (Untätigkeitsklage)

Ein Vorverfahren ist vor Erhebung einer Verpflichtungsklage nach § 68 Abs. 2 VwGO nur dann durchzuführen, wenn der Antrag auf Vornahme des begehrten Verwaltungsakts abgelehnt worden ist. Hier hat die Stadt Mannheim über den Antrag bisher aber noch gar nicht entschieden. Damit ist auch kein Vorverfahren durchzuführen. Zu prüfen ist, ob die Voraussetzungen für eine Verpflichtungsklage in Form einer Untätigkeitsklage vorliegen. Diese ist nach § 75 S. 1 Var. 2 VwGO zulässig, wenn über den Antrag auf Vornahme eines Verwaltungsakts ohne zureichenden Grund in angemessener Frist sachlich nicht entschieden worden ist. Nach § 75 S. 2 VwGO kann die Klage nicht vor Ablauf von drei Monaten seit dem Antrag auf Vornahme des Verwaltungsakts erhoben werden, außer wenn wegen besonderer Umstände des Falles eine kürzere Frist geboten ist.

Hier hat G den Antrag auf Sondernutzungserlaubnis bereits vor 7 Monaten gestellt. Ein sachlicher Grund, warum bisher nicht entschieden wurde, ist nicht ersichtlich. Damit liegen die Voraussetzungen für die Untätigkeitsklage vor.

Zwischenergebnis

VIII. Zwischenergebnis

Die Verpflichtungsklage ist zulässig.

Begründetheit/Obersatz

B. Begründetheit

Nach § 113 Abs. 5 S. 1 VwGO ist die Verpflichtungsklage begründet, soweit die Unterlassung des Verwaltungsakts rechtswidrig, der Kläger dadurch in seinen Rechten verletzt und die Sache spruchreif ist. Das ist der Fall, wenn der Kläger gegen den Beklagten einen Anspruch auf Erteilung des beantragten Verwaltungsakts hat.

Anspruchsgrundlage

I. Anspruchsgrundlage

Ein solcher Anspruch auf Sondernutzungserlaubnis gegen die Stadt Mannheim könnte sich aus § 16 Abs. 1 u. 2 StrG BW ergeben. Diese Norm dient nicht nur dem öffentlichen Interesse, sondern zumindest auch dem Interesse desjenigen, der die Nutzung einer öffentlichen Straße über den Gemeingebrauch hinaus anstrebt.

Formelle Voraussetzungen

II. Formelle Anspruchsvoraussetzungen

Die formellen Anspruchsvoraussetzungen sind gegeben, wenn G bei der sachlich und örtlich zuständigen Stelle ordnungsgemäß einen Antrag auf Sondernutzungserlaubnis gestellt hat.

Sachlich zuständig ist nach § 16 Abs. 2 S. 1 StrG BW die Straßenbaubehörde. Das ist für Gemeindestraßen – wie hier die Fußgängerzone (§§ 2 Abs. 1, 3 Abs. 2 Nr. 4 lit. c StrG BW) – gemäß § 50 Abs. 3 Nr. 3 StrG BW die Gemeinde. Örtlich zuständig ist nach § 3 Abs. 1 Nr. 1 LVwVfG BW die Gemeinde, in der die Gemeindestraße liegt, also die Stadt Mannheim.

Der Antrag ist auch im Übrigen zulässig, insbes. ist G beteiligungs- und handlungsfähig (§§ 11, 12 LVwVfG BW), ein Verstoß gegen besondere Form- oder Fristvorschriften ist nicht ersichtlich.

Materielle Voraussetzungen

III. Materielle Anspruchsvoraussetzungen

Zunächst müssten die Tatbestandsvoraussetzungen von § 16 Abs. 1 u. 2 StrG BW vorliegen.

G will die Fußgängerzone (öffentliche Straße i. S. d. § 2 Abs. 1 StrG BW) außerhalb des Rahmens ihrer Widmung und damit über den Gemeingebrauch hinaus (s. § 13 Abs. 1 S. 1 StrG BW) nutzen, was gemäß § 16 Abs. 1 S. 1 StrG BW eine erlaubnispflichtige Sondernutzung ist. Laut Sachverhalt werden Menschen mit Behinderung in der Ausübung ihres Gemeingebrauchs nicht beeinträchtigt, somit liegt auch kein Ausschlussgrund nach § 16 Abs. 1 S. 2 StrG BW vor. Damit liegen die Tatbestandsvoraussetzungen für den Erlass einer Sondernutzungserlaubnis vor.

Allerdings steht die Erteilung der Sondernutzungserlaubnis nach § 16 Abs. 2 S. 1 StrG BW im Ermessen der Behörde. Gründe für eine Ermessensreduzierung auf null sind hier nicht ersichtlich. G hat somit nur einen Anspruch auf ermessensfehlerfreie Entscheidung über seinen Antrag, nicht aber auf Erteilung der beantragten Sondernutzungserlaubnis.

Zwischenergebnis

IV. Zwischenergebnis

Da die Erteilung der Sondernutzungserlaubnis im Ermessen der Stadt Mannheim steht und das Gericht nicht ermächtigt ist, das eigene Ermessen an die Stelle der Ermessensausübung der Stadt Mannheim zu setzen, ist die

Sache nicht spruchreif. Nach § 113 Abs. 5 S. 2 VwGO darf das Gericht die beklagte Stadt Mannheim somit nur verpflichten, über den Antrag des Klägers auf Sondernutzungserlaubnis unter Beachtung der Rechtsauffassung des Gerichts zu bescheiden.

Gesamtergebnis

C. Gesamtergebnis

Die zulässige Verpflichtungsklage ist nur teilweise begründet. Soweit sie über den Antrag auf Bescheidung hinausgeht, ist sie unbegründet.

> **Hinweis:** Vollumfänglich begründet wäre die sogenannte Bescheidungsklage: G beantragt von vornherein nicht die Verurteilung der Stadt Mannheim zum Erlass der Sondernutzungserlaubnis, sondern zur Bescheidung über seinen Antrag auf Erlass der Sondernutzungserlaubnis. Übrigens wird er vom Gericht in der mündlichen Verhandlung auf dieses Problem hingewiesen und hat somit die Gelegenheit, seine ursprüngliche Verpflichtungsklage in eine Bescheidungsklage zu ändern.

D. Erfolgsaussichten eines § 80 Abs. 5 S. 1 VwGO-Antrags

I. Sachverhalt und Aufgabenstellung

Sachverhalt

Die S-GmbH wird vom BAFA nicht nur verpflichtet, die begehrte Auskunft zu erteilen (siehe Fall oben). Vielmehr hat das BAFA schriftlich nach § 80 Abs. 2 S. 1 Nr. 4 VwGO die sofortige Vollziehung des Auskunftsersuchens angeordnet und dies mit dem überwiegenden öffentlichen Interesse an einer Überwachung der Seeeinsätze auch während eines laufenden Gerichtsverfahrens begründet; die Erlaubnis für das Seebewachungsgewerbe werde ohnehin nur zeitlich befristet erteilt. Wegen der besonderen Gefahr, die durch unzuverlässige Bewachungsunternehmen nicht nur für Deutschland, sondern auch für andere Länder ausgehe, müsse sie auch zeitnah überprüft werden. Nach erfolglosem Widerspruchsverfahren erhebt die S-GmbH beim VG Frankfurt wörtlich Antrag auf Aussetzung der sofortigen Vollziehung des Auskunftsverlangens und rügt, dass die Begründung zu pauschal sei und den Einzelfall nicht beachte. Zeitgleich erhebt sie Anfechtungsklage gegen das Auskunftsverlangen.

Aufgabe

Hat der Antrag „auf Aussetzung der sofortigen Vollziehung" Aussicht auf Erfolg?

II. Lösungsvorschlag

Obersatz

Der Antrag hat Aussicht auf Erfolg, wenn er zulässig und begründet ist.

A. Zulässigkeit

Verwaltungsrechtsweg

I. Eröffnung des Verwaltungsrechtswegs

Der Antrag ist nur zulässig, wenn im Hauptsacheverfahren der Verwaltungsrechtsweg eröffnet ist. Mangels aufdrängender Sonderzuweisung ist § 40 Abs. 1 S. 1 VwGO zu prüfen. Danach ist der Verwaltungsrechtsweg in allen öffentlich-rechtlichen Streitigkeiten nichtverfassungsrechtlicher Art eröffnet, wenn keine abdrängende Sonderzuweisung an eine andere Gerichtsbarkeit besteht. Streitentscheidende Norm im Hauptsacheverfahren ist § 29 GewO, eine Norm des öffentlichen Rechts. Damit ist die Streitigkeit öffentlich-rechtlich. Es streiten auch keine Verfassungsorgane um Verfassungsrecht, ebenso fehlt eine abdrängende Sonderzuweisung. Der Verwaltungsrechtsweg ist eröffnet.

Statthaftigkeit

II. Statthafter Antrag

Die Statthaftigkeit richtet sich nach dem Antragsbegehren, an die Fassung der Anträge ist das Gericht nicht gebunden, vgl. § 88 VwGO. Die S-GmbH begehrt wörtlich die Aussetzung der sofortigen Vollziehung. Nach § 80 Abs. 5 S. 1 VwGO kann das Gericht der Hauptsache die aufschiebende Wirkung in den Fällen des Absatzes 2 Nr. 1 bis 3 ganz oder teilweise anordnen, im Falle des Absatzes 2 Nr. 4 ganz oder teilweise wiederherstellen. Hier hat das BAFA nach § 80 Abs. 2 S. 1 Nr. 4 VwGO die sofortige Vollziehung ihres Auskunftsersuchens (Verwaltungsakt i. S. d. § 35 S. 1 VwVfG) angeordnet. Richtige Antragsform ist also der Antrag auf Wiederherstellung der aufschiebenden Wirkung. Entsprechend ist das Begehren der S-GmbH auszulegen.

Die S-GmbH hat nach dem erfolglosen Widerspruch bereits Anfechtungsklage erhoben, damit kann offen bleiben, unter welchen Umständen der Antrag gemäß § 80 Abs. 5 S. 1 VwGO auch ohne Klageerhebung zulässig ist. Der Antrag auf Wiederherstellung der aufschiebenden Wirkung ist hier unproblematisch statthaft.

Zuständiges Gericht

III. Zuständiges Gericht

Der Antrag ist gemäß § 80 Abs. 5 S. 1 VwGO zu Recht beim Gericht der Hauptsache, also beim VG Frankfurt (§§ 45, 52 Nr. 2 S. 1 VwGO, siehe oben) erhoben worden.

Zulässigkeitsvoraussetzungen der Hauptsache

IV. Vorliegen der Zulässigkeitsvoraussetzungen des Hauptsacheverfahrens

Wegen seiner Akzessorietät ist der Antrag auf vorläufigen Rechtsschutz nur dann zulässig, wenn auch alle Zulässigkeitsvoraussetzungen eines gedachten späteren Klageverfahrens (hier der Anfechtungsklage) vorliegen. Wie bereits oben geprüft, sind Beteiligungs- und Prozessfähigkeit beider Parteien unproblematisch, auch ist die S-GmbH nach § 42 Abs. 2 VwGO im Hauptsacheverfahren klagebefugt und die Bundesrepublik nach § 78 Abs. 1 Nr. 1 VwGO die richtige Beklagte. Das vorgeschriebene Widerspruchsverfahren wurde gemäß § 68 Abs. 1 S. 1 VwGO ordnungsgemäß durchgeführt.[129] Die Anfechtungsklage ist schließlich auch nicht verfristet. Damit liegen alle Zulässigkeitsvoraussetzungen des Hauptverfahrens vor.

Zwischenergebnis

V. Zwischenergebnis

Der Antrag ist zulässig.

Begründetheit

B. Begründetheit

Zu prüfen ist, ob der Antrag auch in der Sache Erfolg hat.

Formelle Rechtswidrigkeit

I. Formelle Rechtswidrigkeit der behördlichen Anordnung der sofortigen Vollziehung

Der Antrag auf Wiederherstellung der aufschiebenden Wirkung ist bereits dann begründet, wenn die behördliche Anordnung der sofortigen Vollziehung formell rechtswidrig ist.

Das BAFA war gemäß § 80 Abs. 2 S. 1 Nr. 4 VwGO für die Anordnung der sofortigen Vollziehung als Ausgangsbehörde (und Widerspruchsbehörde) zuständig.

Weiter dürfte kein Verstoß gegen Verfahrensvorschriften vorliegen. Da die Anordnung der sofortigen Vollziehung nach h. M. kein Verwaltungsakt ist, gelten §§ 9 ff. VwVfG jedenfalls nicht unmittelbar. Dies kann letztendlich dahinstehen, da die S-GmbH vom BAFA zuvor zu allen entscheidungs-

---

129 In Situationen, in denen der § 80 Abs. 5 VwGO-Antrag während eines laufenden Widerspruchsverfahrens erhoben wird, ist zu prüfen, ob das Widerspruchsverfahren voraussichtlich vom Widerspruchsführer ordnungsgemäß durchgeführt werden kann.

erheblichen Tatsachen angehört worden ist (vgl. § 28 Abs. 1 VwVfG) und auch im Übrigen kein Verstoß ersichtlich ist.

Nach 80 Abs. 3 S. 1 VwGO ist das besondere Interesse an der sofortigen Vollziehung schriftlich zu begründen ist. Grundsätzlich muss die Begründung eine Würdigung des Einzelfalles erkennen lassen. Dem hat das BAFA mit seiner Begründung entsprochen, auch wenn die Begründung in anderen Fällen, in denen ein Seebewachungs-Unternehmen nach § 29 GewO zur Auskunft aufgefordert wird, vergleichbar ist.

Damit ist die Anordnung der sofortigen Vollziehung formell rechtmäßig.

Materielle Rechtswidrigkeit (streitig)

II. Materielle Rechtmäßigkeit der behördlichen Anordnung der sofortigen Vollziehung

Nach Teilen der Literatur hat das Gericht im nächsten Schritt die materielle Rechtmäßigkeit der Anordnung zu prüfen und bei etwaigen Ermessensfehlern der Behörde die aufschiebende Wirkung wiederherzustellen.[130] Nach der Rechtsprechung und der h. L. ist die materielle Rechtmäßigkeit der behördlichen Anordnung nicht zu prüfen. Vielmehr entscheidet das Gericht originär nach eigenem Ermessen, ob die aufschiebende Wirkung des Rechtsbehelfs wiederherzustellen ist. Hier kann der Streit dahinstehen, da Ermessensfehler der Ausgangsbehörde nicht ersichtlich sind.

Interessenabwägung des Gerichts

III. Eigene Interessenabwägung des Gerichts

Damit trifft das Gericht eine eigene Interessenabwägung.

Kommt das Gericht zu dem Ergebnis, dass der Antragsteller in der Hauptsache offensichtlich Erfolg haben wird, muss es grundsätzlich die aufschiebende Wirkung wiederherstellen, hat der Antragsteller im Hauptsacheverfahren offensichtlich keinen Erfolg, ist der Antrag grundsätzlich abzulehnen. Da hier bereits in einem früheren Gerichtsverfahren die Rechtmäßigkeit vergleichbarer Auskunftsersuchen auch für Bewachungseinsätze auf ausländischen Schiffen bestätigt worden ist (Hess. VGH, Beschl. v. 21.07.2015 – 8 B 1916/14, juris) und andere Rechtmäßigkeitsverstöße bei summarischer Prüfung der Sach- und Rechtslage weder ersichtlich sind noch vom Antragssteller vorgebracht werden, ist davon auszugehen, dass das Hauptsacheverfahren voraussichtlich keinen Erfolg haben wird und daher grundsätzlich das öffentliche Interesse an der sofortigen Vollziehung

130 So *Schenke*, Verwaltungsprozessrecht, Rn. 1000, dort auch m. w. N. zur h. M.

überwiegt. Es sind auch keine Ausnahmegründe ersichtlich, die Wiederherstellung der aufschiebenden Wirkung im Interesse des Antragstellers trotz der offensichtlichen Unbegründetheit der Anfechtungsklage anzuordnen, da die Vollzugsfolgen für den Betroffenen auch bei späterem Erfolg noch beseitigt werden können, indem beispielsweise die gespeicherten Daten über die Auslandseinsätze gelöscht und die schriftlichen Unterlagen zurückgegeben werden.

Gesamtergebnis

C. Gesamtergebnis

Der Antrag ist zulässig, aber unbegründet.

E. Erfolgsaussichten eines § 123 VwGO-Antrags (zugleich: beamtenrechtliche Konkurrentenklage)

I. Sachverhalt und Aufgabenstellung

■ Sachverhalt

Frau B (bisher Kommunalbeamtin der Stadt Braunschweig in Niedersachsen mit Wohnsitz in Braunschweig) hat sich als externe Bewerberin auf eine öffentlich ausgeschriebene Stelle als Landesbeamtin (A 11) in der Personalabteilung der Universität Mannheim beworben und an einem Auswahlverfahren teilgenommen. Die Universität Mannheim schreibt ihr, dass man sich für ihr Interesse an der Stelle und das entgegengebrachte Vertrauen bedanke, die Auswahlentscheidung aber zugunsten von Frau Anna Supper gefallen sei. Es sei beabsichtigt, Frau Anna Supper in einem Monat zu ernennen. Frau B nimmt sofort Akteneinsicht. Allerdings sind weder die Auswahlgespräche noch die Auswahlentscheidung dokumentiert. Frau B überlegt nun, was sie tun kann.

■ Aufgaben

Frage 1: Sollte Frau B die Ernennung von Frau Supper abwarten und dann Widerspruch erheben? Prüfen Sie kurzgutachtlich.[131]

Frage 2: Kann B derzeit (also vor der Ernennung von Frau Supper) statthaft Widerspruch erheben?

Frage 3: Welche Klage wäre im gerichtlichen Hauptverfahren statthaft? Welche Form des vorläufigen Rechtsschutzes ist statthaft?

---

131 Sie dürfen also unproblematische Punkte im „Urteils- bzw. Feststellungsstil" abarbeiten.

Frage 4: Frau B stellt beim VG Karlsruhe folgenden Antrag: Ich beantrage, dass das Gericht der Universität Mannheim vorläufig verbietet, Frau Supper zu ernennen, bis bestandskräftig über meine Bewerbung entschieden worden ist. Hat der Antrag Aussicht auf Erfolg?

II. Lösungsvorschlag zu Frage 1 (Anfechtungswiderspruch gegen Ernennung)

Obersatz

Frau B sollte die Ernennung dann abwarten, wenn ein etwaiger Widerspruch zulässig und begründet ist.

Verwaltungsrechtsweg

Der Verwaltungsrechtsweg ist nach § 40 Abs. 1 VwGO unproblematisch eröffnet (§ 126 Abs. 2 BBG greift nicht, da es nicht um eine Streitigkeit aus einem bereits begründeten Beamtenverhältnis geht).

Statthaftigkeit

Statthaft ist der Anfechtungswiderspruch, denn begehrt wird die Aufhebung eines Verwaltungsakts i. S. d. § 35 VwVfG (Ernennung nach § 8 BeamtStG) und das Widerspruchsverfahren ist auch nicht ausnahmsweise unstatthaft, § 68 Abs. 1 VwGO i. V. m. § 42 Abs. 1 Var. 1 VwGO. Des Weiteren tritt der Anfechtungswiderspruch nicht im Wege der Verfahrenskonkurrenz hinter einen etwaigen Verpflichtungswiderspruch auf die eigene Ernennung zurück. Denn ein solcher wäre schon deswegen erfolglos, weil der unterlegene Bewerber grundsätzlich keinen Anspruch auf die eigene Ernennung hat.

Widerspruchsbefugnis

Problematisch ist die Widerspruchsbefugnis (§ 42 Abs. 2 VwGO analog). Nach inzwischen h. M. stellt eine Ernennung des Konkurrenten einen mittelbaren Eingriff in das Recht des erfolglosen Mitbewerbers auf gleichen Zugang zu jedem öffentlichen Amte aus Art. 33 Abs. 2 GG dar.[132] Innerhalb der h. M. ist streitig, ob der unterlegene Bewerber damit schon dann widerspruchs- bzw. klagebefugt ist, wenn die Möglichkeit besteht, dass er in seinem Recht aus Art. 33 Abs. 2 GG verletzt ist.[133]

Nach der Rechtsprechung ist anfechtungswiderspruchs- bzw. klagebefugt nur der unterlegene Bewerber, der geltend macht, dass ihm sein Recht auf vorläufigen Rechtsschutz (Art. 19 Abs. 4 GG) nicht oder nicht ausrei-

---

132 BVerwG NVwZ 2011, 358 Rn. 19; Battis/*Battis*, BBG, § 9 Rn. 28.

133 So *Schenke*, Verwaltungsprozessrecht, Rn. 524.

chend gewährt wurde. Es muss also die Möglichkeit bestehen, dass der Widerspruchführer nicht oder nicht ausreichend die Chance hatte, die Wahrung seiner Rechte aus Art. 33 Abs. 2 GG in einem vorläufigen Rechtsschutzverfahren vor dem VG, OVG (bzw. VGH) und dem BVerfG prüfen zu lassen.[134]

Nach der Gegenauffassung berührt dies die Zulässigkeit von Widerspruch bzw. Klage nicht. Allerdings sind nach dieser Auffassung Widerspruch bzw. Klage trotz Rechtsverletzung unbegründet, wenn ausreichend Möglichkeit bestand, die Rechte aus Art. 33 Abs. 2 GG im vorläufigen Rechtsschutzverfahren geltend zu machen, da dann kein Aufhebungsanspruch bestehe (Rechtsgedanke aus § 12 BeamtStG, § 14 BBG).[135]

Erfolglosigkeit des Widerspruchs

Wenn Frau B also vor der Ernennung keinen Antrag nach § 123 VwGO auf vorläufigen Rechtsschutz stellt, ist ein Widerspruch gegen die Ernennung nach beiden Auffassungen erfolglos. Nach der Auffassung der Rechtsprechung wäre er bereits unzulässig, nach der Gegenauffassung unbegründet, weil jedenfalls kein Aufhebungsanspruch besteht.

Hinweis: Wäre Frau B vor der Ernennung nicht benachrichtigt worden oder würde die Behörde die Ernennung durchführen, obwohl Frau B bei Gericht einen Antrag nach § 123 VwGO gestellt hat, wäre die Rechtslage wie folgt: Nach beiden Auffassungen wäre ein Anfechtungswiderspruch zulässig, wenn eine Verletzung von Art. 33 Abs. 2 GG möglich erscheint, und begründet, wenn die Ernennung rechtswidrig und Frau B dadurch in ihrem Recht aus Art. 33 Abs. 2 GG verletzt ist.

III. Lösungsvorschlag zu Frage 2 (Kein Widerspruch vor der Ernennung)

Der Widerspruch ist statthaft, wenn die Voraussetzungen von § 68 VwGO vorliegen. Statthaft könnte zunächst der Anfechtungswiderspruch sein. Dann müsste nach § 68 Abs. 1 S. 1 VwGO i. V. m. § 42 Abs. 1 Var. 1 VwGO die Aufhebung eines Verwaltungsakts (§ 35 S. 1 VwVfG) begehrt werden.

Verhinderung der Ernennung des Anderen

Zwar stellt die Ernennung des ausgewählten Bewerbers einen Verwaltungsakt dar. Dieser ist bisher aber noch gar nicht wirksam bekanntgegeben und somit nicht tauglicher Gegenstand des Anfechtungswiderspruchs (kein vorbeugender Widerspruch).

134 BVerwG NVwZ 2011, 358.
135 *Schenke*, NVwZ 2011, 321 (325).

Auswahlentscheidung kein Verwaltungsakt (str.)
Weiter zu prüfen ist, ob die getroffene Auswahlentscheidung ein Verwaltungsakt i. S. d. § 35 S. 1 VwVfG ist. Das ist streitig. Nach bisher h. M. stellt sie nur einen unselbstständigen Teil des auf die Ernennung gerichteten Verwaltungsverfahrens (s. § 9 VwVfG) dar.[136] Die Gegenauffassung sieht in der bekannt gegebenen Auswahlentscheidung einen selbstständigen verfahrensgestaltenden und die Bewerberauswahl feststellenden Verwaltungsakt i. S. d. § 35 S. 1 VwVfG.[137] Zwar mag Letzteres rechtspolitisch zu begrüßen sein. Es ist aber Sache des Gesetzgebers, der Verwaltung die Befugnis zu erteilen, in Form eines Verwaltungsakts zu handeln. Für eine solche Ermächtigung (Verwaltungsakt-Befugnis) gibt derzeit weder das BeamStG noch das LBG BW etwas her. Damit ist der h. M. zu folgen. Die Auswahlentscheidung ist kein Verwaltungsakt, der Anfechtungswiderspruch ist damit nicht statthaft.

Eigene Ernennung als Verwaltungsakt
Schließlich ist zu prüfen, ob der Verpflichtungswiderspruch statthaft ist. Dann müsste B nach § 68 Abs. 2 VwGO i. V. m. § 42 Abs. 1 Var. 2 VwGO den Erlass eines abgelehnten Verwaltungsakts begehren. Die Bewerbung auf eine Beamtenstelle stellt nach richtiger Rechtsauffassung aber schon keinen Antrag auf Ernennung dar. Der Einzelne hat weder einen Anspruch auf Ernennung noch einen Anspruch auf ermessensfehlerfreie Entscheidung über seinen Antrag auf Ernennung, sondern lediglich auf Berücksichtigung seiner/ihrer Rechte aus Art. 33 Abs. 2 GG im Auswahlverfahren (Bewerbungsverfahrensanspruch). Damit ist nach hier vertretener Rechtsauffassung auch der Verpflichtungswiderspruch unstatthaft.[138]

IV. Lösungsvorschlag zu Frage 3 (Statthafte Klageart im Hauptsacheverfahren)

Nach der bereits angesprochenen neueren Auffassung in der Literatur, die in der Auswahlentscheidung einen Verwaltungsakt sieht, wäre im Hauptsacheverfahren die Anfechtungsklage auf Aufhebung der Auswahlentscheidung gegeben. Anfechtungswiderspruch und Anfechtungsklage gegen die Auswahlentscheidung hätten dann nach § 80 Abs. 1 VwGO aufschiebende Wirkung. Gegen die Anordnung der sofortigen Vollziehung wäre der Antrag

136 Vgl. Battis/*Grigoleit*, BBG, § 22 Rn. 32. Als der Sachentscheidung vorgeschaltete Verfahrenshandlung ist sie nach dieser Auffassung gemäß § 44 a S. 1 VwGO vor Gericht auch nicht im Wege einer allgemeinen Leistungsklage selbstständig anfechtbar.

137 *Kenntner* ZBR 2016, 181 (184).

138 Vgl. zu dieser Problematik *Schenke*, Verwaltungsprozessrecht, Rn. 277.

auf Wiederherstellung der aufschiebenden Wirkung nach §§ 80a Abs. 3 S. 2 VwGO i. V. m. § 80 Abs. 5 S. 1 VwGO statthaft. Wie oben erörtert, ist diese Auffassung jedoch abzulehnen.

Nach der Rechtsprechung des BVerwG ist im Hauptsacheverfahren bis zur Ernennung die allgemeine Leistungsklage auf Unterlassen der Ernennung statthaft (zu der es aber nie kommt, weil der Antrag nach § 123 VwGO ohne Klageerhebung zulässig ist). Einstweiliger Rechtsschutz zur Verhinderung der Ernennung ist nach § 123 VwGO zu suchen. Nach der Ernennung ist die Anfechtungsklage statthaft, wenn kein oder kein ausreichender vorläufiger Rechtsschutz gewährt wurde.[139]

IV. Lösungsvorschlag zu Frage 4 (Zulässigkeit und Begründetheit eines § 123 VwGO-Antrags)

Obersatz

Der Antrag hat Aussicht auf Erfolg, wenn er zulässig und begründet ist.

A. Zulässigkeit

Verwaltungsrechtsweg

I. Eröffnung des Verwaltungsrechtswegs

Der Antrag ist nur zulässig, wenn im Hauptsacheverfahren der Verwaltungsrechtsweg eröffnet ist. Mangels aufdrängender Sonderzuweisung ist die Eröffnung des Verwaltungsrechtswegs nach § 40 Abs. 1 S. 1 VwGO zu prüfen. Danach ist der Verwaltungsrechtsweg in allen öffentlich-rechtlichen Streitigkeiten nichtverfassungsrechtlicher Art eröffnet, wenn keine abdrängende Sonderzuweisung an eine andere Gerichtsbarkeit besteht.

Streitgegenstand im Hauptsacheverfahren ist ein etwaiger Anspruch von Frau B auf Unterlassen der Ernennung von Frau Supper und auf neue Entscheidung über ihre Bewerbung auf die ausgeschriebene A 11 Stelle. Ob ein solcher Anspruch besteht, beurteilt sich nach Normen des Beamtenrechts. Damit ist die Streitigkeit öffentlich-rechtlich. Es streiten auch keine Verfassungsorgane um Verfassungsrecht, ebenso fehlt eine abdrängende Sonderzuweisung. Damit ist für das Hauptsacheverfahren und so auch für den Antrag auf vorläufigen Rechtsschutz der Verwaltungsrechtsweg eröffnet.

---

139 BVerwGE 138, 102 = NVwZ 2011, 358. Für die Praxis hat das zur Folge, dass zunächst das komplette vorläufige Rechtsschutzverfahren vor dem VG, dem OVG bzw. VGH und dem BVerfG abzuwarten ist. Dazu auch *Schenke*, NVwZ 2011, 321.

Statthaftigkeit des § 123 VwGO-Antrags

II. Statthaftigkeit der des Antrags

Die Statthaftigkeit des Antrags richtet sich nach dem Antragsbegehren (vgl. § 88 VwGO). Hier begehrt Frau B, dass das Gericht der Universität Mannheim vorläufig verbieten möge, Frau Supper zu ernennen, bis rechtskräftig über ihre Bewerbung entschieden worden ist.

Dieses Antragsbegehren könnte als Antrag auf einstweilige Anordnung nach § 123 Abs. 1 VwGO statthaft sein.

1. Subsidiarität nach § 123 Abs. 5 VwGO

Zunächst darf gemäß § 123 Abs. 5 VwGO kein vorläufiger Rechtsschutz nach §§ 80, 80a VwGO gegeben sein, d.h. im Hauptsacheverfahren muss eine andere Klageart als die Anfechtungsklage statthaft sein. Mit der Anfechtungsklage wird gemäß § 42 Abs. 1 Var. 1 VwGO die Aufhebung eines Verwaltungsakts (§ 35 S. 1 VwVfG) begehrt. Einen solchen sehen Teile der Literatur in der dem Bewerber mitgeteilten Auswahlentscheidung: Diese sei eine hoheitliche Maßnahme einer Behörde, durch die abschließend mit unmittelbarer Rechtswirkung nach außen über die Bewerbungsverfahrensansprüche und die Person des zu Ernennenden entschieden werde. Ein solches Handeln durch Verwaltungsakt bedürfte aber einer Ermächtigungsgrundlage („Verwaltungsakt-Befugnis"). Anhaltspunkte für eine solche finden sich weder im BeamStG noch im BBG oder in den Landesbeamtengesetzen. Darum ist nach richtiger Auffassung die Mitteilung der Auswahlentscheidung eine unselbstständige Verfahrenshandlung und somit nicht tauglicher Gegenstand einer Anfechtungsklage. Damit besteht kein Ausschluss nach § 123 Abs. 5 VwGO.

2. Sicherungs- oder Regelungsanordnung

Weiter ist zu prüfen, ob hier die einstweilige Anordnung zur Sicherung eines bestehenden (Sicherungsanordnung, § 123 Abs. 1 S. 1 VwGO) oder zur Regelung eines vorläufigen Zustands (§ 123 Abs. 1 S. 2 VwGO) beantragt wird. Die Sicherung eines bestehenden Zustands meint die vorläufige Sicherung eines bestehenden subjektiv-öffentlichen Rechts (Rechtsposition), die Regelung eines vorläufigen Zustands meint die vorläufige Erweiterung einer Rechtsposition.

Das Begehren ist auszulegen. Frau B begehrt hier keine Erweiterung ihrer Rechtsposition aus Art. 33 Abs. 2 GG bzw. § 9 BeamtStG, sondern will nur erreichen, dass diese Rechtsposition nicht durch die Ernennung der Konkurrentin vereitelt wird. Damit ist der Antrag auf Sicherungsordnung der statthafte Rechtsbehelf.

Zulässigkeit des Hauptsacheverfahrens, insbes. Klagebefugnis

III. Zulässigkeitsvoraussetzungen des Hauptsacheverfahrens

Das Hauptsacheverfahren muss gemäß § 123 Abs. 1 S. 1 VwGO noch nicht anhängig sein, für ein gedachtes Hauptsacheverfahren müssen aber alle Zulässigkeitsvoraussetzungen vorliegen. Das gedachte Hauptsacheverfahren wäre hier die allgemeine Leistungsklage auf Unterlassen der Ernennung und neue Entscheidung über die Bewerbung von Frau B. Frau B ist unproblematisch beteiligungs- und prozessfähig (§§ 61, 62 VwGO). Befugt zur Erhebung der allgemeinen Leistungsklage ist gemäß § 42 Abs. 2 VwGO analog, wer geltend machen kann, durch das Verwaltungshandeln in eigenen Rechten verletzt zu sein. Hier ist B durch die möglicherweise rechtswidrige Auswahlentscheidung möglicherweise in ihrem Recht aus Art. 33 Abs. 2 GG verletzt und damit im Hauptsacheverfahren klagebefugt. Auch im Übrigen liegen die Zulässigkeitsvoraussetzungen eines etwaigen Hauptsacheverfahrens vor.

Ordnungsgemäßer Antrag

IV. Ordnungsgemäße Antragserhebung

1. Zuständiges Gericht

Zuständiges Gericht ist gemäß § 123 Abs. 2 S. 1 VwGO das Gericht der Hauptsache. Sachlich zuständig ist im Hauptsacheverfahren nach § 45 VwGO das Verwaltungsgericht. Die örtliche Zuständigkeit bestimmt sich nach § 45, 52 Nr. 4 VwGO, da es um eine Streitigkeit über die Entstehung eines Beamtenverhältnisses geht. Dabei ist nach § 54 Nr. 4 S. 1 VwGO auf den privaten Wohnsitz im Sinne der §§ 7 bis 11 des Bürgerlichen Gesetzbuches (BGB) abzustellen, weil sich der Kläger noch nicht im Beamtenverhältnis befindet und daher noch keinen dienstlichen Wohnsitz hat.[140] Laut Sachverhalt hat B ihren Wohnsitz in Braunschweig. Örtlich zuständig wäre demnach das Verwaltungsgericht Braunschweig. Fraglich ist, ob hier § 52 Nr. 4 S. 2 VwGO greift. Danach ist in den Fällen, in denen der (dienstliche) Wohnsitz nicht im Zuständigkeitsbereich der Behörde liegt, die den ursprünglichen Verwaltungsakt erlassen hat, das Gericht örtlich zuständig, in dessen Bezirk diese Behörde ihren Sitz hat. Diese Ausnahme greift nach dem Wortlaut zunächst dann, wenn es im Hauptsacheverfahren um eine Anfechtungs- oder Verpflichtungsklage in Form einer Versagungsgegenklage („*ursprünglichen Verwaltungsakt erlassen hat*") geht.[141] Hier geht es

140 VG Gelsenkirchen, Beschluss vom 24.10.2008 – 1 K 5178/08 – juris; VG Bayreuth, Beschluss vom 11.10.2017 – B 5 K 17.747 –, Rn. 4, juris.

141 Kopp/Schenke/*W.-R. Schenke*, VwGO, § 52 Rn. 18.

im Hauptsacheverfahren um eine allgemeine Leistungsklage. Diese ist allerdings als vorbeugende Unterlassungsklage nur deswegen statthaft, weil die Anfechtungsklage gegen die Ernennung des Konkurrenten (Verwaltungsakt) mit Hinblick auf den Grundsatz der Ämterstabilität ausscheidet. Daher greift nach dem Gesetzeszweck hier die Ausnahme nach § 52 Nr. 4 S. 2 VwGO, so dass das VG Karlsruhe, zu dessen Bezirk die Universität Mannheim gehört, die die umstrittene Ernennung aussprechen wird, örtlich zuständig ist.[142]

2. Form und Antragsinhalt

Der Antrag muss analog §§ 81 Abs. 1, 55a VwGO formgerecht gestellt werden. An die Bestimmtheit des Antragsinhalts, der sich analog § 82 Abs. 1 S. 1 VwGO bestimmt, sind geringere Anforderungen zu stellen, weil die Anordnung in das gerichtliche Ermessen gestellt ist, § 123 Abs. 3 VwGO i. V. m. § 938 ZPO. Der hier von Frau B gestellte Antrag lässt Antragsteller, Antragsgegner und Antragsziel hinreichend bestimmt erkennen.

V. Antragsgegner

Richtiger Antragsgegner ist der Klagegegner im Hauptsacheverfahren, hier also das Land Baden-Württemberg als etwaiger zukünftiger Dienstherr (s. § 11 Abs. 1 LHG BW), das im Verfahren durch die Universität Mannheim vertreten wird, für die wiederum der Rektor handelt. Dass Frau B in ihrem Antrag nur den Namen der Universität angibt, ist unschädlich (Rechtsgedanke aus § 78 Abs. 1 Nr. 1 Hs. 2 VwGO).

Geltendmachung eines Anordnungsgrundes

VI. Geltendmachung eines Anordnungsgrundes

Es ist nicht allein ausreichend, dass der Antragsteller im Hauptsacheverfahren nach § 42 Abs. 2 VwGO analog klagebefugt ist (das Vorliegen eines Anordnungsanspruchs also möglich erscheint). Vielmehr muss auch ein möglicher Anordnungsgrund geltend gemacht werden, also die Gefahr, dass durch die Veränderung eines bestehenden Zustands die Verwirklichung des Rechts vereitelt oder wesentlich erschwert wird. Es reicht die Möglichkeit, dass ein Anordnungsgrund besteht. Hier besteht möglicherweise die Gefahr, dass durch die Ernennung der Konkurrentin Frau B ihre Rechte aus Art. 33 Abs. 2 GG nicht mehr gerichtlich durchsetzen kann.

142 Das übersehen VG Gelsenkirchen, Beschluss vom 24.10.2008 – 1 K 5178/08 – juris; VG Bayreuth, Beschluss vom 11.10.2017 – B 5 K 17.747 –, Rn. 4, juris.

Rechtsschutzbedürfnis

VII. Rechtsschutzbedürfnis

Warum hier kein Rechtsschutzbedürfnis bestehen sollte, ist nicht ersichtlich.

Begründetheit/Obersatz

B. Begründetheit

Der Antrag auf Erlass einer einstweiligen Anordnung ist begründet, wenn nach der gebotenen summarischen Prüfung der Sach- und Rechtslage, die im Konkurrentenstreit ausnahmsweise vergleichbar intensiv wie im Hauptsacheverfahren sein muss[143], eine überwiegende Wahrscheinlichkeit für das Bestehen eines Anordnungsanspruchs und eines Anordnungsgrundes spricht. Die tatsächlichen Umstände für das Bestehen eines Anordnungsanspruchs und eines Anordnungsgrunds sind nach § 123 Abs. 3 VwGO i. V. m. §§ 920, 294 ZPO glaubhaft zu machen.[144] Das „Wie" (also der Inhalt) der einstweiligen Anordnung steht im Ermessen des Gerichts.

Anordnungsanspruch

I. Anordnungsanspruch

Ein Anordnungsanspruch besteht, wenn der Antragsteller im Hauptsacheverfahren nach summarischer Prüfung der Sach- und Rechtslage voraussichtlich Erfolg haben wird.

Das ist bei der Konkurrentenklage der Fall, wenn die Auswahlentscheidung objektiv rechtswidrig ist und der antragstellende Bewerber dadurch in seinem Recht aus Art. 33 Abs. 2 GG auf gleichen Zugang zu einem öffentlichen Amt verletzt ist, d. h. wenn der unterlegene Bewerber einen Anspruch auf erneute Entscheidung über seine Bewerbung hat. Nicht erforderlich ist, dass der unterlegene Bewerber glaubhaft macht, dass er in einem erneuten Auswahlverfahren bei Vermeidung des unterstellten Fehlers an Stelle eines ausgewählten Mitbewerbers zum Zuge kommen würde; vielmehr reicht, dass seine Aussichten in einem zweiten rechtmäßigen Auswahlverfahren offen sind.[145]

1. Objektive Rechtswidrigkeit der Auswahlentscheidung

Die Auswahlentscheidung ist formell rechtswidrig, wenn sie gegen Zuständigkeits-, Verfahrens-, Form- oder Bekanntgabevorschriften verstößt und diese nicht geheilt worden sind. Nach der Rechtsprechung sind die wesent-

---

143 *Schenke*, Verwaltungsprozessrecht, Rn. 1036.

144 Mittel der Glaubhaftmachung sind: Vorlage des Originaldokuments, eidesstattliche Versicherung, nicht aber: Benennung von Zeugen.

145 BVerfG, NVwZ 2003, 200

lichen Auswahlerwägungen schriftlich niederzulegen (Aktenführungspflicht korrespondiert mit Akteneinsichtsrecht, vgl. § 29 LVwVfG BW).[146] Hiergegen hat die Universität Mannheim verstoßen. Damit ist die Auswahlentscheidung formell rechtswidrig.

Die Auswahlentscheidung ist materiell rechtswidrig, wenn sie gegen den Grundsatz der Bestenauslese (Art. 33 Abs. 2 GG, § 9 BeamStG) verstößt. Es dürfen bei der Auswahl nur Gesichtspunkte zugrunde gelegt werden, die die unmittelbare Eignung, Befähigung und fachliche Leistung der Bewerber betreffen. Ob ein solcher Verstoß vorliegt, kann mangels ausreichender Aktenführung derzeit nicht geprüft werden.

2. Rechtsverletzung der Antragstellerin

Durch den Verstoß gegen die Aktenführungspflicht ist Frau B in ihrem Recht aus Art. 33 Abs. 2 GG verletzt, denn die Aktenführungspflicht dient nicht nur dem öffentlichen Interesse am Nachweis der Bestenauslese, sondern auch dem individuellen Interesse aller Bewerber, da sonst die erfolglos gebliebenen Bewerber gezwungen sind, Rechtsmittel ins Blaue hinein zu ergreifen.[147]

3. Zwischenergebnis

Damit ist ein Anordnungsanspruch gegeben.

Anordnungsgrund

II. Anordnungsgrund

Ein Anordnungsgrund ist nach § 123 Abs. 1 S. 1 VwGO gegeben, wenn die Gefahr besteht, dass durch eine Veränderung des bestehenden Zustands die Verwirklichung eines Rechts des Antragstellers vereitelt oder wesentlich erschwert werden könnte. Ein Anordnungsgrund ist in der Situation der beamtenrechtlichen Konkurrentenklage immer gegeben: Eine Anfechtungsklage gegen die Ernennung käme zu spät, da ein unterlegener Bewerber, dem die Ablehnung rechtzeitig mitgeteilt wird, nach der Rechtsprechung seine Rechte zwingend im vorläufigen Rechtsschutzverfahren geltend machen muss.

Inhalt der Entscheidung

III. Inhalt der einstweiligen Anordnung: gerichtliches Ermessen

Mit welchem anderen Inhalt als beantragt die gerichtliche Sicherheitsregelung hier ergehen sollte, ist nicht ersichtlich. Die begehrte Regelung nimmt

146 BayVGH, Beschluss vom 21.01.2005 – 3 CE 04.2899 –, BayVBl 2006, 91; HessVGH, Beschluss vom 17.06.1997 – 1 TG 2183/97, juris.

147 BayVGH, Beschluss vom 21.01.2005 – 3 CE 04.2899 –, BayVBl 2006, 91; HessVGH, Beschluss vom 17.06.1997 – 1 TG 2183/97, juris.

auch weder die Hauptsache vorweg noch wird mehr gewährt, als durch die Klage in der Hauptsache erreichbar ist. Damit ist der Antrag vollumfänglich begründet.

Gesamtergebnis

C. Gesamtergebnis

Der Antrag ist zulässig und begründet.

F. Entwurf einer § 80a Abs. 3 VwGO-Antragserwiderung (zugleich: vorläufiger Rechtsschutz Dritter, Nachbarklage)

I. Sachverhalt und Aufgabenstellung

Sachverhalt

Nach dem Bebauungsplan („Kleines Feld") der Gemeinde X[148] aus dem Jahr 2013 gelten für das gesamte Baugebiet folgende Festsetzungen:

offene Bauweise (§ 22 Abs. 1 BauNVO), nur Einzelhäuser (§ 22 Abs. 2 S. 3 BauNVO), Höchstzahl der Wohnungen je Wohngebäude: 2 (§ 9 Abs. 1 Nr. 6 BauGB).

In der Begründung zum Bebauungsplan heißt es unter Zielen:

„Es besteht in der Gemeinde Bedarf an neuem Wohnraum. Um das Stadtbild zu wahren, sollen ausschließlich Ein- bis Zweifamilienhäuser erlaubt werden. Mehrfamilienhäuser sind nicht vorgesehen. Es können ca. 7 neue Ein- bis Zweifamilienhäuser entstehen."

Weiter heißt es zur Begründung der 2-Wohnungsklausel: *„Die 2-Wohnungsklausel dient ausschließlich der Erhaltung des Stadtbildes, nicht aber dem Interesse Einzelner."*

Die Große Kreisstadt A, die als erfüllende Gemeinde der Verwaltungsgemeinschaft die Aufgaben der unteren Baurechtsbehörde wahrnimmt, hat mit Bescheid vom 03.01.2018 der Mierg GmbH & Co.KG eine Baugenehmigung für den Bau eines 4-Familienhauses auf Flurstück 1234 (Steinweg 1, Gemeinde X) im oben genannten Baugebiet der Gemeinde X unter Befreiung von der festgesetzten 2-Wohnungsklausel erteilt. Zuvor hatte der Gemeinderat X am 02.01.2018 nach § 36 BauGB in öffentlicher Sitzung seine Zustimmung zu dieser Befreiung erteilt: Wohnraum sei dringend erforder-

---

148 Gemeinde in Baden-Württemberg, Mitgliedsgemeinde der vereinbarten Verwaltungsgemeinschaft mit der Großen Kreisstadt A, der nach § 17 LVG BW die Aufgaben einer unteren Verwaltungsbehörde übertragen worden sind. Für die vereinbarte Verwaltungsgemeinschaft nimmt die Große Kreisstadt A als erfüllende Gemeinde diese Aufgaben wahr. Grundstück liegt im Gerichtsbezirk des VG Karlsruhe.

lich, damit habe man damals nicht gerechnet. Im Bebauungsplan seien noch 2 weitere unbebaute Grundstücke vorhanden. Auch hier würde der Bau von Mehrfamilienhäusern begrüßt. Das Festhalten am Stadtbild sei unzeitgemäß. Auch der Umweltschutz stehe einem Flächenverbrauch durch Ein- bis Zweifamilienhäuser entgegen.

Am 31.01.2018 stellt die Mierg GmbH & Co.KG auf den Flurstück 1234 folgendes Werbeschild auf: „Wir bauen ein 4-Familienhaus – Interesse an einer Wohnung? Sprechen Sie uns an!"

Nachbar N (nicht direkter Angrenzer) ist Eigentümer des Flurstücks 4567, auf dem ein vermietetes 2-Familienhaus steht. Das Grundstück liegt ca. 100 Meter entfernt zum Grundstück der Beigeladenen und ebenfalls im Bereich des Bebauungsplans „Kleines Feld". Es wurde 2017 errichtetet. Bis zum 30.06.2018 wohnte N dort selbst mit seiner Familie. Zwischenzeitlich ist er nach Norddeutschland verzogen und hat sein Haus an einen Unternehmer vermietet. Ursprünglich wollte N gar kein 2-Familienhaus, sondern ein 3-Familienhaus bauen, was der damals zuständige Sachbearbeiter der Stadt A, der inzwischen in Pension gegangen ist, unter Berufung auf die 2-Wohnungsklausel allerdings ablehnt hatte.

Am 10.05.2019 erhält N die Kündigung seines Mieters: Der Mieter bedankt sich für das Vertrauen, berichtet, dass die Firma Mierg zwischenzeitlich entgegen aller Erwartungen die 4 Wohnungen verkauft habe und dass bereits der Keller und das erste Geschoss des 4-Familienhauses errichtet worden seien. In spätestens 7 Monaten solle das Haus fertig gestellt sein. Nun seien die Ruhe dahin und das schöne Stadtbild zerstört. Wenn jetzt einmal eine Befreiung erteilt worden sei, sei damit auch für die weiteren noch freien zwei Bauplätze zu rechnen. Daher kündige er zum nächstmöglichen Termin.

N ist erbost und erhebt noch am gleichen Tage (10.05.2019) per Fax bei der Stadt A Widerspruch mit dem Antrag, die erteilte Baugenehmigung aufzuheben. Zugleich erhebt er per Fax beim VG Karlsruhe ordnungsgemäß Antrag auf Anordnung der aufschiebenden Wirkung seines Widerspruchs.

Sowohl den Widerspruch als auch seinen Antrag bei Gericht begründet er damit, dass er zum einen ungleich behandelt worden sei und zum anderen wirtschaftliche Einbußen erleide. Zum Beweis legt er eine Kopie der Kündigung bei. Sein Haus verliere an Wert und sei nun schlechter vermietbar als vorher.

Das VG Karlsruhe fordert die Stadt A auf, die Baugenehmigungsakten vorzulegen und Stellung zum Antrag des Herrn N zu nehmen. Zugleich lädt es die Mierg GmbH & Co.KG bei (§ 65 VwGO).

Aufgaben

Aufgabe 1: Sie sind Mitarbeiter(in) in der Rechtsabteilung der Stadt A und für Gerichtsverfahren zuständig. Entwerfen Sie die Antragserwiderung!

Aufgabe 2: Nehmen Sie kurz dazu Stellung, ob nach Ihrer Auffassung die Befreiung von der Wohnungsklausel objektiv rechtmäßig war. Der zuständige Sachbearbeiter, der die Genehmigung erteilt hat, meint, dass ein dringender Wohnraumbedarf bestehe und der Gemeinderat von X auch zugestimmt habe. Der frühere Sachbearbeiter, der Herrn N eine ähnliche Baugenehmigung verweigerte, stand auf dem Standpunkt, dass eine Befreiung nur erteilt werden könne, wenn zuvor der Bebauungsplan geändert werde, egal wie der Gemeinderat der Gemeinde X das heute sehe.

II. Zur Erinnerung: Ihre Vorarbeit

So gehen Sie vor

1. Sie lesen sorgfältig den Sachverhalt und die Aufgabenstellung.
2. Sie analysieren die Fragestellung.
3. Sie fertigen eine Sachverhaltsskizze.
4. Gleichzeitig halten Sie alle Einfälle auf einem Zettel „Brainstorming" fest.
5. Nun erstellen Sie ein Prüfungsschema.
6. Nun erstellen sei ein Raster für das Schreiben
7. Dann erst beginnen Sie die Reinschrift!

Ihre Sachverhaltsskizze

- Baugenehmigung 3.1.2018
  - für Mierg GmbH&Co.KG
  - 4-Familienhaus
  - Befreiung von 2-Wohnungsklausel, die laut B-Plan festgesetzt ist
  - Gemeinde hat Einvernehmen erteilt
- Ebenfalls im Bereich des B-Plans: Grundstück von N!
  - 2017 ein Einfamilienhaus errichtet
  - nicht direkter Angrenzer, 100 Meter entfernt
- Werbeschild 31.1.2018: es kommt ein 4-Familienhaus!
  - zu diesem Zeitpunkt bis 30.06.2018 wohnt N noch dort
  - dann vermietet

- erst am 10.05.2019: N erhebt Widerspruch und Antrag auf Anordnung der aufschiebenden Wirkung (§§ 80a Abs. 3 S. 2, 80 Abs. 5 S. 1 VwGO beim VG)
  - Problem: Widerspruch zu spät? Baugenehmigung und Werbeschild sind von Januar 2018! Kennt N diese?
  - Argumente von N:
    - hat selbst keine Baugenehmigung für 3-Familienhaus bekommen (Art. 3 Abs. 1 GG?)
    - Wertverlust, weil Haus schlechter vermietbar sei

Ihr Prüfungsschema

Prüfungspunkt	Kurze Subsumtion des konkreten Falles
A. Zulässigkeit	
I. Verwaltungsrechtsweg	*Baugenehmigung, insb. § 31 Abs. 2 BauGB*
II. Statthaftigkeit (§ 80a Abs. 3 S. 2 i. V. m. § 80 Abs. 5 S. 1 VwGO)	
• Wirksamer Verwaltungsakt:	*Baugenehmigung*
• für Antragsteller nicht bestandskräftig	*nicht bestandskräftig, weil Baugenehmigung N nicht bekannt gegeben wurde*
• Rechtsbehelf schon erhoben (streitig):	*hier unproblematisch, da Widerspruch schon erhoben wurde*
• keine aufschiebende Wirkung	*§ 80 Abs. 2 S. 1 Nr. 3 VwGO i. V. m. § 212a Abs. 1 BauGB*
III. Zuständiges Gericht: § 80 Abs. 5 S. 1 VwGO	*§§ 45, 52 Nr. 1 VwGO: VG Karlsruhe, dort liegt Grundstück*
IV. Sonstige Zulässigkeit des Hauptsacheverfahrens	
• §§ 61, 62, 67 VwGO	*unproblematisch*
• § 42 Abs. 2 VwGO	*N könnte zumindest im Gebot auf Rücksichtnahme verletzt sein*
• § 78 VwGO (streitig)	*Stadt A*
• Rechtsschutzbedürfnis in der Hauptsache	***hier Verwirkung durch Widerspruch erst am 10.05.2019***
V. Rechtschutzbedürfnis für § 80 Abs. 5 VwGO (streitig, ob vorher nach § 80 Abs. 6 VwGO Antrag)	*hier gegeben, weil Verwirklichung des Bauvorhabens bereits begonnen wurde, daher nach allgA kein § 80 Abs. 6 VwGO Antrag erforderlich.*

Prüfungspunkt	**Kurze Subsumtion des konkreten Falles**
B. Begründetheit	*Nur hilfsweise, da Antrag schon unzulässig ist*
Begründet, wenn Interesse von N > als öffentliches Interesse und Interesse der Mierg an der gesetzlich vorgesehenen Vollziehung (§ 212 a Abs. 1 BauGB) Summarische Prüfung der Erfolgsaussichten des Widerspruchs (§ 113 Abs. 1 S. 1 VwGO analog)	*Baugenehmigung muss rechtswidrig sein und dadurch Rechtsverletzung des Nachbarn.* *§ 31 Abs. 2 VwGO: da hier nur von nicht nachbarschützenden Festsetzungen befreit wird, nur Anspruch auf Beachtung des Gebots der Rücksichtnahme; keine unzumutbare Beeinträchtigung erkennbar* *Art. 3 Abs. 1 GG: nur Recht auf die eigene Gleichbehandlung, kein Abwehrrecht gegen die Baugenehmigung*
C. Ergebnis	*unzulässig und hilfsweise unbegründet*

Ihr Raster für die Reinschrift

- Briefkopf/Rubrum
- Antrag: Ablehnung des Antrags, Kostentragung
- Begründung:
  - Sachverhalt
  - Rechtliche Gründe:
    - unzulässig, kein Rechtsschutzbedürfnis, Widerspruchsrecht verwirkt (Risiko: hat N das Schild wirklich gesehen, musste er es sehen?)
    - hilfsweise: unbegründet, keine nachbarschützende Baurechtsnorm verletzt, Art. 3 Abs. 1 GG greift ebenfalls nicht

III. Lösungsvorschlag zu Aufgabe 1

Rubrum/Briefkopf

Stadt A

Sachbearbeiter(in): Ina Muster
Telefon [...]
[...]
Unser Zeichen: [...]

An das
Verwaltungsgericht Karlsruhe
[...]

In der Verwaltungsrechtssache

Herr N,
[...]Adresse – Antragsteller –

gegen

Stadt A,
vertreten durch die Oberbürgermeisterin
[...], – Antragsgegnerin –

beigeladen:

Mierg GmbH & Co.KG,
vertreten durch den Geschäftsführer ...
[...]

wegen: Anfechtung einer Baugenehmigung – Antrag auf vorläufigen Rechtsschutz

hier: Ihr Schreiben vom [...], Aktenzeichen: [...]

Sehr geehrte Damen und Herren,

wir übersenden anbei wie gewünscht die Baugenehmigungsakte. Außerdem wird beantragt:

Anträge

1. Der Antrag wird abgelehnt.
2. Der Antragsteller trägt die Kosten des Verfahrens. Falls die Beigeladene keinen Antrag stellt, wird beantragt, dass der Antragsteller die Kosten des Verfahrens trägt mit Ausnahme der außergerichtlichen Kosten der Beigeladenen, die diese auf sich behält.

Zur Begründung

Sachverhalt

I. Sachverhalt

Der Antragsteller ist Eigentümer des mit einem Zweifamilienhaus bebauten Flurstücks 4567 im Geltungsbereich des Bebauungsplans „Kleines Feld" und begehrt die Anordnung der aufschiebenden Wirkung seines Widerspruchs gegen die der Beigeladenen erteilte Baugenehmigung.

Nach dem Bebauungsplan „Kleines Feld" der Gemeinde X aus dem Jahr 2013, in dessen Geltungsbereich sowohl das Grundstück des Antragstellers als auch das Grundstück der Beigeladenen liegen, gelten für das gesamte Baugebiet folgende Festsetzungen:

> *offene Bauweise (§ 22 Abs. 1 BauNVO), nur Einzelhäuser (§ 22 Abs. 2 S. 3 BauNVO), Höchstzahl der Wohnungen je Wohngebäude: 2 (§ 9 Abs. 1 Nr. 6 BauGB).*

In der Begründung zum Bebauungsplan heißt es unter Zielen:

> *„Es besteht in der Gemeinde Bedarf an neuem Wohnraum. Um das Stadtbild zu wahren, sollen ausschließlich Ein- bis Zweifamilienhäuser erlaubt werden. Mehrfamilienhäuser sind nicht vorgesehen. Es können ca. 7 neue Ein- bis Zweifamilienhäuser entstehen."*

Weiter heißt es zur Begründung der 2-Wohnungsklausel:

> *„Die 2-Wohnungsklausel dient ausschließlich der Erhaltung des Stadtbildes, nicht aber dem Interesse Einzelner."*

Die Grundstücke des Antragstellers und der Beigeladenen grenzen nicht unmittelbar aneinander, sondern liegen in ca. 100 Meter Entfernung. Der Antragsteller und seine Familie wohnten in dem 2017 auf seinem Grundstück errichteten Haus zunächst bis zum 30. Juni 2018 selbst. Zwischenzeitlich sind sie nach Norddeutschland verzogen. Das Haus wurde zuletzt vermietet.

Die Antragsgegnerin hat im Einvernehmen mit der Gemeinde X mit Bescheid vom 3. Januar 2018 der Beigeladenen eine Baugenehmigung für den Bau eines 4-Familienhauses auf Flurstück 1234 (Steinweg 1, Gemeinde X) im Geltungsbereich des oben genannten Bebauungsplans unter Befreiung von der festgesetzten 2-Wohnungsklausel erteilt.

Am 31. Januar 2018 stellte die Beigeladene auf dem Flurstück 1234 folgendes Werbeschild auf: „Wir bauen ein 4-Familienhaus – Interesse an einer Wohnung? Sprechen Sie uns an!"

Am 10. Mai 2019 hat der Antragsteller zeitgleich Widerspruch und Antrag auf Anordnung der aufschiebenden Wirkung seines Widerspruchs gestellt. Zur Begründung führt er aus, dass er zum einen ungleich behandelt worden sei und zum anderen wirtschaftliche Einbußen erleide. Zum Beweis hat er eine Kündigung seines Mieters beigelegt, der sich über den Bau des Mehrfamilienhauses und den drohenden Bau weiterer Mehrfamilienhäuser beklagt. Der Antragsteller behauptet, sein Haus verliere an Wert und sei nun schlechter vermietbar als vorher.

II. Rechtliche Würdigung

Gesamtergebnis

1. Der Antrag auf Anordnung der aufschiebenden Wirkung des Widerspruchs des Antragstellers gegen die der Beigeladenen erteilte Baugenehmigung vom 3. Januar 2018 zum Neubau eines 4-Familienhauses auf dem Grundstück Flur 1234 (Steinweg 1, Gemeinde X) ist bereits gemäß §§ 80a Abs. 3 S. 2, 80 Abs. 5 S. 1 VwGO, § 212a BauGB unzulässig, weil die Zulässigkeitsvoraussetzungen für ein späteres Hauptsacheverfahren nicht vorliegen.

Verwirkung

Eine Anfechtungsklage wäre unzulässig, weil das nach § 68 Abs. 1 S. 1 VwGO erforderliche Vorverfahren nicht mehr ordnungsgemäß durchgeführt werden kann. Der Widerspruch wird voraussichtlich als unzulässig zurückgewiesen werden. Zwar ist der Widerspruch des Antragstellers nicht nach § 70 VwGO verfristet, weil ihm die Baugenehmigung nicht bekannt gegeben worden ist. Allerdings hat der Antragsteller zwischenzeitlich sein Widerspruchsrecht verwirkt. Nach ständiger Rechtsprechung (vgl. BVerwG, Urteil vom 25. Januar 1974 – IV C 2.72, BVerwGE 44, 294 (299); BVerwG, Beschluss vom 16. März 2010 – 4 B 5/10 – , juris) verwirkt der Nachbar sein Widerspruchsrecht, wenn er grundsätzlich nicht binnen einen Jahres, nachdem er zuverlässig von der Erteilung der Baugenehmigung Kenntnis erlangt hat bzw. hätte Kenntnis erlangen müssen, Widerspruch erhebt (Rechtsgedanke aus dem Grundsatz von Treu und Glauben und aus §§ 70 Abs. 2, 58 Abs. 2 VwGO).

Hier hat die Beigeladene bereits am 31. Januar 2018 ein Werbeschild aufgestellt, aus dem ersichtlich ist, dass ein 4-Familienhaus gebaut werden soll. An diesem Schild muss der Antragsteller, der mit seiner Familie zu jener Zeit noch im Baugebiet wohnte, zwingend vorbeigekommen sein. Durch eine Anfrage bei der Antragsgegnerin hätte er sich weitere Gewissheit über die Baugenehmigung verschaffen können.

Gründe, warum die Verwirkung hier ausnahmsweise erst später eintreten sollte, sind nicht ersichtlich.

Hilfsweise weitere Begründung

2. Nur hilfsweise wird geltend gemacht, dass der Antrag im Übrigen auch in der Sache keinen Erfolg hätte.

Das öffentliche Interesse und das Interesse der Beigeladenen an der Ausnutzung der kraft Gesetzes sofort vollziehbaren Baugenehmigung (vgl. § 212a Abs. 1 BauGB) überwiegen das Interesse des Antragstellers, vorläufig von dem Vollzug der von ihm angefochtenen Baugenehmigung verschont zu bleiben. Denn nach der im Verfahren auf Gewährung vorläufigen Rechtschutzes allein möglichen und gebotenen summarischen Prüfung der Sach- und Rechtslage wird der Widerspruch des Antragsstellers auch in der Sache voraussichtlich erfolglos sein.

Die angefochtene Baugenehmigung verstößt – worauf es allein ankommt – nicht gegen im Baugenehmigungsverfahren zu prüfende öffentlich-rechtliche Vorschriften, die zumindest auch dem Schutz des Antragstellers zu dienen bestimmt sind.

a) Eine Rechtsverletzung des Antragstellers folgt nicht daraus, dass die Antragsgegnerin die angefochtene Baugenehmigung nach § 31 Abs. 2 BauGB unter Befreiung von der Festsetzung der 2-Wohnungsklausel erteilt hat.

Ob die Befreiung objektiv rechtmäßig, also unter Beachtung der Tatbestandsvoraussetzungen von § 31 Abs. 2 BauGB erteilt worden ist, bedarf in diesem Verfahren keiner Entscheidung, denn auf einen etwaigen Verstoß kann sich der Antragsteller hier nicht berufen. Der Nachbar hat aus § 31 Abs. 2 BauGB nur dann einen Anspruch auf ermessensfehlerfreie Entscheidung der Baugenehmigungsbehörde, soweit die Festsetzungen, von denen befreit werden soll, nachbarschützend sind (vgl. BVerwG, Beschluss vom 8. Juli 1998 – 4 B 64.98, juris).

Die Festsetzung der 2-Wohnungsklausel ist nach der Rechtsprechung des BVerwG zwar eine Art der baulichen Nutzung (BVerwG, Beschluss vom 9. März 1993 – 4 B 39.93, juris; VGH Bad.-Württ., Beschluss vom 6. März 2001 – 8 S 425/01, juris). Sie hat aber nicht schlechthin nachbarschützende Wirkung, sondern nur dann, wenn der Satzungsgeber ihr eine solche beigemessen hat, was durch Auslegung des Bebauungsplans zu ermitteln ist (BVerwG, Beschluss vom 9. März 1993, a. a. O.).

Vorliegend soll die 2-Wohnungsklausel nach der Begründung des Bebauungsplans ausdrücklich keine nachbarschützende Wirkung haben, sondern nur städtebaulichen Zielen dienen (Erhaltung des Stadtbildes).

Auch eine Verletzung des Gebots der Rücksichtnahme ist nicht ersichtlich. Zwar hat der Antragsteller bei der Befreiung von nicht nachbarschützenden Festsetzungen nach § 31 Abs. 2 BauGB einen Anspruch auf Würdigung seiner nachbarlichen Interessen. Die Befreiung belastet ihn aber nicht unzumutbar.

Schließlich berührt die Befreiung nicht das Recht des Antragstellers in seinem Anspruch aus § 15 Abs. 1 S. 1 BauNVO auf Erhaltung der typischen Gebietsprägung des Baugebiets. Nach der Rechtsprechung in Baden-Württemberg ist § 15 Abs. 1 S. 1 BauNVO gerade nur dann anwendbar, wenn das Vorhaben grundsätzlich zulässig wäre. Es ist somit entgegen der Auffassung des Hamburgischen Oberverwaltungsgerichts unzulässig, ein Bauvorhaben, das unter Befreiung von nicht nachbarschützenden Festsetzungen genehmigt wurde, auf den Rechtsbehelf eines Nachbarn hin nicht nur am Maßstab des Gebots der Rücksichtnahme zu prüfen (VGH Bad.-Württ., Beschluss v. 30. November 2009 – 8 S 1903/09, a. A. OVG Hamburg, Beschluss vom 5. Juni 2009 – 2 Bs 26/09). Dieser Rechtsauffassung schließt sich die Antragsgegnerin hier an.

b) Anders als geltend gemacht verletzt die erteilte Baugenehmigung den Antragsteller nach summarischer Prüfung nicht in seinem Recht aus Art. 3 Abs. 1 GG auf Gleichbehandlung. Art. 3 Abs. 1 GG vermittelt nur einen Anspruch, dass über den eigenen Antrag so entschieden wird, wie in vergleichbaren Fällen nach der rechtmäßigen

Verwaltungspraxis bisher üblich, verleiht aber keinen Abwehranspruch gegen die einem anderen erteilte Baugenehmigung.

Mit freundlichen Grüßen

Ina Mustersachbearbeiterin

Anlagen:

2 Ausfertigungen (für Antragsteller und Beigeladene)
1 Band Behördenakten im Original, gebunden und nummeriert

IV. Lösungsvorschlag zu Aufgabe 2

Erste Tatbestandsvoraussetzung für eine Befreiung von den Festsetzungen des Bebauungsplans ist nach § 31 Abs. 1 BauGB, dass die Grundzüge der Planung nicht berührt werden.

Was zu den Grundzügen der Planung, also zur Grundkonzeption des Bebauungsplans gehört, ist jeweils für den Einzelfall durch Auslegung des Bebauungsplans zu ermitteln. Nach den Zielen, die in der Begründung zum Bebauungsplan niedergelegt worden sind, sollte ein Baugebiet mit 1- bis 2-Familienhäusern geschaffen werden. Mehrfamilienhäuser waren an keiner Stelle vorgesehen. Dementsprechend wurde für das gesamte Gebiet die 2-Wohnungsklausel festgesetzt. Hierbei handelt es sich somit um einen Grundzug der Planung. Die Baugenehmigung ist damit objektiv rechtswidrig.[149] Sie hätte nur erteilt werden dürfen, wenn zuvor der Bebauungsplan entsprechend geändert worden wäre.

149 Wen das Thema mehr interessiert: *Gassner*, NordÖR 2012, 384–395.

Teil 3: Fallbearbeitung als Hausarbeit

A. Einführung

I. Bedeutung der Prüfungsform für Studium und Praxis

Das müssen Sie schon können

In Klausuren nehmen Sie zu den durch einen bestimmten Sachverhalt aufgeworfenen Rechtsfragen gutachterlich ohne Rückgriff auf Literatur, Rechtsprechung oder sonstige Quellen nur anhand von Rechtsnormen Stellung. Sie haben bestimmte Dinge (z. B. Prüfungsschemata, Definitionen, Meinungsstreits etc.) und Methoden (z. B. Gutachtentechnik, Rechtsanwendung) gelernt und müssen in den Klausuren zeigen, dass Sie diese Kenntnisse und Fertigkeiten in der konkreten Fallbearbeitung anwenden können.

Das kommt jetzt dazu

Die Prüfungsform „Fallbearbeitung als Hausarbeit" baut darauf auf. Nun sollen Sie die aufgeworfenen Rechtsfragen (i. d. R. anspruchsvoller als in der Klausur) unter Auswertung von Literatur und Rechtsprechung sowie anhand sonstiger Quellen (z. B. Gesetzesmaterialien) beurteilen. Die herangezogenen Quellen müssen Sie nachweisen (in den Fußnoten und im Literaturverzeichnis sowie ggf. in sonstigen Quellenverzeichnissen). Zur Bearbeitung steht Ihnen ein bestimmter Zeitraum zur Verfügung (i. d. R. nicht mehr als ein Monat).

Vorbereitung auf Berufspraxis und wissenschaftliches Arbeiten

Diese Prüfungsform verlangt von Ihnen genau das, was auch für Ihre spätere Berufspraxis wichtig sein wird: Dann werden Sie die unterschiedlichsten Rechtsfragen selbstständig allein anhand der einschlägigen Rechtsnormen sowie Verwaltungsvorschriften und unter Auswertung von Literatur, Rechtsprechung und sonstigen Quellen beantworten müssen.

Gleichzeitig dient die Prüfungsform der Vorbereitung auf studentische rechtswissenschaftliche Untersuchungen i. e. S. (Seminar-, Bachelor- oder Diplomarbeiten). In der „Fallbearbeitung als Hausarbeit" wird Ihnen die Untersuchungsfrage vorgegeben. Sie können sich darauf konzentrieren, sich unter Auswertung der einschlägigen Quellen eine Meinung zu den aufgeworfenen Rechtsfragen zu bilden und den Quellennachweis zu üben.

Die aus wissenschaftlicher Sicht lohnenswerte Prüfungsfrage hat der/die Aufgabensteller(in) entwickelt. In den wissenschaftlichen Arbeiten i. e. S. hingegen müssen Sie die Untersuchungsfrage, den Gang der Untersuchung und die Methodik selbst entwickeln. In der Regel müssen Sie dazu auch eine viel größere Anzahl von Quellen auswerten. Damit sind Sie nach meiner Erfahrung heillos überfordert, wenn Sie den Zwischenschritt „Fallbearbeitung als Hausarbeit" nicht beherrschen.

Musterhausarbeit mit Anmerkungen als Hilfestellung

Wie Sie strukturiert vorgehen, um einerseits die Schwerpunkte des Falles zu erfassen und andererseits die vorgegebene Arbeitszeit einzuhalten, ohne von der Fülle der Literatur und Rechtsprechung erschlagen zu werden, und dann auch noch die Seitenzahl einhalten, lernen Sie in diesem Kapitel anhand einer Musterhausarbeit. Am Ende dieses Kapitels finden Sie Tipps, wo Sie weitere Musterhausarbeiten finden können.

Vorkenntnisse für die Musterhausarbeit

Der Fall ist für Studierende der Hochschule des Bundes für öffentliche Verwaltung, der Hochschulen der Länder für öffentliche Verwaltung sowie für Studierende der Rechtswissenschaften an den Universitäten gleichermaßen **als Übung zum Einstieg** geeignet, um die Arbeit und den Umgang mit Literatur und Rechtsprechung und die Formalia beim Erstellen von Hausarbeiten zu erlernen. Sofern an Ihrer Hochschule Hausarbeiten in Form der Fallprüfung verlangt werden, werden diese deutlich anspruchsvoller als dieser Übungsfall sein: Entweder werden sehr viele Einzelprobleme miteinander kombiniert oder Sie müssen sich mit einer bisher ungelösten Rechtsfrage sehr intensiv auseinandersetzen. Am Ende dieses Kapitels finden Sie einen Hinweis auf eine von mir veröffentlichte „echte" Hausarbeit zur Problematik der Hochschulautonomie von Hochschulen für öffentliche Verwaltung, die im Jahr 2017 als Teil eines Forschungsprojekts als Modulprüfung gestellt wurde.

Die Musterhausarbeit ist so konzipiert, dass keine Vorkenntnisse in dem einschlägigen Rechtsgebiet des besonderen Verwaltungsrechts verlangt werden. Sie werden von mir als Studienanfänger*in angesprochen. Auch benötigen Sie noch keine vertieften Kenntnisse im Widerspruchsverfahren oder im Verwaltungsprozessrecht.

Im **allgemeinen Verwaltungsrecht** sollten Sie mit folgenden Themen vertraut sein:

- Begriff der Verwaltung (einschließlich Verwaltungsträger, Beliehener)
- Vorrang und Vorbehalt des Gesetzes

- Ermessen und unbestimmte Rechtsbegriffe
- Verhältnismäßigkeitsgrundsatz
- Handlungsformen der Verwaltung im Überblick (insb. Verwaltungsvorschriften und rechtliche Außenwirkung)
- Verwaltungsakt
  - Begriff, Arten
  - Bekanntgabe
  - Wirksamkeit
  - Aufhebung durch Rücknahme und Widerruf
  - Formelle Rechtmäßigkeitsvoraussetzungen und Fehlerfolgen
  - Materielle Rechtmäßigkeitsvoraussetzungen und Fehlerfolgen

Im **Staatsrecht** haben Sie bereits folgende Themen gehört:
- Staatsgewalten, insb. Aufbau der Exekutive nach dem GG
- Grundrechtsprüfung (insb. Art. 12 GG)

II. Die Bewertungskriterien

1. Ausgangspunkt der Bewertung

Als Ausgangspunkte für die Bewertung werden der Erwartungshorizont (Welche Rechtsprobleme galt es im Schwerpunkt zu diskutieren?) und die Bewertungsstrenge (Mindestanforderungen an eine ausreichende, an eine befriedigende, an eine gute und an eine sehr gute Leistung) formuliert. Letztere hängt vom Schwierigkeitsgrad der Hausarbeit und von der Studiensituation der Studierenden ab: Welcher Wissensstand und welche Fertigkeiten dürfen erwartet werden? Fließt die Prüfung in die Gesamtnote ein oder ist sie lediglich ein Leistungsnachweis?

Die Bewertung selbst erfolgt dann anhand inhaltlicher und formaler Kriterien.

2. Inhaltliche Kriterien

In der Hausarbeit sollen Sie zeigen, dass Sie die Rechtsprobleme erkannt haben und diese unter Auswertung von Literatur und Rechtsprechung methodisch (Quellenarbeit, Gutachtentechnik) und inhaltlich überzeugend beurteilen können.

Bewertung der Quellenarbeit

Rekonstruiert und bewertet wird zunächst Ihre Quellenarbeit (Ihr Vorgehen), also ob Umfang und Auswahl von Literatur und Rechtsprechung sowie die Intensität von deren Auswertung überzeugen.

- Überzeugt der Umfang der ausgewerteten Quellen?
  - Für Nebenaspekte reicht der Rückgriff auf wenig Literatur und Rechtsprechung.
  - Zur Bearbeitung der Schwerpunkte müssen Literatur (unterschiedliche Literaturgattungen) und Rechtsprechung umfassend ausgewertet werden. Standardwerke müssen identifiziert werden, innerhalb der Rechtsprechung ist zunächst die höchstrichterliche Rechtsprechung zu berücksichtigen.
  - Für eine historische Auslegung müssen auch ältere Werke ausgewertet werden. Für eine internationale Rechtsvergleichung (in der Prüfungsform „Fallbearbeitung als Hausarbeit" eher selten) muss auch die internationale bzw. fremdsprachige Literatur ausgewertet werden.
- Überzeugt die Auswahl der von Ihnen ausgewerteten Quellen?
  - Haben Sie die aktuellsten Quellen (Auflagen, Entscheidungen der Rechtsprechung) herangezogen?
  - Haben Sie vorrangig Primärquellen (z. B. für Thesen einer bestimmten Person die Abhandlung eben dieser Person, für eine Theorie des BVerfG eben diese Entscheidung des BVerfG) herangezogen? Auf Sekundärquellen (z. B. Kommentare, Lehrbücher) kann beispielsweise zum Beleg für gängige Definitionen zurückgegriffen werden.
- Überzeugt die Intensität der Auswertung?
  - Haben Sie die angegebenen Quellen wirklich ausgewertet oder soll nur ein möglichst umfassendes Quellenverzeichnis erzeugt werden?
  - Haben Sie, wenn Sie etwas als h. M. (herrschende Meinung) bezeichnen, diese empirische Feststellung ausreichend belegt?

Bewertung der sonstigen inhaltlichen Kriterien

Hier unterscheiden sich die Bewertungen von Klausuren und Hausarbeiten nicht grundsätzlich. Zusätzlich zur Klausur wird noch bewertet, ob der zu den einzelnen Rechtsfragen von Ihnen herausgearbeitete Stand von Literatur und Wissenschaft richtig bzw. vertretbar und vollständig ist („Stand in Wissenschaft und Rechtsprechung").

- **Thema/Zielsetzung der Untersuchung:** Orientieren Sie sich an der Aufgabenstellung (oder verfehlen Sie das Thema)?
- **Gang der Untersuchung (Aufbau des Gutachtens):**
  - **Gesamtaufbau:** Beginnt Ihr Gesamtgutachten mit einem vollständigen Obersatz, folgt dann die Subsumtion (mit weiteren Unterschritten) und schließt Ihr Gutachten mit einem Gesamtergebnis?

  - **Aufbau der Unterschritte:** Wird der Leser gut durch die Subsumtion (also die weiteren Unterschritte) geführt und bauen Sie diese Unterschritte ebenfalls gutachterlich (Obersatz, Subsumtion, Zwischenergebnis) auf?
- **Vollständigkeit:** Erkennen Sie alle erforderlichen Unterprüfungsschritte?
- **Schwerpunktsetzung und Ökonomie der Darstellung:**
  - Behandeln Sie Schwerpunkte ausführlich und Nebenaspekte knapp?
  - Vermeiden Sie unnötige Wiederholungen und verweisen Sie bei bereits erörterten Problemen nach oben?
- **Bewertung der einzelnen Unterprüfungsschritte:**
  - Arbeit am Sachverhalt: Halten Sie sich an den gegebenen Sachverhalt?
  - Arbeit am Gesetz:
    - Entwickeln Sie Ihr Gutachten aus dem Gesetz (oder schreiben Sie einen Besinnungsaufsatz)?
    - Zitieren Sie das Gesetz präzise?
    - Überzeugen Ihre Rechtskenntnisse?
      - Werden die einschlägigen Normen erkannt bzw. vertretbar ausgelegt?
      - Kennen Sie die Definitionen, Meinungsstreits bzw. Auslegungsprobleme?
  - Stand von Rechtsprechung und Wissenschaft: Ist der von Ihnen zu den einzelnen Rechtsfragen herausgearbeitete Stand von Literatur und Wissenschaft richtig bzw. vertretbar und vollständig?
  - Argumentation:
    - Überzeugen Ihre Argumente sprachlich (klar, genau, gründlich)?
    - Sind Ihre Argumente logisch (also folgerichtig, widerspruchsfrei)?
    - Überzeugt Ihre Argumentation auch in der Tiefe?

3. Formale Kriterien

Bewertet wird hier, ob
- die Arbeit alle erforderlichen Bestandteile enthält: Deckblatt, Inhaltsverzeichnis, Abkürzungsverzeichnis, Aufgabenstellung und Gutachten, Literaturverzeichnis, ggf. Rechtsprechungsübersicht und andere Verzeichnisse, Erklärung;
- die einzelnen Bestandteile formal richtig sind (Beispiel: Enthält das Literaturverzeichnis alle in den Fußnoten zitierten Werke?);
- die Vorgaben zur Formatierung beachtet wurden
- und ob die Arbeit in Bezug auf Rechtschreibung, Grammatik, Zeichensetzung überzeugt.

4. Wissenschaftliche Redlichkeit

Wissenschaftliche Redlichkeit wird nicht positiv honoriert, sondern erwartet. Plagiate (Präsentieren fremder Gedanken als die eigenen) führen zwingend zum Nichtbestehen. Das ist auch richtig, wenn Studierende vorsätzlich Arbeiten anderer einreichen (z. B. eine unveröffentlichte Bachelorarbeit eines Bekannten aus früheren Jahren) oder ohne Sinn und Verstand alles „zusammenkopieren". Zu berücksichtigen ist aber auch, dass die Studierenden das wissenschaftliche Arbeiten und insbesondere das richtige Setzen von Fußnoten erst noch lernen müssen. Das weiß jeder Prüfer/jede Prüferin aus eigener Erfahrung. Darum ist es ebenso unredlich, ein (Teil-) Modul bzw. einen Studienabschnitt mit „nicht bestanden" zu bewerten, wenn den Studierenden zuvor keine Gelegenheit zum Üben des wissenschaftlichen Arbeitens gegeben worden ist.

B. Übungsfall

I. Sachverhalt und Aufgabenstellung

■ Sachverhalt

Herr Walter Schmidt ist seit 5 Jahren Angestellter der A-Security-Bewachungs-GmbH, die im Auftrag der Bundesrepublik Deutschland Liegenschaften der Bundeswehr bewacht. Herr Schmidt wurde am 5. Januar vor zwei Jahren ordnungsgemäß nach § 1 Abs. 3 UZwGBw mit den Befugnissen einer zivilen Wachperson beliehen. Seither ist er regelmäßig im Munitionslager A (örtlich gelegen im Zuständigkeitsbereich des Bundeswehr-Dienstleistungszentrums Y) als Bewacher eingesetzt. Stabsfeldwebel Fuhrmann (Leiter des Munitionslagers: Dienststelle der Streitkräftebasis) stellt fest, dass Herr Schmidt seit mehreren Wochen regelmäßig betrunken zum Dienst erschienen ist. Außerdem erfährt Stabsfeldwebel Fuhrmann zufällig, dass Herr Schmidt vor zwei Monaten wegen gefährlicher Körperverletzung rechtskräftig zu einer Freiheitsstrafe auf Bewährung verurteilt worden ist. Weitere sofortige Nachforschungen von Stabsfeldwebel Fuhrmann ergeben, dass Herr Schmidt in den letzten 3 Monaten in 12 Fällen schlafend angetroffen wurde. Daraufhin zitiert Herr Stabsfeldwebel Fuhrmann Herrn Walter Schmidt zu sich, erörtert diesem den Sachverhalt und ordnet dann mündlich ohne weitere Aussprache mit Herrn Schmidt an: *„Mir bleibt keine andere Wahl. Hiermit muss ich Folgendes anordnen: Ich hebe die Ihnen vor 2 Jahren am 5. Januar erteilte Übertragung von Befugnissen als zivile Wachperson auf."*

Aufgabe

Prüfen Sie gutachtlich, ob die durch den Stabsfeldwebel Fuhrmann ausgesprochene Anordnung rechtmäßig ist. Gehen Sie dabei bitte auch auf etwaige Fehlerfolgen ein.

> **Hinweis:** Zu sämtlichen aufgeworfenen Rechtsfragen ist – notfalls im Wege eines Hilfsgutachtens – Stellung zu nehmen!

Sonstige Vorgaben

Die Arbeit ist am PC zu erstellen und ausgedruckt in einem Schnellhefter bis zum … beim Prüfungsamt … einzureichen.

Schrift im Fließtext: Times New Roman; Schriftgröße: 12; Zeilenabstand: 1,5fach; Seitenlayout: 2,5 cm oben, links und rechts sowie 2,0 cm unten. Schrift in den Fußnoten: Times New Roman, Schriftgröße 10, Zeilenabstand einfach.

Maximale Höchstseitenzahl für den reinen Fließtext (ohne Fußnoten): 20 DIN A 4 Seiten. Ein Überschreiten der maximalen Seitenzahl kann dazu führen, dass die Arbeit als nicht bestanden gewertet wird.

Anlage

Auszug aus dem Unmittelbarer-Zwang-Gesetz Bundeswehr (UZwGBw)

§ 1 Berechtigte Personen

(1) Soldaten der Bundeswehr, denen militärische Wach- oder Sicherheitsaufgaben übertragen sind, sind befugt, in rechtmäßiger Erfüllung dieser Aufgaben nach den Vorschriften dieses Gesetzes Personen anzuhalten, zu überprüfen, vorläufig festzunehmen und zu durchsuchen, Sachen sicherzustellen und zu beschlagnahmen und unmittelbaren Zwang gegen Personen und Sachen anzuwenden.

(2) […]

(3) [1]Wer, ohne Soldat zu sein, mit militärischen Wachaufgaben der Bundeswehr beauftragt ist (zivile Wachperson), hat in rechtmäßiger Erfüllung dieser Aufgaben die Befugnisse nach diesem Gesetz, soweit sie ihm durch das Bundesministerium der Verteidigung oder eine von diesem bestimmte Stelle übertragen werden. [2]Zivile Wachpersonen, denen Befugnisse nach diesem Gesetz übertragen werden, müssen daraufhin überprüft werden, ob sie persönlich zuverlässig, körperlich geeignet und im Wachdienst ausreichend vorgebildet sind sowie gute Kenntnisse der Befugnisse nach diesem Gesetz besitzen. [3]Sie sollen das 20. Lebensjahr vollendet und das 65. Lebensjahr nicht überschritten haben.

Auszug aus der Zentralen Dienstvorschrift A-2122/2 (Ausführungsbestimmungen zum UZwGBw (AB-UZwGBw))

Ziffer 205

Zur Übertragung von Befugnissen nach dem UZwGBw auf zivile Wachpersonen sind jeweils für den Zuständigkeitsbereich ihrer Dienststellen
- das Bundesamt für Ausrüstung, Informationstechnik und Nutzung der Bundeswehr (BAAINBw),
- das Bundesamt für Infrastruktur, Umweltschutz und Dienstleistungen der Bundeswehr (BAIUDBw),
- die Leiterinnen und Leiter der nachgeordneten Dienststellen des BAAINBw,
- die Leiterinnen und Leiter der Bundeswehr-Dienstleistungszentren (BwDLZ) sowie
- die höheren Kommandobehörden der Marine, soweit es zivile Wachpersonen für zivilbesetzte Hilfsschiffe und Boote der Marine betrifft,

ermächtigt.

Ziffer 214

[...] [3]Die ermächtigte Stelle entzieht die Befugnisse durch förmlichen Verwaltungsakt (Anlage 3.4)

(Hinweis: Anlage 3.4 enthält ein Muster für die „Entziehung der Befugnisse".)

II. Ihre Arbeitsschritte

Unterkapitel zweimal lesen!

Bitte lesen Sie dieses Unterkapitel mindestens zweimal. Es dient zunächst der theoretischen Vorbereitung und Einführung in die Musterhausarbeit. Es dient aber auch der theoretischen Nachbearbeitung der Hausarbeit. Versuchen Sie also später nach dem Lesen des Lösungsvorschlags, die hier dargestellten Arbeitsschritte nachzuvollziehen.

1. Schritt: Hausarbeit zunächst wie eine Klausur lösen

Tipps zum Vorgehen

Beginnen Sie auf keinen Fall mit der Auswertung von Literatur und Rechtsprechung, sondern bearbeiten Sie die aufgeworfenen Rechtsfragen zunächst ohne Hilfsmittel so, als würden Sie eine Klausur bearbeiten. Nehmen Sie sich dafür ausreichend Zeit (je nach Aufgabenstellung und Zeitkorridor einige Stunden bis zu 2 Tagen).

- Sie lesen zunächst also den Sachverhalt und die Aufgabenstellung!
- Dann analysieren Sie die Aufgabenstellung:
  - *Ich soll gutachterlich prüfen, ob die von Stabsfeldwebel Fuhrmann an Herrn Schmidt gerichtete Anordnung „Hiermit hebe ich die Ihnen am*

05.01… erteilte Übertragung von Befugnissen als zivile Wachperson auf" rechtmäßig ist (Kontrollperspektive). Die Anordnung darf also nicht gegen geltendes Recht verstoßen.
- *Wenn ich Rechtsverstöße feststelle, soll ich auf die Fehlerfolgen eingehen. Auf alle aufgeworfenen Rechtsfragen ist (notfalls hilfsgutachtlich) einzugehen.*

– Nun skizzieren Sie den Sachverhalt und halten sich erste Ideen auf einem „Brainstorming-Blatt" fest:
  - *Sachverhaltsskizze:*
    - *Herr Schmidt ist seit 5 Jahren Angestellter der A-Security-GmbH*
    - *Beleihung vor 2 Jahren nach § 1 Abs. 3 UZwGBw (=VA) am 5.01… war ordnungsgemäß (=rechtmäßig)*
    - *seither Bewacher eines Munitionslagers der Bundeswehr (örtlicher Zuständigkeitsbereich BwDLZ-Y)*
    - *Es ist passiert:*
      - *seit mehreren Wochen mehrmals betrunken im Dienst*
      - *in den letzten 3 Monaten 12x schlafend*
      - *vor 2 Monaten rechtskräftig wegen gefährlicher Körperverletzung verurteilt*
  - *Gespräch Stabsfeldwebel Fuhrmann (Leiter Munitionslager) – Herr Schmidt*
  - *Sachverhalt mitgeteilt, keine Aussprache (= keine Anhörung)*
  - *Aufhebung der Beleihung (=Aufhebung eines VAs)*
  - *„Muss tun…" (kein Ermessen?)*
  - *„Brainstorming-Blatt"*
    - *Bauchgefühl = Schmidt kann nicht Bewacher bleiben! Wäre irgendetwas milder und gleich geeignet?*
    - *Ist Fuhrmann zuständig? Ziffer 205 AB-UZwG BW. Was ist ein BwDLZ, BAAINBw? etc.*
    - *Was ist die AB-UZwG BW: Verwaltungsvorschrift?*
    - *…*

– Nun erstellen Sie sich ein Prüfungsschema:
  - Welche Handlungsform der Verwaltung ist zu prüfen?
    Aufhebung der Beleihung (= Verwaltungsakt) durch die Exekutive → Aufhebung selbst ist ebenfalls ein Verwaltungsakt → Prüfungsschema „Rechtmäßigkeit eines Verwaltungsakts"
  - Dann erstellen Sie das Prüfungsschema (Obersatz, Subsumtion, Ergebnis) und notieren, welche Punkte problematisch sein könnten (siehe unten).

- Jetzt erstellen Sie die Formatvorlage für Ihre Hausarbeit (wenn Sie eine solche nicht schon im Vorfeld vorbereitet haben!). Die Hausarbeit muss später bestehen aus: Deckblatt, Inhaltsverzeichnis, Abkürzungsverzeichnis, Sachverhalt und Aufgabentext, Hauptteil (Ihr späteres Gutachten mit den Fußnoten), Literaturverzeichnis, ggf. weitere Verzeichnisse, Erklärung.
- In den Hauptteil (Ihr späteres Gutachten mit den Fußnoten) fügen Sie nun schon einmal zur Gliederung die einzelnen Überschriften anhand Ihres Prüfungsschemas ein. Unproblematische Punkte bzw. die Einleitungen können Sie bereits jetzt schon ausformulieren.

Prüfungsschema

So könnte der erste Entwurf Ihres Prüfungsschemas aussehen (Auszug):

I. Rechtsgrundlage		
Fragen	**Voraussetzungen**	**Subsumtion, Ergebnis**
Ist eine Ermächtigung durch formelles Gesetz (Parlamentsgesetz) erforderlich?	Vorbehalt des Gesetzes (Art. 20 Abs. 3 GG), Reichweite streitig; unstreitig: bei Eingriffsmaßnahmen ist ein formelles Gesetz erforderlich	hier: Aufhebung eines begünstigenden VAs (Beleihung) → Aufhebung ist belastend → RGL erforderlich
Welche Rechtsgrundlage ist anwendbar?	Rechtsnormen suchen, die die Verwaltung zur Aufhebung der Beleihung ermächtigen:	AB-UZwG Bw ist nur eine Verwaltungsvorschrift → kann keine RGL sein
	Spezialgesetz vor allgemeinem Gesetz	§ 1 Abs. 3 UZwG Bw ermächtigt nur zur Beleihung, nicht zur Aufhebung der Beleihung
	Allgemeine Rechtsgrundlagen für die Aufhebung von Verwaltungsakten → §§ 48, 49 (L)VwVfG	Bundeswehr → VwVfG Bund (§ 1 Abs. 1 Nr. 1 VwVfG) Fuhrmann ist Soldat (Behörde nach § 1 Abs. 4 VwVfG?): **Problem, nachprüfen!** § 48 VwVfG passt nicht (Beleihung war rechtmäßig) → § 49 VwVfG, dort: § 49 Abs. 2 S. 1 Nr. 3 VwVfG ▷

II. Formelle Rechtmäßigkeit: 1. Zuständigkeit		
Fragen	**Voraussetzungen**	**Subsumtion, Ergebnis**
Welche Behörde ist sachlich zuständig?	Die Zuweisung einer Sachaufgabe auf bestimmte Behörden bestimmt sich nach Spezialgesetz	§ 49 VwVfG regelt nichts → **Problem! Nachsehen** *Vielleicht: die Behörde, die auch für die Beleihung zuständig ist? Dann: § 1 Abs. 3 S. 1 UZwG, Ziffer 205 AB-UZwG BW (Verwaltungsvorschrift – Außenwirkung?)* **Nachprüfen!**
Welche Behörde ist örtlich zuständig?	örtliche Zuständigkeit: Spezialgesetz, sonst § 3 (L)VwVfG	§ 49 Abs. 5 VwVfG i. V. m. § 3 Abs. 1 Nr. 2 VwVfG (Beleihung = Beruf bzw. andauernde Tätigkeit)
Gehört Fuhrmann zur sachlich zuständigen Behörde?		*Ziffer 205 AB-UZwG BW: jedenfalls nicht Leiter des BwDLZ! Was sind BwDLZ – kenne die Behörden der Bundeswehr nicht* **Problem! Nachsehen!**
Fehlerfolgen bei Verstoß gegen sachliche Zuständigkeit	§ 44 Abs. 1 VwVfG: nichtig? Ansonsten: rechtswidrig	**Vertiefen – Kommentar lesen!**

Dies setzen Sie fort, bis Sie das komplette Prüfungsschema („Rechtmäßigkeit eines Verwaltungsakts“) abgearbeitet haben.

2. Schritt: Auswertung von Literatur und Rechtsprechung

Den Problemen, die Sie im Prüfungsschema skizziert haben, gehen Sie nun unter Auswertung von Literatur und Rechtsprechung nach. In der Regel stoßen Sie dann noch auf weitere Probleme.

Gefahr

Dabei müssen Sie zunächst folgende **Gefahr** erkennen: Es gibt Quellen, auf die Sie nur zurückgreifen werden, um „Ihre Probleme“ zu lösen. Das macht Ihnen viel Arbeit. Für diese Arbeit möchten Sie auch belohnt werden. Daher haben Sie die Neigung, in der Hausarbeit zu zeigen, dass Sie auch diese Probleme erkannt und viele Quellen dazu gelesen haben. Dabei übersehen Sie, dass es für „die Kenner“ eigentlich gar kein Problem gibt. Schon verfehlen Sie den Schwerpunkt der Hausarbeit.

■ **Beispiel:** Sie haben z.B. die (falsche) Idee, mit Hinblick auf den Spezialitätsgrundsatz nicht § 49 Abs. 2 S. 1 Nr. 3 VwVfG, sondern die Nummer 214 der AB-UZwG Bw als Rechtsgrundlage für den Widerruf der Beleihung zu nehmen. Nun haben Sie Zweifel. Sie lesen in einem Lehrbuch nach, dass Verwaltungsvorschriften als Rechtsgrundlage nicht ausreichen, wenn es um einen Eingriff in Rechte des Bürgers geht. Hierzu benötigt man ein formelles Gesetz. Das wird in Ihrem Lehrbuch ausführlich dargestellt. Hier werden auch noch 5 andere Werke zitiert. Auch diese wollen Sie jetzt noch lesen und in Ihrer Hausarbeit auswerten. Sie sind mächtig stolz: Die ersten 4 Seiten der Hausarbeit haben Sie schon vollgeschrieben mit zahlreichen Fußnoten und die Entstehungsgeschichte des Grundsatzes des Vorbehalts des Gesetzes haben Sie ausführlich erörtert. Was Sie dabei übersehen: Dass der Widerruf der Beleihung einer Ermächtigung durch formelles Gesetz bedarf, ist unproblematisch und kann ohne weiteres in nur einem Satz in der Hausarbeit dargestellt werden. Dafür benötigen Sie noch nicht einmal eine Quellenangabe.

Weiteres Vorgehen

Nachdem Sie diese Gefahr erkannt haben, überlegen Sie nun ganz bewusst, in welchem Umfang sie welche Quellen lesen und in der Hausarbeit später zitieren werden. Achten Sie dabei auch auf die Aktualität Ihrer Quellen. Erstellen Sie schon in dieser Phase einen Entwurf Ihres Literaturverzeichnisses und Ihrer Rechtsprechungsübersicht, denn genau diese werden auch Ihr Prüfer/Ihre Prüferin ganz am Anfang sichten (also noch bevor er/sie überhaupt Ihr Gutachten liest!).

Erster Besuch in der Bibliothek

Als Klausur haben Sie die Hausarbeit ja bereits durchdacht. Jetzt wollen Sie die 2. Phase starten. Schon anhand Ihres Prüfungsschemas erkennen Sie: Eines der Hauptprobleme ist die unmittelbare Außenwirkung von Verwaltungsvorschriften. Hierzu müssen Sie also später tief einsteigen und sollten nicht nur ein einziges Lehrbuch auswerten. Natürlich beginnen Sie zunächst mit einem Lehrbuch. Sie suchen aber auch schon einmal nach wissenschaftlichen Abhandlungen (Aufsätze, Dissertationen, Abhandlungen in Sammelwerken) und nach Gerichtsentscheidungen (insbes. des BVerfG, des BVerwG), die sich damit beschäftigen.

Es geht um einen Eingriff in Art. 12 Abs. 1 S. 1 GG durch Verwaltungsakt. Je nach Kenntnisstand greifen Sie daher auch auf ein Lehrbuch zu den Grundrechten zurück oder Sie wissen bereits jetzt, dass Sie die Rechtsprechung des BVerfG (3-Stufenlehre) zu Art. 12 Abs. 1 S. 1 GG berücksichtigen müssen („Apotheken-Urteil“).

Intensiv zu prüfen sind die Folgen der einzelnen Verstöße. Dafür benötigen Sie als Basismaterial zunächst neben einem Lehrbuch auch mindestens einen Kommentar zum VwVfG. Für sämtliche Definitionen werden Sie ebenfalls Quellen angeben müssen, grundlegende Fußnoten belegen Sie am besten doppelt mit einem Zitat aus der Rechtsprechung und einem Zitat aus einem (Groß-)Kommentar.

Nun haben Sie beispielsweise als Startmaterial ein gutes Lehrbuch zum Verwaltungsrecht, ein gutes Lehrbuch zu den Grundrechten, einen gängigen Kommentar zum VwVfG und die Abhandlung von Ossenbühl zur Außenwirkung von Verwaltungsvorschriften zusammengestellt. Mit dieser ersten Sammlung von Quellen versuchen Sie nun, den Fall weiter zu lösen.

Fortsetzung
Erst später ziehen Sie nach und nach weitere Quellen hinzu. So vermeiden Sie, von der Fülle der Quellen „erschlagen" zu werden.

■ 3. Schritt: Eigene Meinung zu den strittigen Punkten bilden

Sobald Sie zu einem Prüfungspunkt den Meinungsstand in Literatur und Rechtsprechung erhoben haben und wiedergeben können, bilden Sie sich nun unter Abwägung aller diskutierten Argumente und mithilfe eigener Argumente eine eigene Meinung. Nun formulieren Sie den Prüfungspunkt im Hauptteil aus, setzen die entsprechenden Fußnoten und geben die verwendeten Quellen im Literaturverzeichnis an.

III. Hinweise zum Umgang mit der Musterhausarbeit

Im Lösungsvorschlag gibt es zwei Arten von Fußnoten:
- Die einen sind „Musterfußnoten" der „Musterhausarbeit": Diese zeigen Ihnen, wie die in der Hausarbeit dargestellten fremden Gedanken korrekt zitiert und belegt werden.
- Die anderen sind „Hilfsfußnoten" und nicht Bestandteil der Musterhausarbeit. Sie sind *kursiv und in Klammern gesetzt* und dienen nur dazu, Ihnen weitere Tipps zum Aufbau der Hausarbeit oder zur Vertiefung sowie Prüfern Hinweise für die Korrektur zu geben.

In der Musterhausarbeit wird der **klassischen deutschen Zitierweise in den Rechtswissenschaften** gefolgt. Nach Absprache mit Ihrem Betreuer/Ihrer Betreuerin ist selbstverständlich auch die **Harvard-Methode** (Quellennachweis direkt im Fließtext, Fußnoten nur für weitere Erörterungen oder Hinweise) zulässig. Hier war durch die Aufgabenstellung indirekt die deutsche Zitierweise vorgegeben („reiner Fließtext").

IV. Musterhausarbeit

Ausgangssituation

Gehen wir davon aus, dass die Musterhausarbeit im Grundstudium gestellt wurde, es sich dabei um die erste rechtswissenschaftliche Hausarbeit im Studium überhaupt handelt und diese in die Abschlussnote des Studiums mit einfließt. Der oben in der Einführung dargestellte Lerninhalt (siehe dort „Vorkenntnisse für die Musterhausarbeit") wurde bereits behandelt. Die Studierenden haben auch schon das wissenschaftliche Arbeiten geübt.

Vorgaben der Aufgabenstellerin

Hauptschwerpunkte in der Fallbearbeitung sind das Problem der Außenwirkung von Verwaltungsvorschriften sowie der Umgang mit dem Verstoß gegen die sachliche Zuständigkeit, die Frage nach der Einhaltung der Form (und ggf. der Bekanntgabevorschriften) sowie der etwaige Ermessensnichtgebrauch. Die Aufgabenstellerin ordnet die Hausarbeit wegen der Problematik um die Rechtsnatur von Verwaltungsvorschriften und wegen des für die Studierenden noch unbekannten Rechtsgebiets (UZwGBw) als „schwer" ein. Die Hausarbeit soll nicht zu streng bewertet werden, zumal die Studierenden noch Anfänger sind und das Ergebnis in die Gesamtnote einfließt. Mit „sehr gut" soll die Hausarbeit aber dennoch nur bewertet werden, wenn die Problematik der Rechtsnatur der Verwaltungsvorschrift nicht nur erkannt, sondern vertieft erörtert wird (wenn auch nicht in der Tiefe der Musterhausarbeit). Auch müssen für ein „sehr gut" alle anderen Hauptschwerpunkte erkannt und überzeugend gelöst worden sein. Mit „nicht bestanden" hingegen soll die Hausarbeit (abgesehen von Plagiaten) nur dann gewertet werden, wenn sich der/die Verfasser(in) noch nicht einmal ansatzweise mit Literatur und Rechtsprechung auseinandergesetzt hat und die Arbeit auch als Klausurlösung unbrauchbar wäre (das ist ein sehr großzügiger Bewertungsmaßstab).

Hochschule des Bundes für öffentliche Verwaltung
Fachbereich Bundeswehrverwaltung
Studiengang: Bachelor of Public Administration
Allgemeines Verwaltungsrecht
bei Frau Professor Dr. Kathi Gassner

Hausarbeit „Zivile Wachperson“

Wintersemester 2017/2018
Stand: 31.01.2018

vorgelegt von:
Marie Musterstudentin
Musterstraße 1
12345 Musterhausen
Telefon: 01234/5678
Marie.Musterstudentin@hs-bund.de
Matrikelnummer: 88888

Tipps/Hinweise:

Vorrang haben die Vorgaben Ihrer Hochschule/Ihres Prüfers bzw. Ihrer Prüferin!

Bestehen keine Vorgaben, empfiehlt sich folgender Aufbau des Deckblatts:

- Wenn nicht ausdrücklich durch Hochschule erlaubt: Deckblatt ohne Logo der Hochschule!
- Name der Hochschule, der Fakultät (des Fachbereichs), an Universitäten: auch des Lehrstuhls!
- Name des Studiengangs, des Studienfachs bzw. (Teil-)Moduls; Name der bzw. des Lehrenden!
- Stand Ihrer Arbeit (d. h. Stand der Gesetzeslage, Literatur und Rechtsprechung)!
- Titel (hier: Hausarbeit „Zivile Wachperson“) und Angabe des Semesters!
- Ihre Daten!
- Deckblatt ohne Seitenzahl!

Inhaltsverzeichnis

Tipps/Hinweise:

Vorrang haben die Vorgaben Ihrer Hochschule/Ihres Prüfers bzw. Ihrer Prüferin! Ansonsten gilt:

- „Vorangestellte Verzeichnisse" sind: ggf. Abbildungs- und Tabellenverzeichnis/immer: Abkürzungsverzeichnis/ggf. Symbolverzeichnis. **Römische Seitenzahlen!**

– I –

- **Nach diesen Verzeichnissen folgen mit arabischen Seitenzahlen:**
- Sachverhalt und Aufgabe(n),
- Ihr Gutachten (wie oben „alpha-numerisch“ oder wie folgt „dezimal“ gegliedert):

  1 Rechtsgrundlage
  2 Formelle Voraussetzungen
  2.1 Zuständigkeit
  2.1.1 Sachliche Zuständigkeit
  2.1.2 Örtliche Zuständigkeit
  2.2 Verfahren

  Für beide Gliederungsarten gilt: Ein Gliederungspunkt „1“ ohne einen Gliederungspunkt „2“ macht keinen Sinn! Gliedern Sie Ihren Gedankengang sinnvoll!
- „Nachgestellte Verzeichnisse“ sind: zwingend das Literaturverzeichnis sowie je nach Geschmack weitere Verzeichnisse wie hier das Verzeichnis der Rechtsprechung.
- **Zum Schluss fügen Sie die „Redlichkeitserklärung“ bei.** (Ohne Angabe im Inhaltsverzeichnis!)

– II –

Abkürzungsverzeichnis

Abs.	Absatz
AB-UZwGBw	Ausführungsbestimmungen zum Gesetz über die Anwendung unmittelbaren Zwanges und die Ausübung besonderer Befugnisse durch Soldaten der Bundeswehr und verbündeter Streitkräfte sowie zivile Wachpersonen
Alt.	Alternative
Aufl.	Auflage
BAAINBw	Bundesamt für Ausrüstung, Informationstechnik und Nutzung der Bundeswehr
BAIUDBw	Bundesamt für Infrastruktur, Umweltschutz und Dienstleistungen der Bundeswehr
BMVg	Bundesministerium der Verteidigung
BVerfG	Bundesverfassungsgericht
BVerfGE	Entscheidungen des Bundesverfassungsgerichts
BwDLZ	Bundeswehr-Dienstleistungszentrum
d. h.	das heißt
f.	folgend
ff.	fortfolgend
GG	Grundgesetz
h. M.	herrschende Meinung
Hrsg.	Herausgeber
lit	Buchstabe
i. d. R.	in der Regel
i. V. m.	in Verbindung mit
NJW	Neue Juristische Wochenschrift
NVwZ	Neue Zeitschrift für Verwaltungsrecht
NZA-RR	NZA-Rechtsprechungs-Report Arbeitsrecht (Zeitschrift)
OVG	Oberverwaltungsgericht
S.	Satz
v.	vom
VG	Verwaltungsgericht
vgl.	vergleiche
VwGO	Verwaltungsgerichtsordnung
VwVfG	Verwaltungsverfahrensgesetz
UZwGBw	Gesetz über die Anwendung unmittelbaren Zwanges und die Ausübung besonderer Befugnisse durch Soldaten der Bundeswehr und verbündeter Streitkräfte sowie zivile Wachpersonen
z. B.	zum Beispiel

Tipps/Hinweise:

Vorrang haben die Vorgaben Ihrer Hochschule/Ihres Prüfers bzw. Ihrer Prüferin!

Bestehen keine Vorgaben, sollten Sie Folgendes beachten:

– III –

- Keine Abkürzungen aus Bequemlichkeit (z. B. nicht „VA" für „Verwaltungsakt"!) Keine selbst erfundenen Abkürzungen (z. B. nicht „BL" für „Beliehener")!
- Ggf. Verweis auf „Kirchner – Abkürzungsverzeichnis der Rechtssprache" unter Angabe der aktuellen Auflage. Dann müssen Sie aber auch wissen, ob die von Ihnen benutzten Abkürzungen dort aufgeführt werden!

– IV –

Sachverhalt und Aufgabenstellung

Sachverhalt

Herr Walter Schmidt ist seit 5 Jahren Angestellter der A-Security-Bewachungs-GmbH, die im Auftrag der Bundesrepublik Deutschland Liegenschaften der Bundeswehr bewacht. Herr Schmidt wurde am 5. Januar vor zwei Jahren ordnungsgemäß nach § 1 Abs. 3 UZwGBw mit den Befugnissen einer zivilen Wachperson beliehen. Seither ist er regelmäßig im Munitionslager A (örtlich gelegen im Zuständigkeitsbereich des Bundeswehr-Dienstleistungszentrums Y) als Bewacher eingesetzt. Stabsfeldwebel Fuhrmann (Leiter des Munitionslagers: Dienststelle der Streitkräftebasis) stellt fest, dass Herr Schmidt seit mehreren Wochen regelmäßig betrunken zum Dienst erschienen ist. Außerdem erfährt Stabsfeldwebel Fuhrmann zufällig, dass Herr Schmidt vor zwei Monaten wegen gefährlicher Körperverletzung rechtskräftig zu einer Freiheitsstrafe auf Bewährung verurteilt worden ist. Weitere sofortige Nachforschungen von Stabsfeldwebel Fuhrmann ergeben, dass Herr Schmidt in den letzten 3 Monaten in 12 Fällen schlafend angetroffen wurde. Daraufhin zitiert Herr Stabsfeldwebel Fuhrmann Herrn Walter Schmidt zu sich, erörtert diesem den Sachverhalt und ordnet dann mündlich ohne weitere Aussprache mit Herrn Schmidt an: *„Mir bleibt keine andere Wahl. Hiermit muss ich Folgendes anordnen: Ich hebe die Ihnen vor 2 Jahren am 5. Januar erteilte Übertragung von Befugnissen als zivile Wachperson auf."*

Aufgabe

Prüfen Sie gutachtlich, ob die durch den Stabsfeldwebel Fuhrmann ausgesprochene Anordnung rechtmäßig ist. Gehen Sie dabei bitte auch auf etwaige Fehlerfolgen ein.

Hinweis: Zu sämtlichen aufgeworfenen Rechtsfragen ist – notfalls im Wege eines Hilfsgutachtens – Stellung zu nehmen!

Tipps/Hinweise:

Vorrang haben die Vorgaben Ihrer Hochschule/Ihres Prüfers bzw. Ihrer Prüferin!

Bestehen keine Vorgaben, sollten Sie den Sachverhalt und die Aufgabenstellung in die Hausarbeit aufnehmen.

– 1 –

Gutachten

Die durch Stabsfeldwebel Fuhrmann angeordnete Aufhebung der Beleihung des Herrn Schmidt mit den Befugnissen nach dem UZwGBw ist rechtmäßig, wenn sie sowohl formell als auch inhaltlich (materiell) mit dem geltenden Recht vereinbar ist.

A. Rechtsgrundlage

Fraglich ist, auf welche Rechtsgrundlage die Aufhebung der Beleihung, die als belastende Maßnahme nur aufgrund eines formellen Gesetzes ergehen darf (Vorbehalt des Gesetzes, Art. 20 Abs. 3 GG), gestützt werden kann. § 1 Abs. 3 UZwGBw regelt nur die Erteilung der Befugnisse. Daher sind §§ 48, 49 VwVfG näher zu prüfen. Diese sind nach § 1 Abs. 1 Nr. 1 VwVfG u. a. anwendbar, wenn die Aufhebung der Beleihung eine öffentlich-rechtliche Verwaltungstätigkeit einer Bundesbehörde i. S. d. § 1 Abs. 4 VwVfG ist. Behörde i. S. d. § 1 Abs. 4 VwVfG ist jede Stelle, die materielle Aufgaben der Verwaltung erfüllt (funktioneller Behördenbegriff).[1] Keine materielle Verwaltungstätigkeit i. S. d. VwVfG ist das Handeln aufgrund militärischer Kommandogewalt durch militärischen Befehl.[2] Stabsfeldwebel Fuhrmann wird hier laut Sachverhalt zwar organisatorisch als Soldat im Munitionslager A, einer Dienststelle der Streitkräftebasis, tätig. Er nimmt durch die Aufhebung der Beleihung aber keine Aufgabe im Wachdienst aufgrund militärischer Kommandogewalt unter Berufung auf die Vorgesetztenverordnung, sondern eine klassische Verwaltungstätigkeit wahr. Damit ist das VwVfG anwendbar.[3] Da die Beleihung laut Sachverhalt rechtmäßig war und auf eine neue Sachlage reagiert werden soll, ist richtige Rechtsgrundlage § 49 Abs. 2 S. 1 Nr. 3 VwVfG.

---

1 *Maurer/Waldhoff*, VerwR, § 21 Rn. 32; Stelkens/Bonk/Sachs/*Schmitz*, VwVfG, § 1 Rn. 230.

2 Stelkens/Bonk/Sachs/*Schmitz*, VwVfG, § 1 Rn. 168.

3 *(Hinweis: Für die Prüfung von § 2 VwVfG bestand kein Anlass).*

– 2 –

B. Formelle Voraussetzungen

I. Zuständigkeit

1. Sachliche Zuständigkeit

Wenn Spezialregelungen fehlen, sind nach allgemeinem Rechtsgrundsatz die Behörden sachlich für den Widerruf eines Verwaltungsakts zuständig, die auch für seinen Erlass sachlich zuständig sind.[4] Zuständig für die Beleihung ist nach § 1 Abs. 3 S. 1 UZwGBw das BMVg oder die von diesem bestimmte Stelle. Von dieser Ermächtigung hat das BMVg Gebrauch gemacht und durch Nummer 205 AB-UZwGBw das BAAINBw, das BAIUDBw, die Leiterinnen und Leiter der nachgeordneten Dienststellen des BAAINBw[5], die Leiterinnen und Leiter der BwDLZ sowie die höheren Kommandobehörden der Marine, soweit es zivile Wachpersonen für zivilbesetzte Hilfsschiffe und Boote der Marine betrifft, zur Übertragung von Befugnissen nach dem UZwGBw für ihren Zuständigkeitsbereich ermächtigt.

Die AB-UZwGBw ist eine Verwaltungsvorschrift. Nach Teilen der Literatur, die eine originäre Rechtssetzungskompetenz der Verwaltung anerkennen, kommt Verwaltungsvorschriften, die die Exekutive in ihrem Funktionsbereich erlässt, schon grundsätzlich eine unmittelbare Außenwirkung zu.[6] Die herkömmliche Dogmatik lehnt eine grundsätzliche unmittelbare Rechtswirkung von Verwaltungsvorschriften ab.[7] Unumstritten ist jedoch, dass Verwaltungsvorschriften, die in Verbindung mit dem ermächtigenden formellen Gesetz abschließend regeln, welches Verwaltungsorgan (Behörde i.S.d. § 1 Abs. 4 VwVfG) gegenüber dem Bürger Sachaufgaben mit Außenwir-

---

4 Vgl. BVerwG NJW 2000, 1512 (1513); Stelkens/Bonk/Sachs/*Sachs*, VwVfG, § 48 Rn. 254. Speziell zur sachlichen Zuständigkeit für den Widerruf einer Beleihung nach § 1 Abs. 3 UZwGBw: VG Gießen, Urteil v. 23.10.2000 – 10 E 255/97, juris Rn. 23; vgl. auch Nummer 214 S. 3 der AB-UZwGBw.

5 *(Hinweis: Nachgeordnete Dienststellen sind die Wehrtechnischen Dienststellen, die Wehrwissenschaftlichen Dienststellen, das Marinearsenal, die Deutsche Verbindungsstelle des Rüstungsbereiches in den USA sowie das Zentrum für Informationstechnik der Bundeswehr).*

6 *Ossenbühl*, Festgabe BVerwG, S. 433; siehe auch *Sauerland*, Die Verwaltungsvorschriften im System der Rechtsquellen, S. 513–521.

7 Ständige Rechtsprechung: BVerfGE 78, 214 (227); BVerwG, Beschl. v. 29.06.2017 – 1 WB 11/16 –, juris Rn. 40; Urt. v. 07.04.2016 – 4 C 1/15 –, juris Rn. 18; *Mauer/Waldhoff*, VerwR, § 24 Rn. 40. Näher zum Streitstand siehe auch GVR I/*Ruffert*, § 17 Rn. 15 ff. und *Sauerland*, Die Verwaltungsvorschriften im System der Rechtsquellen, S. 190–274.

kung wahrnimmt, rechtliche Außenwirkung haben.[8] Davon abzugrenzen sind die rein verwaltungsinternen Geschäftsverteilungspläne, die ohne Rechtswirkung nach außen innerhalb einer Behörde die Sachaufgaben auf bestimmte Einheiten der Behörde (z. B. Referat, Abteilung, Amt) verteilen, weil nach außen nur die Behörde, nicht aber die Einheit der Behörde auftritt (vgl. § 1 Abs. 4 VwVfG).[9] Nummer 205 AB-UZwGBw verteilt nicht lediglich innerhalb einer Behörde verwaltungsintern die Aufgabe der Beleihung, sondern regelt, welche Behörden anstelle des BMVg diese Aufgabe wahrnehmen. Somit hat die Regelung insoweit eine rechtliche Außenwirkung.[10] Zusätzlich wird durch Nummer 205 AB-UZwGBw mit rechtlicher Außenwirkung für die BwDLZ und die dem BAAINBw nachgeordneten Dienststellen die sogenannte funktionelle Zuständigkeit[11] der Leiterinnen und Leiter dieser Behörden geregelt, während für die übrigen in Nummer 205 AB-UZwGBw aufgezählten Behörden der zuständige Organwalter lediglich verwaltungsintern durch den Geschäftsverteilungsplan bestimmt wird. Verstöße gegen die in Nummer 205 AB-UZwGBw geregelte sachliche und funktionelle Zuständigkeit führen daher zur Rechtswidrigkeit des Verwaltungshandelns.[12]

2. Örtliche Zuständigkeit

Nach § 49 Abs. 5 Hs. 1 VwVfG entscheidet über den Widerspruch nach Unanfechtbarkeit des Verwaltungsaktes die nach § 3 VwVfG zuständige Behörde, hier nach § 3 Abs. 1 Nr. 2 VwVfG also die Behörde,

---

8 Vgl. *Maurer/Waldhoff*, VerwR, § 24 Rn. 43; so auch offenbar VG Gießen, Urteil v. 23.10.2000 – 10 E 255/97, juris Rn. 23 zur Außenwirkung der Vorgängervorschrift von Nummer 214 S. 3 der AB-UZwGBw.

9 *Maurer/Waldhoff*, VerwR, § 24 Rn. 42.

10 *(Hinweis: Ob die AB-UZwGBw überhaupt wirksam sind, musste mangels Angaben im Sachverhalt nicht geprüft werden. Bei* ***Verwaltungsvorschriften mit nur mittelbarer Außenwirkung*** *ist streitig, ob die Veröffentlichung Wirksamkeitsvoraussetzung ist. Nach h. M. ist sie nur eine Folgepflicht [BVerwGE 104, 220 = NVwZ 1998, 273; Maurer/Waldhoff [Fn. 5], § 24 Rn. 53]. Für* ***Verwaltungsvorschriften mit unmittelbarer Außenwirkung*** *ist mit Hinblick auf das Rechtsstaatsprinzip [Art. 20 Abs. 3 GG] und das Recht auf effektiven Rechtsschutz [Art. 19 Abs. 4 GG] die allgemeine Veröffentlichung der Verwaltungsvorschrift zwingend für deren Wirksamkeit erforderlich [BVerwG NVwZ 2005, 602]).*

11 Zum Begriff siehe *Maurer/Waldhoff*, VerwR, § 21 Rn. 50.

12 *(Hinweise für die Korrektur: Ein Schwerpunkt war die Außenwirkung von Verwaltungsvorschriften).*

in deren Zuständigkeitsbereich die Tätigkeit im Rahmen der Beleihung derzeit ausgeübt wird.

3. Zwischenergebnis

Damit wäre die Leiterin/der Leiter des BwDLZ Y, zu deren Zuständigkeitsbereich das Munitionslager gehört, in dem die Tätigkeit als Wachperson derzeit ausgeübt wird, sachlich und örtlich für den Widerruf zuständig gewesen. Stabsfeldwebel Fuhrmann als Organwalter der Dienststelle der Streitkräftebasis war schon sachlich unzuständig.

Zu prüfen ist, ob der Verstoß gemäß § 44 Abs. 1 VwVfG zur Nichtigkeit des Widerrufs führt. Dann müsste zum einen der Verstoß besonders schwerwiegend, also mit der Rechtsordnung unter keinen Umständen vereinbar sein;[13] zum anderen müsste dies bei verständiger Würdigung aller in Betracht kommenden Umstände offensichtlich sein. Das ist der Fall, wenn der schwerwiegende Fehler für den verständigen Durchschnittsbetrachter ohne Weiteres erkennbar ist, also keine ernsthaften Zweifel an der Rechtslage bestehen können.[14] Verstöße gegen die sachliche Zuständigkeit führen zur Nichtigkeit, wenn die handelnde Stelle absolut sachlich unzuständig ist, d. h. unter keinen wie immer gearteten Umständen mit der Sache befasst sein kann, und dies offensichtlich ist.[15]

Hier wurde mit Fuhrmann zunächst der richtige Organisationsbereich (die Bundeswehr) für den richtigen Verwaltungsträger (die Bundesrepublik Deutschland) tätig. Die absolute Unzuständigkeit könnte sich allerdings aufgrund eines etwaigen Verstoßes gegen Art. 87b Abs. 1 GG (Trennungsgebot von Bundeswehrverwaltung und Streitkräften) ergeben, weil Fuhrmann hier im Namen einer Dienststelle der Streitkräfte Aufgaben der Bundeswehrverwaltung wahrnimmt. Zwar besteht für die Aufgaben des Personalwesens ein grundsätzliches Wahrnehmungsmonopol der Bundeswehrverwaltung (Art. 87b Abs. 1 S. 2 GG), dieses lässt allerdings Ausnahmen zu.[16] So können Verwaltungsaufgaben ausnahmsweise wegen zwingender Sachnotwendigkeit den

13 BVerwG NJW 1985, 2658; Stelkens/Bonk/Sachs/*Sachs*, VwVfG, § 44 Rn. 103.

14 BVerwG NZA-RR 2016, 166 Rn. 23; Stelkens/Bonk/Sachs/*Sachs*, VwVfG, § 44 Rn. 122 ff.

15 BVerwG NJW 1974, 1961 (1963); Stelkens/Bonk/Sachs/*Sachs*, VwVfG, § 44 Rn. 111; vgl. auch zur Entlassung eines Beamten durch eine offensichtlich unzuständige Behörde: Battis/*Hebeler*, BBG, § 38 Rn. 2.

16 *Pieroth*, NVwZ 2011, 705 (706).

Streitkräften zugewiesen werden, wobei dann im Einzelnen wiederum streitig ist, wann eine solche zwingende Sachnotwendigkeit besteht.[17] Auf eine solche zwingende Sachnotwendigkeit beruft sich das BMVg beispielsweise, wenn es in Nummer 205 der AB-UZwGBw die höheren Kommandobehörden der Marine für sachlich zuständig erklärt. Damit war Fuhrmann als Teil der Streitkräfte jedenfalls nicht offensichtlich absolut sachlich unzuständig, vielmehr bedurfte die Feststellung seiner Unzuständigkeit einer ausführlichen rechtlichen Würdigung. Der Widerruf der Beleihung ist also nicht bereits nach § 44 Abs. 1 VwVfG nichtig.[18]

Verstöße gegen die sachliche Zuständigkeit sind, soweit keine Spezialregelungen dazu bestehen[19], weder heilbar (§ 45 VwVfG) noch unbeachtlich (§ 46 VwVfG).[20] Somit ist der Widerruf bereits unheilbar formell rechtswidrig und wäre im Widerspruchs- bzw. Klageverfahren allein wegen des Verstoßes gegen die sachliche Zuständigkeit zwingend aufzuheben.

Die weiteren Rechtmäßigkeitsvoraussetzungen werden hilfsgutachtlich geprüft, d.h. ohne Rücksicht darauf, dass Stabsfeldwebel Fuhrmann als Organwalter des sachlich unzuständigen Munitionslagers weder Verfahrenshandlungen vornehmen noch in der Sache entscheiden durfte.

II. Verfahren

Zu prüfen ist, ob die Verfahrensvorschriften und hier insbesondere die Verfahrensrechte der Beteiligten ausreichend beachtet wurden.

Nach § 28 Abs. 1 VwVfG ist, bevor ein Verwaltungsakt erlassen wird, der in Rechte eines Beteiligten eingreift, diesem Gelegenheit zu geben, sich zu den für die Entscheidung erheblichen Tatsachen zu äußern. Der Widerruf der Beleihung ist ein rechtsgestaltender Verwaltungsakt i.S.d. § 35 S. 1 VwVfG. Herr Schmidt ist als derjenige, an den der Widerruf gerichtet wurde, gemäß § 13 Abs. 1 Nr. 2 VwVfG Beteiligter. Durch den Widerruf wird Herrn Schmidt die durch die Beleihung verliehene Rechtsposition entzogen. Das stellt einen Rechtseingriff

---

17 Vgl. *Pieroth*, NVwZ 2011, 705 (707).

18 *(Hinweis für die Korrektur: a.A. bei entsprechender Begründung vertretbar).*

19 *(Hinweis: Spezielle Heilungsvorschriften sind z.B. § 13 Abs. 2 Nr. 2 BBG bzw. § 11 Abs. 2 Nr. 2 BeamtStG).*

20 Stelkens/Bonk/Sachs/*Sachs*, VwVfG, § 45 Rn. 146 und § 46 Rn. 43.

dar.[21] Somit war eine Anhörung grundsätzlich erforderlich. Herr Schmidt wurde zwar im Gespräch von Stabsfeldwebel Fuhrmann über die Sachlage informiert. Ihm wurde aber vor Erlass des Widerrufs keine Gelegenheit zur Stellungnahme gegeben. Eine Anhörung fand somit nicht statt.

Auf die Anhörung konnte nicht nach § 28 Abs. 2 oder 3 VwVfG verzichtet werden, insbesondere bestand keine Gefahr im Verzug (§ 28 Abs. 2 Nr. 1 Alt. 1 VwVfG), da Stabsfeldwebel Fuhrmann Herrn Schmidt im Gespräch die Gelegenheit zur Stellungnahme hätte geben können.[22]

Damit ist der Widerruf auch wegen des Verstoßes gegen die Anhörungspflicht formell rechtswidrig. Der Verstoß könnte zwar geheilt werden (§ 45 Abs. 1 Nr. 3 VwVfG). Da der Verwaltungsakt aber wie geprüft wegen des Verstoßes gegen die sachliche Zuständigkeit unheilbar rechtswidrig ist, macht das Nachholen der Anhörung keinen Sinn.

III. Form

Zu prüfen ist, ob der mündliche Widerruf formgerecht ist. Nach § 37 Abs. 2 S. 1 VwVfG kann ein Verwaltungsakt formfrei und damit auch mündlich erlassen werden, soweit keine abweichende Regelung besteht. Hier ist durch Nummer 214 S. 3 AB-UZwGBw bestimmt, dass die Befugnisse durch förmlichen (also schriftlichen) Verwaltungsakt nach Anlage 3.4 zu den AB-UZwGBw zu entziehen sind.

Nach den Stimmen in der Literatur, die wie oben dargestellt eine unmittelbare Rechtswirkung von Verwaltungsvorschriften anerkennen, würde der Verstoß gegen die Formvorschrift rechtlich beachtlich sein.

Nach der h. M. folgt unmittelbar aus dem Verstoß gegen eine Verwaltungsvorschrift nicht grundsätzlich die Rechtswidrigkeit. Allerdings kann der Einzelne nach Art. 3 Abs. 1 GG verlangen, dass das einzelne

21 *(Hinweis für die Korrektur: Ebenso vertretbar ist es auszuführen, dass ein Eingriff in die Berufsfreiheit [Art. 12 Abs. 1 S. 1 GG] bzw. subsidiär ein Eingriff in die allgemeine Handlungsfreiheit [Art. 2 Abs. 1 GG] vorliegt).*

22 *(Hinweis: Eine Ausnahme nach § 28 Abs. 2 Nr. 1 bzw. Abs. 3 VwVfG kam nicht in Betracht. Zwar ist der Widerruf der Beleihung im öffentlichen Interesse. Entscheidend ist aber nur, ob das Absehen von der Anhörung im öffentlichen Interesse ist, ob es also dem öffentlichen Interesse schadet, wenn eine Anhörung durchgeführt wird. So würde die Anhörung vor einer Hausdurchsuchung deren Zweck vereiteln.)*

Verwaltungsorgan in gleichen Fällen eine unmittelbar nur die Verwaltung bindende Verwaltungsvorschrift in gleicher Weise zur Anwendung bringt (Selbstbindung der Verwaltung).[23] Das gilt grundsätzlich nicht nur für das Sachentscheidungs-, sondern auch für das Verfahrensermessen der Verwaltung.[24] Voraussetzung ist allerdings, dass die einzelne Vorschrift nicht nur dem öffentlichen Interesse, sondern zumindest auch dem Schutz des Einzelnen dient (Schutznormtheorie).[25] Eine Schriftform dient ausschließlich dem öffentlichen Interesse, wenn sie im Interesse der Verwaltung nur aus Beweis- oder Ordnungszwecken eingeführt wurde.[26] Jedenfalls bei Maßnahmen der Eingriffsverwaltung besteht die Vermutung, dass die Schriftform zumindest auch dem Schutz des Betroffenen vor voreiligen oder unverständlichen Entscheidungen zu seinen Lasten dient und so sein Recht aus § 37 Abs. 2 S. 2 VwVfG auf schriftliche Bestätigung des belastenden Verwaltungsakts erweitert.

Hier ist nicht ersichtlich, dass Nummer 214 S. 3 AB-UZwGBw lediglich zu Beweis- oder Ordnungszwecken eingeführt wurde.

Damit hat Herr Schmidt, sofern man nicht ohnehin entgegen der herkömmlichen Auffassung die rechtliche Außenwirkung von Verwaltungsvorschriften anerkennt, zumindest aus Art. 3 Abs. 1 GG einen verwaltungsgerichtlich durchsetzbaren Anspruch auf Einhaltung der Schriftform.[27]

Der Verstoß gegen eine nur durch Verwaltungsvorschrift vorgeschriebene Schriftform ist jedoch nicht besonders schwerwiegend und führt nicht zur Nichtigkeit nach § 44 Abs. 1 VwVfG.[28] Insoweit ist der Widerruf der Beleihung wegen des Verstoßes gegen Art. 3 Abs. 1 GG „nur" formell rechtswidrig.[29]

---

23 Vgl. Beck OK GG/*Kischel*, GG, Art. 3 Rn. 114; *Maurer/Waldhoff*, VerwR, § 24 Rn. 37–40.

24 Vgl. Stelkens/Bonk/Sachs/*Stelkens*, VwVfG, § 37 Rn. 49. Das übersieht VG Gießen, Urt. v. 23.10.2000 – 10 E 255/97-, juris Rn. 24 in einem ähnlichen Fall zur AB-UZwGBw in der damaligen Fassung.

25 Vgl. *Maurer/Waldhoff*, VerwR, § 8 Rn. 8 f.

26 Vgl. BeckOK VwVfG/*Schemmer*, VwVfG, § 46 Rn. 31.

27 *(Hinweis für die Korrektur: a. A. vertretbar).*

28 OVG Münster NVwZ 1993, 75 (76); Stelkens/Bonk/Sachs/*Stelkens*, VwVfG, § 37 Rn. 52 ff.

29 *(Hinweis: Läge hier allein ein Verstoß gegen die durch Verwaltungsvorschrift vorgeschriebene Schriftform vor, hätte der Betroffene nach § 46 VwVfG keinen Anspruch auf Aufhebung der Sachentscheidung.)*

IV. Bekanntgabe[30]

Zu prüfen ist weiter, ob der Widerruf gegenüber Herrn Schmidt ordnungsgemäß bekannt gegeben worden ist. Das richtet sich im Falle der Zustellung vorrangig nach dem VwZG, im Übrigen nach § 41 VwVfG. Eine Pflicht zur förmlichen Bekanntgabe im Wege der Zustellung bestand hier nicht und wurde von der Behörde auch nicht angeordnet.[31] Herr Schmidt ist nach § 41 Abs. 1 S. 1 VwVfG als Beteiligter, für den der Verwaltungsakt bestimmt ist, der richtige Bekanntgabeadressat.[32] Nach Teilen der Literatur können Verwaltungsakte, für die gesetzlich die Schriftform vorgeschrieben ist, rechtswirksam nur bekannt gegeben werden, wenn der Verwaltungsakt dem Bekanntgabeadressaten als Schriftstück zugeht (Rechtsgedanke aus § 1 Abs. 2 Alt. 1 VwZG); erfährt der Betroffene nur mündlich vom Verwaltungsakt, stellt dies keine Heilung analog § 8 VwZG dar, da nur Mängel im Vorgang der Bekanntgabe durch den tatsächlichen Zugang heilbar sind, nicht aber der fehlende Wille der Behörde zur schriftlichen Bekanntgabe durch den tatsächlichen Zugang ersetzt werden kann.[33] Folgt man dieser Auffassung, muss dasselbe auch dann gelten, wenn die Schriftform durch Verwaltungsvorschrift angeordnet ist (Rechtsgedanke aus § 1 Abs. 2 Alt. 2 VwZG). Dann wäre der Widerruf der Beleihung bisher nicht wirksam i. S. d. § 43 Abs. 1 VwVfG bekannt gegeben worden, da Herr Schmidt vom Widerruf der Beleihung nur mündlich erfahren hat.[34] Nach wohl h. M. lässt der Formmangel die Bekanntgabe unbe-

---

30 *(Hinweis zur Korrektur: Wer hier wie VG Gießen keinen Verstoß gegen Art. 3 Abs. 1 GG sah, kam folgerichtig zu dem Ergebnis, dass die mündliche Bekanntgabe wirksam ist).*

31 *(Hinweis: Tatsächlich sieht der Musterbescheid, auf den Nummer 214 AB-UZwGBw verweist, die Bekanntmachung gegen Postzustellungsurkunde vor. Wer dies trotz des fehlenden Abdrucks erkannte, musste sich damit auseinandersetzen, ob der Zustellungsvermerk im Musterbescheid lediglich ein Vorschlag oder eine verbindliche Verwaltungsregelung ist. Wer den Zustellungsvermerk für verbindlich hielt, musste erkennen, dass damit eine behördliche Anordnung i. S. d. § 1 Abs. 2 Alt. 2 VwZG vorlag, dass bisher keine wirksame Zustellung erfolgt ist und der fehlende Zustellungswille der Behörde nicht gemäß § 8 VwZG durch den tatsächlichen Zugang des mündlichen Widerrufs gegenüber Herrn Schmidt geheilt werden kann).*

32 *(Hinweis: Dass Herr Schmidt passiv handlungsfähig ist und somit den Verwaltungsakt entgegennehmen kann, ist aufgrund seiner Geschäftsfähigkeit nach § 12 Abs. 1 Nr. 1 VwVfG unproblematisch.)*

33 Stelkens/Bonk/Sachs/*Stelkens*, VwVfG, § 41 Rn. 236.

34 *(Hinweis: Wer im Widerspruchsverfahren die fehlende Bekanntgabe des Verwaltungsakts nicht rügt, verliert nach umstrittener Rechtsprechung sein Recht, sich auf die Unwirksamkeit des Verwaltungsakts berufen zu können.)*

rührt.[35] Letztere Auffassung ist mit Hinblick auf § 46 VwVfG, der Formverstöße ausdrücklich regelt, überzeugend. Damit ist der Widerruf wirksam.

V. Zwischenergebnis

Der Widerruf ist nach der hier vertretenen Auffassung zwar wirksam, wegen der fehlenden sachlichen Zuständigkeit, der fehlenden Anhörung und des Formverstoßes aber formell rechtswidrig.

C. Materielle Voraussetzungen

Der Widerruf ist materiell rechtmäßig, wenn die Tatbestandsvoraussetzungen von § 49 Abs. 2 S. 1 Nr. 3 u. S. 2 VwVfG vorliegen und die von Fuhrmann ausgesprochene Aufhebung der Beleihung auch inhaltlich mit dem geltenden Recht vereinbar ist.

I. Vorliegen der Tatbestandsvoraussetzungen

Tatbestandsvoraussetzung nach § 49 Abs. 2 S. 1 Nr. 3 VwVfG ist, dass ein rechtmäßiger begünstigender Verwaltungsakt vorliegt, dass die Behörde auf Grund nachträglich eingetretener Tatsachen berechtigt wäre, diesen nun nicht mehr zu erlassen, und dass ohne den Widerruf das öffentliche Interesse gefährdet würde. Außerdem ist der Widerruf nach § 49 Abs. 2 S. 2 i. V. m. § 48 Abs. 4 S. 1 VwVfG nur innerhalb eines Jahres seit dem Zeitpunkt der Kenntnisnahme der Tatsachen, die den Widerruf rechtfertigen, zulässig.

1. Rechtmäßiger begünstigender Verwaltungsakt

Die Beleihung des Herrn Schmidt mit den Befugnissen einer zivilen Wachperson ist eine hoheitliche Maßnahme einer Behörde auf dem Gebiet des öffentlichen Rechts (UZwGBw) zur rechtsgestaltenden Regelung eines Einzelfalls mit unmittelbarer Außenwirkung, also ein Verwaltungsakt (§ 35 S. 1 VwVfG).[36] Laut Sachverhalt war die Beleihung rechtmäßig. Mit der Beleihung wurde Herrn Schmidt das Recht eingeräumt, die Befugnisse einer zivilen Wachperson ausüben zu

35 *Maurer/Waldhoff*, VerwR, § 9 Rn. 73.

36 Vgl. zur Einordnung der Beleihung nach § 1 Abs. 3 UZwGBw als Verwaltungsakt auch VG Gießen, Urt. v. 23.10.2000 – 10 E 255/97 –, juris Rn. 21.

dürfen, somit liegt ein begünstigender Verwaltungsakt vor (s. Legaldefinition in § 48 Abs. 1 S. 2 VwVfG).

2. Verwaltungsakt müsste wegen geänderter Sachlage nicht mehr erlassen werden

Würde Herr Schmidt die Beleihung heute beantragen, wäre die zuständige Behörde berechtigt, die Erteilung abzulehnen, weil Herr Schmidt zwischenzeitlich wegen gefährlicher Körperverletzung einschlägig vorbestraft ist, regelmäßig betrunken zum Dienst erscheint sowie bereits mehrmals im Dienst eingeschlafen ist und somit nicht über die nach § 1 Abs. 3 S. 2 UZwGBw erforderliche persönliche Zuverlässigkeit verfügt.[37]

3. Gefahr für das öffentliche Interesse

Zu prüfen ist, ob im Falle der Fortgeltung der Beleihung das öffentliche Interesse gefährdet ist. Es müsste also ein Schaden für wichtige Gemeinschaftsgüter drohen.[38] Bei Fortgelten der Beleihung besteht die hinreichende Wahrscheinlichkeit, dass Herr Schmidt seinen Wachaufgaben wie in der Vergangenheit auch weiterhin nicht ordnungsgemäß nachkommt. Das stellt eine Gefahr für die Sicherheit des Munitionslagers dar. Aufgrund der einschlägigen Vorbestrafung wegen gefährlicher Körperverletzung ist zudem ungewiss, ob Herr Schmidt im Dienst künftig die gesetzlichen Grenzen bei der Anwendung von unmittelbarem Zwang einhalten wird. Das stellt eine Gefahr für Leib und Leben anderer dar. Damit gefährdet die Fortgeltung der Beleihung das öffentliche Interesse.

4. Kein Ausschluss wegen Ablaufs der Jahresfrist[39]

Der Widerruf dürfte nicht nach § 49 Abs. 2 S. 2 VwVfG i.V.m. § 48 Abs. 4 S. 1 VwVfG ausgeschlossen sein. Hier hat die Behörde von den Tatsachen, die den Widerruf rechtfertigen, laut Sachverhalt allenfalls

37 *(Hinweis: Nummer 208 AB-UZwGBw hilft als norminterpretierende Verwaltungsvorschrift ohne Außenwirkung dem Sachbearbeiter, u.a. die Voraussetzungen „persönliche Zuverlässigkeit" zu untersuchen.)*

38 Stelkens/Bonk/Sachs/*Sachs, VwVfG,* § 49 Rn. 69.

39 *(Hinweis: Bei der Jahresfrist handelt es sich um eine materielle Ausschlussfrist und nicht nur um eine formelle Verfahrensfrist. Die Frist kann wie hier als negative Tatbestandsvoraussetzung oder erst auf der Rechtsfolgenseite als Ermessensgrenze geprüft werden wie z.B. Faßbender, JuS 2016, 538 [543]).*

seit 3 Monaten Kenntnis, außerdem dauern die Vorfälle an. Somit ist die Jahresfrist noch nicht abgelaufen.

Damit liegen alle Tatbestandsvoraussetzungen vor.

II. Rechtsfolgenseite

1. Richtiger Regelungsadressat

Richtiger Regelungsadressat für einen Widerruf ist der Regelungsadressat des zu widerrufenden Verwaltungsakts, hier also Herr Schmidt als Inhaber der Beleihung.

2. Rechtmäßige Maßnahme

a) Kein Ermessensnichtgebrauch

§ 49 Abs. 2 S. 1 Nr. 3 VwVfG räumt der Behörde Ermessen ein.[40] Das Ermessen ist gemäß § 40 VwVfG entsprechend dem Zweck und innerhalb der gesetzlichen Grenzen der Ermächtigungsgrundlage auszuüben. Die Behörde muss ihr Ermessen erkennen und ausüben, ansonsten liegt ein Ermessensnichtgebrauch vor. Hier hielt sich Fuhrmann für gebunden („Mir bleibt keine andere Wahl…“). Das wäre nur dann rechtmäßig, wenn das Ermessen auf null reduziert wäre, d. h. wenn nur der Widerruf der Beleihung und nicht auch das (vorübergehende) Absehen vom Widerruf der Beleihung rechtmäßig wäre. Auch wenn es um die Bewachung eines Munitionslagers geht, ist der Widerruf der Beleihung der Behörde nicht zwingend vorgegeben. Rechtmäßig wäre es auch, mit Herrn Schmidt zu vereinbaren, dass er vorübergehend nicht in Liegenschaften der Bundeswehr tätig wird und dass er vorläufig seinen Sonder- und Waffenausweis abzugeben hat, um ihm z. B. die Möglichkeit für eine Therapie einzuräumen, auch wenn das nach hier vertretener Auffassung nicht zweckmäßig erscheint.[41] Damit ist der Widerruf wegen Ermessensnichtgebrauchs materiell rechtswidrig.[42]

---

40 Stelkens/Bonk/Sachs/*Sachs*, VwVfG, § 49 Rn. 28.

41 *(Hinweis zur Korrektur: Ebenfalls vertretbar: Wegen der besonderen Situation (Bewachung eines Munitionslagers) wird in diesem Fall von einer Ermessensreduzierung auf null ausgegangen. Nach dieser Auffassung handelte Herr Fuhrmann dann nicht materiell rechtswidrig).*

42 *(Hinweis: Eine Heilung des Ermessensnichtgebrauchs ist im Widerspruchsverfahren durch die Widerspruchsbehörde möglich, wenn diese nicht lediglich auf die Rechtsaufsicht beschränkt ist. Das setzt aber voraus, dass der Verwaltungsakt anders als hier von der sachlich zuständigen Ausgangsbehörde erlassen wurde.)*

– 12 –

b) Kein Ermessensfehlgebrauch

Da das Ermessen gar nicht ausgeübt wurde, ist ein etwaiger Ermessensfehlgebrauch, also die Berücksichtigung sachfremder Überlegungen, nicht weiter zu prüfen.

c) Keine Ermessensüberschreitung

Hilfsgutachtlich wird noch geprüft, ob der Widerruf der Beleihung gegen gesetzliche Grenzen verstoßen würde. Solche können sich aus dem Wortlaut der Rechtsgrundlage selbst oder dem sonstigen geltenden Recht ergeben.

aa) Grenzen nach dem Wortlaut der Rechtsgrundlage

Der Widerruf der Beleihung wurde in Übereinstimmung mit § 49 Abs. 2 S. 1 VwVfG ganz und nur für die Zukunft ausgesprochen. Damit sind die Grenzen des Wortlauts der Rechtsgrundlage gewahrt.[43]

bb) Kein Verstoß gegen den Grundsatz der Verhältnismäßigkeit

Als sonstige Grenze ist hier näher die Wahrung des Verhältnismäßigkeitsgrundsatzes (Art. 20 Abs. 3 GG) zu prüfen.[44] Eine Verwaltungsmaßnahme ist verhältnismäßig, wenn sie zur Verfolgung eines legitimen Zwecks[45] geeignet, erforderlich und angemessen ist.[46]

(1) Verfolgung eines legitimen Zwecks[47]

Die Verwaltung darf mit der Maßnahme nur einen von der Rechtsordnung erlaubten Zweck verfolgen. Insbesondere muss der verfolgte

---

43 *(Hinweis zur Korrektur: Ebenso ist es vertretbar, die Jahresfrist nicht schon als negatives Tatbestandsmerkmal, sondern hier als Grenze nach dem Wortlaut von § 49 VwVfG zu prüfen).*

44 *(Hinweis: Als gesetzliche Grenze könnte auch Art. 12 Abs. 1 S. 1 GG (große Grundrechtsprüfung) statt des Verhältnismäßigkeitsgrundsatzes (mit der kleinen Grundrechtsprüfung) geprüft werden. Dann wäre zunächst ein Eingriff in den Schutzbereich und anschließend die verfassungsrechtliche Rechtfertigung des Eingriffs, hier insbesondere die Verhältnismäßigkeit als Schranken-Schranke zu prüfen).*

45 *(Hinweis: Der legitime Zweck ist hier ausdrücklich zu prüfen, weil § 49 Abs. 2 S. 1 Nr. 3 VwVfG eine Norm ist, die zu Eingriffen in unterschiedliche Grundrechte befugt und bei Eingriffen in Art. 12 GG nach der 3-Stufen-Lehre des BVerfG spezielle Anforderungen an den legitimen Zweck bestehen).*

46 *(Ein Beleg für die Definition der Verhältnismäßigkeit und der Unterpunkte ist nicht erforderlich).*

47 *(Hinweis: Es gibt mehrere Möglichkeiten, die Dreistufenlehre bzw. Art. 12 GG hier im Gutachten einzubauen: Im Tatbestand durch eine verfassungskonforme Auslegung von „Gefahr für das öffentliche Interesse" oder durch eine Grundrechtsprüfung an-*

Zweck im Einklang mit der Verfassung und hier mit den Grundrechten stehen.

Indem die Verwaltung aufgrund von § 49 Abs. 2 S. 1 Nr. 3 VwVfG i. V. m. § 1 Abs. 3 UZwGBw den Widerruf der Beleihung wegen persönlicher Unzuverlässigkeit anordnet, schränkt sie zwar nicht unmittelbar die Berufsfreiheit einer zivilen Wachperson ein, wenn diese nicht mit der Bundeswehr, sondern mit einem privaten Bewachungsunternehmen ein Arbeitsverhältnis begründet hat und durch den Arbeitgeber anderweitig eingesetzt werden kann; doch schützt Art. 12 Abs. 1 GG auch gegen mittelbare Eingriffe in den Schutzbereich, soweit sie sich mit berufsregelnder Tendenz auf die berufliche Tätigkeit auswirken und dazu führen (können), dass diese ganz oder teilweise unterbunden oder nicht mehr in der gewünschten Weise ausgeübt werden kann.[48] Hier ist zu befürchten, dass Herr Schmidt durch den Widerruf in seiner Tätigkeit als Bewacher eingeschränkt ist. Das stellt einen mittelbaren Eingriff dar. Der Eingriff erfolgt unter Berufung auf eine subjektive Berufswahlregelung (sogenannte 2. Stufe). Das ist nach der Dreistufenlehre des BVerfG nur statthaft, soweit dadurch ein überragendes Gemeinschaftsgut, das der Freiheit des Einzelnen vorgeht, geschützt werden soll.[49] Wie bereits oben im Tatbestand geprüft, erfolgt der Widerruf zum Schutz der Sicherheit des Munitionslagers und zum Schutz von Leib und Leben (Art. 2 Abs. 2 S. 1 GG) anderer. Dabei handelt es sich um überragende Gemeinschaftsgüter, die der Freiheit des Einzelnen vorgehen, und somit um die Verfolgung eines legitimen Zwecks.

(2) Geeignetheit

Der Widerruf müsste geeignet, d. h. förderlich für den angestrebten legitimen Zweck sein. Zweck ist hier die Abwehr von Gefahren für das Munitionslager und für Leib und Leben anderer. Durch den Widerruf wird erreicht, dass Herr Schmidt als Wachperson nicht mehr tätig sein darf und somit das Ziel, das öffentliche Interesse gegen Gefahren zu schützen, zumindest gefördert. Die Maßnahme ist folglich geeignet.

---

stelle eine Verhältnismäßigkeitsprüfung. Andere prüfen die Verhältnismäßigkeit gesondert vor etwaigen Ermessensfehlern, also nicht als Ermessensgrenze).

48 VG Gießen, Urt. v. 23.10.2000 – 10 E 255/97, juris Rn. 40.

49 BVerfGE 7, 377 ff. = BVerfG NJW 1958, 1035 (1038).

(3) Erforderlichkeit

Eine Maßnahme ist erforderlich, wenn es kein milderes (den Betroffenen weniger belastendes), aber gleich geeignetes Mittel gibt. Milder wären aus Sicht des Betroffenen eine Mahnung oder die oben ausgeführte faktische Aussetzung der Beleihung für einen bestimmten Zeitraum, um Herrn Schmidt eine zweite Chance zu geben. Wie die wiederholten Verstöße in der Vergangenheit belegen, ist aber nicht sicher, dass Herr Schmidt sich zukünftig tatsächlich ordnungsgemäß verhält. Damit sind diese Mittel nicht gleich geeignet. Der Widerruf ist erforderlich.

(4) Angemessenheit

Schließlich muss die Maßnahme angemessen sein. Eine Maßnahme ist angemessen, wenn für den Betroffenen kein Nachteil herbeigeführt wird, der erkennbar außer Verhältnis zum beabsichtigten Erfolg steht. Dies ist im Rahmen einer Gesamtabwägung festzustellen: Die Schwere des Eingriffs in die Rechtsgüter des Betroffenen ist abzuwägen mit dem Nutzen der Maßnahme für die Allgemeinheit, hier also die Schwere des Eingriffs in das Recht von Herrn Schmidt auf Berufsfreiheit (Art. 12 Abs. 1 S. 1 GG) mit der Dringlichkeit des Schutzes des Munitionslagers und der Abwehr von Gefahren für Leib und Leben anderer.

Herr Schmidt wird möglicherweise arbeitslos. Auch ist nicht auszuschließen, dass er künftig bei der Suche nach einem neuen Arbeitsplatz wegen des Widerrufs der Beleihung erhebliche Probleme haben wird. Der mittelbare Eingriff in die Berufsfreiheit wiegt somit schwer. Auf der anderen Seite aber drohen erhebliche Gefahren, wenn Herr Schmidt seine Wachaufgaben wie in der Vergangenheit teilweise gar nicht wahrnimmt und das Munitionslager somit nicht gegen den Zutritt Unbefugter geschützt wird oder wenn er die Grenzen des unmittelbaren Zwangs überschreitet und andere körperlich verletzt. Beide Szenarien sind nicht unwahrscheinlich. Zu berücksichtigen ist auch, dass Herr Schmidt hier durch sein eigenes Verhalten die Gefahren verursacht. Wägt man diese Gesichtspunkte gegeneinander ab, so stehen die Nachteile, die Herr Schmidt durch den Widerruf hinzunehmen hat, nicht außer Verhältnis zum beabsichtigten Erfolg. Der Widerruf der Beleihung wäre angemessen und somit insgesamt verhältnismäßig.

3. Bestimmtheit des Verwaltungsakts

Ein Verwaltungsakt muss nach § 37 Abs. 1 VwVfG inhaltlich hinreichend bestimmt sein. Mit dem Wort „Aufhebung" bleibt zwar unklar, ob die Beleihung zurückgenommen oder widerrufen werden sollte. Herr Fuhrmann hat Herrn Schmidt mündlich jedoch den zugrundeliegenden Sachverhalt geschildert, so dass aus der Perspektive des objektiven Empfängerhorizonts ersichtlich ist, dass es um die Aufhebung eines rechtmäßigen Verwaltungsakts ging.[50] Damit ist der Widerruf hinreichend bestimmt.

D. Gesamtergebnis

Der Widerruf ist wegen fehlender sachlicher Zuständigkeit der Dienststelle „Munitionslager" sowie wegen Verstoßes gegen die Anhörungspflicht und den Schriftformzwang formell und wegen Ermessensnichtgebrauchs auch materiell rechtswidrig.[51]

Tipps/Hinweise:

Vorrang haben die Vorgaben Ihrer Hochschule/Ihres Prüfers bzw. Ihrer Prüferin!

- **Korrekturrand einhalten, vorgeschriebene Schriftart, Schriftgröße und Zeilenabstände beachten!**
- **Rechtsnormen richtig zitieren**
  - in der Regel im Fließtext mit der gängigen Abkürzung zitieren (Abkürzung und ggf. auch Fundstelle im Abkürzungsverzeichnis erörtern); nicht mehr gültige Rechtsnormen im Fließtext z. B. so zitieren: § 37 VwVfG a. F. (Fundstelle und Geltungszeitraum in den Fußnoten erörtern);
  - besser § 49 Abs. 3 S. 1 VwVfG und nicht § 49 Abs. 3 S. 1 VwVfG (so nur in Klausuren);
  - präzise zitieren: § 49 Abs. 3 S. 1 Nr. 3 VwVfG (nicht S. 1 vergessen)/§ 3 a VwVfG oder § 41 Abs. 2 a VwVfG (also keine Leerzeichen, nicht: § 3 a VwVfG)/§ 34 a Abs. 2 Nr. 3 lit. a GewO

50 *(Hinweis zur Korrektur: a. A. bei entsprechender Begründung ist vertretbar).*

51 *(Hinweis: Die zuständige Behörde (Leiter(in) des BwDLZ) könnte den Widerruf nach Durchführung der Anhörung und unter Beachtung der Schriftform sowie nach ordnungsgemäßer Ermessensausübung also rechtmäßig erlassen.)*

- bei Reihen: §§ 49 Abs. 5, 48 Abs. 4 S. 1 VwVfG (beide §§ desselben Gesetzes)/aber: § 49 Abs. 2 S. 1 Nr. 3 VwVfG, § 1 Abs. 3 S. 2 UZwGBw (§§ unterschiedlicher Gesetze)

– **Literatur und Rechtsprechung richtig zitieren:**
- Alle fremden Gedanken sind mit Fußnoten zu belegen!
- Jedes Zitat muss nachprüfbar sein!
- **Möglichst nur indirekte Zitate**! Sparsam mit wörtlichen (direkten) Zitaten (diese sind in Anführungszeichen zu setzen)!
- Belegen Sie mit Fußnoten nicht Ihre Subsumtion oder Ihr Ergebnis, sondern nur Definitionen, Meinungsstreits etc. Falsch wäre es also, wenn Sie hinter folgendem Satz die Fußnote 2 gesetzt hätten: „Stabsfeldwebel Fuhrmann ist zwar Soldat, nimmt hier aber keine Kommandogewalt wahr.“ Das hat der zitierte *Herr Schmitz* nämlich nicht geschrieben!
- Fußnoten, die sich auf einen ganzen Satz oder Satzteil beziehen, sind hinter dem Satzzeichen zu setzen. *Hinweis: Das wird unterschiedlich gesehen, andere setzen die Fußnote vor dem Satzzeichen (z. B. Schenke in seinem Lehrbuch „Verwaltungsprozessrecht“).*
- Wenn sich die Fußnote (ausnahmsweise!) auf einen ganzen Absatz beziehen soll, müssen Sie das unbedingt in der Fußnote deutlich machen, um sich nicht dem Vorwurf des Plagiats auszusetzen! Z. B.: „Zum vorangegangenen Absatz siehe BVerwG NJW 2000, 1512 (1513).“
- „**Vgl.**“; „**In diese Richtung**“; „**Ähnlich**“ etc. **nur dann**, wenn die Belegstelle das Zitat nicht vollständig deckt (z. B. Fn. 4, da es in den zitierten Quellen um die sachliche Zuständigkeit für die Rücknahme und nicht um die für den Widerruf ging). *Hinweis: Andere sind der Auffassung, dass alle indirekten Zitate mit „Vgl.“ zu belegen seien (z. B. Westfälische Wilhelms-Universität Münster, Anleitung zur Anfertigung wissenschaftlicher Arbeiten am UIB, Stand: 08.09.2011 [zuletzt abgerufen am 02.02.2018]).*
- Fußnoten beginnen mit einem Großbuchstaben (Ausnahme: Adelstitel „v. Burg“) und enden mit einem „Punkt“.
- **Rechtsprechung**: Gerichtsname, Art und Datum der Entscheidung, Aktenzeichen, Fundstelle. Wenn Sie keine Rechtsprechungsübersicht erstellen oder bei nicht eindeutigen Fundstellen sind diese Angaben vollständig in der Fußnote wiederzugeben: VG Gießen, Urteil v. 23.10.2000 – 10 E 255/97 – juris. Im Übrigen reicht die Kurzfassung in der Fußnote – BVerwG NJW 2000, 1512 (1513) –, die Langfassung dann in der Rechtsprechungsübersicht.
- **Literatur**: in den Fußnoten: Autorenname in *kursiv* – Werk abgekürzt – Fundstelle; vollständige Angaben dann erst im Literaturverzeichnis.

  - **Mehrere Quellen in einer Fußnote**: Quellen durch ein Semikolon trennen. Grds. Gerichtsentscheidungen vor Literatur; innerhalb der Gerichtsentscheidungen nach Hierarchie und innerhalb einer Hierarchiestufe nach dem Namen ordnen, mehrere Entscheidungen desselben Gerichts nach dem Datum ordnen; innerhalb der Literatur alphabetisch ordnen.
  - **Grundlegende Fußnoten** mit mindestens einem Beleg der Rechtsprechung (möglichst BVerfG, BVerwG, OVG bzw. VGH) und einem Beleg aus einem (Groß-)Kommentar oder einem bekannten Lehrbuch, siehe z. B. Fn. 13 der Musterhausarbeit.
  - In Hausarbeiten, die wie hier „Fallprüfungen" sind, sollten keine weiterführenden Belege erfolgen. Zu bearbeiten sind nur die aufgeworfenen Fallfragen, nur diese sind zu belegen.
- **Meinungsstreits aufzeigen und lösen** (z. B. hier der Streit über die unmittelbare Außenwirkung von Verwaltungsvorschriften bei der sachlichen Zuständigkeit und der Form).

Literaturverzeichnis

Battis/*Bearbeiter*, BBG	Ulrich Battis (Hrsg.), Bundesbeamtengesetz, 5. Aufl. 2017
BeckOK GG/*Bearbeiter*	Volker Epping/Christian Hillgruber (Hrsg.), Beck'scher Online-Kommentar Grundgesetz, 35. Edition, Stand 15.11.2017
BeckOK VwVfG/ *Bearbeiter*	Johann Bader/Michael Ronellenfitsch (Hrsg.), Beck'scher Online-Kommentar Verwaltungsverfahrensgesetz, 37. Edition, Stand 01.10.2017
GVR I/*Ruffert*	Matthias Ruffert, § 17 Rechtsquellen und Rechtsschichten des Verwaltungsrechts, in: Wolfgang Hoffmann-Riem/Eberhard Schmidt-Aßmann/Andreas Voßkuhle (Hrsg.), Grundlagen des Verwaltungsrechts, Band I, 2. Aufl. 2012, S. 1163 – 1255
Maurer/Waldhoff, VerwR	Hartmut Maurer/Christian Waldhoff, Allgemeines Verwaltungsrecht, 19. Aufl. 2017
Ossenbühl, Festgabe BVerwG	Fritz Ossenbühl, Zur Außenwirkung von Verwaltungsvorschriften, in: Otto Bachof/Ludwig Heigl/Konrad Redeker (Hrsg.), Verwaltungsrecht zwischen Freiheit, Teilhabe und Bindung: Festgabe aus Anlaß des 25 jährigen Bestehens des Bundesverwaltungsgerichts, 1978

Pieroth, NVwZ 2011, 705	Bodo Pieroth, Die verfassungsrechtliche Trennung zwischen Streitkräften und Bundeswehrverwaltung, in: NVwZ 2011, 705–708
Sauerland, Die Verwaltungsvorschriften im System der Rechtsquellen	Thomas Sauerland, Die Verwaltungsvorschriften im System der Rechtsquellen, zugleich Dissertation, 2005
Stelkens/Bonk/Sachs/ *Bearbeiter*, VwVfG	Paul Stelkens/Heinz Joachim Bonk/Michael Sachs (Hrsg.), Verwaltungsverfahrensgesetz, Kommentar, 9. Aufl. 2018

Tipps/Hinweise:

Vorrang haben die Vorgaben Ihrer Hochschule/Ihres Prüfers bzw. Ihrer Prüferin!

Sofern keine Vorgaben zum Literaturverzeichnis gemacht werden, sind Sie in der Gestaltung frei.

- Hier wird vorgeschlagen, in der linken Spalte der unsichtbaren Tabelle die in den Fußnoten verwendete und dort abgekürzte Literatur wiederzugeben. In der rechten Spalte werden die Abkürzungen ausführlich erörtert, so dass die Quellen auffindbar sind. In den Fußnoten im Hauptteil können Sie so sofort die abgekürzte Form verwenden. Anders als bei Aufsätzen ohne Literaturverzeichnis müssen Sie also nicht bei erstmaliger Verwendung der jeweiligen Quelle die Fundstelle vollständig wiedergeben.
- Die Literatur wurde lediglich alphabethisch und nicht nach Literaturarten gegliedert.

Das Literaturverzeichnis muss alle Literaturbeiträge, die in den Fußnoten im Hauptteil aufgeführt werden, vollständig wiedergeben. Literatur, die nur gelesen, in den Fußnoten aber nicht zitiert wurde, darf im Literaturverzeichnis nicht aufgeführt werden.

Ins Literaturverzeichnis einer juristischen Arbeit gehören nicht: Gesetze, Gesetzesmaterialien (z. B. BT-Drucksache), Rechtsverordnungen, Satzungen, Verwaltungsvorschriften, Entscheidungen der Rechtsprechung, Verwaltungsentscheidungen, Zeitungsberichte. Diese werden entweder nur in den Fußnoten zitiert, besser aber zusätzlich in separaten Verzeichnissen aufgeführt (wie hier z. B. die Gerichtsentscheidungen im Verzeichnis „Rechtsprechungsübersicht"). Die Fundstellen von Gesetzen, Rechtsverordnungen, Satzungen und Verwaltungsvorschriften können auch nur im Abkürzungsverzeichnis wiedergegeben werden. Sind sie leicht auffindbar (z. B. www.gesetze-im-internet.de), kann auf die Angabe der Fundstelle auch verzichtet werden.

Rechtsprechungsübersicht

Gericht	Entscheidung	Fundstelle
BVerfG	Urteil vom 11.06.1958 – 1 BvR 596/56 (Apotheken-Urteil)	BVerfGE 7, 377-444 = NJW 1958, 1035-1040
	Beschluss vom 31.05.1988 – 1 BvR 520/83	BVerfGE 78, 214-232
BVerwG	Urteil vom 22.03.1974 – IV C 42/73	NJW 1974, 1961-1964
	Urteil vom 22.02.1985 – 8 C 107/83	NJW 1985, 2658-2660
	Urteil vom 20.12.1999 – 7 C 42/98	NJW 2000, 1512-1515
	Beschluss vom 19.10.2015 – 5 P 11/14	NZA-RR 2016, 166-68
	Urteil vom 07.04.2016 – 4 C 1/15	BVerwGE 154, 377-387 = juris
	Beschluss vom 29.06.2017 – 1 WB 11/16	juris
OVG Münster	Urteil vom 28.01.1992 – 15 A 1133/89	NVwZ 1993, 75-76
VG Gießen	Urteil vom 23.10.2000 – 10 E 255/97	juris

Tipps/Hinweise

Vorrang haben die Vorgaben Ihrer Hochschule/Ihres Prüfers bzw. Ihrer Prüferin!

Häufig dürfen Sie selbst entscheiden, ob Sie eine Rechtsprechungsübersicht erstellen. Die Rechtsprechungsübersicht hilft Ihnen, sich einen Überblick darüber zu verschaffen, ob Sie die Rechtsprechung „gut" ausgewertet haben. So haben Sie alles übersichtlich zusammengefasst und können nachträglich noch einmal über juris oder eine andere juristische Datenbank unter Eingabe von Stichwörtern recherchieren (hier z. B. „UZwGBw"), ob Sie alle wichtigen Entscheidungen berücksichtigt haben. Auch achten Sie in der Regel so eher darauf, zunächst Entscheidungen höherer Gerichte zu suchen. Dass hier auch das VG Gießen zitiert wird, liegt nur daran, dass dies über einen ähnlichen Fall zu entscheiden hatte.

Erklärung

Ich versichere durch meine Unterschrift, dass ich die vorstehende Arbeit selbstständig und ohne fremde Hilfe angefertigt und alle Stellen, die ich wörtlich oder sinngemäß aus Literatur, Rechtsprechung, sonstigen veröffentlichten oder nicht veröffentlichen Quellen entnommen habe, als solche kenntlich gemacht habe, und mich auch keiner anderen als der angegebenen Quellen oder sonstigen Hilfsmittel bedient habe.

Mannheim, dem 10.02.2018 *Mary Musterstudentin*

Ort, Datum Unterschrift

Tipps/Hinweise:

Die Erklärung ist nicht Bestandteil des Inhaltsverzeichnisses!

– 21 –

C. Hinweise zu weiteren Übungshausarbeiten

Übungshausarbeiten im Verwaltungsrecht finden Sie in den entsprechenden Zeitschriften wie z.B. apf, JA, JuS, vr oder UBWV. Veröffentlichte Übungshausarbeiten speziell für Studierende der Hochschulen für öffentliche Verwaltung sind bisher die Ausnahme:

Gassner, Allgemeines Verwaltungsrecht nach dem Prinzip der kleinen Schritte (Teil 2), apf 2018, 49 ff: Übungshausarbeit zum rechtmäßigen Erlass einer Fahrtenbuchanordnung.

Gassner, Das Recht auf akademische Selbstverwaltung an den Hochschulen für öffentliche Verwaltung, UBWV 2018, 92 ff. und 121 ff.: Übungsfall zur Rechtsnatur einer Weisung der Hochschulaufsicht gegenüber einer Hochschule ohne eigene Rechtspersönlichkeit, zur Rechtmäßigkeit der Weisung und zur Zulässigkeit einer Klage gegen dieselbe.

Teil 4: Seminar-, Bachelor- oder Diplomarbeit

A. Einleitung

Das müssen Sie schon können
Sie haben durch die Prüfungsform „Fallbearbeitung als Hausarbeit" bereits gelernt, zu aufgeworfenen Rechtsfragen innerhalb einer bestimmten Zeit (i. d. R. nicht mehr als ein Monat) unter Auswertung von Literatur und Rechtsprechung sowie anhand sonstiger Quellen (z. B. Gesetzesmaterialien) gutachterlich Stellung zu nehmen. Sie beherrschen den ordnungsgemäßen Nachweis der von Ihnen herangezogenen Quellen (Fußnotenapparat, Literaturverzeichnis und sonstige Quellenverzeichnisse).

Das kommt jetzt dazu
Sie müssen im Rahmen Ihrer verwaltungsrechtswissenschaftlichen Untersuchung („Seminar-, Bachelor- bzw. Diplomarbeit") zeigen,
– dass Sie selbstständig „Fragen zum (Verwaltungs-)Recht" erarbeiten können, die es lohnen, wissenschaftlich (hier im Sinne von methodisch) untersucht zu werden,
– und dass Sie die aufgeworfenen Untersuchungsfragen in Gang und Methodik der Untersuchung überzeugend unter Beachtung der wissenschaftlichen Redlichkeit und der Formalien bearbeiten.

B. Rechtsdogmatische Untersuchungen

I. Allgemeines

Auch in der Seminar-, Bachelor- oder Diplomarbeit kann es darum gehen, „bloß" zur Rechtslage Stellung zu nehmen („**rechtsdogmatische Untersuchung**"[1]). Ihre Leistung besteht dann darin,
– (eine) lohnende rechtsdogmatische Untersuchungsfrage(n) zu entwickeln,

1 „Rechtsdogmatische Untersuchung", weil Ausgangspunkt für die Beantwortung der Untersuchungsfrage das geltende Recht ist.

- herauszuarbeiten, welche Positionen zu der/den aufgeworfenen Rechtsfrage(n) mit welchen Begründungen vertreten werden,

  ■ *Ihr Ausgangspunkt ist das positive Recht (das einzelne Gesetz). Informationen zu den vertretenen Positionen sammeln Sie z.B. durch die Lektüre von Gesetzgebungsmaterialien, durch die Auswertung der Entscheidungen der Gerichte und der „Juristenliteratur" (z.B. Aufsätze, Lehrbücher, Kommentare etc.) sowie durch Auswertung der öffentlichen Meinung (z.B. Zeitungsartikel, eigene Umfragen etc.). Das sind Ihre Quellen, die Sie in Ihrer Arbeit auch nachweisen müssen (Literaturverzeichnis und Fußnoten).*

- selbst zu der/den aufgeworfenen Rechtsfrage(n) Stellung zu nehmen und diese vertretbar zu begründen, in dem Sie sich mit den vertretenen Argumenten auseinander setzen, ggf. neue Argumente entwickeln und Position beziehen,
- ein Fazit zu ziehen (Zusammenfassung, Aufstellen von Thesen, ggf. Entwicklung eines eigenen Modells, ggf. „rechtspolitisch Stellung beziehen: Vorschläge an den Gesetzgeber zu Gesetzesänderungen machen")

Übrigens sind Rechtsfragen nicht nur Gegenstand rechtswissenschaftlicher Untersuchungen, sondern müssen oft auch als Vorfrage in Untersuchungen der anderen Studienfächer (z.B. in den Studienfächern Psychologie und Soziologie) beantwortet werden.

II. Beispiel

Untersuchungsidee

Eine „lohnende" Untersuchungsidee entwickeln: Studentin A hat beobachtet, dass Aufsichtsbehörden sehr unsicher sind, wie weit das Selbstverwaltungsrecht von Hochschulen für öffentliche Verwaltung reicht. In diesem Themenbereich möchte sie jetzt ihre Bachelorarbeit schreiben.

■ (Hier kam der „Anreiz" aus der Praxiserfahrung. Es könnte auch wie folgt gewesen sein: Ein Student hat gelesen, dass das Selbstverwaltungsrecht von Hochschulen für öffentliche Verwaltung in Literatur und Rechtsprechung sehr umstritten ist. Dann kam der „Anreiz" aus der Theorie.)

Untersuchungskonzept

Ein Untersuchungskonzept entwickeln: Studentin A spricht ihre Professorin für Verwaltungsrecht an, ob sie für das Thema „akademische Selbstverwaltung" die Betreuung übernehmen kann. Ihre Professorin kann sich das grundsätzlich vorstellen, bittet aber um die Vorlage eines maximal zweiseitigen schriftlichen Konzepts mit folgenden Angaben:

- Vorläufiger Arbeitstitel
- Untersuchungsfrage(n) (Ziel der Untersuchung)
- Wie sind Sie auf das Thema gekommen?
- Warum ist das Thema eine Untersuchung „wert"?
- Gang der Untersuchung
  - geplanter Inhalt des „Grundlagenteils"
  - geplanter Inhalt des „Hauptteils"
- Methodik
- Vorläufiger Zeitplan

Studentin A hat folgendes Ziel: Sie will für die Aufsichtsbehörden der Hochschulen für öffentliche Verwaltung einen Leitfaden erstellen, der die Reichweite und die Grenzen der staatlichen Aufsicht untersucht. Auf das Thema ist sie anlässlich ihrer Tätigkeit als studentisches Mitglied im Senat gekommen. Zu der Zeit wurden von der Aufsichtsbehörde mehrere umstrittene Weisungen an die Hochschule erteilt. Nach ihrer Einschätzung herrschte damals eine große Unsicherheit über die Reichweite des Aufsichtsrechts. Daher sieht sie durch ihren angedachten Leitfaden einen Gewinn für die Praxis. Als vorläufigen Arbeitstitel legt sie fest: „Das Recht auf Selbstverwaltung der Hochschulen für öffentliche Verwaltung – ein Leitfaden zur Reichweite und zu den gesetzlichen Grenzen der staatlichen Aufsicht für die staatlichen Aufsichtsbehörden".

Dann überlegt sie, wie sie die Arbeit aufbauen soll: Im Grundlagenteil sollen zunächst wichtige Begriffe definiert werden (Hochschulen für öffentliche Verwaltung, Recht auf Selbstverwaltung, Aufsicht). Außerdem soll im Grundlagenteil untersucht werden, auf welchen Normen das Recht auf akademische Selbstverwaltung der Hochschulen allgemein gründet. Im Hauptteil will sie im ersten Teil untersuchen, ob und in welchem Umfang sich auch die Hochschulen für öffentliche Verwaltung auf das Recht auf akademische Selbstverwaltung berufen können. Im zweiten Teil soll dann untersucht werden, welche Rechtsfolgen sich daraus für die Tätigkeit der Aufsichtsbehörden ergeben.

Methodisch will sie wie folgt vorgehen: Auswertung der Positionen in der Rechtsprechung, Literatur und in der Praxis (durch Befragung von Studierenden, Hochschulmitarbeitern und Mitarbeitern der Aufsichtsbehörden).

Nun erstellt sie noch einen detaillierten Zeitplan für die Erstellung der Bachelorarbeit.

Untersuchung

Das Konzept wird akzeptiert, die Studentin A macht sich an die Arbeit. Am Ende steht die schriftliche Bachelorarbeit:

Einführung: Wie bin ich auf das Thema gekommen und warum scheint die Untersuchung lohnend? Was genau sind die Untersuchungsfragen? Was ist das Ziel der Untersuchung? Wie ist der Gang der Untersuchung? Welche Methoden wurden eingesetzt?

Grundlagenkapitel: Festlegung, was in der Untersuchung unter „Hochschulen für öffentliche Verwaltung" zu verstehen ist. Entstehungsgeschichte und Rechtsformen von Hochschulen für öffentliche Verwaltung. Recht auf akademische Selbstverwaltung: Inhalt und rechtliche Herleitung. Grundlagen der Rechts- und Fachaufsicht.

Hauptteil: Das Recht auf akademische Selbstverwaltung der Hochschulen für öffentliche Verwaltung. Reichweite und Grenzen der Fachaufsicht. Reichweite und Grenzen der Rechtsaufsicht.

Schlussteil: Zusammenfassung der Ergebnisse des Hauptteils in kurzen Thesen. Ausblick mit dem Vorschlag an den Gesetzgeber, das Selbstverwaltungsrecht der Hochschulen für öffentliche Verwaltung ausdrücklich zu regeln.

Anhang: Praktischer Leitfaden für die Aufsichtsbehörden (mit kurzen Schlagwörtern und Verweisen auf den Textteil der Bachelorarbeit).

C. Sonstige rechtswissenschaftliche Untersuchungen

Während es bei rechtsdogmatischen Untersuchungen um die Beantwortung bestimmter Rechtsfragen nach dem geltenden Recht geht, kann das (Verwaltungs-)Recht auch aus anderen rechtswissenschaftlichen Perspektiven untersucht werden, beispielsweise aus der Perspektive der Rechtsgeschichte, der Rechtsvergleichung, der Rechtssoziologie, der Rechtsphilosophie oder der Rechtstheorie. Hierfür müssen Sie die Methoden der Rechtsgeschichte, Rechtsvergleichung, Rechtssoziologie etc. beherrschen.

■ Abwandlung vom Beispiel oben: Studentin A will im Wege der Rechtsvergleichung die Gemeinsamkeiten und Unterschiede zwischen der akademischen Selbstverwaltung der Hochschulen für öffentliche Verwaltung und der akademischen Selbstverwaltung normaler Hochschulen untersuchen.

Besonders anspruchsvoll, zugleich aber auch sehr gewinnbringend sind Untersuchungen von Studierenden, die interdisziplinär betreut werden, also beispielsweise von einem Professor/einer Professorin für Verwaltungsrecht und einem Professor/einer Professorin der empirischen Sozialwissenschaften (wie z. B. der Psychologie). Hier müssen Sie über die erforderlichen Kompetenzen aller beteiligter Studienfächer verfügen.

■ Eine interdisziplinäre Untersuchung läge beispielsweise vor, wenn die Studentin zusätzlich zum rechtdogmatischen Teil ihrer Untersuchung oben in einem zweiten Teil der Frage nachgeht, ob es Unterschiede bei der tatsächlichen Ausgestaltung der Rechtsaufsicht über Hochschulen für öffentliche Verwaltung gibt und was hierfür mögliche Faktoren sind.

D. Die Bewertungskriterien

In etwa gelten die gleichen Bewertungskriterien wie bei der „Fallbearbeitung als Hausarbeit" mit einem entscheidenden Unterschied: Ausgangspunkt der inhaltlichen Bewertung sind das von Ihnen gesetzte Thema und die von Ihnen formulierten Untersuchungsfragen.

Anhang

A. Anhang zu: „Verwaltungsakt“

A. I. Prüfungsschema: „Rechtmäßigkeit eines Verwaltungsakts“

Obersatz: Der Verwaltungsakt ist rechtmäßig, wenn die formellen und materiellen Voraussetzungen beachtet wurden.

I. Rechtsgrundlage (ggf. Wirksamkeit der Rechtsgrundlage prüfen)

1. für den Inhalt des Verwaltungshandelns
2. für das Handeln durch Verwaltungsakt (VA-Befugnis)

II. Formelle Rechtmäßigkeit

1. Zuständigkeit
   a) sachliche Zuständigkeit
   b) örtliche Zuständigkeit
2. Verfahren
   a) Anwendbare Verwaltungsvorschriften (Spezialgesetz, §§ 1, 2, 63 ff. VwVfG o. §§ 1, 2, 9 ff. VwVfG)
   b) Einleitung des Verfahrens (§ 22 VwVfG)
      aa) von Amts wegen
      bb) auf Antrag
   c) Beteiligung (§§ 11 bis 19 VwVfG)
   d) ggf. Mitwirkung sonstiger Stellen (Spezialgesetz)
   e) keine ausgeschlossene/befangene Person (§§ 20, 21 VwVfG)
   f) Amtssprache, ordnungsgemäße Untersuchung bzw. Beweiserhebung (§ 23/§§ 24, 26, 27 VwVfG)
   g) Wahrung der Verfahrensrechte der Beteiligten (Spezialgesetz, sonst §§ 25, 28, 29, 30 VwVfG)
3. Form
   a) Formzwang bzw. Formfreiheit (§ 37 Abs. 2 VwVfG)
   b) bei Schriftform: §§ 37 Abs. 3–5, 39, 37 Abs. 6 VwVfG
4. Bekanntgabe
   Ggf. VwZG, § 41 VwVfG

III. Materielle Rechtmäßigkeit

1. Vorliegen der Tatbestandsvoraussetzungen der Ermächtigungsgrundlage
2. Vereinbarkeit der gesetzten Rechtsfolge mit dem geltenden Recht

a) Richtiger Regelungsadressat (ggf. ermessensfehlerfreie Auswahl des Regelungsadressaten)

b) Maßnahme
   - aa) bei gebundener Entscheidung: so entscheiden, wie vorgegeben; aber: das darf nicht gegen höherrangiges Recht verstoßen (insbes. nicht gegen Verfassungs- oder Unionsrecht, wie z. B. Verhältnismäßigkeitsgrundsatz)
   - bb) bei Ermessensentscheidungen: gemäß § 40 VwVfG
     - (1) kein Ermessensnichtgebrauch
     - (2) kein Ermessensfehlgebrauch
     - (3) keine Ermessensüberschreitung (kein Verstoß gegen die Wortlautgrenzen der Ermächtigungsgrundlage und kein Verstoß gegen sonstiges Recht, insbes. kein Verstoß gegen den Verhältnismäßigkeitsgrundsatz)

c) Bestimmtheit (§ 37 Abs. 1 VwVfG) der gesetzten Regelung

d) keine Unmöglichkeit der gesetzten Regelung

A. II. Prüfungsschema: „Wie ist über den Antrag auf Verwaltungsakt zu entscheiden?"

Obersatz: Der begehrte Verwaltungsakt ist zu erteilen, wenn der Antragsteller die formellen und materiellen Voraussetzungen erfüllt.

I. Anspruchsgrundlage (ggf. Wirksamkeit der Anspruchsgrundlage prüfen)

1. Rechtsnorm: die Norm, die die Behörde zum Erlass eines Verwaltungsakts berechtigt bzw. verpflichtet, muss zumindest auch dem Schutz des Antragstellers dienen
2. Zusicherung: der Antragsteller hat aufgrund einer Zusicherung (§ 38 VwVfG) einen Anspruch auf den Erlass des Verwaltungsakts
3. Sonstige Anspruchsgrundlage

II. Formelle Voraussetzungen

Der Antragsteller muss die formellen Voraussetzungen erfüllen, d. h. sein Antrag muss

1. Zuständigkeit	bei der sachlich und örtlich zuständigen Behörde gestellt worden sein
2. §§ 11 ff. VwVfG	der Antragsteller muss beteiligungs- und handlungsfähig sein; wird er durch einen Bevollmächtigten vertreten, muss dieser ordnungsgemäß bevollmächtigt worden sein
3. Amtssprache	§ 23 VwVfG ist zu beachten
4. Form	sofern für den Antrag gesetzlich eine bestimmte Form vorgeschrieben ist, ist diese zu beachten
5. Frist	sofern für den Antrag gesetzlich eine bestimmte Form vorgeschrieben ist, ist diese zu beachten (behördliche Fristen führen nicht zum Verlust des Antragsrechts, allerdings entscheidet die Behörde dann nach Aktenlage)
6. Antragsbefugnis	i. d. R. muss der Antragsteller eigene Rechte geltend machen
7. kein Ausschluss	der Antrag darf insbes. nicht rechtsmissbräuchlich gestellt werden

III. Materielle Voraussetzungen

1. Vorliegen der Tatbestandsvoraussetzungen der Anspruchsgrundlage
2. Rechtsfolge

a) wenn Tatbestandsvoraussetzungen der Anspruchsvorlage vorliegen:

   aa) bei gebundener Entscheidung: Verwaltungsakt ist zu erteilen; Nebenbestimmungen unter den Voraussetzungen von § 36 Abs. 1 Var. 1 VwVfG

   bb) bei Ermessensentscheidungen: fehlerfreie Ermessensentscheidung über den Antrag auf Erteilung des Verwaltungsakts gemäß § 40 VwVfG (wie oben) und über den Erlass von Nebenbestimmungen gemäß § 36 Abs. 2 VwVfG

b) wenn Tatbestandsvoraussetzungen der Anspruchsgrundlage nicht vorliegen:

   Ermessensentscheidung, ob Verwaltungsakt abgelehnt oder mit Nebenbestimmungen erteilt wird (§ 36 Abs. 1 Var. 2 VwVfG bei gebundener Entscheidung; § 36 Abs. 2 VwVfG bei Ermessensentscheidungen)

c) Bestimmtheit (§ 37 Abs. 1 VwVfG) der gesetzten Regelung

d) keine Unmöglichkeit der gesetzten Regelung

A. III. Vertiefungshinweis

Prüfungsschemata zu den sonstigen Handlungsformen der Verwaltung finden Sie z. B. in Gassner, Kompendium Verwaltungsrecht, 2. Auflage 2019.

B. Anhang zu: „Widerspruch und Widerspruchsverfahren"

B. I. Prüfungsschema: Erfolgsaussichten des Widerspruchs

A. Ggf. Vorprüfung (Auslegung des Begehrens, § 88 VwGO analog)

■ Wenn unsicher ist, ob der Antragsteller überhaupt Widerspruch erheben will (§ 88 VwGO analog), Abgrenzung zu sonstigen Rechtsbehelfen.

B. Zulässigkeit des Widerspruchs

I. Eröffnung des Verwaltungsrechtswegs im späteren Gerichtsverfahren

1. Kraft Sonderzuweisung

   ■ Beispiele: § 126 Abs. 1 BBG, § 54 Abs. 1 BeamtStG, § 82 Abs. 1 SG, § 6 Abs. 1 UIG, § 54 BAföG

2. Nach § 40 Abs. 1 VwGO
   a) öffentlich-rechtliche Streitigkeit
   b) nichtverfassungsrechtlicher Art
   c) keine abdrängende Sonderzuweisung

   ■ Beispiele: § 17 Abs. 2 u. 1 WBO, § 68 OWiG, § 51 SGG, § 33 FGO

II. Statthaftigkeit des Widerspruchs

1. Spezialgesetz

   ■ Beispiele: § 126 Abs. 2 BBG, § 54 Abs. 2 BeamtStG, § 82 Abs. 4 S. 1 SG, § 6 Abs. 2 UIG

2. gegen/auf Verwaltungsakte (§ 68 VwGO i. V. m. § 42 Abs. 1 VwGO)
   - Anfechtungswiderspruch (§ 68 Abs. 1 VwGO)
     - Ziel ist die Aufhebung eines Verwaltungsakts (§ 35 VwVfG)
       - Verwaltungsakt darf sich noch nicht erledigt haben (str.)
       - auch gegen nichtige Verwaltungsakte statthaft
     - kein Ausschluss nach § 68 Abs. 1 S. 2 VwGO
   - Verpflichtungswiderspruch (§ 68 Abs. 2 VwGO)
     - Ziel ist der Erlass eines Verwaltungsakts (§ 35 VwVfG)
     - dieser wurde zuvor abgelehnt (kein Untätigkeitswiderspruch; dann: Untätigkeitsklage, § 75 VwGO)
     - Kein Ausschluss nach § 68 Abs. 2 i. V. m. Abs. 1 S. 2 VwGO

III. Widerspruchsbefugnis

1. Spezialgesetz

   ■ Beispiel: § 2 Abs. 1 S. 1 Umwelt-Rechtsbehelfsgesetz

2. § 68 Abs. 1 S. 1 (Abs. 2) i. V. m. § 42 Abs. 2 VwGO analog:

   ■ Widerspruchsbefugt ist, wer nach seinem Vortrag durch den Verwaltungsakt oder die Ablehnung möglicherweise in seinen Rechten verletzt ist; bei Ermessensverwaltungsakten reicht die Möglichkeit einer Beeinträchtigung eigener Interessen durch einen möglicherweise unzweckmäßigen Verwaltungsakt bzw. eine unzweckmäßige Ablehnung.

IV. Ordnungsgemäße Erhebung des Widerspruchs (§ 70 VwGO)

1. Bei der richtigen Stelle:

   ■ Ausgangsbehörde (§ 70 Abs. 1 S. 1 VwGO) oder Widerspruchsbehörde (§§ 70 Abs. 1 S. 2 i. V. m. Spezialgesetz oder § 73 Abs. 1 S. 2, S. 3 o. Abs. 2 VwGO)

2. Form:

   ■ schriftlich – elektronisch nach § 3a Abs. 2 VwVfG – oder mündlich zur Niederschrift

3. Frist:
   - keine Frist bei Beamtenwidersprüchen, die sich nicht gegen/auf Verwaltungsakte richten
   - Fristbeginn
     - am Tag nach der Bekanntgabe des Verwaltungsakts bzw. seiner Ablehnung (§§ 79 Hs. 2, 31 Abs. 1 (L)VwVfG i. V. m. § 187 Abs. 1 BGB)
     - kein Fristbeginn, solange der Verwaltungsakt dem Widerspruchsführer nicht ordnungsgemäß bekannt gegeben worden ist bzw. solange ein Bekanntgabefehler nicht geheilt worden ist.
   - Fristlänge:
     - ein Monat (bei ordnungsgemäßer Rechtsbehelfsbelehrung, § 70 Abs. 1 S. 1 VwGO)
     - ein Jahr (bei fehlender oder fehlerhafter Rechtsbehelfsbelehrung, §§ 70 Abs. 2, 58 Abs. 2 VwGO)
   - Berechnung des Fristendes: §§ 79 Hs. 2, 31 Abs. 1 (L)VwVfG, §§ 188 Abs. 2 Hs. 1, 187 Abs. 1 BGB; § 188 Abs. 3 BGB, § 31 Abs. 3 S. 1 (L)VwVfG (str.: a. A. nach § 57 VwGO)
   - bei Fristsäumnis:
     - Wiedereinsetzung auf Antrag bzw. von Amts wegen nach §§ 70 Abs. 2, 60 VwGO prüfen
     - Nach der Rechtsprechung darf die Verwaltung trotz Ablaufs der Widerspruchsfrist und ohne Wiedereinsetzung dennoch in der Sache entscheiden, wenn es nicht um einen Drittwider-

spruch geht (vgl. § 50 VwVfG). Nach a. A. ist der Widerspruch immer zwingend als unzulässig zurückzuweisen.

V. Beteiligten- und Handlungsfähigkeit; ggf. ordnungsgemäße Prozessvertretung

■ siehe §§ 79 Hs. 2, 11, 12, 14 (L)VwVfG

VI. Kein fehlendes Widerspruchsinteresse

Das Widerspruchsinteresse fehlt in folgenden Fällen:

- Speziellerer Rechtsbehelf ist gegeben;

  ■ Beispiele: Unzulässigkeit des isolierten Anfechtungswiderspruchs gegen einen Ablehnungsbescheid (hier ist i. d. R. Verpflichtungswiderspruch zu erheben); Unzulässigkeit des Verpflichtungswiderspruchs auf Verwaltungsakt ohne Nebenbestimmung, wenn gegen die Nebenbestimmung der isolierte Anfechtungswiderspruch statthaft ist (streitig; a. A.: beide Rechtsbehelfe nebeneinander zulässig).
- Verwirkung des Widerspruchsrechts (Widerspruch wäre rechtsmissbräuchlich);

  ■ Beispiel: Drittwiderspruch eines Nachbarn nach mehr als einem Jahr nach Kenntnis oder fahrlässiger Nichtkenntnis von der Baugenehmigung.
- Verzicht auf das Widerspruchsrecht nach Erlass des Verwaltungsakts.

VII. Sonderfälle

Beamtenwiderspruch in Form eines (Fortsetzungs-)Feststellungswiderspruchs: besonderes Feststellungsinteresse erforderlich (§ 113 Abs. 1 S. 4 VwGO analog, § 43 Abs. 1 VwGO analog); beim Beamtenwiderspruch in Form des allgemeinen Feststellungswiderspruchs: auch die Subsidiarität nach § 43 Abs. 2 S. 1 VwGO analog beachten!

C. Begründetheit des Widerspruchs

- Der **Anfechtungswiderspruch** ist nach § 68 Abs. 1 S. 1 VwGO i. V. m. § 113 Abs. 1 S. 1 VwGO analog begründet,
  - soweit der Verwaltungsakt rechtswidrig und der Widerspruchsführer dadurch in seinen Rechten verletzt ist;
  - bei Ermessensentscheidungen außerdem (wenn Prüfungsumfang der Widerspruchsbehörde nicht auf die Rechtsaufsicht beschränkt ist), soweit der Verwaltungsakt unzweckmäßig ist und der Widerspruchs-

führer dadurch in seinen durch die Ermessensnorm eingeräumten Interessen betroffen ist.

- Der **isolierte Anfechtungswiderspruch** gegen Nebenbestimmungen ist nach § 68 Abs. 1 S. 1 VwGO i. V. m. § 113 Abs. 1 S. 1 VwGO analog begründet,
  - soweit die Nebenbestimmung rechtswidrig und der Widerspruchsführer dadurch in seinen Rechten verletzt ist und der Verwaltungsakt ohne die Nebenbestimmung Bestand hat;
  - bei Ermessensentscheidungen außerdem (wenn Prüfungsumfang der Widerspruchsbehörde nicht auf die Rechtsaufsicht beschränkt ist): soweit die Nebenbestimmung unzweckmäßig und der Widerspruchsführer dadurch in seinen durch die Ermessensnorm geschützten Interessen beeinträchtigt ist und der Verwaltungsakt ohne die Nebenbestimmung Bestand hat.
- Der **Verpflichtungswiderspruch** ist nach § 68 Abs. 2 u. 1 S. 1 VwGO i. V. m. § 113 Abs. 5 VwGO analog begründet,
  - soweit der Widerspruchsführer einen Anspruch auf den abgelehnten Verwaltungsakt hat;
  - soweit der Widerspruchsführer einen Anspruch auf erneute ermessensfehlerfreie Bescheidung über seinen Antrag auf Erteilung des Verwaltungsakts hat und die Ausgangs- bzw. Widerspruchsbehörde die Erteilung für zweckmäßig hält;
  - bei Ermessensverwaltungsakten auch (wenn Prüfungsumfang der Widerspruchsbehörde nicht auf die Rechtsaufsicht beschränkt ist): soweit die Ablehnung zwar nicht rechtmäßig, aber unzweckmäßig ist und der Widerspruchsführer in seinen durch die Ermessensnorm geschützten Interessen beeinträchtigt ist.
- Der **Beamtenwiderspruch** in Form des **Fortsetzungsfeststellungswiderspruchs** ist nach § 113 Abs. 1 S. 4 VwGO analog begründet
  - soweit der Verwaltungsakt (bzw. die Ablehnung des Verwaltungsakts) vor Eintritt der Erledigung rechtswidrig war und den Widerspruchsführer in seinen Rechten verletzte;
  - bei Ermessensverwaltungsakten (wenn Prüfungsumfang der Widerspruchsbehörde nicht auf die Rechtsaufsicht beschränkt ist): auch soweit der Verwaltungsakt (bzw. die Ablehnung) vor Eintritt der Erledigung unzweckmäßig war und durch die Ermessensnorm geschützte Interessen des Widerspruchsführers beeinträchtigte.
- Der **Beamtenwiderspruch** in Form des **allgemeinen Leistungswiderspruchs** ist begründet, soweit der Widerspruchsführer gegen den Rechts-

träger der Ausgangsbehörde einen Anspruch auf das begehrte Tun, Dulden oder Unterlassen hat.

- Der **Beamtenwiderspruch** in Form des **Feststellungswiderspruchs** ist nach § 43 Abs. 1 VwGO begründet, soweit das Rechtsverhältnis zwischen dem Widerspruchsführer und dem Rechtsträger der Ausgangsbehörde genauso wie vom Widerspruchsführer geltend gemacht besteht bzw. nicht besteht bzw. soweit der Verwaltungsakt nichtig ist.

B. II. Aufbau des Widerspruchsbescheids

- Rubrum
  - erlassende Stelle, §§ 79 Hs. 2, 37 Abs. 3 S. 1 Hs. 1 (L)VwVfG
  - Zustellungsadressat, § 73 Abs. 3 S. 2 VwGO, VwZG, § 41 Abs. 1 S. 1 (L)VwVfG
  - Ort und Datum
  - Betreff und Anrede
- Tenor:[2]
  - ggf. Wiedereinsetzung in den vorigen Stand
  - Hauptentscheidung (Entscheidung über den Widerspruch)
  - Kostenentscheidung (§ 73 Abs. 3 S. 3 VwGO, § 80 Abs. 1 (L)VwVfG)
  - ggf. Entscheidung über das Erfordernis der Hinzuziehung eines Rechtsanwalts, (§ 80 Abs. 2 u. Abs. 3 S. 2 (L)VwVfG)
  - ggf. Gebührenentscheidung
  - ggf. anlässlich des Widerspruchs: Anordnung der sofortigen Vollziehung (s. § 80 Abs. 2 S. 1 Nr. 4 VwGO)
- Begründung: Sachverhalt und rechtliche Gründe zu den einzelnen Tenorierungen (§ 73 Abs. 3 S. 1 VwGO)
- Rechtsbehelfsbelehrung (§ 73 Abs. 3 S. 1 VwGO)
- ggf. sonstige Rechtshinweise
- Grußformel und Unterschrift (§§ 79 Hs. 2, 37 Abs. 3–5 (L)VwVfG)

---

2 Umfangreiche Beispiele für Tenorierungen finden Sie in *Gassner*, Kompendium Verwaltungsrecht, 2. Auflage 2019.

B. III. Rechtmäßigkeit eines Widerspruchsbescheids

Obersatz: Der Widerspruchsbescheid ist rechtmäßig, wenn die formellen und materiellen Voraussetzungen beachtet wurden.

A. Rechtmäßigkeit der Hauptentscheidung
(Zurückweisung bzw. Stattgabe des Widerspruchs)

I. Rechtsgrundlage

1. für den Inhalt des Verwaltungshandelns: wie für den Ausgangsverwaltungsakt
2. für das Handeln durch Widerspruchsbescheid: § 73 Abs. 1 S. 1 VwGO (VA-Befugnis)

II. Formelle Rechtmäßigkeit des Widerspruchsbescheids

1. Zuständigkeit	Spezialgesetz oder § 73 Abs. 1 S. 2 u. 3, Abs. 2 VwGO
2. Verfahren	a) Ordnungsgemäße Einleitung des Verfahrens nur auf „Antrag" = Erhebung eines Widerspruchs (§ 22 S. 2 VwVfG i. V. m. § 69 VwGO)
	b) Beteiligung (§§ 79 Hs. 2, 11 bis 19 VwVfG)
	c) Abhilfeverfahren vor der Ausgangsbehörde (§ 72 VwGO)
	d) keine ausgeschlossene/befangene Person (§§ 79 HS. 2, 20, 21 VwVfG)
	e) Amtssprache, ordnungsgemäße Untersuchung bzw. Beweiserhebung (§ 79 Hs. 2 i. V. m. § 23/§§ 24, 26, 27 VwVfG)
	f) Wahrung der Verfahrensrechte der Beteiligten (insbes. § 71 VwGO, sonst §§ 79 Hs. 2, 25, 29, 30 VwVfG)
3. Form	a) Schriftformzwang (§ 73 Abs. 3 S. 1 u. 2 VwGO)
	b) Begründung und Rechtsbehelfsbelehrung (§ 73 Abs. 1 S. 1 VwGO), im Übrigen: §§ 79 Hs. 2, 37 Abs. 3–6 VwVfG
4. Bekanntgabe	Zustellung: § 73 Abs. 3 S. 1 u. 2 VwGO i. V. m. VwZG

III. Rechtmäßigkeit der Widerspruchsentscheidung

(§ 68 Abs. 1 S. 1 VwGO i. V. m. § 113 Abs. 1 S. 1 VwGO)
Dem Anfechtungswiderspruch ist stattzugeben, soweit:
1. Verwaltungsakt rechtswidrig, dadurch Rechtsverletzung und kein ausnahmsweiser Ausschluss des Aufhebungsanspruchs
   (hier auch Heilung von Fehlern der Ausgangsbehörde im Widerspruchsverfahren prüfen)
2. Verwaltungsakt rechtmäßig/steht im Ermessen der Verwaltung und Ermessen dient zumindest auch dem Widerspruchsführer/Widerspruchsbehörde zur Ermessensausübung berechtigt/Verwaltungsakt aus Perspektive Widerspruchsbehörde unzweckmäßig

Sonst/Im Übrigen ist der Anfechtungswiderspruch zurückzuweisen.

(§ 68 Abs. 2 u. 1 S. 1 VwGO i. V. m. § 113 Abs. 5 VwGO)
Dem Verpflichtungswiderspruch ist stattzugeben, soweit ein Anspruch auf den beantragten, aber abgelehnten Verwaltungsakt besteht oder die Erteilung eines Verwaltungsakts, der im Ermessen der Verwaltung besteht, zweckmäßig ist (wenn Widerspruchsbehörde zur Ermessensausübung berechtigt ist).
Ist die Ablehnung rechtswidrig und der Widerspruchsführer in seinen Rechten verletzt, die Sache aber nicht spruchreif, ist die Ablehnung aufzuheben und die Ausgangsbehörde zu verpflichten, erneut unter Beachtung der Rechtsauffassung der Widerspruchsbehörde zu entscheiden.
Sonst/Im Übrigen ist der Verpflichtungswiderspruch zurückzuweisen.

Sonderfall: Reformatio in peius (siehe weiter unten bei der Anfechtungsklage)

B. Rechtmäßigkeit der Kostenentscheidung

(§ 73 Abs. 3 S. 3 VwGO, § 80 VwVfG)

C. Anhang zu: „Klagen und Anträge“

C. I. Klagen

1. Prüfungsschema: Zulässigkeit und Begründetheit

A. Zulässigkeit

I. Deutsche Gerichtsbarkeit (§ 173 VwGO i. V. m. §§ 18 ff. GVG)

II. Eröffnung des Verwaltungsrechtswegs (Spezialgesetz oder § 40 VwGO)

III. Statthaftigkeit der Klage

1. Anfechtungsklage (§ 42 Abs. 1 Var. 1 VwGO)[3]
2. Verpflichtungsklage (§ 42 Abs. 1 Var. 2 VwGO)[4]; Sonderform: Bescheidungsklage (§§ 42 Abs. 1 Var. 2, 113 Abs. 5 S. 2 VwGO)[5]
3. Fortsetzungsfeststellungsklage (§ 113 Abs. 1 S. 4 VwGO (analog))[6]
4. Allgemeine Leistungsklage (vgl. § 43 Abs. 2 S. 1 VwGO, subsidiär zu Anfechtungs- und Verpflichtungsklage)[7]
5. Nichtigkeitsfeststellungsklage (§ 43 Abs. 1 Var. 2 VwGO)[8]
6. Allgemeine Feststellungsklage (§ 43 Abs. 1 Var. 1 VwGO, subsidiär zu allen anderen Klagen nach § 43 Abs. 2 VwGO)[9]

IV. Klägerseite:

1. Beteiligungsfähigkeit des Klägers (§ 61 VwGO)
2. Prozessfähigkeit des Klägers (§ 62 VwGO)
3. ggf. ordnungsgemäße Prozessvertretung; Postulationsfähigkeit (§ 67 VwGO)

---

3 Ziel: Gerichtliche Aufhebung oder Teilaufhebung (z. B. Nebenbestimmung) eines Verwaltungsakts (§ 35 VwVfG).

4 Ziel: Verurteilung zum Erlass oder zur Ergänzung eines Verwaltungsakts.

5 Ziel: Verurteilung zur erneuten Entscheidung über den Erlass des Verwaltungsakts.

6 Ziel: Gerichtliche Feststellung der Rechtswidrigkeit des Verwaltungsakts/der Ablehnung vor Eintritt der Erledigung; (str.): Fortsetzungsfeststellungsklage gegen rechtswidrige Verwaltungsakte, auf deren Aufhebung nach § 46 VwVfG kein Anspruch besteht.

7 Ziel: Verurteilung zu einer Leistung, die nicht Verwaltungsakt ist (sonstiges Tun, Dulden, Unterlassen).

8 Ziel: Gerichtliche Feststellung der (Teil-)Nichtigkeit eines Verwaltungsakts.

9 Ziel: Gerichtliche Feststellung des (Nicht-)Bestehens eines Rechtsverhältnisses.

4. Klagebefugnis nach § 42 Abs. 2 VwGO (analog)
5. besonderes Feststellungsinteresse bei Fortsetzungsfeststellungsklage (§ 113 Abs. 1 S. 4 VwGO) und Feststellungsklage (§ 43 Abs. 1 VwGO)

V. Beklagtenseite:

1. Richtiger Beklagter (Grundsatz: Rechtsträgerprinzip, s. auch § 78 VwGO)
2. Beteiligungs-, Prozessfähigkeit, Prozessvertretung, Postulationsfähigkeit

VI. Ordnungsgemäße Klageerhebung

1. Zuständiges Gericht (§§ 45 ff, 52 VwGO)
2. Form (§§ 81 Abs. 1, 55 a VwGO)
3. Frist (§ 74 VwGO), nur bei Anfechtungs-, Versagungsgegen- sowie Fortsetzungsfeststellungsklage)
4. Klageinhalt (§ 82 Abs. 1 S. 1 VwGO)

VII. Ordnungsgemäße Durchführung des Vorverfahrens

1. Spezialgesetz: vor Beamtenklagen, § 126 Abs. 2 BBG, § 54 Abs. 2 BeamtStG
2. § 68 VwGO: vor Anfechtungs- und Verpflichtungsklagen

VIII. Keine anderweitige Rechtshängigkeit, keine Rechtskraft (§ 121 VwGO)

IX. Rechtsschutzinteresse (vom Bestehen ist grds. auszugehen[10])

B. Begründetheit

- Die **Anfechtungsklage** ist nach § 113 Abs. 1 S. 1 VwGO begründet, soweit der angefochtene Verwaltungsakt rechtswidrig und der Kläger dadurch in seinen Rechten verletzt ist.
- Die **Verpflichtungsklage** ist nach § 113 Abs. 5 S. 1 VwGO begründet, soweit die Ablehnung oder Unterlassung des Verwaltungsakts rechtwidrig, der Kläger dadurch in seinen Rechten verletzt und die Sache spruchreif ist. Das ist der Fall, wenn der Kläger einen Anspruch auf Erlass des begehrten Verwaltungsakts hat.

---

10 Ausnahme: kein Rechtsschutzinteresse insbes. bei Verwirkung, Rechtsmissbrauch, Verzicht.

- Die **Bescheidungsklage** ist nach § 113 Abs. 5 S. 1 u. 2 VwGO begründet, soweit der Kläger einen Anspruch auf erneute Bescheidung über die Erteilung des begehrten Verwaltungsakts hat.
- Die **Fortsetzungsfeststellungsklage** (Anfechtungssituation) ist nach § 113 Abs. 1 S. 4 VwGO[11] begründet, soweit der angegriffene Verwaltungsakt vor seiner Erledigung rechtswidrig war und den Kläger in seinen Rechten verletzte.
- Die **Fortsetzungsfeststellungsklage** (Verpflichtungssituation) ist nach § 113 Abs. 1 S. 4 VwGO analog begründet, soweit der Kläger vor Eintritt der Erledigung gegen den Beklagten einen Anspruch auf Erteilung des begehrten Verwaltungsakts hatte.
- Die **allgemeine Leistungsklage** ist begründet, soweit der Kläger gegen den Beklagten einen Anspruch auf die begehrte Leistung hat.
- Die **Nichtigkeitsfeststellungsklage** ist nach § 43 Abs. 1 S. 2 VwGO begründet, soweit der Verwaltungsakt nichtig ist.
- Die **allgemeine Feststellungsklage** ist nach § 43 Abs. 1 Var. 1 VwGO begründet, soweit das Rechtsverhältnis wie vom Kläger behauptet besteht/nicht besteht.

2. Vertiefung: Abgrenzung der einzelnen Klagearten (Verfahrenskonkurrenzen)

Keine isolierte Anfechtung

Grundsätzlich hat die Verpflichtungsklage als speziellere Klageart Vorrang. Es ist also insbesondere im Normalfall unzulässig, gegen einen Ablehnungsbescheid isolierte Anfechtungsklage zu erheben.

■ Ausnahmen: z.B. die isolierte Anfechtungsklage gegen Nebenbestimmungen (streitig). Näheres siehe Teil 2, 5. Kapitel, dort isolierter Anfechtungswiderspruch gegen Nebenbestimmungen.

Kein isolierter Rechtsschutz gegen Verfahrenshandlungen

Nach § 44 a S. 1 VwGO ist es grundsätzlich unzulässig, isoliert Klage gegen eine Verfahrenshandlung zu erheben. Vielmehr ist im Normalfall die Sachentscheidung der Behörde abzuwarten und dann gegen diese vorzugehen.

■ Ausnahmen: siehe § 44 a S. 2 VwGO

---

11 Bzw. § 113 Abs. 1 S. 4 VwGO, wenn die Erledigung auch schon vor Klageerhebung eingetreten ist.

Kein vorbeugender Rechtsschutz gegen Verwaltungsakte

Grundsätzlich haben Anfechtungs- und Verpflichtungsklage Vorrang vor der allgemeinen Leistungsklage und der normalen Feststellungsklage. Unzulässig ist also im Normalfall eine allgemeine Leistungsklage auf Unterlassen eines angedachten Verwaltungsakts oder eine Klage auf Feststellung, dass ein bestimmter Verwaltungsakt nicht erlassen werden darf. Der Betroffene muss vielmehr den Verwaltungsakt abwarten und dann gegen diesen Klagen.

■ Ausnahmen (Beispiele): Zulässigkeit der beamtenrechtlichen allgemeinen Leistungsklage des Konkurrenten zur Abwehr der drohenden Ernennung (Verwaltungsakt) des ausgewählten Bewerbers. Zulässigkeit einer allgemeinen Leistungsklage auf Unterlassen eines straf- oder bußgeldbewehrten Verwaltungsakts.

Subsidiarität der allgemeinen Feststellungsklage

Grundsätzlich ist die allgemeine Feststellungsklage nach § 43 Abs. 2 S. 1 VwGO unzulässig, wenn auch die allgemeine Leistungsklage statthaft wäre.

■ Ausnahme (Beispiel): Streitig ist, ob die allgemeine Feststellungsklage neben der allgemeinen Leistungsklage statthaft ist, wenn Beklagter eine juristische Person des öffentlichen Rechts ist (so teilweise die Rechtsprechung unter Berufung auf die Parallele zum Zivilprozessrecht, a. A.: Wortlaut spricht dagegen und es ist auch keine Regelungslücke erkennbar für eine analoge Ausweitung).

3. Vertiefung: Begründetheit der Anfechtungsklage

I. Rechtswidrigkeit des Verwaltungsakts in Gestalt des Widerspruchsbescheids[12]

1. Rechtsgrundlage

2. Formelle Rechtmäßigkeit

a) Ausgangsverwaltungsakt

- Zuständigkeit der Ausgangsbehörde
- ordnungsgemäßes Verfahren vor der Ausgangsbehörde
- Form des Ausgangsbescheids
- Bekanntgabe des Ausgangsbescheids
- Ggf. Heilung von Fehlern der Ausgangsbehörde durch die Ausgangs- bzw. die Widerspruchsbehörde (§ 45 Abs. 1 u. 2 VwVfG)

---

12 Anders, wenn Klagegegenstand nur der Widerspruchsbescheid ist. Dann ist auch nur dieser zu prüfen.

b) Widerspruchsbescheid
- Zuständigkeit der Widerspruchsbehörde
- ordnungsgemäßes Verfahren vor der Widerspruchsbehörde (insb. §§ 71, 72 VwGO)
- Form des Widerspruchsbescheids
- Bekanntgabe des Widerspruchsbescheids
- Ggf. Heilung von Fehlern der Widerspruchsbehörde bis zum Abschluss des gerichtlichen Verfahrens (§§ 79 Hs. 2, 45 Abs. 1 u. 2 VwVfG)

3. Materielle Rechtmäßigkeit

a) Wirksamkeit der Rechtsgrundlage

b) Vorliegen der Tatbestandsvoraussetzungen der Rechtsgrundlage

c) Rechtmäßigkeit der gesetzten Rechtsfolge

insb. Ermessensfehler der Ausgangsbehörde und ihre Heilung im Widerspruchsverfahren

II. Rechtsverletzung

III. Aufhebungsanspruch nicht ausnahmsweise ausgeschlossen

Z.B. § 46 VwVfG/keine Aufhebung einer Ernennung (Ämterstabilität), wenn vorläufiger Rechtsschutz ausreichend war/keine Aufhebung einer Nebenbestimmung, wenn Verwaltungsakt ohne diese keinen Bestand hat.

4. Vertiefung: Begründetheit der Anfechtungsklage bei Verböserung des Ausgangsverwaltungsakts durch den Widerspruchsbescheid

I. Rechtswidrigkeit des Verwaltungsakts in Gestalt des Widerspruchsbescheids

1. Rechtsgrundlage

2. Formelle Rechtmäßigkeit

a) Ausgangsverwaltungsakt
- *wie oben in Prüfungsschema Nr. 3*

b) Widerspruchsbescheid
- Zuständigkeit der Widerspruchsbehörde für die Recht- und Zweckmäßigkeitskontrolle (§ 73 Abs. 1 S. 2 u. 3, Abs. 2 VwGO) und für die Verböserung (ausführlich prüfen!): streitig ist, ob die

Zuständigkeit allein auf dem Devolutiveffekt beruht oder nur kraft Weisungsrechts und Sachzusammenhangs besteht.
- ordnungsgemäßes Verfahren vor der Widerspruchsbehörde: § 71 VwGO beachten!
- *im Übrigen wie oben in Prüfungsschema Nr. 3*

3. Materielle Rechtmäßigkeit

a) Wirksamkeit der Rechtsgrundlage

b) Vorliegen der Tatbestandsvoraussetzungen der Rechtsgrundlage

c) Rechtmäßigkeit der gesetzten Rechtsfolge
- nach h. M. ist die reformatio in peius grds. zulässig (a. A. : unzulässig)
- verschlechtert werden darf aber nur der Verwaltungsakt, soweit er Streitgegenstand ist
- Verböserung muss verhältnismäßig sein (kein Verstoß gegen den Vertrauensgrundsatz – Rechtsgedanke aus § 48 VwVfG).

II. Rechtsverletzung

wie oben in Prüfungsschema Nr. 3

III. Aufhebungsanspruch nicht ausnahmsweise ausgeschlossen

wie oben in Prüfungsschema Nr. 3

5. Vertiefung: Begründetheit der Verpflichtungsklage

I. Anspruchsgrundlage

- Rechtsnorm: es gibt eine Norm, die dem Antragsteller ein Recht auf Erteilung eines Verwaltungsakts oder auf Entscheidung über die Erteilung eines Verwaltungsakts einräumt
- Anspruch aus Verwaltungsakt (Zusicherung) auf Erlass des Verwaltungsakts
- Sonstiger Anspruch auf Erlass des Verwaltungsakts

II. Vorliegen der formellen Anspruchsvoraussetzungen

Ordnungsgemäßer Antrag bei der zuständigen Behörde
insbes. Antrag bei der zuständigen Stelle; Antrag in der richtigen Form; Antragsteller ist beteiligungs- und handlungsfähig (ggf. ordnungsgemäß vertreten); etwaige formelle Antragsfristen wurden beachtet.

III. Vorliegen der materiellen Anspruchsvoraussetzungen

1. Anspruchsgrundlage ist wirksam
2. Voraussetzungen der Anspruchsgrundlage sind erfüllt
3. Es besteht ein Anspruch auf den beantragten Verwaltungsakt (Ob und Wie)
   gebundene Entscheidung bzw. Ermessensreduzierung auf Null
   wenn nur Anspruch auf erneute ermessensfehlerfreie Entscheidung: Verpflichtungsklage nur insoweit begründet

C. II. Normenkontrollantrag

A. Zulässigkeit

I. Eröffnung des Verwaltungsrechtswegs nach § 40 Abs. 1 VwGO (insb. keine Normenkontrolle gegen Straf- oder Bußgeldvorschriften)

II. Statthaftigkeit der Normenkontrolle nach § 47 Abs. 1 VwGO, wenn die Feststellung der Ungültigkeit (Unwirksamkeit) einer der folgenden Verwaltungsmaßnahmen beantragt wird:

1. Satzungen nach dem BauGB und Rechtsverordnungen nach § 246 Abs. 2 BauGB (§ 47 Abs. 1 Nr. 1 VwGO), Flächennutzungspläne, soweit sie Festsetzungen nach § 35 Abs. 3 S. 3 BauGB enthalten (streitig, ob nach Nr. 1 oder Nr. 2)
2. Von einem Träger der unmittelbaren oder mittelbaren Landesverwaltung erlassene abstrakt-generelle Rechtsvorschriften, wenn nach Landesrecht die Normenkontrolle statthaft ist (§ 47 Abs. 1 Nr. 2 VwGO)[13]
   - Satzungen von Selbstverwaltungsträgern der mittelbaren Landesverwaltung
   - Rechtsverordnungen der (un)mittelbaren Landesverwaltung
   - sonstige abstrakt-generelle Regelungen der (un)mittelbaren Landesverwaltung mit unmittelbarer Außenwirkung

III. Antragstellerseite:

1. Beteiligungsfähigkeit (§ 47 Abs. 2 S. 1 VwGO): natürliche und juristische Personen, Behörden

13 Beispiel: In Baden-Württemberg ist die Normenkontrolle nach § 4 AGVwGO BW statthaft.

2. Handlungsfähigkeit (§ 62 VwGO)
3. Pflicht zur Vertretung durch Prozessbevollmächtigten (§ 67 Abs. 4 S. 1 u. S. 4 VwGO)
4. Antragsbefugnis (§ 47 Abs. 2 S. 1 VwGO), wenn Antragsteller eine natürliche oder juristische Person ist

IV. Antragsgegner (Beteiligungsfähigkeit und passive Prozessführungsbefugnis nach § 47 Abs. 2 S. 2 VwGO, Handlungsfähigkeit nach § 62 VwGO, Pflicht zur Prozessvertretung nach § 67 Abs. 4 S. 1 u. 4 VwGO)

V. Ordnungsgemäße Antragstellung

1. Antragserhebung beim zuständigen OVG bzw. VGH
2. Form: § 81 Abs. 1 VwGO analog, § 55 a Abs. 2–6 VwGO

VI. Antragsfrist (§ 47 Abs. 2 S. 1 VwGO)

VII. Keine anderweitige Rechtshängigkeit oder Rechtskraft (§ 121 VwGO)

VIII. Rechtsschutzbedürfnis bzw. Normenkontrollinteresse

B. Begründetheit

Der Normenkontrollantrag ist begründet, soweit die Norm ungültig ist. Das ist der Fall, wenn sie formell und/oder materiell rechtswidrig ist (objektive Rechtmäßigkeitskontrolle) und der Fehler nicht ausnahmsweise geheilt oder unbeachtlich ist. Das OVG/der VGH stellt dann allgemeinverbindlich die Ungültigkeit fest (§ 47 Abs. 5 S. 2 VwGO).

Sonderfälle: Führt die Rechtswidrigkeit einer Norm ausnahmsweise nicht zu ihrer Ungültigkeit, besteht aber die Pflicht zur Korrektur (z. B. bei Verstoß gegen Art. 3 Abs. 1 GG), stellt das OVG/der VGH die Rechtswidrigkeit fest. Besteht keine Pflicht zur Korrektur, ist der Normenkontrollantrag unbegründet.[14]

14 Mehr dazu siehe *Schenke*, Verwaltungsprozessrecht, Rn. 922 a.

C. III. Anträge auf vorläufigen Rechtsschutz

1. § 80 Abs. 5 S. 1 VwGO-Antrag (ggf. i. V. m. § 80a Abs. 3 S. 2 VwGO)

A. Zulässigkeit

I. Deutsche Gerichtsbarkeit (§ 173 VwGO i. V. m. §§ 18 ff. GVG)

II. Eröffnung des Verwaltungsrechtswegs im Hauptsacheverfahren (Spezialgesetz oder § 40 VwGO)

III. Statthaftigkeit des Antrags

1. Anordnung der aufschiebenden Wirkung eines Verwaltungsakts (§ 80 Abs. 5 S. 1 Var. 1 VwGO):
   a) Vorliegen eines Verwaltungsakts (§ 35 VwVfG)
   b) Keine Bestandskraft des Verwaltungsakts gegenüber dem Antragsteller (§§ 70, 74 VwGO)
   c) Keine Erledigung des Verwaltungsakts
   d) Keine aufschiebende Wirkung kraft Gesetzes (§ 80 Abs. 2 S. 1 Nr. 1 bis 3, S. 2 VwGO
   e) zulässig schon vor Erhebung von Klage und Widerspruch (str.)
2. Wiederherstellung der aufschiebenden Wirkung eines Verwaltungsakts (§ 80 Abs. 5 S. 1 Var. 2 VwGO):
   a) Vorliegen eines Verwaltungsakts (§ 35 VwVfG)
   b) Keine Bestandskraft des Verwaltungsakts gegenüber dem Antragsteller (§§ 70, 74 VwGO)
   c) Keine Erledigung des Verwaltungsakts
   d) Keine aufschiebende Wirkung wegen der behördlichen Anordnung der sofortigen Vollziehung
   e) zulässig schon vor Erhebung von Klage und Widerspruch (str.)
3. Feststellung der aufschiebenden Wirkung (§ 80 Abs. 5 S. 1 VwGO analog)
   a) Vorliegen eines Verwaltungsakts (§ 35 VwVfG)
   b) Keine Bestandskraft des Verwaltungsakts (§§ 70, 74 VwGO)
   c) Keine Erledigung des Verwaltungsakts
   d) Aufschiebende Wirkung des Rechtsbehelfs, aber vom Hoheitsträger oder von Dritten nicht beachtet

IV. Sonstige Zulässigkeitsvoraussetzungen des Hauptsacheverfahrens

1. Beteiligungsfähigkeit

2. Prozessfähigkeit
3. Klagebefugnis des Antragstellers nach § 42 Abs. 2 VwGO im Hauptsacheverfahren
4. Passive Prozessführungsbefugnis des Antragsgegners im Hauptsacheverfahren nach § 78 VwGO

V. Ordnungsgemäße Antragserhebung

1. Gericht der Hauptsache, § 80 Abs. 5 S. 1 VwGO
2. Form (analog §§ 81 Abs. 1, 55a VwGO)
3. ggf. Frist nach Spezialgesetz (z. B. § 36 Abs. 3 S. 1 AsylVfG)
4. Antragsinhalt (analog § 82 Abs. 1 S. 1 VwGO)

VI. Antragsgegner: Klagegegner im Hauptsacheverfahren, auch dann, wenn Widerspruchsbehörde die Anordnung nach § 80 Abs. 2 S. 1 Nr. 4 VwGO getroffen hat (str.)

VII. Rechtsschutzinteresse

1. in den Fällen des § 80 Abs. 2 S. 1 Nr. 1 VwGO: § 80 Abs. 6 VwGO beachten;
2. bei § 80a Abs. 3 S. 2 VwGO: streitig ist, ob § 80 Abs. 6 VwGO dann immer zu beachten ist. Nach richtiger Rechtsauffassung besteht eine Rechtsgrundverweisung, so dass § 80 Abs. 6 VwGO auch hier nur dann greift, wenn es um Verwaltungsakte i. S. d. § 80 Abs. 2 S. 1 Nr. 1 VwGO geht.

B. Begründetheit eines Antrags auf gerichtliche Anordnung der aufschiebenden Wirkung eines Anfechtungswiderspruchs oder einer Anfechtungsklage

Der Antrag ist dann begründet, wenn das Aufschubinteresse des Antragstellers das öffentliche Interesse oder das Interesse Dritter an der sofortigen Vollziehung überwiegt.

Das ist zum einen dann der Fall, wenn der Anfechtungswiderspruch bzw. die Anfechtungsklage nach summarischer Prüfung der Sach- und Rechtslage offensichtlich Erfolg haben werden.[15]

15 In den Fällen des § 80 Abs. 2 S. 1 Nr. 1 VwGO (Verwaltungsakt über Abgaben oder Kosten) genügen gemäß § 80 Abs. 4 S. 3 VwGO ernstliche Zweifel an der Rechtmäßigkeit des Verwaltungsakts.

Sind nach summarischer Prüfung weder Erfolg noch Nichterfolg offensichtlich, ist der Antrag auch dann begründet, wenn die Interessen des Antragstellers aus sonstigen Gründen überwiegen. Hier hat das Gericht eine Abwägungsentscheidung unter Berücksichtigung folgender Faktoren zu treffen:

- Ausgangspunkt ist der gesetzliche Regelfall nach § 80 Abs. 2 S. 1 Nr. 1 bis 3 VwGO
- Im Regelfall dürfen keine vollendeten Tatsachen geschaffen werden
- Abweichung von diesen Grundsätzen im Einzelfall geboten wegen:
  - Gewicht der betroffenen Rechtsgüter im allgemeinen
  - Schwere der Beeinträchtigung der Rechtsgüter des Antragstellers und Dringlichkeit des Schutzes der Allgemeinheit bzw. der Rechtsgüter Dritter
  - Zweifel an der Verfassungsmäßigkeit des zugrundeliegenden formellen Gesetzes[16]

C. Begründetheit eines Antrags auf gerichtliche Wiederherstellung der aufschiebenden Wirkung eines Anfechtungswiderspruchs oder einer Anfechtungsklage

Der Antrag ist dann begründet, wenn das Aufschubinteresse des Antragstellers das öffentliche Interesse oder das Interesse Dritter an der sofortigen Vollziehung überwiegt.

I. Formelle Rechtmäßigkeit/Rechtswidrigkeit der behördlichen Anordnung der sofortigen Vollziehung

Das ist zunächst dann der Fall, wenn die **behördliche Anordnung der sofortigen Vollziehung** (§ 80 Abs. 2 S. 1 Nr. 4 VwGO) **formell rechtswidrig** ist.

- Zuständigkeit: Ausgangs- oder Widerspruchsbehörde (§ 80 Abs. 2 S. 1 Nr. 4 VwGO)
- Verfahren: kein VA (h. M.), daher VwVfG nicht anwendbar (str.: § 28 Abs. 1 VwVfG analog)
- Form: § 80 Abs. 3 VwGO
- Bekanntgabe: separat oder mit Ausgangsverwaltungsakt

II. Streitig: Materielle Rechtmäßigkeit/Rechtswidrigkeit der behördlichen Anordnung der sofortigen Vollziehung

---

16 Dazu und zur Sonderproblematik bei Zweifel an der Rechtmäßigkeit von sekundärem Unionsrecht siehe *Schenke*, Verwaltungsprozessrecht, Rn. 1004 u. 1004 a.

Im Übrigen ist streitig, ob das Gericht auch die materielle Rechtmäßigkeit der behördlichen Anordnung der sofortigen Vollziehung zu prüfen hat.[17] Die h.M. lehnt dies ab. Das überzeugt, da nach der Konzeption von § 80 Abs. 5 VwGO das Gericht zu einer eigenen Ermessensentscheidung berufen ist (vgl. § 114 VwGO). Eine Verkürzung des verfassungsrechtlichen Beseitigungsanspruchs ist nicht ersichtlich, Ermessensentscheidungen der Gerichte bei Rechtsbehelfen gegen Verwaltungshandeln gibt es auch in anderen Verfahren (z.B. im Ordnungswidrigkeiten- oder Disziplinarverfahren).

III. Summarische Prüfung der Erfolgsaussichten des Rechtsbehelfs

Ist die Anordnung der sofortigen Vollziehung formell rechtmäßig, trifft das Gericht nach der hier vertretenen Auffassung also ohne Prüfung der materiellen Rechtmäßigkeit der behördlichen Anordnung der sofortigen Vollziehung eine eigene Ermessensentscheidung.

Der Antrag ist (wie unter B) begründet, wenn der Anfechtungswiderspruch bzw. die Anfechtungsklage nach summarischer Prüfung der Sach- und Rechtslage offensichtlich Erfolg haben werden.[18]

Sind nach summarischer Prüfung weder Erfolg noch Nichterfolg offensichtlich, ist der Antrag auch dann begründet, wenn die Interessen des Antragstellers aus sonstigen Gründen überwiegen. Hier hat das Gericht eine Abwägungsentscheidung unter Berücksichtigung folgender Faktoren zu treffen:

- Ausgangspunkt ist der gesetzliche Regelfall nach § 80 Abs. 1 VwGO
- Im Regelfall dürfen keine vollendeten Tatsachen geschaffen werden
- Abweichung von diesen Grundsätzen im Einzelfall geboten wegen:
  - Gewicht der betroffenen Rechtsgüter im allgemeinen
  - Schwere der Beeinträchtigung der Rechtsgüter des Antragstellers und Dringlichkeit des Schutzes der Allgemeinheit bzw. der Rechtsgüter Dritter
  - Zweifel an der Verfassungsmäßigkeit des zugrundeliegenden formellen Gesetzes[19]

---

17 Dies fordert z.B. *Schenke*, Verwaltungsprozessrecht, Rn. 1000. Dort auch mit Nachweisen zur h.M.

18 In den Fällen des § 80 Abs. 2 S. 1 Nr. 1 VwGO (Verwaltungsakt über Abgaben oder Kosten) genügen gemäß § 80 Abs. 4 S. 3 VwGO ernstliche Zweifel an der Rechtmäßigkeit des Verwaltungsakts.

19 Dazu und zur Sonderproblematik bei Zweifel an der Rechtmäßigkeit von sekundärem Unionsrecht siehe *Schenke*, Verwaltungsprozessrecht, Rn. 1004 u. 1004a.

2. § 123 VwGO-Antrag

A. Zulässigkeit

I. Deutsche Gerichtsbarkeit (§ 173 VwGO i. V. m. §§ 18 ff. GVG)

II. Eröffnung des Verwaltungsrechtswegs im Hauptsacheverfahren (Spezialgesetz oder § 40 VwGO)

III. Statthaftigkeit des Antrags

1. Subsidiarität nach § 123 Abs. 5 VwGO: in der Hauptsache keine Anfechtungsklage
2. Sicherungsanordnung (§ 123 Abs. 1 S. 1 VwGO)[20] oder Regelungsanordnung (§ 123 Abs. 1 S. 2 VwGO)[21]

IV. Sonstige Zulässigkeitsvoraussetzungen des Hauptsacheverfahrens (je nach Klageart im Hauptsacheverfahren unterschiedlich), insbes. Klagebefugnis im Hauptsacheverfahren, § 42 Abs. 2 VwGO (analog): möglicher Anordnungsanspruch

V. Ordnungsgemäße Antragserhebung

1. Gericht der Hauptsache, § 123 Abs. 2 VwGO
2. Form (analog §§ 81 Abs. 1, 55 a VwGO)
3. Antragsinhalt (analog § 82 Abs. 1 S. 1 VwGO), geringere Anforderungen an die Bestimmtheit, da Art der Anordnung ins Ermessen des Gerichts gestellt ist

VI. Antragsgegner: Klagegegner im Hauptsacheverfahren

VII. Geltendmachung eines Anordnungsgrundes (möglicher Anordnungsgrund)

VIII. Rechtsschutzinteresse (grds. vorheriger Antrag an die zuständige Behörde; kein einfacherer und schnellerer Weg gegeben)

B. Begründetheit

Der Antrag ist hinsichtlich des „Ob“ der einstweiligen Anordnung begründet, wenn nach summarischer Prüfung der Sach- und Rechtslage eine über-

20 Ziel: Sicherung eines bestehenden Zustands (eines subjektiv-öffentlichen Rechts).

21 Ziel: Regelung eines vorläufigen Zustands (Änderung oder Erweiterung einer Rechtsposition).

wiegende Wahrscheinlichkeit für das Bestehen eines Anordnungsanspruchs und eines Anordnungsgrundes spricht. Die tatsächlichen Umstände für das Bestehen eines Anordnungsanspruchs und eines Anordnungsgrunds sind nach § 123 Abs. 3 VwGO i.V.m. §§ 920, 294 ZPO glaubhaft zu machen.

Das „Wie“ (also der Inhalt) der einstweiligen Anordnung steht im Ermessen des Gerichts.

I. Anordnungsanspruch

Ein Anordnungsanspruch besteht, wenn der Antragsteller im Hauptsacheverfahren nach summarischer Prüfung der Sach- und Rechtslage voraussichtlich Erfolg haben wird.

Hier ist also die voraussichtliche Begründetheit der Klage im Hauptsacheverfahren zu prüfen.

II. Anordnungsgrund

Ein Anordnungsgrund für die Sicherungsanordnung besteht nach § 123 Abs. 1 S. 1 VwGO, wenn die Gefahr besteht, dass durch eine Veränderung des bestehenden Zustands die Verwirklichung eines Rechts des Antragstellers vereitelt oder wesentlich erschwert werden könnte. Ein Anordnungsgrund für die Regelungsanordnung besteht nach § 123 Abs. 1 S. 2 VwGO, wenn die Regelung eines vorläufigen Zustands in Bezug auf das streitige Rechtsverhältnis nötig erscheint, insbesondere um wesentliche Nachteile abzuwenden oder drohende Gewalt zu verhindern.

Damit besteht in beiden Fällen ein Anordnungsgrund, wenn dem Antragsteller nach Abwägung seiner eigenen Interessen mit dem öffentlichen Interesse und dem Interesse Dritter ein Abwarten der Entscheidung in der Hauptsache nicht zugemutet werden kann.[22]

III. Inhalt der einstweiligen Anordnung: gerichtliches Ermessen

- Grundsatz: Es kann nicht mehr gewährt werden, als durch die Klage im Hauptsacheverfahren erreicht werden könnte!
- Grundsatz: Keine Vorwegnahme der Hauptsache!

---

22 Ähnlich *Schenke*, Verwaltungsprozessrecht Rn. 1032, der allerdings erst an dieser Stelle prüft, ob eine andere einfachere und zumutbare Möglichkeit für den Rechtsschutz besteht.

D. „Wo finde ich was?“

Folgende Lerninhalte […]	[…] finden Sie insbesondere hier:
Verwaltung	
– hoheitliche u. fiskalische Verwaltung	Teil 1 (Fall 1.7) („Liegenschaftsverwaltung als fiskalische Verwaltung“) Teil 2, 4. Kapitel „Die begehrten Informationen“ (Liegenschaftsverwaltung als fiskalische Verwaltung)
– Eingriffsverwaltung	Teil 1 (Fall 1.5 bis 1.7)
– Leistungsverwaltung	Teil 1 (Fall 1.8)
– Beliehener	Teil 1 (Fall 1.3) u. Teil 3 (Hausarbeit)
– Öffentliche Einrichtung	Teil 2, 4. Kapitel: Musikschule („Wir brauen eine Widerspruchsklausur“)
Grundlagen	
– Recht- und Zweckmäßigkeit	Einführung: Teil 2, 3. Kapitel, Unterkapitel A Zweckmäßigkeitsprüfung im Widerspruchsverfahren: Teil 2, 4. Kapitel („Fußball oder Wahlhelfer“) („Widerspruch gegen die Umsetzung an einen anderen Ort“)
– Ermessen	Teil 2 (Fall 2.2 und Fall 2.4)
– Beurteilungsspielraum	Teil 2, 5. Kapitel („§ 123 VwGO Antrag/beamtenrechtliche Konkurrentenklage“)
– Subjektiv-öffentliches Recht	Teil 1 (Fall 1.21 bis Fall 1.23)
– Normenverwerfungskompetenz	Teil 2, 4. Kapitel („Wir brauen eine Widerspruchsklausur“)
– Verhältnismäßigkeitsgrundsatz (Art. 20 Abs. 3 GG)	**Allgemein** (bei gebundener Entscheidung): Teil 2 (Fall 2.1) **Allgemein** (bei Ermessensentscheidung): Teil 2 (Fall 2.2) **Sonderform:** Äquivalenzprinzip im Gebührenrecht: Teil 2, 4. Kapitel („Wir brauen eine Widerspruchsklausur“)
– Gebot der Gleichbehandlung (Art. 3 Abs. 1 GG)	Teil 2, 4. Kapitel („Wir brauen eine Widerspruchsklausur“) Teil 2, 5. Kapitel („Entwurf einer § 80 a Abs. 3-VwGO Antragserwiderung“)

Folgende Lerninhalte […]	[…] finden Sie insbesondere hier:
Verwaltungsakte (Allgemeines)	
– Begriff	Teil 1/2. Kapitel/Unterkapitel A
– Allgemeinverfügung	Teil 1 (Fall 1.3, Fall 1.6, Fall 1.20)
– Bekanntgabe	Teil 1/2. Kapitel/Unterkapitel C
– Wirksamkeit	Teil 1/2. Kapitel/Unterkapitel A
– Nichtigkeit	Teil 1 (Fall 1.14 u. 1.16), Teil 3 (Hausarbeit)
– Bestandskraft (formell und materiell)	Teil 2/4. Kapitel/„Wissens-Check“
– Nebenbestimmungen	Teil 2/4. Kapitel/Unterkapitel E/dort V.
– Verwaltungsakte gegen Hoheitsträger („formelle Polizeipflicht“)	Teil 1 (Fall 1.7)
Verwaltungsakte (Erlass u. Aufhebung)	
– Ermächtigungsgrundlage und VA-Befugnis	Teil 1 (Fälle 1.5 bis 1.8)
– Rechtmäßiger Erlass von Verwaltungsakten	Teil 2, 2. Kapitel
– Fehlerlehre	Teil 1 (Fall 1.13 „Fehler bei der Zustellung“) Teil 2 (Fall 2.4)
– Rücknahme und Widerruf	Teil 3 (Hausarbeit)
Sonstiges Verwaltungshandeln	
– Verwaltungsvorschriften (Arten und Außenwirkung)	Teil 1 (Fall 1.8), Teil 3 (Hausarbeit)
– Satzung (Rechtmäßigkeit)	Teil 2, 4. Kapitel, Unterkapitel E („Wir brauen eine Widerspruchsklausur“)
– Rechtsverordnung (Rechtsgrundlage)	Teil 1 (Fall 1.5)
– Öffentlich-rechtlicher Vertrag	Teil 2, 4. Kapitel, Unterkapitel F („Keine Berufungszulage für den Professor)
– Verwaltungsinterne Weisung	Teil 1 (Fall 1.4 „Umsetzung“) Teil 2, 4. Kapitel („Widerspruch gegen die Umsetzung an einen anderen Ort“)
– Realakte: Akteneinsicht und Informationen	Teil 2, 4. Kapitel („Die begehrten Informationen“)
– Zusicherung/Zusage	Teil 2, 4. Kapitel, Unterkapitel F („Keine Berufungszulage für den Professor)
Verwaltungskontrolle	
– Widerspruch	Teil 2, 4. Kapitel
– Klagen und Anträge vor Gericht	Teil 2, 5. Kapitel

Folgende Lerninhalte [...]	**[...] finden Sie insbesondere hier:**
Methoden im Verwaltungsrecht	
– Gutachtentechnik	
• Einführung	Teil 1 (Fall 1.1)
• Darstellung von Meinungsstreits	Teil 1 (Fall 1.8, Fall 1.12), Teil 3 (Hausarbeit)
• Hilfsgutachten	S. 22 ff. S. 56 (Fn. 40) S. 233 Teil 3 (Hausarbeit)
– Bescheidtechnik (Ausgangsbescheid)	Teil 2 (Fall 2.6)
– Bescheidtechnik (Widerspruchsbescheid)	Teil 2, 4. Kapitel, Unterkapitel F („Weniger Beihilfe“); („Keine Berufungszulage für den Professor“); („Erfolgloser Nachbarwiderspruch gegen Baugenehmigung“)
– Antragserwiderung an das Gericht	Teil 2, 5. Kapitel, Unterkapitel F („§§ 80 a Abs. 3, 80 Abs. 5-VwGO Verfahren“)
– Auswerten v. Literatur u. Rechtsprechung	Teil 3 (Hausarbeit)

©sk_design / julien tromeur - Fotolia
AchSo! einfach kann Jura sein.
Winfried Schwabe
Bastian Finkel
Lernen mit Fällen
AchSo!
Allgemeines Verwaltungsrecht und Verwaltungsprozessrecht
Materielles Recht & Klausurenlehre
10. Auflage
Musterlösungen im Gutachtenstil
SCHWABE/FINKEL
Allgemeines Verwaltungsrecht und Verwaltungsprozessrecht Materielles Recht & Klausurenlehre
2019, 10. Auflage,
324 Seiten, € 21,50
ISBN 978-3-415-06472-0
Dieses Buch bereitet Studenten auf die Klausur zum Allgemeinen Verwaltungsrecht bestens vor. Anhand von Fällen verdeutlicht es die Strukturen und zugleich die klausurrelevanten Probleme des Allgemeinen Verwaltungsrechts und des Verwaltungsprozessrechts. Auf jeden einzelnen Fall folgen eine ausführliche Lösung und ein Gutachten. Darin vermitteln die Autoren alles Wissenswerte zum Fall und zur Klausur.
www.achso.de
Jurabücher, lesen und verstehen!
Zu beziehen bei Ihrer Buchhandlung.
RICHARD BOORBERG VERLAG GmbH & Co KG
Stuttgart · München · Hannover · Berlin · Weimar · Dresden